Ruth Schönemann

Sicherungseigentum im grenzüberschreitenden Verkehr mit Italien

Ruth Schönemann

Sicherungseigentum im grenzüberschreitenden Verkehr mit Italien

Eine rechtsvergleichende und kollisionsrechtliche Untersuchung

Tectum Verlag

Ruth Schönemann

Sicherungseigentum im grenzüberschreitenden Verkehr mit Italien. Eine rechtsvergleichende und kollisionsrechtliche Untersuchung

Zugl. Diss. Universität Passau 2012

ISBN: 978-3-8288-3089-9

Umschlagabbildung: photocase.com © bIO-54o (bearbeitet)
Druck und Bindung: CPI buchbücher.de, Birkach
Printed in Germany

Besuchen Sie uns im Internet
www.tectum-verlag.de

MIX
Papier aus verantwortungsvollen Quellen
FSC® C003147
FSC www.fsc.org

Bibliografische Informationen der Deutschen Nationalbibliothek
Die Deutsche Nationalbibliothek verzeichnet diese Publikation in der Deutschen Nationalbibliografie; detaillierte bibliografische Angaben sind im Internet über http://dnb.ddb.de abrufbar.

Vorwort

Die vorliegende Arbeit wurde im Sommersemester 2012 von der Juristischen Fakultät der Universität Passau als Dissertation angenommen. Sie ist dort während meiner Tätigkeit als wissenschaftliche Mitarbeiterin am Lehrstuhl für Bürgerliches Recht, Zivilprozessrecht sowie Internationales Privatrecht von Prof. Dr. Wolfgang Hau in den Jahren 2009-2011 entstanden.

Die Recherche hinsichtlich des italienischen Rechts konnte ich dank eines großzügigen Stipendiums des Deutschen Akademischen Austauschdienstes in der Biblioteca Giuridica der Università degli Studi di Perugia in Italien durchführen.

Mein Dank gilt zunächst meinem Doktorvater, Herrn Prof. Dr. Wolfgang Hau, der die Anregung zu diesem Thema gab und das Gelingen der Arbeit förderte.

Herrn Prof. Dr. Klaus Reischl danke ich für die zügige Erstellung des Zweitgutachtens.

Erwähnt seien an dieser Stelle auch meine Freundinnen Dr. Michaela Weigl und Dr. Inga Schüttfort sowie meine damaligen Bürokolleginnen, Anke Droege und Kathrin Franck, von denen ich neben geduldigem Zuspruch auch stets Unterstützung und Rat erfahren habe.

Meinem Vater, Dr. Hans Schönemann, danke ich für die gewissenhafte Überarbeitung in stilistischer Hinsicht.

Gewidmet ist die Arbeit meinen Eltern, die mich stets und in jeder Hinsicht bedingungslos unterstützen.

Ruth Schönemann

Inhaltsverzeichnis

Erster Teil - Einführung

§ 1. Ziele und Gang der Untersuchung

Die Sicherungsübereignung ist nach der Grundschuld das am häufigsten genutzte Sicherungsmittel von Unternehmen bei der Kreditaufnahme[1], aber auch Privatleute, insbesondere im Bereich der Kfz-Finanzierung[2], greifen regelmäßig auf diese Art der Kreditsicherung zurück. Im Gegensatz zu einer mit einer Grundschuld belasteten Immobilie kann eine zur Sicherheit übereignete bewegliche Sache allerdings leicht über die nationalen Grenzen verbracht werden, man denke nur an den Sicherungsgeber, der mit seinem in Deutschland zur Sicherheit übereigneten Auto nach Italien fährt, oder an einen deutschen Bauunternehmer, der seinen an eine Bank sicherungsübereigneten Maschinenpark auf einer Baustelle in Italien einsetzt. Greifen nun Gläubiger in Italien auf das Sicherungsgut zu oder soll das Kfz wegen einer Trunkenheitsfahrt auf italienischem Boden zugunsten der italienischen Staatskasse versteigert werden[3], stellt sich - insbesondere für den Sicherungsnehmer - die Frage nach der Beständigkeit und der Ausübung seiner Mobiliarsicherheit im Ausland. Die Maßgeblichkeit von *Situs-*

---

1 Im Zeitraum von 2004-2006, vgl. KfW Unternehmensbefragung 2007. http://www.kfw.de/kfw/de/I/II/Download_Center/Fachthemen/Research/PDF-Dokumente_WirtschaftsObserver_online/2007/WOB_Sicherheiten_071115_final.pdf (6.9.2011).

2 Vgl. nur Postbank Autokredit oder Deutsche Bank Online Autokredit.

3 Dies sieht seit 2008 Art. 186 Codice della strada für den Fall vor, dass der Fahrer mit einer Blutalkoholkonzentration von über 1,5 ‰ aufgegriffen wird und das Kfz nicht einer Person gehört, die an der Straftat nicht beteiligt war. Die *Corte di Cassazione* hat allerdings klargestellt, dass der im Gesetz verwendete Ausdruck „gehören" („*appartenere*") nicht mit „Eigentum an einer Sache innehaben" gleichgesetzt werden kann. Vielmehr komme es darauf an, dass der Straftäter über das Kfz auf Grundlage eines Titels verfügen kann, der Dritte ausschließt. Ausgehend von diesem Verständnis hat das Gericht die Beschlagnahme eines geleasten Fahrzeugs für rechtmäßig befunden, Cass., Sez. penale, Urt. v. 18.3.2010, n. 10688. Die Gefahr, die davon ausgeht, dass der Alkoholsünder zur Wiederholung der Tat schreiten könnte, bestehe eben genauso bei einem geleasten Fahrzeug. Will die Leasinggesellschaft das Kfz herausverlangen, muss sie nachweisen, dass der Leasingvertrag nicht mehr besteht. In Anbetracht dieser Rechtsprechung ist durchaus vorstellbar, dass auch eine Beschlagnahme des Kfz des Sicherungsgebers Billigung findet, schließlich hat laut Sicherungsvertrag er die Dispositionsbefugnis.

Grundsatz und *Numerus clausus*-Prinzip, die national gewachsenen, unterschiedlichen Systeme der Mobiliarsicherung sowie die enge Verzahnung der Mobiliarsicherung mit dem Zwangsvollstreckungs- und Insolvenzregime der einzelnen Länder bedingen eine von Unsicherheit geprägte Rechtslage.[4] Insbesondere fehlen den Kreditgebenden wie auch den Kreditsuchenden Informationen über das ausländische Sachen-, Vollstreckungs- und Insolvenzrecht, die eine realistische Einschätzung überhaupt erst ermöglichen. Für das deutsch-italienische Verhältnis im Hinblick auf Sicherungsübertragungen an Mobilien möge diese Arbeit einen Beitrag zur Transparenz im grenzüberschreitenden Kreditverkehr leisten.

Der Gang der Arbeit ist folgendermaßen zu skizzieren: Einleitend erfolgt eine Darstellung der Anfänge der Mobiliarkreditsicherung im Römischen Recht, an die sich ein Überblick über die Entwicklung der besitzlosen Sicherung im deutschen Raum anschließt. Der zweite Teil der Arbeit beginnt mit der Darstellung des Rechts der Sicherungsübereignung in Deutschland. Anschließend wird die italienische Rechtslage geschildert. Der Schwerpunkt liegt hier in den Betrachtungen zur Zulässigkeit dieser Form der Kreditsicherung, da sie von der herrschenden Ansicht in Italien abgelehnt wird. Zudem werden italienische besitzlose Sicherungsrechte erläutert, die funktional betrachtet mit der deutschen Sicherungsübereignung vergleichbar erscheinen.

Der dritte Teil befasst sich mit dem Kollisionsrecht: Nach der Beleuchtung der internationalprivatrechtlichen Regelungen beider Länder im Hinblick auf sachenrechtlich geprägte Sachverhalte erfolgt eine Auseinandersetzung mit den vorhandenen Auffassungen zur Integration ausländischer Sicherungsrechte in das nationale Recht. Anschließend wird das Schicksal der deutschen Sicherungsübereignung auf italienischem Gebiet und umgekehrt das Schicksal italienischer besitzloser Mobiliarsicherheiten in Deutschland behandelt.

Im vierten Teil der Arbeit, wird der Frage nachgegegangen, ob die europäischen Grundfreiheiten eine Anerkennung ausländischer (europäischer) Mobiliarsicherheiten erzwingen und inwieweit

---

4 Ist es für die Sicherungsparteien absehbar, dass das Sicherungsgut ins Ausland verbracht wird, bedienen sie sich daher regelmäßig nicht der Sicherungsübereignung, sondern greifen auf Exportversicherungen oder Bankgarantien zurück. Der Nachteil gegenüber einer Mobiliarsicherheit ergibt sich aus den höheren Kosten.

Rechtsvereinheitlichung oder -angleichung die aktuelle, durchaus problematische Situation verbessern können.

§ 2. Herausbildung und Entwicklung der Mobiliarsicherheiten in der Geschichte des Rechts

A. Mobiliarsicherheiten im Römischen Recht[5]

I. VON DER PERSONAL- ZUR VERMÖGENSVOLLSTRECKUNG IM RÖMISCHEN REICH

Als Inhaber einer Forderung, beispielsweise auf Rückzahlung eines Darlehens, war man auch schon zu Zeiten des Römischen Reichs immer der Gefahr ausgesetzt, dass der Schuldner sich als zahlungsunfähig oder doch jedenfalls zahlungsunwillig erweist. Es ist dann aufgrund seines Gewaltmonopols Aufgabe des Staates, den Rückzahlungsanspruch notfalls im Rahmen einer Zwangsvollstreckung für den Gläubiger durchzusetzen.

Im alten Rom galt dabei ursprünglich keineswegs die heutzutage praktizierte Vermögensvollstreckung, sondern vielmehr die so genannte Personalvollstreckung, welche den Haftenden mit seinem Körper erfasste.[6] Die Zwangsvollstreckung im altrömischen Legisaktionenverfahren[7] geschah regelmäßig mittels einer Personalexekution, die, wenn der Schuldner nicht doch noch rechtzeitig ausgelöst wurde, zu seinem Tod[8] oder jedenfalls seiner Verskla-

---

[5] Die Geschichte des Römischen Rechts umfasst, angefangen mit den Zwölftafelgesetzen (*leges duodecim tabularum*, um 450 v. Chr.) bis hin zum *Corpus Iuris Civilis* Iustinians, eine Zeitspanne von 1000 Jahren, die von Rechtshistorikern in die republikanische (5.-1. Jhd. v. Chr.), die klassische (1. Jhd. v. Chr.- Mitte 3. Jhd. n. Chr.) und die nachklassische Zeit (3.-6. Jhd. n. Chr.) eingeteilt wird, vgl. dazu *Wesel*, S. 155 f.

[6] *Kaser/Knütel*, § 81, Rn. 10.

[7] Legisaktionen (*legis actiones*) waren gesetzliche Klageformeln, deren Wortlaut (in Form einer Wechselrede) peinlich genau beachtet werden musste, um nicht den Prozess zu verlieren; wo die Rechtsordnung keine Klageformel vorsah, gab es auch kein subjektives Recht, vgl. *Meder*, S. 46.

[8] XII T. 3, 5 (Gell, 20, 1, 46. 47): *Tertiis autem nundinis capite poenas dabant;* Gell. 20, 1, 48 ff. (A. Gellius, Noctes Atticae): *tertiis nundinis partis secanto. si plus minusve secuerunt, sine fraude esto* (XII T. 3.6); allerdings ist laut Kaser, § 20 VII.1, „dunkel und umstritten", ob mit dem „in Stücke schneiden" wirklich der Schuldner gemeint ist. Nachweise bei *Kaser/Hackl*, § 20, I. 1; es ist aber jedenfalls kein konkreter Fall der Tötung eines Schuldners überliefert, vgl. *Kaser/Knütel*, § 81, Rn. 12; *Marrone*, S. 37.

vung[9] führte. Schon früh wurde allerdings Usus, dass der Schuldner, um die Endexekution abzuwenden, als Schuldknecht bei seinem Gläubiger arbeitete.[10] Während des Formularprozesses[11], der in der jüngeren Republik[12] die starren Legisaktionen allmählich ablöste,[13] bestand die Personalvollstreckung zwar fort, wurde nun aber durch die Vollstreckung in das Vermögen des Schuldners zurückgedrängt.[14] Vollstreckt wurde im Bereich des Formularprozesses in das Gesamtvermögen des Schuldners.[15] Die Generalexekution, also das Konkursverfahren, gelangte - anders als heutzutage - auch dann zur Anwendung, wenn der Schuldner nicht zahlungsunfähig war.[16] Das Schuldnervermögen wurde daher als Ganzes beschlagnahmt und der Gläubiger in den Besitz eingewiesen, sog. *missio in bona*; dies allerdings nur *rei servandae causa*, also nur zur Erhaltung des Vermögens.[17]
Anschließend wurde das Vermögen regelmäßig im Rahmen einer öffentlichen Versteigerung[18] veräußert, sog. *venditio bonorum.*[19] Der Zuschlag ging an denjenigen, der den Gläubigern die höchste Quote ihrer Forderungen zu zahlen bereit war (*bonorum emptor*).[20] Bei diesem Verfahren war es natürlich wahrscheinlich, dass das Vermögen des Schuldners nicht ausreichte, um alle Gläubiger in voller Höhe zu befriedigen, weswegen diese alsbald dazu über-

---

[9] D.h. er konnte als Sklave ins Ausland (*trans Tiberim*) verkauft werden, XII T. 3, 5.

[10] *Kaser/Hackl*, § 20 VII.2. Näher zur Schuldknechtschaft *Spann*, S. 21 ff.

[11] Auch im Formularprozess galt, dass ein Anspruch nur dann eingeklagt werden konnte, wenn eine passende *actio* vorhanden war. Die strengen Spruchformeln des Legisaktionenverfahrens wurden aber durch die Prozessformel (*formula*) ersetzt. Näher dazu *Kaser/Hackl*, S. 151.

[12] 2-1. Jhd. v. Chr. Um 17 v. Chr. wurde das Legisaktionenverfahren mit wenigen Ausnahmen abgeschafft.

[13] *Kaser/Hackl*, § 4, I. Es wurde zunehmend als ungerecht empfunden, dass man sein Recht verlieren konnte, nur weil einem ein Fehler in der Formel unterlief, vgl. *Meder*, S. 49.

[14] *Hausmaninger/Selb*, S. 386; *Kaser/Knütel*, § 85, Rn. 2; *Baur/Stürner/Bruns*, § 3, S. 20.

[15] *Kunkel/Selb*, Anhang § 19; *Kaser/Hackl*, § 57, I; *Hausmaninger/Selb*, S. 386. Zu den seltenen Fällen einer Einzelvollstreckung: *Kaser/Hackl*, § 60.

[16] *Kaser/Hackl*, § 57, I.

[17] *Kaser/Knütel*, § 85, Rn. 6, *Marrone*, S. 64 f.

[18] Cic. Quinct. 49 f. (Rede für P. Quinctius).

[19] *Kaser/Hackl*, § 57, I; *Marrone*, S. 64 f.

[20] *Kaser/Knütel*, § 85, Rn. 6; *Marrone*, S. 65.

gingen, sich die Gewähr für eine vollständige Rückzahlung mit Hilfe von Sicherheiten zu verschaffen.

II. SICHERUNGSMITTEL IM RÖMISCHEN RECHT

1. *Überblick*

Als Sicherungsmittel standen im Römischen Recht - wie auch heute noch - die Personalhaftung und die Sachhaftung zur Verfügung.[21]

Jedoch war im antiken Rom die Personalhaftung in Form der Bürgschaft weitaus wichtiger als die Sachhaftung in Form der Kreditsicherung durch Pfand.[22] Diese Tatsache ist wohl darauf zurückzuführen, dass Treueverhältnisse und Freundschaftsbindungen vor allem im republikanischen Rom eine enorme Rolle spielten.[23] Des Weiteren resultierte die Bevorzugung des Personalkredits aus dem strengen Vollstreckungsverfahren, das den Körper des Schuldners und später jedenfalls sein gesamtes Vermögen umfasste und somit größere Sicherheit für den Gläubiger versprach.[24]

War dennoch Sachhaftung - die hier einzig interessieren soll - vereinbart, standen den Parteien zwei Rechtsformen zur Verfügung: Einmal die so genannte *fiducia cum creditore contracta*[25] und zum anderen das *pignus*[26], wobei im älteren Römischen Recht zunächst noch gar kein Pfandrecht in Form eines dinglichen Rechts an einer im Eigentum eines anderen stehenden Sache bekannt war und daher nur die Vollrechtsübertragung in Form der *fiducia* möglich war.[27]

---

[21] *Kaser/Knütel*, § 31, Rn. 1.

[22] *Schulz*, Rn. 700.

[23] *Kaser/Knütel*, § 31, Rn. 2. Nach *Schulz*, Rn. 700, waren die tragenden Säulen dieser Kreditform „*Roman pedantic accuracy, honesty and reliability in business matters.*"

[24] *Kaser/Knütel*, § 31, Rn. 2; *Schulz*, Rn. 700.

[25] Mit dem Begriff *fiducia* kann sowohl lediglich die *causa* der Rechtsübertragung als auch das gesamte Rechtsgeschäft bezeichnet sein, vgl. *Krämer*, S. 14.

[26] *Hausmaninger/Selb*, S. 179 f.; *Kaser/Knütel*, § 31, Rn. 3; *Kaser*, § 108, II; *Honsell*, § 24, S. 76.

[27] Im klassischen Römischen Recht wurde Eigentum als die absolute, totale, ausschließliche und unteilbare rechtliche Herrschaft eines Einzelnen über eine Sache verstan-

2. *Fiducia*

Im Rahmen der *fiducia cum creditore contracta* wurde dem Gläubiger vom Sicherungsgeber (meist der Schuldner selbst) eine *res mancipi*[28] durch *mancipatio*[29] oder *in iure cessio*[30] übereignet; gleichzeitig wurde dabei der Gläubiger einer obligatorisch wirkenden Treubindung unterworfen, kraft derer er sein Eigentum nicht über die Erfordernisse des Sicherungszwecks hinaus ausüben durfte.[31] Die *fiducia cum creditore contracta*[32] stellte also eine Sicherungsübereignung dar.[33] Der Gläubiger erhielt mit dem Eigentum formal eine Position, die über sein Sicherungsinteresse hinausging, das darin bestand, sich bei ausbleibender Zahlung aus der Sache zu befriedigen. Durch das *pactum fiduciae* verpflichtete sich der Sicherungsnehmer allerdings, mit der Sache nur in den Grenzen des Sicherungszwecks zu verfahren und insbesondere sie bei ordnungsgemäßer Schuldtilgung dem Schuldner zurückzuüber-

---

den, *Wieacker*, S. 191. Erst im Laufe der Zeit bildeten sich dingliche Rechte an fremden Sachen heraus, *Dernburg*, § 192, 4, S. 453.

[28] *Res mancipi* waren die des Privateigentums teilhaftigen Grundstücke und bestimmte weitere wertvolle und für den bäuerlichen Betrieb wichtige Gegenstände wie beispielsweise Sklaven, Rinder, Pferde, Esel und Maultiere.

[29] *Mancipatio* ist eine Form der Übereignung, die nach einem bestimmten Ritual vor sich zu gehen hatte: Vor einem *libripens* (Waagehalter) und 5 Zeugen hatte der Erwerber eine *res mancipi*, beispielsweise einen Sklaven, zu ergreifen und folgende Formel zu sprechen: *„Hunc ego hominem ex iure Quiritium meum esse aio isque mihi emptus esto hoc aere aneaeaque libra."* Der Erwerber schweigt dazu und nimmt den vom *libripens* abgewogenen Kaufpreis entgegen. Später wird die *mancipatio* durch die formlose *traditio* zurückgedrängt.

[30] Auch die *in iure cessio* diente der Eigentumsübertragung: Erwerber und Veräußerer kamen hierbei vor dem Prätor zusammen. Dort sprach der Erwerber die Formel *„Hanc ego rem ex iure Quiritium meam esse aio"*, der Veräußerer schwieg dazu, woraufhin der Prätor dem Erwerber das Eigentum zusprach. Vgl. dazu *Kaser*, §§ 9, 10. Auch *res nec mancipi* konnten Gegenstand der *datio fiduciae* sein, allerdings konnte ihre Übereignung nur nach den Regeln der *in iure cessio* erfolgen, *Bruckner*, Krit. Vierteljahresschrift, Bd. 36 (1894), 1 (6).

[31] *Kaser*, § 108, II.

[32] Beispiel für ein *pactum fiduciae* bei *Degenkolb*, Zeitschrift für Rechtsgeschichte, Bd. 9 (1870), 117 (118 f.).

[33] *Hausmaninger/Selb*, S. 180; *Honsell*, § 24, S. 76.

eignen.[34] Die Rückübereignung konnte der Sicherungsgeber seit dem 3. Jhd. v. Chr. mit Hilfe der *actio fiduciae* einfordern.[35]
Im Falle aber, dass er außerstande war seine Schuld zu tilgen, konnte der Gläubiger aus der Sache Befriedigung suchen.[36] Es wird davon ausgegangen, dass ursprünglich das Sicherungsgut dem Sicherungsgeber verfallen geblieben ist, er also endgültig Eigentümer blieb.[37] Die explizite Vereinbarung einer *lex commissoria* (Verfallklausel) war also nicht erforderlich. Später wurde üblicherweise, um den (wohl abrechnungsfreien) Verfall zu vermeiden, zwischen den Parteien eine Verkaufsabrede verabredet, das sog. *pactum vendendo* (auch: *ut vendere liceat; pactum de distrahendo*).[38] Im Falle der Nichtbefriedigung konnte so der Sicherungsnehmer die Sache verkaufen und sich aus dem Erlös befriedigen. Deckte der Kaufpreis die Forderung nicht, blieb die Restforderung (*reliquum*) bestehen; wenn der Erlös hingegen die Forderung überstieg, schuldete der Sicherungsnehmer Herausgabe dieses Überschusses (*superfluum*).[39]
Die *fiducia* konnte, indem dem Schuldner die Sache miet-, pacht- oder bittweise (*precarium*) zurückgegeben wurde, auch besitzlos gestellt werden.[40] Im Laufe der Republik behielt dann der Schuldner die Sache gleich von vornherein in seinem Besitz.[41] Die Sicherungsübereignung war noch bis in die klassische Zeit hinein verbreitet, verschwand dann aber zusammen mit dem Institut der *mancipatio*.[42] Im *Corpus Iuris* von *Iustinian* wurden sämtliche Hinweise auf sie getilgt.[43]

---

[34] *Kaser/Knütel*, § 31, Rn. 7; *Hausmaninger/Selb*, S. 180.

[35] *Kaser*, § 109 III. Zuvor war der Treubruch des Gläubigers wohl nur anhand sakraler und zensorischer Strafdrohungen verfolgbar, *Kaser*, § 9 III 2. c. Die Formel der *actio fiduciae* ist nachzulesen bei *Lenel* § 107, S. 291 ff.

[36] *Kaser/Knütel*, § 31, Rn. 10.

[37] *Kaser*, § 109, II; *Erbe*, § 9, S. 37; *Noordraven*, S. 239; a.A. *Oertmann*, § 27, S. 203.

[38] *Honsell*, § 24, S. 77; *Kaser*, § 109, II.

[39] *Kaser*, § 109, II.

[40] *Hromadka*, Faustpfandprinzip, S. 17 m. w. Nachw.

[41] Iul. Dig. 43, 26, 18 (13 dig), dazu: *Erbe*, § 13, S. 71; *Oertmann*, § 4, S. 30.

[42] *Honsell*, § 24, S. 76. Das vermutet auch *Noordraven*, S. 9.

[43] *Honsell*, § 24, S. 76; *Noordraven*, S. 5, 9; *Oertmann*, S. 82.

3. *Pignus und hypotheca*

Das Pfand haben die Römer als einheitliche Rechtseinrichtung aufgefasst, gleich, ob die Sache bei der Verpfändung in den Besitz des Gläubigers gelangte (Faustpfand) oder beim Verpfänder verblieb (besitzloses Pfand)[44], wobei das Besitzpfand den Anfang bildete.[45] Seit der jüngeren Republik wurde der Pfandvertrag dann auch ohne Besitzübergabe abgeschlossen, insbesondere dann, wenn der Verpfänder den Besitz an der Sache aus wirtschaftlichen oder persönlichen Gründen nicht entbehren konnte.[46] Für dieses besitzlose Pfand bürgerte sich in der klassischen Periode der Name *hypotheca* ein.[47]

Die Verpfändung einer Sache unterlag drei Voraussetzungen: Der Verpfänder musste Eigentum an der Sache innehaben, sich mit dem Gläubiger über die Pfandbestellung einigen (*conventio pignoris*)[48] und die Sache übergeben, wobei die Übergabe der Sache später auch als entbehrlich angesehen wurde. Zudem herrschte das Akzessorietätsprinzip, d. h. die Entstehung des Pfandrechts war an die Existenz der zu sichernden Forderung geknüpft.[49]

Wurde die gesicherte Forderung nicht erfüllt, konnte der Pfandgläubiger nach Eintritt der Fälligkeit zur Verwertung des Pfandgegenstands übergehen.[50] Anfangs ist wohl auch das Pfand dem Gläubiger verfallen, d. h. der Gläubiger konnte die Pfandsache an

---

[44] *Kaser*, § 110, I; *Hausmaninger/Selb*, S. 181.

[45] *Hausmaninger/Selb*, S. 181; *Kaser*, § 110 I; *Talamanca*, 101 d, S. 479; a. A., allerdings ohne Begründung, *Schanbacher*, FS Mayer-Maly, S. 639 (644 Fn. 31).

[46] *Kaser*, § 110, II b.

[47] Die begriffliche Unterscheidung ist im *Corpus Iuris* an zwei Stellen definiert: Ulp. D. 13, 7, 9, 2: *„Proprie pignus dicimus, quod ad creditorem transit, hypothecam, cum non transit nec possessio ad creditorem"*; Inst. 4, 6, 7: *„nam pignoris appellatione eam proprie contineri dicimus, quae simul etiam traditur creditori, maxime si mobilis sit: at eam, quae sine traditione nuda conventione tenetur, proprie hypothecae appellatione contineri dicimus"*; *Kaser/Knütel*, § 31, Rn. 14; *Talamanca*, 101 d, S. 479. Allerdings haben sich die klassischen Juristen nicht immer an diese strikte Terminologie gehalten, dazu *Krämer*, S. 30 ff.

[48] Beispiele für den Wortlaut einer Pfandabrede bei *Schanbacher*, FS Mayer-Maly, S. 644 f.

[49] *Kaser*, § 110, II 1.; *Honsell*, § 25, S. 78.

[50] *Kaser*, § 111 II 1.

Stelle der Schuldsumme behalten.[51] Aber auch hier hat sich mit der Zeit der Pfandverkauf durchgesetzt, in spätklassischer Zeit galt er dann sogar ohne ausdrückliche Vereinbarung als Inhalt der Pfandabrede.[52] Der bei dem Verkauf gegebenenfalls erzielte Überschuss (*superfluum* oder *hypérocha*) war an den Schuldner herauszugeben.[53]

Mit einem Gesetz Kaiser Konstantins wurde die *lex commissoria* dann aus Gründen des Schuldnerschutzes im 4. Jhd. n. Chr. verboten.[54]

Natürlich neigten die Gläubiger dazu, sich eine Sache verpfänden zu lassen, die den Wert der zu sichernden Forderung überstieg, um dann im Fall, dass der Schuldner die Forderung nicht zurückzahlen konnte, mehr zu erhalten als ihnen eigentlich zustand.

Auch im Römischen Recht war es nicht nur möglich einzelne Sachen zu verpfänden, vielmehr konnte auch ein Generalpfand am gesamten Vermögen bestellt werden[55] oder eine Gesamtsache (*universitas rerum*) verpfändet werden.[56]

Zusammenfassend lässt sich festhalten, dass schon in der Antike Gegenstände zur Kreditsicherung eingesetzt wurden. Gängig war sowohl die *fiducia cum creditore contracta*, bei der zur Sicherung das Eigentum an einer Sache übertragen wurde, als auch (später) das *pignus* und die *hypotheca*, die bereits beschränkte dingliche Rechte verkörperten.

Dem Bedürfnis des Schuldners auch diejenigen Sachen zur Kreditsicherung einsetzen zu können, die er zu seinem wirtschaftlichen oder persönlichen Fortkommen in seinem Besitz haben musste, wurde durch die Institute der *fiducia* und der *hypotheca*, die auf eine Besitzübertragung verzichteten, Rechnung getragen.

---

[51] *Hausmaninger/Selb*, S. 184; *Krämer*, S. 1; *Kaser*, § 111 II 1; ders., Studien zum römischen Pfandrecht, S. 12; *Talamanca*, 101 h, S. 482. Nachweise zu abweichenden Ansichten bei *Kaser*, Studien zum römischen Pfandrecht, S. 13 ff.

[52] Ulp. (41 ad Sab.). Dig. 13, 7, 4: *(...) sed etsi non convenerit de distrahendo pignore, hoc tamen iure utimur, ut liceat distrahere, si modo non convenit, ne liceat* (...). *Kaser*, Studien zum römischen Pfandrecht, S. 77.; *Talamanca*, 101 h, S. 482.

[53] *Hausmaninger/Selb*, S. 185; *Schanbacher*, FS Mayer-Maly, S. 649.

[54] Codex Theodosianus.3. 2. 1 .= Codex Iustinianus 8. 34. 3.: "*Quoniam inter alias captiones praecipue commissoriae pignorum legis crescit asperitas, placet infirmari eam et in posterum omnem eius memoriam aboleri.*"

[55] *Benke/Meissel*, S. 204.

[56] D. 20, 1, 34 pr (*taberna* als Gesamtsache).

Die Befriedigung des Gläubigers erfolgte auch schon vor dem Erlass des Verbots der *lex commissoria* durch Konstantin meist dadurch, dass der Gläubiger die Sache verkaufte und den Erlös in Höhe der Forderung einbehielt.

B. Die Entwicklung der Mobiliarsicherheiten im deutschen Recht

Im deutschen Recht war das Fahrnispfand ursprünglich als Besitzpfand ausgestaltet. Die Begründung dieses Pfandrechts vollzog sich durch Hingabe der Sache in die leiblichen Gewere des Gläubigers.[57] Bereits in der zweiten Hälfte des 13. Jhd. finden sich aber auch erste Spuren eines besitzlosen Pfandrechts, bezeichnet als *jüngere Satzung*.[58] Es konnte durch die Übertragung einer ideellen oder Zinsgewere übertragen werden oder auch völlig ohne Gewereübertragung.[59] Allerdings genügte eine Begründung durch einfachen Konsens nicht aus, erforderlich war vielmehr eine öffentliche Bestellung, meist vor Rat oder Gericht mit anschließender Kundgabe in einem öffentlichen Buch.[60]
Infolge der Rezeption des Römischen Rechts wurde mit der Hypothek die Verpfändung durch bloße Willensübereinstimmung möglich. Weder Besitz noch öffentliche Beurkundung waren nötig, um dem Pfand dingliche Wirksamkeit zu verschaffen.[61] In vielen Partikularrechten erhielt sich dabei aber für Immobilien das Erfor-

---

[57] *Gierke* II, § 169 I 1, S. 956. Leibliche Gewere bedeutet tatsächliche Sachherrschaft; diese „Machtausübung muss die Behauptung eines vorhandenen dinglichen Rechts einschließen", *Gierke* II, § 113, S. 191.

[58] *Gierke* II, § 155 III, S. 818 ff. Zwar galt die jüngere Satzung ursprünglich nur für Liegenschaften, es wurden ihr aber auch bewegliche Sachen unterworfen, dazu im Detail ebd. § 169 I 2, S. 961 f.

[59] *Hromadka*, Faustpfandprinzip, S. 27.

[60] *Hromadka*, Faustpfandprinzip, S. 28 f.; *Gierke* II, §169 I 2, S. 963.

[61] *Gierke* II, § 156 I, S. 826, § 169 II, S. 963; *Wolff/Raiser*, § 129 IV, S. 521: „Die Aufnahme des römischen Pfandrechts in Deutschland zerstörte für das gemeine Recht die Grundsätze der Publizität (...), der Spezialität und der verschiedenen Behandlung von Fahrnis- und Liegenschaftspfand."

dernis von Formalakten[62], die Verpfändung von Mobilien wurde an die reale Besitzübertragung geknüpft.[63] Teilweise war die Mobiliarhypothek als eine Hypothek minderen Rechts ausgestaltet, d. h. sie war mit einer minderen Rechtswirkung versehen.[64] In den Stadt- und Landrechten des ausgehenden Mittelalters und der frühen Neuzeit war also beinahe jede Pfandrechtsform vertreten, einzig eine Beschränkung auf das Faustpfand als alleinige Verpfändungsform war nicht zu finden.[65]

Im 18. Jhd. wurde es verstärkt als problematisch empfunden, dass besitzlose Pfandrechte für Dritte nicht erkennbar waren. Man vertrat die Ansicht, dass zur Förderung des Güterumsatzes und der wirtschaftlichen Entwicklung der Erwerber einer Sache oder eines Pfandrechts an einer Sache sicher gehen können sollte, dass die Sache noch nicht mit einem Pfand zugunsten eines anderen belastet ist. Dies wollte man dadurch erreichen, dass man nur noch solche Verpfändungen zuließ, mit denen die Übergabe der Sache an den Pfandgläubiger einherging. So konnte der Erwerber sicher sein, dass alle im Besitz des Schuldners befindlichen Gegenstände nicht mit fremden Rechten belastet waren.[66] Vielerorts wurde so das Faustpfandprinzip etabliert.[67] Der Schutz des Erwerbers durch gutgläubigen lastenfreien Erwerb war damals hingegen noch nicht bekannt. Das preußische ALR[68] sowie auch alle übrigen Kodifikationen behielten das Verbot der Mobiliarhypothek bei.[69]

---

[62] Beispielsweise Ausstellung von Urkunden, Art. 222, Bayerisches Landrecht von 1346, vgl. *Schlosser/Schwab*, S. 319.

[63] *Dernburg*, § 264.3b, S. 661.

[64] Nachweise bei *Hromadka*, Faustpfandprinzip, S. 30; *Wolff/Raiser*, § 129 IV 1.

[65] *Hromadka*, Faustpfandprinzip, S. 31.

[66] Stillschweigend wurde also vorausgesetzt, dass treuwidrige Verfügungen des kreditbedürftigen Pfandgebers wahrscheinlicher sind als solche des besitzenden Pfandnehmers; der Pfandnehmer war nun nämlich in der Lage den Pfandgegenstand zu veräußern und dabei nicht nur über die Lastenfreiheit, sondern auch über das Eigentum zu täuschen, siehe dazu *Hromadka*, Faustpfandprinzip, S. 52.

[67] Z.B. in Preußen durch § 29 der Hypothec- und Concurs- Ordnung von 4. 2. 1722; vgl. dazu *Hromadka*, Faustpfandprinzip, S. 51.

[68] §§ 20 I 6-10; 104 f. ALR (*Hattenhauer/Bernert*, S. 292, 295). *Svarez* äußerte bei der Schlussrevision des ALR, dass ein besitzloses Pfandrecht oder die Anwendung des *constitutum possessorium* bei der Pfandbestellung „Quelle unendlicher Betrügereien" sei, siehe: Amtliche Vorträge bei der Schlussrevision, S. 59.

[69] Vgl. *Hromadka*, JuS, 89, (91); *Asmus*, S. 15.

Die gemeinrechtliche Mobiliarhypothek behielt zwar weiterhin - wenn auch in einem sehr kleinen Gebiet[70] - Gültigkeit, ihr wurde aber durch § 306 II ADHGB[71] für das Gebiet des deutschen Bundes „die Lebenskraft genommen", durch § 40 der Reichskonkursordnung (i. V. m. § 14 EGKO) [72] wurde sie schlussendlich „zu Grabe [getragen]".[73] § 306 ADHGB schützte nämlich nur den gutgläubigen Faustpfandnehmer, nicht aber den redlichen Mobiliarhypothekar. § 40 RKO stufte die gemeinrechtliche Mobiliarhypothek als nicht konkursfest ein; Hintergrund der Norm war das Publizitätsprinzip.[74] Damit war die Bestellung eines besitzlosen Pfandes auch in den wenigen Landesteilen, in denen ein solches noch zulässig war, wirtschaftlich sinnlos geworden.[75]
Mit der Schaffung des gutgläubigen Erwerbs vom Nichtberechtigten[76] fiel die *ratio legis* des Faustpfandprinzips, nämlich Schutz des Dritten vor dem Erwerb einer belasteten Sache, weg.[77] Trotzdem ist der Gesetzgeber nicht zur Mobiliarhypothek zurückgekehrt.

---

[70] Die römische Hypothek war zu diesem Zeitpunkt nur noch auf einem Gebiet von etwa 500 Quadratmeilen mit etwa zwei Millionen Einwohnern zulässig, vgl. die Zusammenstellung in: Motive zur KO, S. 191; meist war jedoch auch in diesen Gebieten ihre Wirksamkeit geschmälert, zu den Einzelheiten siehe: Motive zur KO, S. 191.

[71] § 306 ADHGB: „Sind Waaren oder andere bewegliche Sachen von einem Kaufmann in dessen Handelsbetriebe verpfändet und übergeben worden, so kann ein früher begründetes Eigenthum, Pfandrecht oder sonstiges dingliches Recht an den Gegenständen zum Nachtheil des redlichen Pfandnehmers oder dessen Rechtsnachfolgern nicht geltend gemacht werden."

[72] § 40 RKO: „Gläubiger, welche an einer beweglichen körperlichen Sache (...) des Gemeinschuldners ein Faustpfandrecht haben, können aus den ihnen verpfändeten Gegenständen abgesonderte Befriedigung wegen ihrer Pfandforderung verlangen (...)"; § 14 EGKO: „Faustpfandrechte im Sinne des § 40 KO bestehen an beweglichen körperlichen Sache nur, wenn der Pfandgläubiger oder ein Dritter für ihn den Gewahrsam der Sache erlangt und behalten hat."

[73] *Hromadka*, Faustpfandprinzip, S. 127.

[74] „Sollen die späteren Gläubiger in der Beurtheilung der Vermögenslage ihres Schuldners nicht ungebührlich getäuscht und der Kredit überhaupt nicht empfindlich verletzt werden, so muss Jedermann in der Lage gewesen sein, diese rechtliche Absonderung des Gegenstands thatsächlich zu erkennen." So die Motive zur KO, S. 186.

[75] Der Gesetzgeber kommt angesichts der ohnehin nur noch geringen Verbreitung der Mobiliarhypothek zu dem Schluss, dass man „daher ohne Bedenken für den Konkurs, und damit freilich für das Leben, die Mobiliarhypothek zu Grabe tragen [kann]", siehe: Motive zur KO, S. 192.

[76] §§ 15 I 42 ff. ALR, dazu *Hinz*, ZEuP 1995, 398 (416); § 306 ADHGB dazu *Hinz*, ZEuP 1995, 398 (420 f.).

[77] *Hromadka*, JuS 1980, 89 (91).

Vielmehr wurde nun die Notwendigkeit des Faustpfandprinzips im Hinblick auf den Schutz ungesicherter Drittgläubiger betont. [78] Diese sollten davor gewarnt werden, dem Schuldner im Hinblick auf die in seinem Besitz gebliebenen, aber schon verpfändeten Sachen Kredit zu gewähren.
Der BGB-Gesetzgeber übernahm das Faustpfandprinzip.[79] Kritik, die an diesem Prinzip geübt wurde, verhallte. Insbesondere wurde wohl vom Gesetzgeber nicht gesehen, dass das Institut des gutgläubigen Erwerbs die Funktion des Faustpfandprinzips übernommen hatte.[80] Auch den Schutz ungesicherter Drittgläubiger hatte der Gesetzgeber aber wohl nicht im Blick, denn seiner Ansicht nach sind die Gläubiger keinesfalls berechtigt, sich darauf zu verlassen, dass alle im Besitz des Schuldners befindlichen Sachen diesem auch gehören.[81]

---

[78] *Hromadka*, Faustpfandprinzip, S. 184.
[79] §§ 1205 f. BGB.
[80] *Leonhard*, Gruchot 25 (1881), 177 (210 f.).
[81] Prot. III, S. 3690.

Zweiter Teil - Sachrecht

§ 1. Deutschland: Sicherungseigentum

A. Grundlagen

I. BEGRIFF

Eine Sicherungsübereignung liegt vor, wenn dem Gläubiger einer Forderung zwecks deren Sicherung Eigentum an einer Sache des Schuldners oder eines Dritten verschafft wird.[82] Die Übereignung erfolgt üblicherweise gemäß §§ 929, 930 BGB.[83] Im Innenverhältnis wird die über den eigentlichen Sicherungszweck hinausgehende Rechtsmacht des Sicherungsnehmers durch eine zwischen den Parteien vereinbarte schuldrechtliche Sicherungsabrede beschränkt; die sich für den Eigentümer aus § 903 BGB ergebenden Befugnisse darf der Sicherungsnehmer demnach nur insoweit ausüben, als dies der Sicherungszweck gebietet. Der Gläubiger erwirbt Eigentum; gewollt ist allerdings keine endgültige Wertverschiebung, sondern nur eine, die rückgängig gemacht wird, sobald der Gläubiger hinsichtlich der gesicherten Forderung Befriedigung erlangt hat.[84]

---

[82] Praktische Relevanz kommt nur der Sicherungsübereignung beweglicher Sachen zu; dies gründet darauf, dass das vom Gesetz für Immobilien vorgesehene Grundpfandrecht ohnehin ein besitzloses ist; überdies wäre eine Sicherungsübereignung im Vergleich zur Bestellung eines Grundpfandrechts auch wesentlich kostspieliger, vgl. dazu ausführlich *Serick*, EV und SÜ, Bd. II, § 17 III, 1,2; ders., Eigentumsvorbehalt und Sicherungsübertragung, Neue Rechtsentwicklungen, § 1 I 2a. Nach *Wieling*, Enzyklopädie der Rechtswiss., Bd. 1, S. 828, ist an Grundstücken kein Sicherungseigentum möglich.

[83] Staudinger/*Wiegand*, Anh. zu §§ 929-931, Rn. 85.

[84] *Wolff/Raiser*, § 180, S. 739.

II. RECHTSENTWICKLUNG

1. Situation vor Inkrafttreten des BGB

a. Wirtschaftliche Notwendigkeit einer besitzlosen Mobiliarsicherheit

Das Institut der Sicherungsübereignung im deutschen Recht ist entstanden aus dem Konflikt zwischen den Erfordernissen des wirtschaftlichen Verkehrs einerseits und den vom Gesetz bereitgestellten Regelungen andererseits.[85] Wer nicht über Grundbesitz verfügt, kann als Kreditunterlage nur Mobilien einsetzen oder Personalsicherheiten aufbieten. Der Abschluss eines Pfandvertrages, vom Gesetz vorgesehen um Mobilien für Kreditsicherung nutzbar zu machen, wäre daher nahe liegend. Im Rahmen eines solchen Vertrages erlangt der Gläubiger Sicherheit dadurch, dass er die Pfandsache bei Eintritt der Pfandreife verwerten kann, um sich aus dem so erzielten Erlös zu befriedigen. Als Problem hat sich dabei erwiesen, dass Voraussetzung einer wirksamen Pfandbestellung neben einer dahingehenden Einigung auch die Übergabe der Pfandsache an den Pfandnehmer ist, §§ 1205, 1206 BGB.[86] Einem Unternehmer ist es folglich verwehrt, Mobilien, auf deren Nutzung er zur Gewinnerzielung angewiesen ist, wie beispielsweise Firmeninventar oder sein Umlaufvermögen, wie die Ware, zur Kreditsicherung einzusetzen. Auch die Mehrzahl der Bürger, Handwerker, kleinen Händler und auch der sonstigen Gewerbetreibenden war oft nicht in der Lage ihre Mobilien als Kreditunterlage aus der Hand zu geben.[87] Da aber mit der anbrechenden Hochindustrialisierung in der zweiten Hälfte des 19. Jhd. erhebli-

---

[85] *Simitis*, AcP 171 (1971), 94 (96).

[86] Auch in den Partikularrechten, die vor Inkrafttreten des BGB am 1.1.1900 galten, konnten vertragliche Pfänder zumeist nur als Faustpfänder bestellt werden, vgl. dazu *Hromadka*, Faustpfandprinzip, S. 41 ff. Anders für Schiffe: §§ 24 ff SchiffRG vom 15.11.1940, RGBl. I S.1499, an denen ein besitzloses Registerpfandrecht (Schiffshypothek) bestellt werden kann. Zu weiteren besitzlosen Fahrnispfandrechten vgl. *Altorfer*, S. 184 f.

[87] *Leonhard*, 15. DJT, 1880, Bd. 1, S. 109; *Leist*, S. 9. Zudem hatten auch die Sicherungsnehmer kein Interesse an einer ihnen möglicherweise lästigen und kostenaufwändigen Verwahrung des Sicherungsgutes, *Drobnig*, ZfRV 13 (1972), 130, (130).

cher Bedarf an Produktiv- und Konsumtivkredit bestand,[88] bemühten sich die Kreditbedürftigen schon bald um Rechtsformen, die in wirtschaftlicher Hinsicht die Wirkung eines besitzlosen Pfandrechts hervorzubringen geeignet waren.

b. Vom Kauf zu Sicherungszwecken zur Sicherungsübereignung

Zunächst suchten sie das ihnen verwehrte Pfandgeschäft durch ein Rückkaufgeschäft zu ersetzen.[89] Die Eigentumsübertragung erfolgte mittels eines Sicherungskaufs. Zu Beginn des 19. Jhd. galt nämlich noch die Lehre von *titulus und modus*[90], nach der für eine wirksame Übereignung neben einem sog. *modus adquirendi* auch ein Erwerbstitel, ein *iustus titulus*[91] (auch *iusta causa* genannt), verlangt wurde.[92] Der Rekurs auf den Kaufvertrag als *titulus* resultierte aus der Nichtanerkennung des *pactum fiduciae* als wirksames Kausalgeschäft.[93] Die zur Kreditsicherung eingesetzte Sache wurde an den Kreditgeber verkauft und mit dem Kaufpreis die Schuld kompensiert. Der Verkäufer behielt sich die Möglichkeit des Rückkaufs der Sache vor[94], wobei als Rückkaufspreis eine Summe festgelegt wurde, die dem ursprünglichen Verkaufspreis unter Zuschlag von Zinsen entsprach.[95] Der Eigentumsübergang erfolgte durch dingliche Einigung und Ersatzübergabe mittels *constitutum possessorium*.[96] Festzuhalten ist, dass eine Forderung des Geldgebers auf Schuldzahlung bei einem solchen Geschäft

---

88 Siehe zu den wirtschaftlichen Gegebenheiten *Hromadka*, Faustpfandprinzip, S. 135 ff.

89 *Leonhard*, 15.DJT, 1880, Bd.1, S. 100 f.

90 Zu dieser Lehre *Höpfner*, § 293. Zur Verdeutlichung dieser Rechtskonstruktion: Dig. 41, 1, 31 pr.: *Numquam nuda traditio transfert dominium, sed ita, si venditio aut aliqua iusta causa praecesserit, propter quam traditio sequeretur.*

91 Vor der Durchsetzung des Abstraktionsprinzips galt die Lehre von der Übereignung durch *titulus und modus;* unter *titulus* verstand man das zur Eigentumsübertragung verpflichtende Rechtsgeschäft, *modus* bezeichnete die Besitzübertragung. Der Titel schuf nur ein *ius ad rem,* erst durch den *modus* ging das Eigentum über. Dazu *Hofmann,* Die Lehre vom *titulus* und *modus adquirendi,* und von *der iusta causa traditionis.*

92 *Schäfer*, ArchBürgR 38 (1913), 1 (5); *Heck*, S. 119; *Huber*, in FS Canaris, S. 495 f.

93 *Hromadka*, Faustpfandprinzip, S. 144; *Kleene*, S. 90; *Luetgebrune*, S. 7.

94 RG vom 9.10.1880, RGZ 2, 168 (170); *Schreiber*, JR 1984, 485 (486).

95 *Dernburg*, § 263, 1, S. 657.

96 *Schäfer*, ArchBürgR 38 (1913), 1, (4).

nicht (mehr) existierte;[97] die Rückzahlung konnte folglich keine Pflicht darstellen.[98]
Der Sicherungsverkauf war binnen kürzester Zeit zu einem unentbehrlichen Kreditsicherungsmittel für alle geworden, die nicht Grund und Boden ihr Eigentum nennen konnten. Nur in einigen Territorien setzte sich der Sicherungsverkauf nicht durch, weil er ausdrücklich verboten wurde, so geschehen beispielsweise durch § 19 des Braunschweigischen Mobiliarpfandgesetzes von 1878[99] und Art. 32 des Oldenburgischen Pfandgesetzes vom 3.4.1874.[100]
Mit Anerkennung des Abstraktionsgrundsatzes wurde der Eigentumsübergang unabhängig von einem kausalen Erwerbsgrund.[101]
Es bestand nun zwar eigentlich keine Veranlassung mehr sich der umständlicheren Rechtsform des Sicherungskaufes zu bedienen, trotzdem hat sich die reine Sicherungsübereignung erst später durchgesetzt.[102]

c. Argumente gegen die Zulässigkeit von Sicherungskauf bzw. Sicherungsübereignung

Im Laufe der Zeit waren es vor allem immer wieder zwei Argumente, die gegen die Sicherungsübereignung ins Spiel gebracht wurden und mit denen sich die Rechtsprechung in Folge dessen

---

[97] *Luetgebrune*, S. 4; *Hellwig*, AcP 64 (1881), 369 (384); *Bollenbeck*, DNotV 1910, 169, (172).

[98] *Dernburg*, § 263,1, S. 657.

[99] Mobiliarpfandgesetz des Herzogthums Braunschweig vom 8.3.1878, abgedruckt bei *Linckelmann*, ArchBürgR 7 (1893), 209 (223).

[100] Dazu *Drexler*, S. 23.

[101] Die Entscheidung des geltenden deutschen Sachenrechts für das Abstraktionsprinzip geht auf Friedrich Carl v. Savigny zurück. Dazu grundlegend *Felgentraeger*, Friedrich Carl v. Savignys Einfluss auf die Übereignungslehre. Die *traditio* wird seitdem als dinglicher Vertrag und nicht mehr nur als ein rein tatsächlicher Vorgang begriffen, da „alle Merkmale des Vertragsbegriffs darin [in der traditio] wahrgenommen werden: denn sie enthält von beiden Seiten die auf gegenwärtige Übertragung des Besitzes und des Eigentums gerichtete Willenserklärung (…); dass „die wirkliche Erwerbung des Besitzes, als äußere Handlung, hinzutreten muß, hebt das Wesen des zum Grund liegenden Vertrags nicht auf.", *Savigny*, System Bd III, S. 312.

[102] *Schäfer*, ArchBürgR 38 (1913), 1 (5). In seiner Entscheidung vom 10.1.1885, RGZ 13, 200 ff., trennt das Reichsgericht den dinglichen Vertrag vollständig von dem obligatorischen; für einen wirksamen Eigentumserwerb des Sicherungsnehmers ist nunmehr nur die Ernstlichkeit der Eigentumsübertragung ausschlaggebend, hingegen kommt es nicht darauf an, ob das unterliegende Rechtsgeschäft Kauf oder Sicherung einer Darlehensforderung ist.

befassen musste: Der Vorwurf der Simulation und die Qualifizierung der Sicherungsübereignung als eine *fraus legis*.

aa. Der Vorwurf der Simulation

Im Jahre 1856 führte das Obertribunal Stuttgart in einer Entscheidung[103] aus, dass in einem Fall des Sicherungskaufs von den Parteien die Eingehung eines Kaufs nicht ernstlich beabsichtigt war und sie das Geschäft nur zum Schein in die Form eines Kaufvertrags kleideten.[104] Das vereinbarte Kaufgeschäft wurde deshalb als simuliert angesehen. Auch das Reichsgericht entschied im Jahre 1880, dass der ihm vorgelegte Kaufvertrag „unverkennbar den Charakter einer verschleierten Verpfändung an sich [trägt]."[105] Allerdings stellt der 3. Senat auch klar, dass ein „wirklicher Kaufvertrag zu dem Zwecke abgeschlossen werden [kann], um dem Gläubiger Sicherheit wegen einer Forderung an den Schuldner zu verschaffen (...)." Voraussetzung für die Wirksamkeit eines solchen Kaufvertrags sei aber, dass die Absicht der Parteien „erkennbar auf die Übertragung des Eigentums am Kaufobjekte gegen Gewährung des Kaufpreises gerichtet sein [muss]", und eben diese Voraussetzung wurde im konkreten Fall verneint.[106] Der Richter hat also zu ermitteln, ob im konkreten Fall ein Wiederkauf oder eine Verpfändung intendiert war; im Falle, dass in Wahrheit Verpfändung beabsichtigt war, ist das Geschäft, weil für Verpfändung Besitzübertragung in Form von *constitutum possesorium* nicht zulässig ist, nichtig. Eine solche „Willenserforschung" gestaltet sich natürlich schwierig, weswegen sich letztendlich „geradezu eine Indizienlehre heraus[bildet], die dem Richter Kriterien angeben will, an denen er die wahre Natur des Kaufs auf Wiederkauf erkennen soll."[107] Den Verdacht, dass die Parteien eigentlich eine Verpfändung intendierten, ließ beispielsweise die Unverhältnismäßigkeit zwischen Kaufpreis und Wert der Sache aufkommen.[108]

---

103 OT Stuttgart, Urt. v. 23.04.1856, SeuffA 10, Nr. 243.

104 Vgl. bzgl. der Umstände, die zu dieser Beurteilung führen, *Kleene*, S. 74.

105 RG (III. Zivilsenat), Urt. v. 24.9.1880, RGZ 2, 173 ff. Kritik übt *Bähr*, S. 63, und zwar dahingehend, dass das RG Simulation annimmt, wo eine *fraus legis* vorliegt.

106 RGZ 2, 173 (174). So versteht das auch *Hellwig*, AcP 64 (1881), 369 (383 f.).

107 *Hromadka*, Faustpfandprinzip, S. 151.

108 *Hromadka*, Faustpfandprinzip, S. 151; *Drexler*, S. 32 ff.

Auch der 1. Zivilsenat des Reichsgerichts fällte im Jahre 1880 ein Urteil, in dem er feststellte, dass aus dem „Umstande, dass dieses Geschäft zum Zwecke der Sicherstellung des Klägers geschlossen sei, allein (...) keineswegs [folgt], dass das Kaufgeschäft nur simuliert sei."[109]

In der Literatur erfolgt eine Beschäftigung mit dem Phänomen des Sicherungskaufes erst spät. Den Anstoß lieferte Kohler mit seiner Abhandlung aus dem Jahre 1878.[110] Er führte zunächst aus, dass ein Rechtsgeschäft, welches simuliert wird, nicht abgeschlossen wird und nur den Schein eines solchen erzeugt. Zu unterscheiden sei ein solches simuliertes Geschäft aber notwendigerweise vom sog. verdeckten Geschäft. Wenn jemand ein solches abschließt, dann will er es zwar mit all seinen Rechtsfolgen, allerdings zu „ökonomischen Zwecken, welche dem Geschäft selbst (...) nicht homogen sind."[111] Konkret bezogen auf den Sicherungskauf ist Kohler der Auffassung, dass „ein solches Geschäft (...) ganz ernst und mit der vollen Absicht aller juristischen Wirkungen gemeint sein [kann]."[112] Hellwig erhellt, aus welchem Grund Scheingeschäft und verdecktes Geschäft (wie der Sicherungskauf) zunächst verwechselt wurden: Sowohl bei einem Schein- als auch bei einem verdeckten Geschäft liegt eine Simulation vor, nur bezieht sie sich bei Ersterem auf die juristische Form und bei Letzterem auf das wirtschaftliche Ziel des Geschäfts. Das wahre wirtschaftliche Zweckstreben der Parteien wird unter einer ernsthaft gewollten inadäquaten Rechtsform verborgen.[113] Die Parteien nehmen die Rechtsfolgen, die in der Regel „unbequemer" sind als die sich aus der verbotenen Rechtsform ergebenden, auf sich, weil sie nur auf diesem „Umweg" die beabsichtigten wirtschaftlichen Ziele erreichen können.[114] Sollte aber tatsächlich auch einmal der Kaufvertrag simuliert sein, lasse dies jedenfalls die Übereignung unbe-

---

[109] RG (I. Zivilsenat), Urt. v. 9.10.1880, RGZ 2, 168 ff. Kritisch *Hellwig*, AcP 64 (1881), 369 (383), der bemängelt, dass das RG in einem solchen Geschäft keine *fraus legis* erblickt.

[110] *Kohler*, JherJB, 16, 91 ff.

[111] *Kohler*, JherJB 16, 91 (141).

[112] *Kohler*, JherJB 16, 91 (151).

[113] *Hellwig*, AcP 64 (1881), 369 (375 f.).

[114] *Hellwig*, AcP 64 (1881), 369 (375). Die gleiche Feststellung (fast wortlautidentisch) findet sich bei *Bähr*, S. 60.

rührt. Zu dieser Erkenntnis gelangt Hellwig in Anwendung des Abstraktionsprinzips.[115]
In der Literatur hat sich folglich die Erkenntnis durchgesetzt, dass Sicherungsverkäufe keine Scheingeschäfte sind.[116]

bb. Der Vorwurf der Gesetzesumgehung (*fraus legis*)

Die Bezeichnung von Umgehungsgeschäften als ein *in fraudem legis agere* deutet darauf hin, dass sie schon bei den Römern verbreitet waren. In den Digesten findet sich die folgende Definition der Gesetzesumgehung in Abgrenzung zum Gesetzesverstoß: *Contra legem facit, qui id facit quod lex prohibet, in fraudem vero, qui salvis verbis legis sententiam eius circumvenit.*[117] Ein Umgehungsgeschäft liegt danach vor, wenn unter Beachtung des Wortlautes des Gesetzes seinem Sinn zuwider gehandelt wird.
Der Sicherungskauf war bald dem Vorwurf ausgesetzt, der Umgehung der Vorschriften über das Mobiliarpfand zu dienen.
Hellwig stellte fest, dass „zur Eigentumsübertragung (...) nur der auf Geben und Nehmen gerichtete Wille der Contrahenten erforderlich [sei]" und dieser Wille bei einem Sicherungskauf auch außer Zweifel stehe.[118] Allerdings werde so „wirtschaftlich ganz das den Credit und den gutgläubigen Verkehr gefährdende Verhältnis geschaffen, welches unsere Verbotsgesetze unschädlich machen wollten."[119]
Nach geltendem Recht bedurfte es nämlich für ein wirksames Mobiliarpfand der Besitzübertragung. Zweck dieses Erfordernisses war, dass so die Kreditgeber in der Beurteilung der Vermögenslage des Kreditbedürftigen nicht dadurch getäuscht werden konnten, dass die rechtliche Absonderung der verpfändeten Gegenstände nicht erkennbar war, diese Gegenstände also dem Anschein nach verfügbares Vermögen des Schuldners darstellten.[120]
Mit dem Institut des Sicherungskaufes gelang es den Parteien

---

115 *Hellwig*, AcP 64 (1881), 369 (389).
116 *Bähr*, S. 61: „Es ist gar nicht zu bezweifeln, dass sie [die Sicherungsgeschäfte], so wie sie juristisch sich darstellen, auch ganz ernstlich gemeint waren."
117 Dig. 1, 3, 29.
118 *Hellwig*, AcP 64 (1881), 369 (380).
119 *Hellwig*, AcP 64 (1881), 369 (380).
120 *Hellwig*, AcP 64 (1881), 369 (378).

nun, das erwünschte wirtschaftliche Ziel, Kreditsicherung durch Fahrnis, zu erreichen, gleichwohl aber den Schuldner im Besitz der verpfändeten Sachen zu belassen. Nach Kohler steht es zwar im Allgemeinen den Parteien frei einen wirtschaftlichen Zweck in jeder beliebigen, ihn hervorzubringen geeigneten Rechtsform zu realisieren - wobei die jeweiligen Gesetze gelten -, es gibt aber auch Gesetze, die sich nicht auf die von ihnen gewählte Rechtsform beschränken, sondern die Erreichung eines bestimmten ökonomischen Resultats verbieten oder ein solches nur unter gewissen Voraussetzungen zulassen.[121] Die gesetzliche Regelung ist in einem solchen Fall nicht an die einzelne Rechtsform gebunden, sondern „ergreift vielmehr das Zweckbestreben, wo immer sie es findet, in welcher Rechtsform es sich verbirgt."[122] Durch Gesetzesauslegung ist also zu ermitteln, ob sich das Gesetz auf das von ihm genannte Rechtsgeschäft oder auf das Zweckbestreben, welches sich nur typischerweise in dem betreffenden Rechtsgeschäft äußert, bezieht.[123] Für den Sicherungskauf müsse gelten, dass die für das Mobiliarpfand vorgeschriebene Publizität „sich ihrer ganzen Tendenz nach aber nicht auf die Rechtsform, sondern auf das Zweckbestreben [bezieht]." [124] Das Publizitätserfordernis bezieht sich also auf das Zweckbestreben Kreditsicherung durch Fahrnis. Wenn nun durch den Sicherungskauf dieser gleiche Zweck erreicht wird, ist auch hier dieses Geschäft ohne Besitzübertragung unwirksam.[125]

---

[121] *Kohler*, JherJB, 16, 91 (144).

[122] *Kohler*, JherJB, 16, 91 (144).

[123] *Kohler*, JherJB, 16, 91 (144).

[124] *Kohler*, JherJB, 16, 91 (152).

[125] Vgl. *Bähr*, S. 61: „Denn wenn die Verpfändung ohne Besitzübertragung schlimm ist, so ist das neue Rechtsgeschäft, welches die Eigentumsübertragung an die Stelle setzt, noch weit schlimmer. Und ein Gesetzgeber, welcher etwa den Gedanken gehabt hätte, er wolle zwar die Verpfändung verbieten, wolle aber doch, um die Gläubiger und Schuldner nicht allzu sehr zu drücken, ihnen die Sicherung der Forderung mittels Eigentumsübertragung ohne Besitzübertragung frei lassen, würde völlig sinnlos gehandelt haben." Nach *Endemann*, ZHR 1892, 306 (311), „umspannen [die pfandrechtlichen Vorschriften] allerdings jedes Rechtsgeschäft und besonders auch die Eigenthumsübertragung (...)." *Cosack* schlägt vor „alle Geschäfte, durch welche einem Gläubiger zum Zwecke der Sicherung einer ihm zustehenden Forderung ein dingliches Recht an einer beweglichen Sache (...) übertragen wird, nach den Regeln des Faustpfandrechtes zu behandeln. Gleicher Ansicht ist auch *Buetow*, S. 20.

Leonhard hingegen betonte maßgeblich das wirtschaftliche Bedürfnis nach besitzloser Sicherung. Nach seiner Ansicht überwiegt dieses die gegen die Sicherungsübereignung vorgebrachten Bedenken.[126] Ein Verbot der Sicherungsübereignung wäre seiner Ansicht nach eine schwere Gefahr für die ganze Industrie.[127]
Auch Linckelmann sprach sich für die Zulässigkeit der Sicherungsübereignung aus. Er hält die Aussage, dass der Sicherungszweck nur unter den Voraussetzungen des Faustpfands erfolgen darf, für „eine in den Gesetzen selbst nicht begründete Behauptung, (...) eine *petitio principii*, welche aus den Grenzen der auslegenden Thätigkeit heraustritt."[128] Er geht also von einem Gebotsgesetz aus, verneint den Verbotscharakter der pfandrechtlichen Bestimmungen.[129]
Die von Linckelmann vorgebrachten Argumente gegen den Verbotscharakter der die Mobiliarhypothek verbietenden Gesetze vermochten nun auch Kohler zu überzeugen, der nach eigenen Angaben „zu denen zähle, die früher solche Geschäfte als Umgehungsgeschäfte aus der Reihe der Lebenden zu tilgen versuchten."[130] Er fragte sich, ob nicht die Missstände, die sich daraus ergeben, dass nur eine Fahrnissicherung durch Faustpfand möglich ist, die Missstände, die sich aus einer Mobiliarsicherheit ohne Besitzübergabe ergeben, überwiegen, und kommt zu dem Schluss, die Gesetze über das Mobiliarpfand nicht mehr als Verbotsgesetze zu verstehen.[131]
Die Rechtsprechung war zunächst von einer einheitlichen Linie entfernt[132], bald aber wurden die Pfandrechtsvorschriften von der Mehrheit der Gerichte nicht mehr als Verbotsgesetze verstanden.[133]

---

126 *Leonhard*, Gruchot 25 (1881), 177 (216); 514 (515).

127 *Leonhard*, Gruchot 25 (1881), 177 (194).

128 *Linckelmann*, ArchBürgR 7 (1893), 209 (225).

129 „Im Endergebnisse gelangen wir also dazu, einen Verbotscharakter (...) nicht anzunehmen.", *Linckelmann*, ArchBürgR 7 (1893), 209 (228). So auch *Dreyer*, Gruchot 40 (1896), 449 (455 f.).

130 *Kohler*, ArchBürgR 7 (1881), 234 (234).

131 Diese Ansicht teilen auch *Becker*, S. 14 ff. und *Endemann*, S. 544.

132 So mit Nachweisen *Hromadka*, Faustpfandprinzip, S. 163.

133 OLG Kiel, Urt. v. 24.6.1890, SeuffArch 46, Nr. 2. Vgl zu diesem Urteil auch *Kleene*, S. 119. RG, Urt. v. 4.12.1886, 356/86, JW 1887, Nr. 31; Grundsatzurteil des RG vom 10.1.1885 (1. Zivilsenat), RGZ 13, 200 ff. Das Reichsgericht führt hier zum Vorwurf

Auch eine Umgehung von § 40 RKO i.V.m. § 14 EGRKO[134] liegt nach Ansicht des Reichsgerichts nicht vor, denn von einer Umgehung könne nur in Beziehung auf verbietende oder gebietende Gesetze die Rede sein und solche seien „die hier in Rede stehenden nicht, am wenigsten die Konkursordnung."[135] „Diese verbiete nicht etwa Verpfändungen beweglicher Sachen ohne Übertragung des körperlichen Gewahrsams vorzunehmen; (...) sondern sie kennt nur kein Absonderungsrecht auf Grund eines auf eine andere Weise als die im § 14 des Einführungsgesetzes bezeichnete Weise begründeten Pfandrechts an einer beweglichen körperlichen Sache."[136]

cc. Verstoß gegen das Verbot der *lex commissoria*?

„Unzweifelhaft ist das Verbot der *lex commissoria* ein Verbotsgesetz."[137] Hier bleibt also lediglich zu prüfen, ob das Institut der Sicherungsübereignung gegen dieses Verbot verstößt. Die Begründung einer Sicherungsübereignung aber verfolgt einen Siche-

---

einer *fraus legis* aus: „Der § 3 der [mecklenburg - schwerinschen] Ausführungsverordnung zur Konkursordnung betrifft nur die Entstehung des Pfandrechts, nicht den Erwerb des Eigentums. Auch der auf das constitutum possessorium bezügliche zweite Absatz desselben betrifft nur das Pfandrecht. Ein Verbot, das Eigentum durch eine mittels constitutum possessorium bewirkte Übergabe zu übertragen, ist darin weder überhaupt noch auch nur hinsichtlich der Eigentumsübertragung zum Zwecke der Sicherstellung von Gläubigern enthalten. Daß die Absicht des Gesetzgebers über den Wortlaut der Verordnung hinaus auch dahin gegangen sei, die Übertragung des Eigentums, wenn sie zu dem gedachten Zwecke geschieht, der Verpfändung in Ansehung des constitutum possessorium gleichzustellen, ist nicht anzunehmen."; RG vom 17.3.1885 (2. Zivilsenat), RGZ 13, 298 ff. Hier entschied der zweite Zivilsenat in einem Fall, dem französisch- rheinisches Recht zugrunde liegt und daher das Faustpfandprinzip galt (Art. 2076 Code Civil: *Dans tous les cas, le privilège ne subsiste sur le gage qu´autunt que ce gage a été mis et est resté en la possession du créancier, ou d´un tiers convenu entre le parties.*). Das RG stellt hier (ohne Begründung) fest, dass der Zweck der Sicherstellung und Befriedigung der Gläubigerin durch den Verkauf von Mobilien rechtlich zulässig erreicht werden kann. A. A. ist unter Bezugnahme auf RGZ 13, 200 *Katzenstein* in: Gruchot 49 (1905), 323 (334). In der Rechtsprechung ist einzig die abweichende Ansicht des OLG Dresden zu bemerken, dazu ausführlich *Kleene*, S. 146 f.

134 Wortlaut der Vorschriften in: Erster Teil § 2, B.

135 RG, Urt. v. 2.6.1890, RGZ 26, 180 (184).

136 RG, Urt. v. 2.6.1890, RGZ 26, 180 (184 f.).

137 *Linckelmann*, ArchBürgR 7 (1893), 209 (220). So auch *Caspari*, S. 14.

rungszweck, das Verbot der *lex commissoria* hingegen betrifft die Befriedigung aus einer Sicherheit. Aus dem Verbot der Verfallklausel kann also nicht auf eine generelle Unzulässigkeit der Sicherungsübereignung geschlossen werden. Wenn ein Verstoß gegen das Verbot der *lex commissoria* vorliegt, folgt daraus nicht die Unwirksamkeit der Sicherungsübereignung als solche, sondern vielmehr ist alleinige Konsequenz, „dass der Gläubiger jetzt verpflichtet sein würde, die Sachen zu verkaufen und den Ueberschuß des Erlöses an den Schuldner herauszugeben."[138]

2. *Das Gesetzgebungsverfahren zum Bürgerlichen Gesetzbuch*

Zeitgleich zu dem Streit über die Zulässigkeit von Sicherungskauf und Sicherungsübereignung nach den alten Rechten vollzog sich das Gesetzgebungsverfahren zum Bürgerlichen Gesetzbuch.[139] Wie allgemein bekannt, hat die Sicherungsübereignung im BGB keine explizite Regelung erfahren. Das heißt allerdings keineswegs, dass sich der Gesetzgeber nicht mit diesem Institut auseinandergesetzt hätte.

a. Erster Entwurf

Bereits im ersten Entwurf des BGB wurde das Pfandrecht auf der Grundlage des Faustpfandprinzips geregelt (§ 1147 I), wobei dies nach Ansicht des Gesetzgebers „einer weiteren Rechtfertigung nicht [bedarf]", denn „das Faustpfandprinzip (...) ist seit Erlaß der Vorschriften der KonkO überall angenommen, auch wo es bis dahin noch nicht streng durchgeführt war."[140] Betont wurde, dass die Sicherheit des Verkehrs eine äußere Erkennbarkeit bestehen-

---

[138] *Linckelmann*, ArchBürgR 7 (1893), 209 (221 f.). So auch *Leist*, S. 71. *Nathan*, S. 26, hält diese Ansicht für nicht vertretbar. Jegliche dingliche Wirkung müsse entfallen, wenn eine Eigentumsübertragung gegen ein gesetzliches Verbot getätigt wurde. Möglicherweise müsse aber der Schuldner wegen einer sich aus der Sicherungscausa ergebenden Obligation dem Gläubiger die Verwertung gestatten.

[139] 1874-1900. Einen Überblick zur allgemeinen Entstehungsgeschichte des BGB liefert *Schubert*, Die Entstehung der Vorschriften des BGB über Besitz und Eigentumsübertragung, S. 3 ff.

[140] Mugdan III, S. 446 = Motive, III, S. 800.

der Pfandrechte an Mobilien erforderte und dieses Erfordernis eine Übergabe der verpfändeten Sache bedinge.[141]
Das *constitutum possessorium* wurde als nicht ausreichend zur Begründung des Pfandrechts angesehen, was aus § 1147 III 2 hervorging: Die Bestellung des Pfandrechts ist unwirksam, wenn vereinbart ist, dass der Verpfänder das Pfand in der Innehabung behalten soll.[142] In den *Motiven* lassen sich zur Rechtfertigung dieses Ausschlusses drei Gründe auffinden: Das dem Rechtsverhältnis entsprechende tatsächliche Verhältnis trete nicht deutlich genug hervor[143], es bestünde überdies die Gefahr, dass mit Hilfe des *constitutum possessorium* geheime, die Sicherheit des Verkehrs beeinträchtigende Pfandrechte geschaffen werden, außerdem fehle es am strafrechtlichen Schutz gegen eine Unterschlagung der verpfändeten Sache durch den Eigentümer.[144]
Damit waren nun Warenlager, Inventar und Mobiliar in den allermeisten Fällen, da Besitzaufgabe seitens des Kreditbedürftigen nicht möglich, von der Verpfändung ausgeschlossen.[145] Allerdings hatten bereits zu diesem Zeitpunkt „schlaue Juristen ausfindig gemacht, dass ganz das Nämliche (...) auch noch in einer anderen Rechtsform erreicht werden kann."[146] Und zwar eben durch Sicherung in Form der Sicherungsübereignung. Daraus erklärt sich auch folgender Antrag, gestellt bei den Beratungen der ersten Kommission: „War bei der Eigenthumsübertragung behufs der Sicherstellung einer Forderung vereinbart, daß das Eigenthum (...) wieder an den Veräußerer zurückfallen solle, so ist eine solche Vereinbarung ohne dingliche Wirkung."[147] Derselbe wurde

---

141 Prot. II, Bd III, S. 444 f.

142 Entwurf eines BGB, 1. Lesung, S. 261.

143 Nicht erläutert wird in den *Motiven* warum beim strikten Faustpfandprinzip der Besitz Rückschlüsse auf das Rechtsverhältnis erlauben soll; auf die wahre Rechtslage weist der Besitz des Pfandgläubigers nicht hin, die Vermutung des § 1006 BGB spricht eher für das Gegenteil.

144 Mot. III, S. 801. Zur Widerlegung dieser Gründe siehe *Wernick*, S. 378.

145 Dies kritisieren *Wernick*, S.379 f.; *Gierke*, S. 388 f.; *Scholler*, S. 371 f. Nach ihrer Ansicht könnte die Funktion der Übergabe, nämlich Erkennbarkeit, durch ein öffentliches Register wahrgenommen werden, *Wernick*, S. 383; *Gierke*, S. 388 f.; *Scholler*, S. 374 f. A. A. ist *Cosack*, S. 70, der den Verkehr „unbillig" belastet sieht, „wenn man ihm die Rücksichtnahme auf ein neues Register zumuthet."

146 *Bähr*, Kritische Vierteljahresschrift für Gesetzgebung und Rechtswissenschaft (1890), 367 (368).

147 Prot. I, S. 4030 bei: *Jakobs/Schubert*, Beratung des BGB, SachR I, S. 587.

von der Kommission zurückgewiesen. Die *Motive* erklären, eine bedingte Eigentumsübertragung sei, wenn nicht im einzelnen Falle ein simuliertes Geschäft vorliegt, nicht zu beanstanden.[148]
Mit der Feststellung, dass es keinen Unterschied machen könne, ob eine Forderung durch Bestellung eines Pfandrechts oder durch Übertragung eines Rechts wie beispielsweise Eigentum sichergestellt worden ist, wurde § 183 III[149] gerechtfertigt, der hinsichtlich der Verjährung keinen Unterschied macht. „Wirthschaftlich stehen sich beide Fälle im Wesentlichen gleich."[150]
Schon aus den Materialien zum ersten Entwurf ergibt sich folglich eine Tendenz des BGB- Gesetzgebers *in favorem fiduciae.*

b. Zweiter Entwurf

In der zweiten Kommission wurden die Bedenken gegen eine Sicherungsübereignung, die nach verbreiteter Ansicht nur dazu diente die Pfandrechtsvorschriften hinsichtlich der Besitzübergabe zu umgehen, aufgegriffen. Die Mehrheit war der Ansicht, „die vorgeschlagene Vorschrift würde sich als rein positive Ausnahme von dem aus gewichtigen Gründen angenommenen Grundsatze der Unabhängigkeit der Eigenthumsübertragung von ihrem Rechtsgrunde darstellen."[151] Ein „dringendes praktisches Bedürfnis", das eine solche Ausnahme rechtfertigen könnte, liege aber nicht vor. Vielmehr bestehe zwischen der Mobiliarhypothek und der Übereignung durch Konstitut der wesentliche Unterschied, dass Letztere die Begründung konkurrierender Rechte mehrerer Gläubiger nicht zulässt.[152] Auch das Argument, dass durch die

---

[148] Mot. III, S. 337. *Bähr*, Kritische Vierteljahresschrift für Gesetzgebung und Rechtswissenschaft (1890), 367 (370 f.), kritisiert zunächst die „verfehlte Ansicht", dass es sich dabei um ein simuliertes Geschäft handelt, zudem ist er der Auffassung, dass wenn man sich nicht zu dem Verbot dieser Eigentumsübertragung entschließen kann, man doch lieber gleich die Hypothek an Mobilien zulassen solle.

[149] § 183 III: Ist zum Zwecke der Sicherung eines Anspruchs ein Recht übertragen, so findet eine Rückforderung auf Grund der Verjährung des Anspruchs nicht statt, vgl. Entwurf eines BGB, 1. Lesung, S. 43. § 183 III geht sachlich unverändert als § 223 II ins BGB ein; mittlerweile findet sich die Regelung in § 216 II BGB.

[150] Mot. I, S. 345.

[151] Prot. II, Bd. III, S. 200.

[152] Prot. II, Bd. III, S. 201. Kritik an dieser Feststellung üben *Katzenstein*, Gruchot 49 (1905), 323 (336 f.): „So wie der im Besitze der Sache bleibende Schuldner mehrere

Belassung des Besitzes beim Schuldner andere Gläubiger über dessen Kreditfähigkeit getäuscht werden könnten, greift nach Ansicht der Mehrheit der Kommission nicht: „Die Gläubiger seien ganz im Allgemeinen nicht berechtigt, sich darauf zu verlassen, daß alle im Besitze des Schuldners befindlichen Sachen diesem auch gehörten."[153] Auch handele es sich keineswegs überwiegend um illegitime Geschäfte, vielmehr diene diese Rechtsform häufig zur Befriedigung des Kreditbedürfnisses der kleinen Leute. Offensichtlich wollte die zweite Kommission also die Sicherungsübereignung keineswegs als unzulässig verwerfen.[154]

3. Rechtsprechung und Literatur nach Inkrafttreten des BGB

Die Rechtsprechung bestätigte bald auch unter der Geltung des BGB die Zulässigkeit der Sicherungsübereignung als besitzlose Mobiliarsicherheit.[155] Die Zulässigkeit von Sicherungskauf und Sicherungsübereignung ergebe sich nun ohnehin schon aus § 930 BGB, eine entgegenstehende Vorschrift sei nicht vorhanden, die §§ 1205, 1253 II BGB bilden überdies keine Verbotsgesetze.[156]

Pfandrechte an ihr begründen kann, ebenso kann der im Besitze bleibende Veräußerer mehrere konkurrierende Eigentumsrechte begründen.", *Hromadka*, JuS 1980, 89 (92): „Vermieden werden sollten also offenbar Beweisschwierigkeiten zwischen mehreren Gläubigern. Daß dasselbe Problem auch auftauchte, wenn ein betrügerischer Schuldner die Sache mehrfach zur Sicherheit übereignete, kam den Vätern des BGB offenbar nicht in den Sinn." und *Litten*, 31. DJT, Bd. III, S. 202: „Die ausschließliche Bevorzugung eines Gläubigers, wie sie bei der Sicherungsübereignung stattfindet, ist noch viel gefährlicher und härter für die anderen Gläubiger, als wenn sie, wie bei der Mobiliarhypothek, als Gläubiger konkurrieren."

[153] Prot. II, Bd. III, S. 201.

[154] Nach *Katzenstein*, Gruchot 49 (1905), 323 (335), verwickelt sich die zweite Kommission in einen „seltsamen Widerspruch" indem sie das Verbot des *constitutum possessorium* beim Pfandrecht damit rechtfertigt, dass die Sicherheit des Verkehrs eine Erkennbarkeit des Pfandrechts erfordert und gleichwohl aber die Sicherungsübereignung mittels *constitutum possessorium* nicht als eine Gesetzesumgehung ansieht.

[155] RG, Urt. v. 17.6.1902, DJZ 1902, S. 485, Nr. 59; Urt. v. 11.3.1904, RGZ 57, 175; Urt. v. 8.11.1904, RGZ 59, 146. Zu weiteren Rechtsprechungsnachweisen siehe auch *Schäfer*, ArchBürgR 38 (1913), 1 (7 f.). Einzig in einer Entscheidung vom 7.11.1905, RGZ 61, 430, 432 f., hält der VII. Zivilsenat des RG die Rechtsfrage hinsichtlich der Sicherungsübereignung immer noch für „zweifelhaft", obwohl es auch seiner Ansicht nach richtig ist, dass das Reichsgericht die Rechtwirksamkeit der fiduziarischen Eigentumsübertragung anerkannt hat.

[156] RG, Urt. v. 17.6.1902, DJZ 1902, S. 485, Nr. 59.

In einer anderen Entscheidung beruft sich das Reichsgericht auf § 223 II BGB[157], aus dem nach seiner Ansicht hervorgeht, dass das BGB der Sicherungsübereignung nicht entgegensteht.[158]
Auch die ganz überwiegende Meinung in der Literatur bejaht die Gültigkeit der Sicherungsübereignung mittels Konstituts.[159] Überwiegendes Motiv für diese positive Einstellung war die Unentbehrlichkeit dieses Instituts für den Kreditverkehr.[160]
Vielfach wurde allerdings *de lege ferenda* gefordert, ein Registerpfandrecht einzuführen, um so durch Registerpublizität die Besitzpublizität zu ersetzen.[161] Denn als Nachteil der Sicherungs übereignung galt den meisten ihre Heimlichkeit, die das Vertrauen der im Hinblick auf das scheinbare Vermögen kreditierenden Gläubiger enttäuscht.
Hervorzuheben ist allerdings betreffend die Gefahr der Gläubigertäuschung die richtige Feststellung von Lilienthal: „Der Schein der Kreditwürdigkeit des Veräußerers ist, soweit es sich um die übertragenen Sachen handelt, mit jedem *constitutum possessorium* verbunden, mag die Uebertragung zur Sicherung oder zu irgend

---

[157] Jetzt § 216 BGB.

[158] RG, Urt. v. 11.3.1904, RGZ 57, 175 (177) unter Verweis auf *Planck*, Bem. 3 zu § 223 BGB, der dort feststellt: „Der § 223 Abs. 2 bezieht sich auf die sog. fiducia (...)." Kritisch zu dieser Entscheidung *Füller*, S. 491.

[159] Vgl. *Litten*, 31.DJT,1912, Bd. III, S. 200. A. A sind *Katzenstein*, Gruchot 49 (1905), 323 (338); *Hellwig*, Gläubigernot, S. 147 f.; *Hoeniger*, 31. DJT, 1912, Bd. III, S. 228; *Caspari*, S. 38 und *Wilutzky*, DJZ 1901, 20 (20).

[160] *Litten*, 31. DJT, 1912, Bd. III, S. 212: „absolut unentbehrlich"; *Isah*, 31. DJT, 1912, Bd.III, S. 238: „notwendiges Mittel des Kredits"; *Salinger*, 31. DJT, 1912, Bd. I, S. 448: „unentbehrlich"; *Ziese*, DNotV 1905, 648 (648): „Mit unwiderstehlicher Kraft drängt das Bedürfnis der Kreditbeschaffung (...) auf eine die verbotene Mobiliarhypothek ersetzende Einrichtung hin."; *Weinhausen*, S. 31: „erheblicher wirtschaftspolitischer Wert".

[161] *Bollenbeck*, DNotV 1910, 169 (184); *Wolf*, DJZ 1906, S. 1315, der allerdings betont, dass ein solches Register nicht für alle Mobilien, sondern nur für Hausmobiliar und Warenlager durchführbar ist. Einem Register gegenüber positiv eingestellt war auch schon *Linckelmann*, ArchBürgR 7 (1893), 209 (233). Gegen das Argument, es gäbe schon zu viele Register *Salinger*, 31. DJT 1912, Bd. III, S. 465: Der Gläubiger hat, wenn er sich ein Pfand bestellen lassen will, es nicht nötig, „die Register über Geburt, Ehe, Patente usw. einzusehen. Es ist ihm deshalb gleich, wie viele Register sonst noch da sind (...)." Zweifelnd, dass ein Registerpfandrecht die Sicherungsübereignung ausreichend ersetzen könnte, *Schmitt*, DJZ 1912, 1042 (1048).

einem anderen Zwecke erfolgen."[162] In besonderem Maße feststellungswürdig ist die Tatsache, dass sich die Sicherungsübereignung konstruktiv im Rahmen des § 930 BGB hält, der als solcher nicht nach Publizität verlangt. Ob nun aber die Übereignung zu Sicherungszwecken oder *solvendi causa* erfolgt, muss aufgrund der Geltung des Trennungs- und Abstraktionsprinzips außerhalb der sachenrechtlichen Wertung stehen. Einen Verstoß der Sicherungsübereignung gegen das Publizitätsprinzip anzunehmen erscheint also nur schwer vertretbar.[163] Ob aus dem Faustpfandprinzip eine Unzulässigkeit der Sicherungsübereignung folgt, ist - wenn überhaupt - vielmehr eine Frage des Typenzwangs.[164]

Zur Zeit des Nationalsozialismus wurde die Sicherungsübereignung Gegenstand ideologischer Kritik.[165] Die ablehnende Einstellung ihr gegenüber ergab sich aus dem jedem totalitären Herrschaftssystem eigentümlichen Misstrauen gegenüber Privatautonomie bei der Vertragsgestaltung und aus der Natur der Sicherungsübereignung als abstraktem Rechtsgeschäft, das sich wegen des Publizitätsmangels der Kontrolle durch staatliche Behörden entzog.[166]

Die Entscheidungen des Bundesgerichtshofs orientierten sich hingegen wieder an der gefestigten Rechtsprechung des Reichsge-

---

162 *Lilienthal*, DJZ 1902, 542 (544). So auch schon *Dreyer*, Gruchot 40 (1896), 449 (455): „Wenn es [das constitutum possessorium] die Tradition bei einem nicht zum Zwecke der Sicherung abgeschlossenen Verkaufe vertritt, so ist der Aussonderungsanspruch des Käufers den Gläubigern nicht weniger überraschend und nachtheilig, als derjenige, welcher auf Grund eines zum Zwecke der Sicherung eingegangenen Vertrages ausgeübt wird."

163 *Füller*, S. 359.

164 Dazu *Wilhelm*, Rn. 16.

165 In einer Entscheidung des LG Breslau vom 18.1.1934, DJ 1935, S. 413 f., wird die Sicherungsübereignung als mit der „nationalsozialistischen Weltanschauung" unvereinbar bezeichnet. Sie verstoße gegen die „Reinlichkeit und Redlichkeit des Geschäftsverkehrs". Nach bisheriger Rechtsanschauung sei sie zulässig gewesen, weil sie als „eines der wichtigsten Mittel erschien (...), um das Kreditbedürfnis der minderbemittelten Volksklassen befriedigen zu helfen." In der Entscheidungsanmerkung allerdings rät *Pätzold* dringend davon ab, ihr „die Anerkennung in einem Zeitpunkt zu versagen, in dem sie noch unentbehrlich und durch keine andere Rechtseinrichtung ersetzbar ist."

166 *Melsheimer*, S. 117. Zu den Vorschlägen über die Reform des Kreditsicherungsrechts durch die Akademie für Deutsches Recht, insbesondere zur Denkschrift Lehmanns vgl. *Schwister*, ZAkDR, 5. Jahrg., 1938, S. 338-342. Dieser Akademievorschlag sollte allerdings keine praktische Verwirklichung finden.

richts zur Sicherungsübereignung.[167] Überwiegend wird die Sicherungsübereignung in der Literatur mittlerweile als gewohnheitsrechtlich anerkannt verstanden.[168] Es liege eine Rechtsschöpfung *praeter*[169] oder gar *contra legem*[170] vor. Die für sie erkorenen Bezeichnungen reichen von „illegitimes Kind des Verkehrs"[171], über „zivilrechtliche Sumpfpflanze"[172], „Ausgeburt der Konstruktion"[173], „scheußlich"[174] bis zu „enfant terrible der Jurisprudenz."[175] Verbreitet wird aber schon seit längerer Zeit mit Blick auf die Materialien betont, dass dem Gesetzgeber die Sicherungsübereignung durchaus bekannt war und sie bewusst geduldet wurde.[176] Jedenfalls hat sie in jüngerer Zeit explizite gesetzliche Anerkennung in § 51 Nr. 1 InsO gefunden.[177]

---

167 BGH, Urt. v. 9.10.1951 - I ZR 20/51, BGHZ 3, 257 ff.; Urt. v. 14.7.1952 - IV ZR 1/52, BGHZ 7, 111 ff.

168 *Serick*, Mobiliarsicherheiten, S. 5: „Die im BGB nicht geregelte Sicherungsübereignung gilt heute kraft Gewohnheitsrechts welchem gegenüber dem gesetzten Recht auch derogatorische Kraft zukommt." Für gewohnheitsrechtliche Anerkennung auch *Heck*, S. 432; *Schwister*, DJZ 1934, 12 (14); *v. Gierke*, J., S. 200; *Meyer-Cording*, NJW 1979, 2126 (2126); *Möhring*, BB 1964, 4 (4); MünchKomm/*Quack*, 3. Aufl., Anh. §§ 929-936 Rn. 3; *Pottschmidt/Rohr*, Rn. 494.

169 *Boehmer*, S. 142 f.; *Paulus*, JurJb, Bd. 6, 1965/66, 134 (135); *Reinicke/Tiedtke*, Rn. 623; Soergel/*Henssler*, § 930 Anh., Rn. 2.

170 *Larenz*, S. 6.

171 *Salinger*, 31. DJT 1912, Bd. 1, S. 409.

172 *Ackermann*, S. 166.

173 *Schwister*, ZAkDR, 5. Jahrg. 1938, 338 (338).

174 *Flume*, 41. DJT 1955, F 42.

175 *Paulus*, JurJb, Bd. 6, 1965/66, 134 (134).

176 *Gaul*, AcP 168 (1968), 351 (357 ff.); *Schubert*, S. 163; MünchKomm/*Oechsler*, Anh. §§ 929-936, Rn. 3; Staudinger/*Wiegand*, Anh. §§ 929-931, Rn. 54 f.; Jauernig/*Jauernig*, § 930, Rn. 19 f.; *Becker*, Kreditsicherung, S. 48; *Münzel*, MDR 1951, 129 (129 f.); *Weitnauer*, FS Serick, 1992, S. 390. *Baur/Stürner*, S. 776, gehen davon aus, das „was früher allenfalls gewohnheitsrechtlich gerechtfertigt gewesen sein mag, (...) zwischenzeitlich vom Gesetzgeber mehrfach abgesegnet und bestätigt [ist]." So auch *Ganter* in: Schimanski/Bunte/Lwowski, § 95, Rn. 13.

177 § 51 Nr. 1 InsO: „Den in § 50 genannten Gläubigern stehen gleich: 1. Gläubiger, denen der Schuldner zur Sicherung eines Anspruchs eine bewegliche Sache übereignet (...) hat."

III. DOGMATISCHE EINORDNUNG

1. *Die Pfandrechtstheorie*

„Dass das Sicherungseigentum kein normales Eigentum sein kann, ist offenbar."[178] Vielmehr sei die Position des Sicherungsnehmers, da dem Sicherungsgeber eine dingliche Rechtsposition verbleibt, die es ihm ermöglicht, den Zugriff von Gläubigern des Sicherungsnehmers unter gewissen Umständen abzuwehren, wie ein Pfandrecht zu behandeln.[179] Die herrschende Meinung allerdings, die dogmatische Erfassung des Sicherungseigentums als pfandrechtliche oder pfandrechtsähnliche Sicherung ablehnend, versteht es als „echtes" Eigentum.[180] Der Sicherungsnehmer ist lediglich durch eine schuldrechtliche Sicherungsabrede gebunden, der in einigen Situationen (quasi-)dingliche Wirkung beigemessen wird.[181]

---

[178] *Wieling,* in: Enzyklopädie der Rechtswiss., Bd. 1, S. 827.

[179] Mit der Folge, dass die Pfandrechtsvorschriften anzuwenden seien. So *Wieling,* in: Enzyklopädie der Rechtswiss., Bd. 1, S. 828. In diese Richtung auch *Henckel,* FS Zeuner, S. 196, der das Sicherungeigentum als „eine Art besitzloses Pfandrecht" versteht und daher für eine dogmatische Einordnung als „vertraglich begründetes, pfandrechtsartiges, nichtakzessorisches, besitzloses Sicherungsrecht" plädiert, ebd. S. 214. A. A. *Gaul,* FS Serick, 1992, S. 152, der keinen Anlass sieht, „das Sicherungseigentum nach der rechtsgeschäftlichen Bestellung durch die Parteien gem. §§ 929, 930 BGB anschließend zu einem juristisch hybriden Gebilde mit dem Pfandrecht zu verschmelzen und auf dieses - abgesehen vom Bestellungsakt - alle Pfandrechtsvorschriften zur Anwendung zu bringen." Ablehnend auch *Reich,* AcP 169 (1969), 247 (257 f.).

[180] *Heydegger,* S. 67, 132; MünchKomm/*Oechsler,* Anh. §§ 929-936, Rn. 41; RG, Urt. v. 9.4.1929 - VII 536/28, RGZ 124, 73 (73): „volles bürgerlichrechtliches Eigentum." *Münzel,* MDR 1951, 129 (129), kritisiert, dass man zu der Annahme eines „vollen und echten Eigentum[s]" nur aufgrund eines methodologischen Fehlers gelangt, nämlich demjenigen „säuberlichst die dinglichen und schuldrechtlichen Elemente [zu] trenn[en] und jeden gegenseitigen Einfluss [zu] leugne[n]." „Lässt man von dem Zerlegungsverfahren ab und wertet man die Ganzheit, so muss man zu dem Ergebnis kommen, dass weder SÜ [Sicherungsübereignung] noch EV [Eigentumsvorbehalt] wahres und volles Eigentum sind, sondern pfandrechtliche Sicherungen." Diese Ansicht muss allerdings in Hinblick auf das Trennungsprinzip kritisiert werden. Die Eigentumsübertragung ist eben gerade unabhängig vom schuldrechtlichen Kausalgeschäft zu betrachten.

[181] *Serick,* EV und SÜ, Bd. II, § 19, S. 78. *Serick* sieht diese quasidingliche Wirkung der Sicherungsabrede als Durchbrechung des Abstraktionsprinzips.

2. *Sicherungsübereignung als Treuhandgeschäft*

Treuhandverhältnisse[182] zeichnen sich dadurch aus, dass dem Treuhänder ein Recht übertragen wird, welches er nur zu bestimmten Zwecken ausüben soll. Die sich ihm durch die Rechtsübertragung eröffnenden Handlungsmöglichkeiten werden durch eine (schuldrechtliche) Abrede mit dem Treugeber begrenzt - rechtliches Können und rechtliches Dürfen fallen folglich auseinander. Die Sicherungsübereignung wird als ein solches fiduziarisches oder Treuhandgeschäft angesehen.[183]

3. *Sicherungsübereignung als auflösend bedingtes Rechtsgeschäft*

Eine weitere Ansicht geht von einer Konstruktion der Sicherungsübereignung als auflösend bedingte Rechtsübertragung aus.[184] Das Eigentum am Sicherungsgut würde so bei Tilgung der Forderung automatisch an den Sicherungsgeber zurückfallen, bis dahin stünde ihm ein Anwartschaftsrecht am Sicherungsgut zu. Zudem wäre er während der Sicherungsphase über § 161 II BGB vor abredewidrigen Verfügungen des Sicherungsnehmers geschützt. Solche könnten zwar nach § 161 III BGB, der die Vorschriften des gutgläubigen Erwerbs für anwendbar erklärt, wirksam werden,

---

182 Vgl. zu den Treuhandverhältnissen im Allgemeinen den instruktiven Beitrag von *Gernhuber*, Die fiduziarische Treuhand in JuS 1988, S. 355 ff.

183 *Serick*, EV und SÜ, Bd. II, § 19, S. 71; Bamberger/Roth/*Kindl*, § 930, Rn. 13; MünchKomm/*Oechsler*, Anh. §§ 929-936, Rn. 1; *Reinicke/Tiedtke*, Rn. 624; *Gernhuber*, JuS 1988, 355 (356); Schulze/*Schulte-Nölke*, BGB, § 930, Rn. 11; Jauernig/*Jauernig*, § 930, Rn. 21; Soergel/*Henssler*, § 930 Anh., Rn. 7; *Coing*, S. 72; BGH, Großer Senat, Beschluss v. 27.11.1997 - GSZ 1/97, GSZ 2/97, BGHZ 137, 212 = NJW 1998, 671 (672): „fiduziarisches Kreditsicherungsgeschäft." BGH, Urt. v. 28.7.1978 - VIII ZR 60/77, BGHZ 72, 141. So auch schon RG, Urt. v. 23.12.1899 - V 233/99, RGZ 45, 80 (84): Dieses Urteil betraf zwar eigentlich einen Fall der Verwaltungstreuhand, wurde aber zur Leitentscheidung aller Fälle treuhänderischer Übertragung stilisiert, einschließlich der Sicherungsübereignung. Ablehnend *Wolff/Raiser*, § 179, S. 735 f. Kritisch auch *Gaul*, AcP 168 (1968), 351 (367) und *Reich*, AcP 169 (1969), 247 (254 f.).

184 *Lange*, NJW 1950, 565 (569); *Wolff/Raiser*, § 179, S. 741; *Boehmer*, II 2, S. 164; *Baur/Stürner*, 16. Aufl., § 57, S. 621; *Reinicke/Tiedke*, DB 1994, 2173 (2176 f.). Dies für den Fall eines entgegenstehenden Parteiwillens ablehnend *Thoma*, NJW 1984, 1162 (1162 f.); *Serick*, EV und SÜ, Bd. III, § 37, S. 400; *Heydegger*, S. 62. Ausführlich zu den Vor- und Nachteilen einer solchen Konstruktion Staudinger/*Wiegand*, Anh. §§ 929-931, Rn. 196 ff.

allerdings nicht im Regelfall der Sicherungsübereignung nach §§ 929, 930 BGB, vgl. § 936 III BGB.[185] *Wolff/Raiser* sprechen von einer „Teilung der Rechtszuständigkeit"[186] bezüglich des Sicherungsgutes: Dem Eigentum des Gläubigers stünden Anwartschaftsrecht und Besitz des Schuldners gegenüber. Allerdings ist nach überzeugender Ansicht eine solche bedingte Konstruktion immer dann abzulehnen, wenn sich ein explizit so gerichteter Parteiwille nicht erkennen lässt.[187] Eine einheitliche Qualifizierung der Sicherungsübereignung als bedingtes Geschäft scheidet somit folglich aus.

B. Begründung von Sicherungseigentum

I. STRUKTUR DER SICHERUNGSÜBEREIGNUNG

1. Beteiligte

Gemäß allgemeinen Grundsätzen können als Beteiligte an einer Sicherungsübereignung natürliche und juristische Personen sowie Personengesellschaften, die mit der Fähigkeit ausgestattet sind, Rechte zu erwerben und Verbindlichkeiten einzugehen[188], mitwirken.

---

[185] Nach h. M. zählt zu den Rechten Dritter i. S. d. § 936 BGB auch das Anwartschaftsrecht des Sicherungsgebers bei auflösend bedingter Sicherungsübereignung, vgl. nur Staudinger/*Wiegand*, § 936, Rn. 2.

[186] *Wolff/Raiser*, § 179, S. 736.

[187] *Schütz*, NJW 1957, 1541 (1541 f.). Eine auflösende Bedingung im Fall des Fehlens einer dahingehenden ausdrücklichen Vereinbarung zu vermuten widerspricht dem sachenrechtlichen Abstraktionsgrundsatz, zudem entspricht sie häufig gerade nicht dem stillschweigenden Willen der Parteien, *Reich*, AcP 169 (1969), 247 (256); *Gaul*, FS Serick, S. 150. So auch BGH, Urt. v. 2.2.1984 - IX ZR 8/83, NJW 1984, 1184 (1185 f.), der maßgeblich das Interesse an der Klarheit der Zuordnungsverhältnisse betont. Die Vereinbarung einer unbedingten Sicherungsübereignung verstößt auch nicht gegen § 307 BGB (früher § 9 AGBG). Anders allerdings MünchKomm/*Quack*, Anh. §§ 929-936, Rn. 113 ff. und *Wolf*, FS Baur, S. 162.

[188] Vgl. § 14 II BGB. Rechtsfähige Personengesellschaften sind die OHG (§ 124 HGB), die KG (§§ 161, 124 HGB), die Partnerschaftsgesellschaft (§ 7 II PartG), die EWIV (Art. 1 II EWIV-VO [2137/85 v. 25.7.1985]) und die GbR in Form einer Außengesell-

2. *Rechtsverhältnisse zwischen den Beteiligten*

Meist, aber keinesfalls zwingend, erfolgt eine Sicherungsübereignung im Rahmen eines Zweipersonenverhältnisses zwischen dem Schuldner als Sicherungsgeber und dem Gläubiger als Sicherungsnehmer.[189]

3. *Sicherungsgegenstand*

Als Sicherungsgut kommen sämtliche sonderrechtsfähige Gegenstände in Betracht, sowohl Mobilien als auch Grundstücke, wobei allerdings in der Praxis die Sicherung durch letztere keine nennenswerte Verbreitung erlangt hat.[190] Als Sicherungsgegenstand geläufig sind zudem Anwartschaftsrechte auf den Erwerb beweglicher Sachen, beispielsweise dasjenige des Vorbehaltskäufers,[191] und auch Sachen, die vom Sicherungsgeber erst künftig erworben werden. Da der Vollstreckungsschutz der ZPO den Zugriff der Gläubiger, nicht aber die materiell-rechtliche Verfügungsbefugnis des Schuldners selbst beschränkt, ist die Frage nach der Zulässigkeit einer sicherungsweisen Übereignung solcher Gegenstände, die dem Pfändungsverbot aus § 811 ZPO unterliegen, zu bejahen.[192]

---

schaft (Grundsatzurteil des BGH zur (Teil-) Rechtsfähigkeit v. 29.1.2001 - II ZR 331/00, BGHZ 146, 341 ff. = NJW 2001, 1056.

[189] Im Fall der Personenverschiedenheit von Schuldner und Sicherungsgeber besteht zwischen denselben ein Geschäftsbesorgungsvertrag nach § 675 BGB oder ein Auftragsverhältnis; andernfalls kommen die Vorschriften über die GoA zur Anwendung, siehe nur Soergel/*Henssler*, § 930 Anh., Rn. 9. Zu den (seltenen) Fällen eines von der Person des Gläubigers abweichenenden Sicherungsnehmers vgl. *Serick*, SÜ und EV, Bd. II, § 18, S. 52.

[190] Vgl. hinsichtlich der Ursachen Zweiter Teil, § 1, A, I.

[191] Soergel/*Henssler*, § 929, Rn. 9. Bei Bedingungseintritt erwirbt der Sicherungsnehmer das Volleigentum an der Sache unmittelbar, d. h. ohne Zwischenerwerb des ursprünglich Anwartschaftsberechtigten, BGH, Urt. v. 22.2.1956 - IV ZR 164/55, BGHZ 20, 88 ff.

[192] H. M., BGH, Urt. v. 28.11.1960 - VIII ZR 211/59, WM 1961, 243 ff.; MünchKomm/*Oechsler*, Anh. §§ 929-936, Rn. 12; Jauernig/*Jauernig*, § 930, Rn. 30; Erman/*Michalski*, Anh. §§ 929-931, Rn. 2. Anders freilich OLG Stuttgart, Urt. v. 21.10.1970 - 1 U 59/70, NJW 1971, 50.

4. *Sachenrechtlicher Erwerbstatbestand*

Die das Sicherungseigentum begründende Übereignung richtet sich, wie jedwede Übereignung von Mobilien, nach den Regelungen der §§ 929 ff. BGB. Neben der dinglichen Einigung ist demnach für eine wirksame Übereignung Übergabe des Besitzes oder Vereinbarung eines Übergabesurrogats erforderlich. Weitaus überwiegend bedient sich die Praxis der Übereignung mittels *constitutum possessorium* gem. §§ 929, 930 BGB[193], die einzig dem Sicherungsnehmer ermöglicht Gegenstände, auf deren physische Verfügbarkeit er angewiesen ist, zur Kreditsicherung einzusetzen. Die folgende Darstellung soll daher auf diese Variante der Sicherungsübereignung beschränkt bleiben.

a. Dingliche Einigung

aa. Form und Inhalt

Die (formfreie) Einigung verkörpert den rechtsgeschäftlichen Teil des Übereignungstatbestands, anwendbar sind die allgemeinen Vorschriften über Rechtsgeschäfte und den Vertrag. Erforderlich sind zwei (auch konkludent abgegebene) korrespondierende Willenserklärungen, gerichtet auf Übergang der Eigentumsposition an einer bestimmten Sache von dem Veräußerer auf den Erwerber.

bb. Bestimmtheitsgrundsatz

Die zu übereignende Sache muss im Rahmen der dinglichen Einigung so konkret bezeichnet werden, dass sie allein aufgrund dieses Inhalts ermittelt werden kann.[194] Nach der Formel des *BGH* ist dem Bestimmtheitsgrundsatz[195] genügt, „wenn es aufgrund einfacher äußerer Abgrenzungskriterien für jeden, der die Parteiabrede kennt, ohne weiteres ersichtlich ist, welche individuell bestimmten Sachen

---

193 Palandt/*Bassenge*, § 930, Rn. 20.

194 BGH, Urt. v. 31.1.1979 - VIII ZR 93/78, BGHZ 73, 253 ff. = NJW 1979, 976 ff.

195 Zu den Zwecken, die mit dem Bestimmtheitsgrundsatz verfolgt werden vgl. MünchKomm/*Oechsler*, Anh. §§ 929-936, Rn. 5.

übereignet worden sind."[196] Maßgeblicher Zeitpunkt für die Bestimmtheit ist der der dinglichen Einigung.[197]

b. Besitzmittlungsverhältnis

aa. Anforderungen an die Wirksamkeit

§ 930 BGB erlaubt die für die Übereignung nach § 929 BGB erforderliche Übergabe durch Vereinbarung eines Rechtsverhältnisses zu surrogieren, vermöge dessen der Erwerber den mittelbaren Besitz (§ 868 BGB) erlangt. Diesem Rechtsverhältnis, dem sog. Besitzmittlungsverhältnis, kommt somit die Aufgabe zu, den in der dinglichen Einigung zum Ausdruck gekommenen Willen der Parteien in tatsächlicher Hinsicht umzusetzen. Die Parteien müssen ein konkretes Besitzkonstitut vereinbaren, ein abstraktes, also die bloße Vereinbarung, dass der Veräußerer in Zukunft für den Erwerber besitzen soll, ohne Festlegung von Rechten und Pflichten im Einzelfall, genügt nicht.[198] Während von Seiten des Reichsgerichts eine Sicherungsabrede, die nicht in hinreichend konkreter Art und Weise, also nicht vergleichbar einem der in § 868 BGB genannten Besitzmittlungsverhältnisse, Rechte und Pflichten der Parteien festlegte, nicht als wirksames Besitzmittlungsverhältnis aufgefasst wurde[199], soll laut *BGH* die bloße Tatsache, dass ein solche Sicherungsabrede vorliegt, ausreichen.[200] Jedenfalls ist die Rechtswirksamkeit dieses Rechtsverhältnisses - solange Besitzmittlungswille und irgendein wirksamer Herausgabeanspruch[201] nicht fehlen - nicht erforderlich.[202]

---

[196] BGH, Urt. v. 3.7.2000 - II ZR 314/98, NJW 2000, 2898 (2898).

[197] BGH, Urt. v. 29.4.1958 - VIII ZR 211/57, NJW 1958, 945 (945); *Reinicke/Tiedke*, DB 1994, 2173 (2173); *Bülow*, Rn. 1283.

[198] H. M., siehe nur Jauernig/*Jauernig*, § 868, Rn. 5. Kritisch MünchKomm/*Joost*, § 868, Rn. 14. Ablehnend Bamberger/Roth/*Kindl*, § 930, Rn. 5.

[199] RG, Urt. v. 4.6.1926, JW 1927, Nr. 14, S. 669; Urt. v. 4.2.1913, RG Warn.Rspr. 1913 Nr. 201, S. 254. Übereinstimmend *Serick*, EV und SÜ, Bd. II, S. 123.

[200] BGH, Urt. v. 2.5.1979 - VIII ZR 207/78, NJW 1979, 2308 (2309).

[201] Beispielsweise aus § 985, § 812 oder GoA.

[202] H. M., vgl. MünchKomm/*Joost*, § 868, Rn. 15. Soergel/*Stadler*, § 868, Rn. 7: „Putativverhältnis." Einschränkend Bamberger/Roth/*Fritzsche*, § 868, Rn. 16 f., der die tatsächliche Herausgabebereitschaft des Besitzmittlers ausreichen lassen will.

Abgesehen von der Vereinbarung eines Besitzmittlungsverhältnisses ist auf Seiten des Veräußerers ein Besitzmittlungswille, ein Fremdbesitzerwille[203], auf Seiten des Erwerbers ein Besitzbegründungswille[204] vonnöten.

bb. Antizipiertes Besitzkonstitut und Insichgeschäft

Das Besitzmittlungsverhältnis kann auch schon vor Besitzerlangung des unmittelbaren Besitzers vereinbart werden, ein sog. antizipiertes Besitzkonstitut.[205] In einem solchen Fall besteht allerdings keine Einigkeit darüber, ob es einer Ausführungshandlung des Sicherungsgebers bedarf, die seinen Besitzmittlungswillen nach außen hin erkennbar macht.[206] Überwiegend verneint man ein solches Erfordernis.[207] Der *BGH* hat diese konkrete Frage bislang nicht entscheiden müssen; jedenfalls braucht die Aktualisierung des Besitzmittlungsverhältnisses nicht für jeden Dritten erkennbar sein.[208]

Möglich ist auch eine Vereinbarung zwischen Sicherungsgeber und Sicherungsnehmer, nach der Ersterer dazu verpflichtet ist, den Neuwerb durch Insichgeschäft auf Zweiteren zu übereignen, §§ 929, 930, 868, 181 BGB.[209] Der Sicherungsgeber tritt in einem solchen Fall also als Vertreter des Sicherungsnehmers auf. Da - im Gegensatz zum antizipierten Besitzkonstitut - die dingliche Einigung erst im Zeitpunkt des Erwerbs der Sache durch den Sicherungsnehmer erfolgt, ist hier eine Ausführungshandlung dergestalt, dass der Sicherungsgeber nach außen hin kenntlich macht,

---

[203] Palandt/*Bassenge*, § 868, Rn. 7.

[204] Palandt/*Bassenge*, § 868, Rn. 8; Soergel/*Stadler*, § 868, Rn. 9. In außervertraglichen Besitzmittlungverhältnissen soll ein solcher entbehrlich sein, RG, Urt. v. 9.2.1920- IV 466/19, RGZ 98, 131 (135). Einschränkend Soergel/*Stadler*, § 868, Rn. 9.

[205] *Reinicke/Tiedke*, Rn. 644 ff. In diesem Fall wird auch die dingliche Einigung über den Eigentumsübergang antizipiert vorgenommen. Diese kann zwar noch widerrufen werden (arg. e. contr. § 873 II BGB), allerdings muss der Sicherungsgeber spätestens in dem Zeitpunkt, indem er den Besitz erlangt, seinen fehlenden Übereignungswillen in geeigneter Weise zu erkennen geben.

[206] Dies ist nicht zu verwechseln mit der gegebenenfalls wegen des Bestimmheitsgebots erforderlichen Konkretisierung der neu erworbenen Gegenstände.

[207] *Serick*, EV und SÜ, Bd. II, S. 129.

[208] BGH, Urt. v. 18.11.1963 - VIII ZR 198/62, NJW 1964, 398.

[209] Das Insichgeschäft ist wegen Gestattung des Sicherungsnehmers zulässig.

dass er nun als Fremdbesitzer für den neuen Eigentümer besitzt, erforderlich.[210] In beiden Fallgestaltungen - antizipiertes Besitzkonstitut und Insichgeschäft - lässt sich ein zumindest eine logische Sekunde andauernder Durchgangserwerb des Sicherungsgebers nicht vermeiden. Befinden sich die Sicherungsgegenstände beispielsweise in Mieträumen, erwirbt der Sicherungsnehmer an denselben nur bereits mit einem Vermieterpfandrecht (§§ 562, 578 BGB) belastetes Eigentum.
Im Fall, dass der Sicherungsgeber selbst nur mittelbarer Besitzer ist, kann eine Übereignung nach § 930 BGB dadurch erfolgen, dass er mit dem Erwerber ein weiteres Besitzmittlungsverhältnis vereinbart.[211] Seine besitzrechtliche Stellung verändert sich von derjenigen eines mittelbaren Eigenbesitzers in die eines mittelbaren Fremdbesitzers, der Sicherungsnehmer hingegen erhält einen mehrfach gestuften mittelbaren Eigenbesitz.[212]

cc. Verfügung als Nichtberechtigter

Verfügt der Sicherungsgeber als Nichtberechtigter, scheitert der Eigentumserwerb des Sicherungsnehmers regelmäßig an der nach § 933 BGB für den gutgläubigen Erwerb erforderlichen Übergabe des Sicherungsgegenstands, da der Sicherungsnehmer den Besitz grundsätzlich erst dann erhalten soll, wenn der Sicherungsgeber zahlungsunfähig ist. Zu diesem Zeitpunkt werden aber alle Berechtigten ihre Rechte geltend machen und so einen gutgläubigen Erwerb des Sicherungsnehmers aller Wahrscheinlichkeit nach verhindern. Steht dem Sicherungsgeber allerdings ein Anwartschaftsrecht an der besagten Sache zu, kann die nach § 933 BGB unwirksame Verfügung über das Vollrecht in eine (wirksame) Verfügung über das Anwartschaftsrecht gem. § 930 BGB (analog) umgedeutet werden (§ 140 BGB).[213]

---

[210] *Serick*, EV und SÜ, Bd. II, S. 131 f.

[211] Er könnte auch nach § 931 BGB übereignen, würde dann allerdings seinen mittelbaren Besitz verlieren.

[212] Vgl. *Serick*, EV und SÜ, Bd. II, S. 123 f.

[213] BGH, Urt. v. 22.2.1956 - IV ZR 164/55, BGHZ 20, 88 (201); Urt. v. 10.4.1961 - VIII ZR 68/60, BGHZ 35, 85 (91); Staudinger/*Wiegand*, § 933, Rn. 5; MünchKomm/*Oechsler*, Anh. §§ 929-936, Rn. 20; *Wieling*, SachenR, § 17 III 1 a.

5. *Abstraktheit der Übereignung*

Der Übereignungsvorgang ist im deutschen Recht strikt von jeglichem schuldrechtlichen Geschäft zu scheiden, die Verfügung selbst und die Verpflichtung zu einer Verfügung sind also getrennt voneinander zu betrachten. Das Abstraktionsprinzip besagt überdies, dass der Bestand der Verfügung nicht von der Wirksamkeit des Verpflichtungsgeschäfts, also hier des Sicherungsvertrags, abhängt.[214] Auch zwischen dinglicher Übereignung und der zu sichernden Forderung besteht keinerlei Akzessorietätszusammenhang.[215] Es steht den Parteien allerdings frei, die Übereignung aufschiebend bedingt durch das Entstehen der Forderung oder auflösend bedingt durch das Erlöschen der zu sichernden Forderung zu vereinbaren.[216] So kann das Sicherungseigentum wie die akzessorischen Sicherungsrechte mit der Existenz der zu sichernden Forderung verknüpft werden.[217] Der Übergang der Sicherung auf den neuen Gläubiger bei Abtretung der gesicherten Forderung entsprechend § 401 BGB ist, da gerade kein akzessorisches Sicherungsrecht vorliegt, abzulehnen, es muss vielmehr eine ausdrückliche oder konkludente Einigung über den Eigentumsübergang nach §§ 929 S. 1, 931 BGB erfolgen.[218]

---

[214] Im Falle der Unwirksamkeit des Sicherungsvertrags besteht ein bereicherungsrechtlicher Anspruch auf Rückübertragung der Sicherheit. Wenn für diesen Fall extra Regelungen in die Sicherungsabrede aufgenommen wurden, soll sie insoweit wirksam sein und eine vertragliche Rückabwicklung erfolgen, *Reinicke/Tiedke*, Rn. 688.

[215] BGH, Urt. v. 30.10.1990 - IX ZR 9/90, NJW 1991, 353 (353 f.); BGH, Urt. v. 2.12.1999 - IX ZR 412/98, NJW 2000, 957 (958). Anders *Wieling*, SachenR, § 18 3 b; BGH, Urt. v. 23.9.1981 - VIII ZR 242/80, NJW 1982, 275 (276 f.) mit krit. Anm. *Jauernig*, NJW 1982, 268 ff.

[216] Dazu, ob eine solche auch ohne entsprechende Parteivereinbarung angenommen werden muss, siehe oben, Zweiter Teil, § 1, A, III, 3.

[217] *Medicus*, JuS 1971, 497 (503 f.), bezeichnet dies als „Akzessorietätsersatz."

[218] Palandt/*Grüneberg*, § 401, Rn. 5; Staudinger/*Busche*, § 401, Rn. 37. So schon RG, Urt. v. 8.12.1916 - II 307/16, RGZ 89, 193 (195 f.), BGH, Urt. v. 15.6.1964 - VIII ZR 305/62, BGHZ 42, 53 (56), allerdings für Vorbehaltseigentum. Die Frage, ob sich im Verhältnis Zedent-Zessionar in Ermangelung einer ausdrücklichen Vereinbarung aus dem Rechtsgedanken des § 401 BGB eine Nebenpflicht des Zedenten zur Übertragung des Sicherungsrechts ergibt, bejahend RG, Urt. v. 8.12.1916 - II 307/16, RGZ 89, 193 (195 f.); Staudinger/*Busche*, § 401, Rn. 39.

6. *Schuldrechtlicher Sicherungsvertrag*

a. Allgemeines

Der Sicherungsvertrag hat keine gesetzliche Regelung erfahren, ist aber aufgrund der in § 311 I BGB niedergelegten verfassungsmäßigen Verbürgung der Vertragsfreiheit[219] zulässig. Er ist formfrei gültig,[220] wobei allerdings eine schriftliche Abfassung aus Beweisgründen dringend anzuraten ist. Zu beachten ist, dass der Sicherungsvertrag und das Verhältnis, aus dem die zu sichernde Forderung entstammt, auseinanderzuhalten sind, mögen diese auch häufig gleichzeitig in einem Akt geschlossen werden. Daraus folgt, dass Störungen aus diesem Verhältnis keine Auswirkung auf den Sicherungsvertrag zeitigen. Der Sicherungsvertrag soll das Schicksal der Sicherheit auch und gerade dann regeln, wenn die zu sichernde Forderung nicht besteht.[221] Allerdings steht es den Parteien frei, die Begründung der zu sichernden Forderung und die Sicherungsabrede zu einer rechtlichen Einheit iSv. § 139 BGB verbinden; dann hat die Nichtigkeit der einen die Nichtigkeit der anderen zur Folge.[222]

b. Funktion der Sicherungsabrede

Dem Sicherungsvertrag kommen im Wesentlichen drei Funktionen zu: Er bildet den äußeren Rechtsgrund (*causa*) für die Siche-

---

[219] Die Vertragsfreiheit ist der wichtigste Bestandteil der Privatautonomie und ergibt sich aus Art. 2 I GG.

[220] Palandt/*Ellenberger*, § 125, Rn. 1; BGH, Urt. v. 14.7.1994 - IX ZR 110/93, NJW 1994, 2885. Er muss allerdings notariell beurkundet werden, wenn er mit einem (nach § 311 b BGB notariell zu beurkundenden) Grundstückskaufvertrag rechtlich i. S. d. § 139 BGB zusammenhängt, BGH ebd. Zur Ausnahme bei Verbraucherkreditgeschäften siehe *Bülow*, Rn. 1151.

[221] Soergel/*Henssler*, § 930 Anh., Rn. 15; BGH, Urt. v. 14.7.1994 - IX ZR 110/93, NJW 1994, 2885.

[222] Soergel/*Mühl*, 12. Aufl., § 930, Rn. 31. Dies entspricht allerdings regelmäßig nicht dem Willen der Parteien, vielmehr möchten sie den im Fall der Nichtigkeit des Schuldverhältnisses bestehenden Rückforderungsanspruch aus § 812 I 1 Alt. 1 BGB gesichert wissen. Vgl. MünchKomm/*Oechsler*, Anh. §§ 929-936, Rn. 27.

rungsübereignung.[223] Er setzt die Forderung, die gesichert werden soll, in Verbindung zu dem Bestand des Sicherungseigentums (sog. Zweckvereinbarung).[224] Schließlich ergeben sich aus der Sicherungsabrede die Rechte und Pflichten der Parteien im Hinblick auf den Sicherungsgegenstand.

c. Inhalt des Sicherungsvertrags

aa. Pflichtenstellung des Sicherungsgebers

Die Hauptpflicht besteht in der Übertragung des Eigentums am Sicherungsgut auf den Sicherungsnehmer. Da meist der Sicherungsgeber im Besitz des Sicherungsgutes verbleibt und es auch nutzen darf, wird er mittels des Vertrags dazu verpflichtet, alle Maßnahmen zu ergreifen, die erforderlich sind, um das Sicherungsgut vor Beeinträchtigungen zu bewahren, die sog. Erhaltungspflicht. Oft umfasst ist die Verpflichtung zum Abschluss eines Versicherungsvertrags.[225] Überdies unterliegt der Sicherungsgeber einer Benachrichtigungspflicht betreffend Drittvollstreckungsmaßnahmen.[226] Verletzt der Sicherungsgeber seine Pflichten aus dem Sicherungsvertrag, macht er sich - bei Vorliegen von dessen Voraussetzungen - gem. § 280 I BGB schadensersatzpflichtig.[227]

bb. Rechtsstellung des Sicherungsgebers

(1) Im Verhältnis zum Sicherungsnehmer

(a) Besitz-, Nutzungs- und Gebrauchsrecht

Der Sicherungsnehmer ist Volleigentümer und kann dementsprechend auch vollwirksam über das Sicherungsgut verfügen; ein

---

[223] Das Geschäft, aus dem die zu sichernde Forderung herrührt, ist nicht *causa* des Verfügungsgeschäfts, die Lehre von der „Doppelcausa", *Neuhof/Richrath*, NJW 1996, 2894 ff., ist abzulehnen.

[224] MünchKomm/*Quack*, 3. Aufl., Anh. §§ 929-936, Rn. 27.

[225] Soergel/*Mühl*, 12. Aufl., § 930, Rn. 52; *Lwowski*, Rn. 613.

[226] *Serick*, EV und SÜ, Bd. II, S. 65.

[227] MünchKomm/*Oechsler*, Anh. §§ 929-936, Rn. 39.

rechtsgeschäftlicher Ausschluss dieser Verfügungsbefugnis ist nicht realisierbar, § 137. 1 BGB. Meist stehen dem Sicherungsgeber aber ein Besitzrecht i. S. d. § 986 BGB und Nutzungs- und Gebrauchsrechte zu.[228] Das Besitzrecht kann er gem. § 986 II BGB einem Rechtsnachfolger des Sicherungsnehmers nach § 931 BGB für die Dauer der vertraglichen Tilgungslaufzeit entgegenhalten und erfährt somit Schutz gegen unberechtigte Veräußerungen seitens des Sicherungsnehmers. Das Recht zum Besitz endet im Sicherungsfall und bei Gefährdung des Sicherungsinteresses durch pflichtwidrigen Umgang mit dem Sicherungsgut, wie beispielsweise die Weitergabe an Dritte oder die Vernachlässigung des Sicherungsguts.[229]

(b) Rückübertragungsanspruch

Im Falle des Wegfalls des Sicherungszwecks hat der Sicherungsgeber einen schuldrechtlichen Rückübertragungsanspruch[230] aus dem Sicherungsvertrag.[231] Ist eine Rückübertragung unmöglich, bleibt dem Sicherungsgeber nur die Geltendmachung von Schadensersatz nach §§ 280 I, III, 283 BGB. Ist Naturalrestitution nach § 249 I BGB wegen des Erwerbs eines Dritten ausgeschlossen, kann er Schadensersatz in Geld nach § 251 I BGB verlangen.
Gem. § 285 BGB besteht die Pflicht des Sicherungsnehmers das gegebenenfalls für das Sicherungsgut erlangte Surrogat herauszugeben.[232] Von § 285 BGB ist nach herrschender Auffassung auch

---

228 Soergel/*Henssler,* § 930 Anh., Rn. 57. Zum Unterschied zwischen Nutzungs- und Gebrauchsrecht siehe MünchKomm/*Quack,* 3. Aufl., Anh. §§ 929-936, Rn. 41 f.

229 MünchKomm/*Quack,* 3. Aufl., Anh. §§ 929-936, Rn. 40. Der Sicherungsnehmer kann dann seinen ihm als Eigentümer nach § 985 BGB bestehenden Herausgabeanspruch geltend machen. Dieser wird in einem solchen Fall in praxi im Wege einer einstweiligen Verfügung, §§ 935, 940 ZPO, durchzusetzen sein.

230 Im Falle einer auflösend bedingten Übereignung - die allerdings in der Praxis keine Rolle spielt - fällt das Eigentum mit Erledigung des Sicherungszwecks automatisch an den Sicherungsgeber zurück.

231 Dem Anspruch auf Erfüllung der gesicherten Forderung des Sicherungsnehmers kann der Sicherungsgeber seinen Anspruch auf Rückübertragung des Sicherungsgegenstandes nach Schuldtilgung entgegenhalten, er braucht also gem. § 273 BGB nur Zug um Zug gegen Rückgabe der Sicherheit leisten.

232 MünchKomm/*Emmerich,* § 285, Rn. 16; Bamberger/Roth/*Unberath,* § 285, Rn. 4. Zwar sind das Ereignis, das den Schuldner von der Leistungspflicht befreit (Übereignung des Sicherungsguts an Dritte beispielsweise) und der Umstand, aus dem

das rechtsgeschäftliche Surrogat, das so genannte *commodum ex negotiatione* erfasst.[233]

(c) Ansprüche aus Delikt

Eine gegen die Beschränkungen aus dem Sicherungsvertrag verstoßende Verfügung des Sicherungsnehmers über das Sicherungsgut stellt kein das Eingreifen des § 823 BGB auslösendes Ereignis dar. Verletzt ist hier nicht der berechtigte Besitz des Sicherungsgebers (§ 986 II BGB), sondern vielmehr der sicherungsvertragliche Rückübereignungsanspruch, der als nur relatives Recht keinen deliktsrechtlichen Schutz erfährt. Möglich ist allerdings ein Schutz über § 823 II BGB i. V. m. § 266 Alt. 1 StGB. Da hierfür nicht genügt, dass der Sicherungsnehmer die Befugnis über fremdes Vermögen zu verfügen vorsätzlich missbraucht hat und hieraus ein Vermögensnachteil resultiert, kommt es maßgeblich darauf an, ob man eine Vermögensbetreuungspflicht des Sicherungsnehmers gegenüber dem Schuldnervermögen annimmt. Mit Hinblick auf die Eigennützigkeit des Handelns des Sicherungsnehmers - es geht ihm um Befriedigung des gesicherten Anspruchs - ist eine solche abzulehnen.[234]

(2) Im Verhältnis zu Dritten

Schutz durch das Deliktsrecht erfährt der Sicherungsgeber im klassischen Fall der Sicherungsübereignung nach § 930 BGB gegenüber Dritten durch § 823 I BGB und § 823 II i. V. m. § 858 BGB.[235] Besitz, jedenfalls berechtigter, wird aufgrund der Ausschließlichkeitsbefugnisse, die er dem Inhaber der tatsächlichen Sachherrschaft verleiht, einhellig als sonstiges Recht aner-

---

das Surrogat resultiert (schuldrechtliches Geschäft, z. B. Verkauf), nicht identisch, jedoch reicht es aus, wenn beide Ereignisse wirtschaftlich eine Einheit bilden.

[233] BGH, Urt. v. 23.12.1966 - V ZR 26/64, BGHZ 46, 260 (264) = NJW 1967, 622 (623); Urt. v. 11.10.1979 - VII ZR 285/78, BGHZ 75, 203 ff. = NJW 1980, 178 (178); Teilurt. v. 15.10.2004 - V ZR 100/04, NJW- RR 2005, 241 (242), Palandt/*Grüneberg*, § 285, Rn. 7; Staudinger/*Löwisch*/*Caspers*, § 285, Rn. 37.

[234] MünchKomm.StGB/*Dierlamm*, § 266, Rn. 101; Kindhäuser/Neumann/Paeffgen/*Kindhäuser*, § 266, Rn. 57. Anders *Sax*, JZ 1977, 702 (704).

[235] Soergel/*Henssler*, Anh. § 930, Rn. 108.

kannt.[236] Des Weiteren kann er sich auf die Besitzschutzansprüche aus §§ 861, 1007 BGB und den Anspruch aus § 862 BGB berufen. Ein Herausgabeanspruch des Sicherungsgebers gegen den Dritterwerber (auf dessen Gut- oder Bösgläubigkeit es wegen Erwerbs vom dinglich berechtigten Sicherungsnehmer nicht ankommt[237]) lässt sich hingegen nur selten bejahen: Nämlich nur dann, wenn die treuwidrige Verfügung im Zusammenspiel zwischen Veräußerer und Erwerber gegen § 826 BGB verstößt.[238]

cc. Pflichtenstellung des Sicherungsnehmers

Der Sicherungsvertrag beinhaltet keine Hauptpflicht für den Sicherungsnehmer, ist somit nicht in die Kategorie der gegenseitigen Verträge i. S. v. § 320 BGB einzuordnen. Der Sicherungsnehmer hat mit dem Volleigentum allerdings eine Rechtsstellung erhalten, die über das hinausgeht, was zur Anspruchssicherung eigentlich erforderlich ist. Durch die Sicherungsabrede erfährt diese überschießende Rechtsmacht eine (auf das Innenverhältnis bezogene) Beschränkung in Form von Nebenpflichten des Sicherungsnehmers. Der Sicherungsnehmer ist gehalten, seine umfassende Rechtsstellung nur dem Sicherungszweck gemäß auszuüben. Dies beinhaltet die Pflicht, dem Sicherungsgeber den Besitz am Sicherungsgut (bis zum Eintritt des Sicherungsfalls) zu überlassen und das Gut bei Wegfall des Sicherungszwecks zurückzuübereignen.[239] Eine Verwertung des Sicherungsgegenstands darf nur bei Eintritt des Sicherungsfalls erfolgen.

---

[236] Vgl. nur MünchKomm/*Wagner*, § 823, Rn. 157 ff.

[237] *Serick*, EV und SÜ, Bd. II, S. 253; RG, Urt. v. 4.6.1920 - VII 499/19, RGZ 99, 142 (143).

[238] RG, Urt. v. 4.6.1920 - VII 499/19, RGZ 99, 142 (145); *Wolff/Raiser*, § 179, S. 737, Fn. 25.

[239] RG, Urt. v. 23.9.1921 - II 61/21, RGZ 102, 385 (386). Einer ausdrücklichen Vereinbarung dieses Anspruchs in der Sicherungsabrede bedarf es nicht, vgl. *Bülow*, Rn. 1170.

dd. Rechtsstellung des Sicherungsnehmers

(1) Im Verhältnis zu Dritten

Gegenüber Dritten erfährt der Sicherungsnehmer als Volleigentümer durch die Vorschriften des Deliktsrechts, insbesondere § 823 BGB, Schutz.

(2) Im Verhältnis zum Sicherungsgeber

(a) Ansprüche aus dem Sicherungsvertrag

Im Fall von Pflichtverletzungen aus dem Sicherungsvertrag stehen dem Sicherungsnehmer Schadensersatzansprüche nach § 280 I BGB gegen den Sicherungsgeber zu.
Veräußert der Sicherungsgeber das sicherungsübereignete Gut an einen Dritten, kommt ein gutgläubiger Erwerb in Betracht, der das Eigentum des Sicherungsnehmers untergehen lässt.[240] Auch in diesem Fall steht dem Sicherungsnehmer Schadensersatz aus § 280 I BGB zu, wobei sich der Schadensumfang danach bestimmt, inwieweit durch die Verfügung des Sicherungsgebers die Befriedigung des Sicherungsnehmers beeinträchtigt oder vereitelt wird.[241]

(b) Stellvertretendes *commodum*, § 285 BGB

Ob nach § 285 BGB das stellvertretende *commodum* für den durch den Gutglaubenserwerb untergegangenen Herausgabeanspruch des Sicherungsnehmers verlangt werden kann, ist umstritten. Der Schuldner muss das *commodum* für den Gegenstand erlangt haben, auf den sich die Leistungspflicht bezog. Ein Eigentumssurrogat ist deswegen nur dann herauszugeben, wenn der Schuldner zur Verschaffung des Eigentums an dem Gegenstand verpflichtet war,

---

[240] §§ 932 BGB, 366 HGB, siehe dazu auch MünchKomm/*Quack*, 3. Aufl., Anh. §§ 929-936, Rn. 44. Zu den Anforderungen an die Gutgläubigkeit des Dritten in einem solchen Fall *Serick*, EV und SÜ, Bd. II, S. 255 f.

[241] Staudinger/*Wiegand*, Anh. §§ 929-931, Rn. 248.

nicht nur zu dessen Besitzübertragung.[242] Der Anspruch des Sicherungsnehmers ist nur im Verwertungsfall gegeben und dann auf Herausgabe des Besitzes gerichtet. Der Erlös aus dem Veräußerungsgeschäft wird aber als Gegenwert für das Eigentum erzielt, womit der ersetzte mit dem geschuldeten Gegenstand nicht identisch ist. Eine Anwendung des § 285 BGB ist somit abzulehnen.[243] Jedenfalls steht dem Sicherungsnehmer ein Anspruch aus § 816 I 1 BGB[244] zu, so dass der Ausschluss von § 285 BGB auch nicht unbillig erscheint.

(c) Herausgabe des durch die Verfügung Erlangten, § 816 BGB

Der Sicherungsgeber hat als Nichtberechtigter verfügt und diese Verfügung ist im Falle eines gutgläubigen Erwerbs seitens des Dritten auch dem Sicherungsnehmer gegenüber wirksam. Keine Einigkeit besteht über den Umfang dessen, was der unberechtigt Verfügende herauszugeben hat: Dem Wortlaut des § 816 I 1 BGB entsprechend ist das Herauszugebende auf das „durch die Verfügung Erlangte" begrenzt, der Anspruchsinhaber trägt also das Risiko einer Wertunterschreitung, es ist aber auch der gegebenenfalls erzielte Gewinn herauszugeben.[245]

(d) Schadensersatz aus §§ 989, 990 BGB

Wie oben bereits erwähnt, erlischt das Besitzrecht des Sicherungsgebers bei pflichtwidrigem Umgang mit dem Sicherungsgut; sein bis dahin rechtmäßiger Fremdbesitz wandelt sich zum unrechtmä-

---

[242] Jauernig/*Stadler*, § 285, Rn. 9.

[243] § 285 BGB (damals noch § 281) für eine Versicherungsleistung wegen untergegangenem Sicherungsgut ablehnend AG Mannheim, Urt. v. 18.2.1960 - 3 C 459/59, NJW 1960, 1863 (1864). Die Einschlägigkeit von § 285 BGB - jedenfalls für den Fall von Versicherungsleistungen - befürworten MünchKomm/*Emmerich*, § 285 Rn. 16; Staudinger/*Löwisch*/*Caspers*, § 285, Rn. 32 und *Serick*, EV und SÜ, Bd. III, S. 417.

[244] § 816 BGB erfährt auch durch das Eigentümer-Besitzer-Verhältnis (mit der unberechtigten Verfügung endet das Recht zum Besitz des Sicherungsgebers) keinen Ausschluss, vgl. statt vieler Staudinger/*Gursky*, Vorbem. §§ 987-993, Rn. 43.

[245] BGH, Urt. v. 8.1.1959 - VII ZR 26/56, BGHZ 29, 157 (159) = NJW 1959, 668 (668 f.); Palandt/*Sprau*, § 816, Rn. 20 m. w. N. Dafür spricht auch ein Erst-Recht-Schluss aus § 285 BGB, MünchKomm/*Schwab*, § 816, Rn. 38. A. A. Soergel/*Mühl*, 11. Aufl., § 816, Rn. 29.

ßigen Eigenbesitz. Die Rechtsprechung erblickt in diesem „Aufschwingen" eine dem erstmaligen Besitzerwerb nach § 990 I 1 BGB gleichzustellende Situation[246], in deren Konsequenz der schuldhaft unbefugt veräußernde Sicherungsgeber nach §§ 989, 990 BGB auf Schadensersatz (in Höhe des Sicherungsinteresses des Sicherungsnehmers) haftet.[247]

(e) Schadensersatz aus § 826 BGB

Der Anspruch aus § 826 BGB erfährt nach überwiegender Ansicht[248] keine Einschränkung aus dem Eigentümer-Besitzer-Verhältnis (§ 993 I a. E.) zwischen Sicherungsnehmer und Sicherungsgeber. Ob er verwirklicht ist, hängt von einer Prüfung im Einzelfall ab.

(f) Angemaßte Eigengeschäftsführung, §§ 687 II, 681 S. 2, 667 BGB

Die Haftung aus angemaßter Eigengeschäftsführung trifft - wenn sich der Geschäftsherr auf diese Vorschriften beruft[249] - denjenigen, der unbefugt in einem fremden Rechtskreis tätig wird.[250] Der Sicherungsgeber, der unberechtigterweise das Sicherungsgut veräußert, greift in die dem Sicherungsnehmer zugewiesene Rechtsposition ein. Fraglich ist, ob auch hier - wie im Falle des Schadensersatzes -

---

246 BGH, Urt. v. 29.10.1959 - VII ZR 197/58, BGHZ 31, 129, 133 ff. Ablehnend Bamberger/Roth/*Fritzsche*, § 990, Rn. 21.

247 RG, Urt. v. 13.2.1934 - VII 308/33, RGZ 143, 374 (376); Soergel/*Mühl*, 12. Aufl., § 989, Rn. 9. Wer die Ansicht der Rechtsprechung nicht gutheißt, hat zu beurteilen, ob die Voraussetzungen des § 990 I 2 BGB in der entsprechenden Fallgestaltung vorliegen. Nach dem BGH, Urt. v. 25.2.1960 - II ZR125/58, BGHZ 32, 76 ff. = NJW 1960, 1105 (1107), ist im Rahmen des § 990 I 2 BGB von Kenntnis auszugehen, wenn „der Besitzer über den Mangel seines Rechts in einer Weise aufgeklärt worden ist, daß ein redlich Denkender, der von dem Gedanken an den eigenen Vorteil nicht beeinflusst ist, sich der Überzeugung seiner Nichtberechtigung nicht verschließen würde."

248 Vgl. nur MünchKomm/*Baldus*, § 993, Rn. 12: „Wer vorsätzlich und sittenwidrig schädigt, verdient keinen Schutz."

249 Die Herausgabepflicht des Geschäftsführers tritt nicht von Gesetzes wegen ein, vielmehr ist eine Geltendmachung erforderlich. Zudem ist zu beachten, dass der Geschäftsherr, wenn er den Anspruch aus Geschäftsführung ohne Auftrag geltend macht, der Aufwendungsersatzpflicht aus § 687 II S. 2 i. V. m. § 684 S. 1 BGB unterliegt. Zu der missglückten Verweisung auf § 684 BGB *Ebert*, S. 250.

250 Jauernig/*Mansel*, § 687, Rn. 6.

eine Begrenzung des Herauszugebenden auf das Sicherungsinteresse vorzunehmen ist. Es geht im Rahmen des Anspruchs aus angemaßter Eigengeschäftsführung nicht um den Schaden des Sicherungsnehmers, sondern um die Herausgabe dessen, was der Sicherungsgeber bei Veräußerung des Sicherungsguts erlangt hat, einschließlich des möglicherweise erzielten Gewinns.[251] Allerdings soll § 687 II BGB ungerechtfertigte, aus einem Eingriff in fremde Rechtspositionen resultierende Vermögensverschiebungen beseitigen. In die Rechtsposition des Sicherungsnehmers wird aber nur insoweit eingegriffen, als sein Sicherungsinteresse betroffen ist, da ein darüber hinausgehender Erlös im Verwertungsverfahren an den Sicherungsgeber auszuzahlen wäre. Der über das Sicherungsinteresse hinausgehende Erlös ist somit dem Rechtskreis des Sicherungsgebers zuzuordnen.

Das für den Schadensersatz erforderliche Übernahmeverschulden wird in den Fällen des § 687 II BGB regelmäßig gegeben sein[252], womit der Geschäftsführer für alle durch die angemaßte Geschäftsführung adäquat verursachten Schäden haftet, § 687 II 1, 678 BGB.[253] Der Schaden bleibt auch hier auf das Sicherungsinteresse begrenzt.

II. NICHTIGKEIT DER SICHERUNGSABREDE

1. Rechtsfolgen der Nichtigkeit

Die Nichtigkeit der Sicherungsabrede hat grundsätzlich keine Auswirkung auf die Wirksamkeit der Sicherungsübereignung: sie ist ebenso abstrakt wie die Übertragung von Eigentum, welches keine treuhänderische Bindung erfährt.[254] Allerdings kann der

---

[251] So die zweite Kommission, Prot. II, S. 742 f.: „Praktisch ergebe sich namentlich das Resultat, daß der Schuldner, wenn er etwa den unterschlagenen Gegenstand zu einem besonders hohen Preise verkauft habe, den so erzielten Gewinn herausgeben müsse (...)." Palandt/*Sprau*, § 687, Rn. 3.

[252] *Medicus*, Rn. 417. Zustimmend MünchKomm/*Seiler*, § 687, Rn. 11.

[253] Diese Ansprüche werden nach allg. Meinung nicht von den Vorschriften der §§ 987 ff. verdrängt, Staudinger/*Gursky*, Vorb. §§ 987-993, Rn. 71. A. A. aber MünchKomm/*Seiler*, Vorb. § 677, Rn. 18.

[254] *Reinicke/Tiedke*, DB 1994, 2173 (2179). A. A. ist allerdings Jauernig/*Jauernig*, § 930, Rn. 39, der die Übereignung wegen eines nichtigen Sicherungsvertrags scheitern lässt, da seiner Ansicht nach in einem solchen Fall das für eine Übereignung nach §§ 929, 930 BGB erforderliche Besitzkonstitut fehlt. Zwar sei für ein solches Besitz-

Sicherungsgeber in einem solchen Fall Rückgabe aus den Vorschriften über die ungerechtfertigte Bereicherung verlangen.[255]

2. *Insbesondere: Nichtigkeit wegen Verstoßes gegen § 138 BGB*

Es ist nicht möglich, einheitliche oder verallgemeinernde Maßstäbe dafür aufzustellen, wann eine Sicherungsübereignung[256] als sittenwidrig i. S. d. § 138 BGB[257] zu beurteilen ist und damit die Nichtigkeitsfolge ausgelöst wird. Vielmehr ist eine umfassende Würdigung eines jeden Einzelfalles vorzunehmen, die sowohl den Vertrag selbst als auch alle Umstände, die zu seinem Abschluss führten, umfasst.[258] Es haben sich allerdings gewisse Anhaltspunkte herauskristallisiert, denen im Hinblick auf das Sittenwidrigkeitsurteil Indizfunktion beigemessen wird. Geradezu typisch für sittenwidrige Sicherungsübereignungen sind die Fallkonstellationen der Kredittäuschung und der Schuldnerknebelung. In erstgenannter Fallgestaltung richtet sich der Sittenverstoß gegen am Sicherungsgeschäft unbeteiligte Personen, nämlich gegen die Gläubiger des Sicherungsgebers, wohingegen in zweitgenannter gegen Interessen des Sicherungsgebers verstoßen wird.

---

konstitut begründendes Rechtsgeschäft Wirksamkeit nicht zwingend, allerdings müsse irgendein Herausgabeanspruch bestehen. Ein solcher sei aber hier nicht ersichtlich. Zustimmend Erman/*Michalski*, Anh. §§ 929-931, Rn. 3; Palandt/*Bassenge*, § 930, Rn. 20.

[255] *Bülow*, Jura 1987, 509 (511).

[256] Für die Einstufung eines Rechtsgeschäfts als sittenwidrig ist zuvörderst Voraussetzung, dass ein solches einer sittlichen Bewertung überhaupt zugänglich ist. Der Unwertgehalt äußert sich maßgeblich im Zusammenhang mit dem obligatorischen Geschäft, die sachenrechtlichen Übertragungsakte erweisen sich hingegen als wertneutral, es sei denn, der missbilligte Erfolg realisiert sich gerade durch den dinglichen Vollzug. In einem solchen Fall erstreckt sich die die Nichtigkeit auch auf das Verfügungsgeschäft. Vgl. BGH WM 1962, 818 (819).

[257] Maßstab für die Sittenwidrigkeit ist das „Anstandsgefühl aller billig und gerecht Denkenden."

[258] BGH, Urt. v. 9.7.1953 - IV ZR 242/52, BGHZ 10, 228; Urt. v. 30.10.1990 - IX ZR 9/90, NJW 1991, 353 (354). Anders noch das Reichsgericht, welches noch eine Konkretisierung sittenwidriger Sicherungsgeschäfte durch festumrissene Tatbestände versuchte; als solche wurden herausgearbeitet: Konkursverschleppung, Aussaugung, stille Geschäftsinhaberschaft, Kreditbetrug und Gläubigergefährdung. Vgl. dazu *Serick*, EV und SÜ, Bd. III, S. 20.

a. Kredittäuschung

Vom Tatbestand der Kredittäuschung umfasst sind die Insolvenzverschleppung, der Kreditbetrug und die Gläubigergefährdung.[259]

aa. Insolvenzverschleppung

Sittenwidrigkeit wegen Insolvenzverschleppung wird angenommen, „wenn ein Kreditgeber um eigener Vorteile willen den letztlich unvermeidlichen Konkurs eines Unternehmers nur hinausschiebt, indem er Kredite gewährt, die nicht zur Sanierung, sondern nur dazu ausreichen, den Zusammenbruch zu verzögern, wenn hierdurch andere Gläubiger über die Kreditfähigkeit des Schuldners getäuscht und geschädigt werden sowie der Kreditgeber sich dieser Erkenntnis mindestens leichtfertig verschließt"[260] und er sich so vor den anderen Gläubigern aus Sicherheiten oder dem sonstigen Vermögen befriedigen kann.

bb. Kreditbetrug

Von Kreditbetrug wird gesprochen, wenn der Sicherungsnehmer allein oder einverständlich mit dem Sicherungsgeber mit dem Ziel handelt, den anderen Gläubigern durch Gewährung eines Kredits und Übertragung entsprechender Sicherheiten den Eindruck zu vermitteln, das Unternehmen sei wirtschaftlich gesund, und diese aufgrund dessen weitere Kredite gewähren.[261] Erforderlich ist allerdings eine qualifizierte Täuschungshandlung, beispielsweise die ausdrückliche Vereinbarung die an den Sicherungsnehmer übertragenen Sicherheiten geheim zu halten.[262] In subjektiver Hinsicht ist Arglist erforderlich.[263]

---

259 *Serick*, EV und SÜ, Bd. III, S. 40, denn allen drei Tatbeständen sei gemeinsam, dass dritte Personen über die Kreditwürdigkeit des Schuldners getäuscht werden.

260 BGH, Urt. v. 16.3.1995 - IX ZR 72/94, NJW 1995, 1668 (1669).

261 Staudinger/*Wiegand*, Anh. §§ 929-931, Rn. 164; *Serick*, EV und SÜ, Bd. III, S. 47.

262 RG, Urt. v. 7.7.1931 - II 447/30, RGZ 133, 234 (239). Nicht ausreichend ist das Nichterwähnen der ihm übertragenen Sicherheiten durch den Sicherungsnehmer; eine allgemeine Offenbarungspflicht besteht gerade nicht, Staudinger/*Wiegand*, Anh. §§ 929-931, Rn. 164.

263 RG, Urt. v. 9.4.1932 - IX 74/31, RGZ 136, 247 (254); *Serick*, EV und SÜ, Bd. III, S. 47.

cc. Gläubigergefährdung

Nimmt der Sicherungsnehmer die nicht ganz fern liegende Gefahr, dass durch die ausbedungene Sicherung spätere, nichts ahnende Kreditgeber zu Schaden kommen, bewusst in Kauf, ohne dass dabei aber von einem betrügerischen Vorgehen seinerseits die Rede sein kann, ist der sittenwidrige Tatbestand der Gläubigergefährdung erfüllt.[264] Eine Schädigung dritter Gläubiger liegt nahe, wenn der Umfang der gestellten Sicherheiten so beschaffen ist, dass eine geeignete Grundlage für weitere Kredite fehlt, dies nicht erkennbar ist und eine weitere Kreditaufnahme bei Drittgläubigern wegen der nicht ausreichenden Höhe erforderlich wird.[265] Fehlt dem Kreditgeber das erforderliche Wissen, bleibt zu prüfen, ob seine Unkenntnis auf grober Fahrlässigkeit beruht, die zu bejahen ist, wenn er seiner Prüfungspflicht hinsichtlich der Vermögensverhältnisse des Sicherungsgebers nicht nachgekommen ist.[266] Wenn hingegen eine solche Gefahr nicht naheliegt[267], ist maßgeblich auf die Beweggründe der Parteien abzustellen: Gläubigergefährdung ist dann zu bejahen, wenn sie zum Zwecke der Täuschung aktueller oder zukünftiger Gläubiger kollusiv zusammenwirken, sie also die Tatumstände kennen, aus denen sich objektiv Anhaltspunkte für die Sittenwidrigkeit des Geschäfts ergeben.[268]

Regelmäßig wird aber die Übereignung von Sicherungsgut in Gläubigerbenachteiligungsabsicht nur Anfechtbarkeit nach dem Anfechtungsgesetz oder der Insolvenzordnung nach sich zie-

---

[264] RG, Urt. v. 9.4.1932 - IX 74/31, RGZ 136, 247 (254). Maßgeblich ist eine „nicht ganz fernliegende Gefahr", eine Sicherungsübertragung ist nicht schon deswegen sittenwidrig, weil die Vermögenslage des Sicherungsgebers ungünstig ist, BGH, Urt. v. 30.10.1990 - IX ZR 9/90, NJW 1991, 353 (355). Gegen eine Einordnung der Gläubigergefährdung als Unterfall des § 138 BGB *Westermann*, S. 38.

[265] *Serick*, EV und SÜ, Bd. III, S. 65.

[266] Näher zur Prüfungspflicht des Sicherungsnehmers *Serick*, EV und SÜ, Bd. III, S. 50 ff. Ablehnend beispielsweise *Westermann*, S. 38.

[267] Soergel/*Hefermehl*, § 138, Rn. 171, hält die Unterscheidung zwischen besonders naheliegender und weniger naheliegender Gefahr für fragwürdig.

[268] Staudinger/*Wiegand*, Anh §§ 929-931, Rn. 160. *Serick*, EV und SÜ, Bd. III, S. 65, will in einem solchen Fall nicht von Gläubigergefährdung sprechen.

hen.[269] Eine Nichtigkeit nach § 138 BGB erfordert zusätzlich den Unwertgehalt der üblichen Gläubigerbenachteiligung übersteigende Elemente.[270]

b. Schuldnerknebelung

In der als Schuldnerknebelung bezeichneten Konkretisierung der Sittenwidrigkeit aus § 138 BGB richtet sich der Verstoß nicht gegen dritte Gläubiger, sondern gegen den Schuldner bzw. Sicherungsgeber selbst. Eine solche Knebelung des Schuldners liegt immer dann vor, wenn die wirtschaftliche Bewegungsfreiheit des Schuldners eine übermäßige Einschränkung erfährt.[271] Ein bestimmtes Maß an Überwachung und Mitwirkung seitens des Sicherungsnehmers muss allerdings der Natur der Sache nach hingenommen werden. Von einer Knebelung kann erst gesprochen werden, wenn die Abhängigkeit des Sicherungsgebers ein Ausmaß erreicht, welches die Vernichtung der wirtschaftlichen und sozialen Lebensstellung des Kreditnehmers bedeutet[272], also beispielsweise im Falle einer umfassenden und lückenlosen Kontrolle, die eine effektive wirtschaftliche Betätigung völlig vom Sicherungsnehmer abhängig macht.[273]

c. Übersicherung

Ein Fall der Knebelung kann auch bei Übersicherung des Gläubigers vorliegen. Übersicherung liegt zwar freilich im Wortsinn schon dann vor, wenn der Wert des Sicherungsgegenstands den Wert der zu sichernden Forderung in geringem Maß übersteigt. Dies stellt aber wirtschaftlich gesehen deswegen keine Übersiche-

---

[269] Staudinger/*Wiegand*, Anh. §§ 929-931, Rn. 162. Geregelt ist die Insolvenzanfechtung in §§ 129 ff. InsO, die Gläubigeranfechtung im Anfechtungsgesetz (vom 5.10.1994, BGBl. I, S. 2911).

[270] MünchKomm/*Oechsler*, Anh. §§ 929-936, Rn. 34; BGH, Urt. v. 16.3.199 5- IX ZR 72/94, NJW 1995, 1668 (1668); Urt. v. 23.4.2002 - XI ZR 136/01, WM 2002, 1186 (1189).

[271] BGH, Urt. v. 7.1.1993 - IX ZR 199/91, NJW 1993, 1587 (1588).

[272] Schlegelberger/*Hefermehl*, Anh. § 382, Rn. 228.

[273] BGH, Urt. v. 7.1.1993 - IX ZR 199/91, NJW 1993, 1587 (1588). Siehe dazu auch *Serick*, EV und SÜ, Bd. III, S.83 f.

rung dar, weil im Sicherungsfall eine komplette Wertrealisierung in den seltensten Fällen gelingen wird. Übersicherung liegt erst dann vor, wenn der Kreditgeber Vorteile erlangt, die nach Art und Umfang in keinem Verhältnis zu seinem Sicherungsbedürfnis stehen.[274] Zu unterscheiden ist zwischen der anfänglichen (ursprünglichen), schon bei Vertragsschluss bestehenden und der nachträglichen Übersicherung, die durch Wertsteigerung der Sicherheiten oder Wertabnahme der zu sichernden Forderungen entstehen kann.

aa. Anfängliche Übersicherung

Objektiv muss ein grobes oder krasses Missverhältnis zwischen dem Wert der Sicherheit und dem der gesicherten Forderung vorliegen.[275] Wegen der Bewertungsunsicherheit und der weitreichenden Folge (Nichtigkeit des Sicherungsvertrags, somit keine Sicherung für den Gläubiger) ist eine Pauschalierung hinsichtlich der Frage, wann von einem krassen Missverhältnis ausgegangen werden kann, abzulehnen. Vielmehr ist auf den Einzelfall abzustellen.[276] Die ursprüngliche Übersicherung lässt das Geschäft dann sittenwidrig erscheinen, wenn es im Zeitpunkt seines Abschlusses nach seinem Gesamtcharakter - zu entnehmen aus der Zusammenfassung von Inhalt, Beweggrund und Zweck - mit den guten Sitten nicht vereinbar ist.[277] Subjektiv ist eine verwerfliche Gesinnung erforderlich (die allerdings bei einem groben Missverhältnis vermutet wird)[278], die angenommen werden kann, wenn

---

[274] Staudinger/*Wiegand*, Anh. §§ 929-931, Rn. 154.

[275] BGH, Urt. v. 12.3.1998 - IX ZR 74/95, NJW 1998, 2047 (2047). Maßgeblich ist der realisierbare (oder Sicherungs-) Wert der Sicherungsgegenstände nach den (derzeit noch ungewissen) Marktverhältnissen im Fall der Insolvenz des Schuldners, vgl. *Wilhelm*, Rn. 2413. Erforderlich ist also eine Prognose über den Verwertungserlös, die ökonomischer Vernunft entsprechen und betriebswirtschaftlich nachvollziehbar sein muss, vgl. *Bülow*, Rn. 1112.

[276] So die Rechtsprechung, die bisher keine pauschalierte Grenze festgelegt hat. Gegen eine Pauschalierung auch *Ganter*, WM 2001, 1 (7). A. A. *Nobbe*, FS Schimansky, S. 453: Übersicherung ab Übersteigen des Wertes der gesicherten Forderung um mehr 300%; Palandt/*Bassenge*, § 930, Rn. 24: 30%.

[277] BGH, Urt. v. 12.3.1998 - IX ZR 74/95, NJW 1998, 2047 (2047).

[278] BGH, Urt. v. 22.12.1999 - VIII ZR 111/99, NJW 2000, 1254 (1254); Urt. v. 19.3.2010 - V ZR 52/09, WM 2010, 834 (835).

der Sicherungsnehmer aus eigensüchtigen Motiven eine Rücksichtslosigkeit gegenüber den berechtigten Belangen des Sicherungsgebers an den Tag legt, die nach sittlichen Maßstäben unerträglich ist.[279]

bb. Nachträgliche Übersicherung

Das Phänomen der nachträglichen Übersicherung ist bedingt dadurch, dass die Vollrechtsinhaberschaft des Sicherungsnehmers bei einer teilweisen Tilgung der gesicherten Forderung wegen der Nichtakzessorietät der Sicherung unberührt bleibt. So ist er selbst dann noch gesichert, wenn es weniger oder nichts mehr zu sichern gibt. Übersicherung kann aber auch eintreten, wenn sich bei unveränderter gesicherter Forderung der Bestand der Sicherungsgegenstände vergrößert, wie es bei Globalsicherheiten mit revolvierendem Bestand leicht der Fall sein kann.
In Rechtsprechung und Literatur war lange Zeit umstritten, ob von der Nichtigkeit des Sicherungsvertrags auszugehen ist, wenn die Parteien für einen solchen Fall keine Vorkehrungen treffen, das heißt keinen vertraglichen Freigabeanspruch für diejenigen Sicherheiten vereinbaren, für die der Sicherungszweck wegegefallen ist. Nicht verkannt werden darf hierbei, dass bei formularmäßiger, also mittels AGB getätigter Vereinbarung des Sicherungsvertrags nicht nur die strengen Anforderungen unterliegende Nichtigkeit nach § 138 BGB eingreifen kann, sondern auch eine umfassende Klauselkontrolle nach den §§ 307 ff. BGB vorzunehmen ist.[280]
Die Rechtsprechung ging bis 1997 davon aus, dass die Parteien ausdrücklich einen ermessensunabhängigen Freigabeanspruch vereinbaren müssen, wenn der Sicherungsvertrag einer Klauselkontrolle standhalten soll.[281] Mit Beschluss des Großen Senats

---

279 BGH, Urt. v. 12.3.1998 - IX ZR 74/95, NJW 1998, 2047 (2047).

280 § 138 und § 307 BGB können nebeneinander angewendet werden, vgl. Staudinger/*Wiegand*, Anh. §§ 929-931, Rn. 154 a; AnwK/*Schilken*, § 930, Rn. 68. Im Falle einer anfänglichen Übersicherung kommt eine Klauselkontrolle in der Regel nicht in Betracht, da die als Sicherheit bestimmten Gegenstände meist individuell bestimmt werden, *Habersack*, Rn. 219.

281 So die Lösung des VII., VIII. und des IX. Zivilsenats, wohingegen der XI. Senat davon ausging, dass der Freigabeanspruch dem Sicherungsvertrag immanent ist.

vom 27.11.1997[282] wurde dieses Erfordernis allerdings aufgegeben. Es ergebe sich gem. § 157 BGB bereits aus der Treuhandnatur des Sicherungsvertrags und der Interessenlage der Parteien eine Pflicht des Sicherungsnehmers, die Sicherheit schon vor Beendigung des Vertrags zurückzugewähren, wenn und soweit sie endgültig nicht mehr benötigt wird.[283] Der Freigabeanspruch existiert also auch ohne explizite Vereinbarung. Eine vertragliche Beschränkung dahingehend, dass die Freigabe in das Ermessen des Sicherungsnehmers gestellt wird, ist wegen Verstoßes gegen § 9 AGBG (jetzt § 307 BGB) unwirksam. Folge ist allerdings nicht Gesamtnichtigkeit der formularmäßigen Sicherungsübertragung, vielmehr tritt an die Stelle ein ermessensunabhängiger Freigabeanspruch, der als gesetzliche Regelung im Sinne von § 306 II BGB zu begreifen sei.[284] Allerdings gibt die Tatsache, dass ein solcher Anspruch entsteht, noch keine Auskunft darüber, wann er konkret entsteht. Der *BGH* nimmt Übersicherung an, wenn der realisierbare Wert der Sicherungsgegenstände im Verwertungsfall den Wert der Forderung um 10% übersteigt. Der Aufschlag von 10% wird dabei durch die zu erwartenden Verwertungskosten gerechtfertigt.[285] Da der realisierbare Wert im Vorhinein schwer auszumachen ist, wird, um den Freigabeanspruch nicht seiner Bedeutung zu berauben, vom Bundesgerichtshof die widerlegbare Vermutung aufgestellt, dass die Sicherungsgrenze bei 150% des Schätzwertes erreicht ist.[286] Unter dem Schätzwert ist hierbei der

---

[282] BGH, Beschl. v. 27.11.1997 - GSZ 1 u. 2/97, BGHZ 137, 212 = NJW 1998, 671 (672).

[283] BGH, ebd.

[284] BGH, Beschl. v. 6.3.1997 - IX ZR 74/95, NJW 1997, 1570 (1571 f.). Ablehnend Soergel/*Henssler*, § 930 Anh., Rn. 104.

[285] BGH, Urt. v. 2.12.1992 - VIII ZR 214/91, NJW 1993, 533 (534); BGH, Beschl. v. 27.11.1997 - GSZ 1 u. 2/97, BGHZ 137, 212 = NJW 1998, 671 (675). Die 10% leitet der BGH aus § 171 I, II InsO ab, der die Feststellungskosten pauschal mit vier vom Hundert und die Verwertungskosten mit fünf vom Hundert des Verwertungserlöses ansetzt, wobei noch ein 1% aufgeschlagen wird.

[286] Der BGH, Beschl. v. 27.11.1997 - GSZ 1 u. 2/97, BGHZ 137, 212 = NJW 1998, 671 (677), knüpft damit an § 237 S. 1 BGB an, der für die Verpfändung davon ausgeht, dass eine bewegliche Sache Sicherheit nur in Höhe von zwei Dritteln des Schätzwertes erbringt. Der Schätzwert einer beweglichen Sache muss daher für eine ausreichende Sicherheitsleistung mindestens das Eineinhalbfache des Sicherungswerts betragen. In analoger Anwendung für den Freigabeanspruch ergibt dies, dass dem Sicherungsinteresse des Gläubigers durch einen Abschlag von einem Drittel vom Schätzwert der sicherungsübereigneten Waren Rechnung getragen wird. Eine

Marktpreis der Sicherungsgegenstände im Zeitpunkt der Entstehung des Freigabeanspruchs zu verstehen.[287] Der Zuschlag stellt allerdings lediglich eine Orientierungshilfe dar.[288] Wenn dieser Zuschlag den besonderen Verhältnissen der Branche oder des Sicherungsgebers nicht gerecht werden sollte, ist der Nachweis konkreter Tatsachen erforderlich. Die konkret einschlägige Grenze unterliegt dann gem. § 287 ZPO richterlicher Schätzung.[289]

3. Rechtsfolgen des Sittenverstoßes

Das wertneutrale Verfügungsgeschäft ist normalerweise nicht von dem Sittenwidrigkeitskeitsverdikt bezüglich des Verpflichtungsgeschäfts umfasst, es sei denn, die Unsittlichkeit liegt gerade im Vollzug der Leistung.[290] Dies ist nach herrschender Meinung bei einer Sicherungsübereignung immer anzunehmen.[291]

III. SONDERFÄLLE DER SICHERUNGSÜBEREIGNUNG

1. Sicherungsübereignung von Sachgesamtheiten, insbesondere von Warenlagern

a. Bestimmtheitsgrundsatz

In der Praxis ergibt sich häufig das Bedürfnis Sachgesamtheiten, so beispielsweise Warenlager[292], als Kreditunterlage zu verwenden.

Übersicherung tritt somit erst bei 150% des Schätzwertes ein, wobei in dem Zuschlag von 50% der Aufschlag von 10% für die Verwertungskosten enthalten ist.

[287] Wenn für einen Gegenstand kein Marktpreis existiert, gilt als Schätzwert der Einkaufspreis bzw. der Herstellungswert, vgl. nur *Bülow*, Rn. 1125; *Derleder/Artz*, § 30, Rn. 23.

[288] *Derleder/Artz*, § 30, Rn. 23; BGH, Beschl. v. 27.11.1997 - GSZ 1 u. 2/97, BGHZ 137, 212, = NJW 1998, 671 (676, 677).

[289] Soergel/*Henssler*, § 930 Anh., Rn. 107.

[290] Palandt/*Ellenberger*, § 138, Rn. 19.

[291] *Serick*, EV und SÜ, Bd. III, S. 24; Soergel/*Henssler*, § 930 Anh., Rn. 95. Einschränkend *Baur/Stürner*, § 57 B III, Rn. 17.

[292] Es sei nochmals darauf hingewiesen, dass nur die Übereignung nach § 930 BGB behandelt wird, im Rahmen einer Übereignung nach § 929 BGB ergibt sich in Anbetracht der Übergabe der übereigneten Gegenstände regelmäßig kein Problem hinsichtlich des Bestimmtheitsgrundsatzes.

Gegenstand der Übereignung ist jede einzelne, der Sachgesamtheit angehörende Sache, da nur an einer solchen dingliche Rechte bestehen können. Eine Sachgesamtheit als solche kann nicht übereignet werden. Besonders virulent wird hier das Erfordernis der Einhaltung des Bestimmtheitspostulats. Die zu übereignenden Gegenstände müssen bestimmt sein, bloße Bestimmbarkeit reicht nicht aus. Nach der Formel des *BGH* ist es ausreichend, wenn „aufgrund einfacher äußerer Abgrenzungskriterien für jeden, der die Parteiabrede kennt, ohne weiteres ersichtlich ist, welche individuell bestimmten Sachen übereignet worden sind." [293] Ohne weiteres sind die bestimmten Gegenstände nur ersichtlich, wenn nicht auf außerhalb des Übereignungsvertrages liegende Umstände wie Lagerbücher, Zahlungsbelege, Schriftwechsel oder Mitarbeiterbefragung zurückgegriffen werden muss.[294]

Eine Sammelbezeichnung, die den Übereignungswillen auf alle Sachen erstreckt und dabei die gemeinten Einzelsachen erkennen lässt, genügt dabei der Bestimmtheit.[295] Bloße Wert- oder Mengenangaben wie beispielsweise „die Hälfte des Warenlagers" oder „den Bestand des Warenlagers insoweit als der Wert dem der gesicherten Forderung entspricht" sind hingegen nicht als ausreichend zu qualifizieren. Erforderlich ist vielmehr eine gesonderte Aufbewahrung der übereigneten Sachen, der sog. Raumsicherungsvertrag,[296] oder eine entsprechende Markierung, der sog. Markierungsvertrag. [297] Treten nach dem Übereignungsvorgang Abgrenzungsschwierigkeiten auf, ist also das Sicherungsgut nicht mehr von dem restlichen Lagerbestand zu unterscheiden, verursacht das Beweisprobleme, schadet aber der Bestimmtheit nicht. Bestimmtheit muss nämlich (nur) im Zeitpunkt der Übereignung vorliegen.[298]

---

[293] BGH, Urt. v. 3.7.2000 - II ZR 314/98, NJW 2000, 2898 (2898). Zur Entwicklung der Rechtsprechung des BGH hinsichtlich des Bestimmtheitserfordernisses bei der Übereignung von Sachgesamtheiten siehe *Feuerborn*, ZIP 2001, 600 ff.

[294] *Feuerborn*, ZIP 2001, 600 (601).

[295] Palandt/*Bassenge*, § 930, Rn. 3.

[296] BGH, Urt. v. 3.6.1996 - II ZR 166/95, NJW 1996, 2654 (2655); Urt. v. 3.7.2000 - II ZR 314/98, NJW 2000, 2898 (2898).

[297] BGH, Urt. v. 18.4.1991 - IX ZR 149/90, NJW 1991, 2144 (2146). Zu Raumsicherungs- und Markierungsvertrag vgl. auch *Reich*, S. 52 ff.

[298] Die Rechtsprechung (vgl. nur BGH, Urt. v. 24.6.1958 - VIII ZR 205/57, BGHZ 28,16 (19) = NJW 1958, 1133 (1134)) stellt auf den Zeitpunkt des Sicherungsvertrags ab, was insofern ungenau ist, als dass es eben auf den Zeitpunkt der Übereignung an-

b. Gemischte Warenlager

Nicht selten befinden sich in einem Warenlager sowohl im Eigentum des Sicherungsgebers stehende Sachen als auch solche, die er unter Eigentumsvorbehalt erworben hat, die also noch im Eigentum des Veräußerers stehen. Dem Bestimmtheitspostulat wird in einem solchen Fall ausreichend Rechnung getragen, wenn dem Sicherungsnehmer das Eigentum an den dem Sicherungsgeber gehörenden Gegenständen und das Anwartschaftsrecht an den unter Eigentumsvorbehalt stehenden übertragen werden soll. Eine gesonderte, irgendwie geartete Hervorhebung der noch unter Eigentumsvorbehalt stehenden Gegenstände ist dabei nicht erforderlich.[299]

c. Warenlager mit wechselndem Bestand

Auf diese Weise lässt sich auch ein Warenlager mit wechselndem Bestand - um ein solches wird es sich in der Praxis immer drehen - zur Sicherheit übereignen ohne am Bestimmtheitserfordernis zu scheitern: Für erst neu hinzukommende Ware, die mittels antizipiertem Besitzkonstitut wirksam übereignet werden kann[300], ist es ausreichend, wenn die Ware im Zeitpunkt des Vertragsschlusses nur bestimmbar ist. Erst im Moment der Übereignung muss Bestimmtheit gegeben sein. Liegt keine individuelle Beschreibung der Ware vor, muss geregelt sein, wie die Übereignung kenntlich zu machen ist. Der Sicherungsgeber muss die neuen Waren kennzeichnen oder in den Sicherungsraum, in dem die anderen, schon übereigneten Waren lagern, verbringen. Erst in diesem Augenblick sind die Anforderungen an den Bestimmtheitsgrundsatz erfüllt und das Eigentum geht auf den Sicherungseigentümer über; in der Folge handelt es sich um einen Durchgangserwerb.

---

kommt, der freilich oft zeitlich mit ersterem zusammenfällt, vgl. Soergel/*Henssler*, Anh. § 930, Rn. 41.

299 BGH, Urt. v. 24.6.1958 - VIII ZR 205/57, BGHZ 28,16 ff. = NJW 1958, 1133 (1134); *Boehmer*, II 2, S. 251. Anders noch BGH, Urt. v. 13.6.1956 - IV ZR 24/56, BGHZ 21, 52 ff. = NJW 1956, 1315 (1316).

300 Vgl. zum (antizipierten) Besitzmittlungsverhältnis oben, Zweiter Teil, § 1, B, I 4 b, bb. Eine solche Konstruktion ist erforderlich, da das Recht der Sicherungsübereignung keine dingliche Surrogation kennt.

2. *Verlängerungs- und Erweiterungsformen*

a. Erweiterte Sicherungsübereignung

Bei der erweiterten Sicherungsübereignung handelt es sich um eine Ausdehnung der Sicherung von der ursprünglich gesicherten Forderung auf weitere gegenwärtige und/oder künftige Forderungen[301], die sog. horizontale Erweiterung. Zu unterscheiden sind die Hauptfälle Kontokorrent- und Konzernklausel.[302] Die Ausdehnung der Haftung durch Kontokorrentklausel erfasst alle aus einer laufenden Geschäftsbeziehung zwischen Sicherungsgeber und Sicherungsnehmer entspringenden Forderungen.[303] Die Sicherheit wird also erst frei, wenn alle diese Forderungen getilgt sind.
Eine Konzernklausel, durch die in die Sicherung auch Forderungen anderer, konzernzugehöriger Unternehmen einbezogen werden, ist hingegen gem. § 449 III BGB analog unwirksam.[304]

b. Verlängerte Sicherungsübereignung

Die Verlängerung der Sicherungsübereignung betrifft drei Phasen nach der Vereinbarung der ursprünglichen Sicherungsübereignung: Die Phase der Verarbeitung des Sicherungsguts durch den Sicherungsgeber, den (gestatteten) Verkauf des Sicherungsguts durch denselben und schließlich die Zahlung durch den Zweitkäufer. Es erfolgt hier eine Erweiterung der Sicherung in vertikaler Richtung durch Einbeziehung künftiger Vermögenswerte.

---

[301] Staudinger/*Wiegand*, Anh. §§ 929-931, Rn. 72.

[302] Jauernig/*Jauernig*, § 930, Rn. 26.

[303] Ein echtes Kontokorrent i. S. d. § 355 HGB ist nicht erforderlich, vgl. Bamberger/Roth/*Faust*, § 449, Rn. 34.

[304] *Wieling*, Sachenrecht, § 18 6 b, S. 263; Jauernig/*Jauernig*, § 930, Rn. 28, nach dem auch eine Nichtigkeit nach § 138 BGB in Betracht kommt. Unwirksam soll auch die sog. umgekehrte Konzernklausel sein, nach der in die Sicherung auch Forderungen des Sicherungsnehmers gegen Dritte einbezogen werden, vgl. dazu Bamberger/Roth/*Faust*, § 449, Rn. 37 (für Eigentumsvorbehalt).

aa. Verarbeitungsklausel

Eine Verlängerung der Sicherungsübereignung erfolgt häufig durch Verarbeitungsklauseln. Ist das Sicherungsgut ein Gegenstand wie beispielsweise Rohmaterial, der bestimmungsgemäß einer Verarbeitung zugeführt wird, würde der Sicherungsnehmer sein Eigentum gem. § 950 BGB an den Sicherungsgeber als Hersteller[305] verlieren. Eine im Voraus getroffene Vereinbarung, wonach diese Gegenstände im Anschluss an ihre Erschaffung an den Sicherungsnehmer übereignet werden sollen, würde zu einem Durchgangserwerb führen, der den Sicherungsnehmer der Gefahr aussetzt möglicherweise nur belastetes Eigentum zu erwerben. Daher wird in der Regel vereinbart, dass als Hersteller der neu geschaffenen Sachen der Sicherungsnehmer gelten soll, so dass dieser in der Folge ohne Durchgangserwerb Eigentum erwirbt.[306] Die Rechtsprechung erachtet so gestaltete Vereinbarungen für zulässig.[307] Die Mehrheit in der Literatur spricht sich gegen die Zulässigkeit solcher Verarbeitungsklauseln aus[308]; für die Eigenschaft als Hersteller könne nicht auf den subjektiven Willen abgestellt werden, zu einer Verschiebung komme es vielmehr nur dann, wenn die eigentliche Herstellerfunktion aufgrund wirtschaftlicher Tatsachen auf den anderen übergegangen ist.[309] Ansonsten sei nur eine Rückübereignung durch antizipiertes Besitz-

---

305 Hersteller ist nach h. M. derjenige, in dessen Namen und wirtschaftlichem Interesse die Herstellung erfolgt, wobei es auf den Standpunkt eines objektiven, mit den Verhältnissen vertrauten Beurteilers ankommt, BGH, Urt. v. 28.6.1954 - IV ZR 40/54, BGHZ 14, 114 ff; Urt. v. 3.3.1956 - IV ZR 334/55, BGHZ 20, 159 ff. Vgl. auch Bamberger/Roth/*Kindl*, § 950, Rn. 9.

306 Nach der Ansicht, die entgegen der Rechtsprechung und überwiegenden Ansicht in der Literatur § 950 BGB als dispositives Recht versteht, ist eine solche Herstellervereinbarung nicht erforderlich, *Flume*, NJW 1950, 841 (843).

307 BGH, Urt. v. 28.6.1954 - IV ZR 40/54, BGHZ 14, 114 (117).; Urt. v. 3.3.1956 - IV ZR 334/55, BGHZ 20, 159 (163 f.); Urt. v. 19.10.1966 - VIII ZR 152/64, BGHZ 46, 117 (118 f.); Urt. v. 20.11.1980 - VII ZR 70/80, BGHZ 79, 16 (23 f.); OLG Stuttgart, Beschl. v. 20.3.2001 - 20 W 33/00, NJW 2001, 2889 (2890). Zustimmend Soergel/*Henssler*, § 950, Rn. 20.

308 Palandt/*Bassenge*, § 950, Rn. 9; Staudinger/*Wiegand*, § 950, Rn. 34, 40; Bamberger/Roth/*Kindl*, § 950, Rn. 10; Erman/*Ebbing*, § 950, Rn. 10; Jauernig/*Jauernig*, § 950, Rn. 8.

309 Staudinger/*Wiegand*, § 950, Rn. 26.

konstitut vom Sicherungsgeber-Hersteller an den Sicherungsnehmer möglich.[310]

bb. Vorausabtretungsklausel

Der Sicherungsnehmer kann den Sicherungsgeber zu Verfügungen über das Sicherungsgut im Rahmen des gewöhnlichen Geschäftsgangs ermächtigen, § 185 BGB.[311] Eine solche Vorgehensweise ist insbesondere dann zweckmäßig, wenn Umlaufvermögen (beispielsweise Warenlager oder Teile eines solchen) als Kreditunterlage dient, denn nur so ist ein kredittilgendes wirtschaftliches Fortkommen des Schuldners überhaupt möglich.[312] Um die Belange des Sicherungsnehmers zu wahren erfolgt in diesem Zusammenhang regelmäßig eine fiduziarische Vorauszession des Substituts der ursprünglichen Sicherung, nämlich die aus der Weiterveräußerung resultierenden Kaufpreisforderungen.

Die Zulässigkeit der Abtretung künftiger Forderungen ist gewohnheitsrechtlich anerkannt.[313] Voraussetzung ist lediglich, dass die Entstehung der Forderung im Zeitpunkt der Abtretung als möglich erscheint und die Forderung hinreichend bestimmt oder bestimmbar ist.[314] Ob im Zeitpunkt der Entstehung der bereits im Voraus zedierten Forderung von einem Direkterwerb auszugehen ist, die Forderung also unmittelbar in der Person des Zessionars entsteht, oder ob jedenfalls für eine logische Sekunde der zedierende Sicherungsgeber als ihr Inhaber resultiert, ist streitig. Überwiegend wird eine Differenzierung gutgeheißen: Ist im Zeitpunkt der Abtretung noch keine Rechtsgrundlage der Forderung gegeben (die sog. künftige Forderung im engeren Sinne[315]), soll ein Durchgangserwerb stattfinden, ist hingegen eine solche schon

---

[310] Die Bejahung dieser Möglichkeit verleiht laut *Flume*, NJW 1950, 841 (844), der Meinung, dass § 950 BGB *ius cogens* sei, „ausschließlich doktrinären Charakter."

[311] Palandt/*Ellenberger*, § 185, Rn. 9. Dies muss nicht einmal ausdrücklich vereinbart werden, sondern kann sich aus der Auslegung (§§ 133, 157 BGB) ergeben, vgl. MünchKomm/*Oechsler*, Anh. §§ 929-936, Rn. 37.

[312] Klauselbeispiel bei Soergel/*Henssler*, § 930, Rn. 59, Fn. 240.

[313] Allg. M., arg. *a fortiori e* § 185 II BGB, vgl. dazu nur *Serick*, EV und SÜ, Bd. IV, S. 270 m. w. Nachw. in Fn. 23 ebd. und Staudinger/*Busche*, § 398, Rn. 63.

[314] Palandt/*Grüneberg*, § 398, Rn. 11; Staudinger/*Busche*, § 398, Rn. 64.

[315] Beispielsweise Forderung aus einem künftig noch abzuschließenden Kaufvertrag.

vorhanden (die sog. künftige Forderung im weiteren Sinne[316]) wird für Direkterwerb plädiert.[317]

cc. Erlösklausel

Wenn der Sicherungsnehmer den Sicherungsgeber zur Einziehung der im Voraus zedierten Forderungen ermächtigt[318], ihm also die Befugnis erteilt, eine Forderung des Ermächtigenden gegen den Schuldner im eigenen Namen geltend zu machen[319], geht er seiner (Ersatz-)Sicherung im Zeitpunkt der Zahlung des Forderungsschuldners verlustig, § 362 II BGB. Als Rechtsgrundlage für die im Gesetz nicht explizit erwähnte Einziehungsermächtigung[320] fungiert § 185 BGB, ihre Zulässigkeit ist als ein Fall der Einwilligung zur Verfügung über ein fremdes, dem Einwilligenden gehörendes Recht zu bejahen.[321] Bedenken ergeben sich indes aus der Tatsache, dass eine Forderungseinziehung keine Verfügung darstellt[322] und die Lösung über § 185 BGB nicht erhellt, weswegen den Schuldner eine Leistungsverpflichtung treffen soll.[323] Allerdings

---

[316] Beispielsweise aufschiebend bedingte Forderungen oder Forderungen aus Dauerschuldverhältnissen.

[317] Näher dazu *Serick*, EV und SÜ, Bd. IV, S. 343, 345; Bamberger/Roth/*Rohe*, § 398, Rn. 70.

[318] Es handelt sich hier um eine Ausprägung der deutsch-rechtlichen Treuhand, der Sicherungsgeber erhält eine der Zwecksetzung genau angepasste Rechtsmacht, *Serick*, EV und SÜ, Bd. II, S. 305. Vgl. zur deutsch-rechtlichen Treuhand *Löhnig*, S. 46 ff.

[319] Diese Vorgehensweise war bereits im Römischen Recht bekannt (sog. *mandatum ad agendum*), vgl. die Ausführungen von *Jahr*, AcP 168 (1968), 9 (11).

[320] Eine solche ist (durch Auslegung, §§ 133, 157 BGB) abzugrenzen von der Inkassozession, die sich auf § 398 BGB gründet: Hier wird dem Zessionar die Forderung zu dem Zweck abgetreten, sie einzuziehen. Im Außenverhältnis ist er vollberechtigter Inhaber, im Innenverhältnis allerdings treuhänderisch verpflichtet, die Forderung nicht weiter abzutreten oder zu beeinträchtigen.

[321] BGH, Großer Senat, Beschl. v. 10.12.1951 - GSZ 3/51, BGHZ 4, 153 (164) = NJW 1952, 337 (340). So in st. Rspr. auch schon das Reichsgericht, vgl. nur RG, Urt. v. 10.3.1941 - V 35/40, RGZ 166, 218 (238). Zustimmend MünchKomm/*Roth*, § 398, Rn. 46, *Enneccerus/Nipperdey*, S. 1234; *Medicus/Petersen*, Rn. 30.

[322] Die Verfügung liegt vielmehr erst in der Tilgung der Forderung. Daher wendet eine Ansicht in der Literatur den § 185 BGB nur entsprechend an, so beispielsweise *Bork*, Rn. 1732.

[323] Palandt/*Grüneberg*, § 398, Rn. 32. Eine andere Ansicht geht daher von einer Einordnung der Einziehungsermächtigung als eine „schuldrechtliche Überlassung des Forderungsrechts zur Ausübung" aus, Staudinger/*Busche*, Einl. §§ 398 ff.,Rn. 124; *Löbl*, AcP 129 (1928), 257 (298 ff.). Eine solche sei durch den Grundsatz der Privatau-

hat sich die Einziehungsermächtigung in der Praxis durchgesetzt und ist jedenfalls als Ergebnis richterlicher Rechtsfortbildung anzuerkennen.[324] Vor dem Hintergrund, dass der Schuldner eine Vollabtretung nach § 398 BGB akzeptieren muss, erscheint ihm auch die weniger weitgehende Einziehungsermächtigung zumutbar.[325] Die Einziehungsermächtigung ist sachlich beschränkt, Vorgehensweisen, die das Sicherungsinteresse des Sicherungsnehmers in Mitleidenschaft ziehen, werden durch sie nicht gedeckt.[326] Als einseitiges Rechtsgeschäft ist sie grundsätzlich jederzeit frei widerruflich;[327] dies soll nach verbreiteter Ansicht allerdings gerade im vorliegenden Fall - stille Sicherungszession - nicht gelten, hier soll ein Widerruf nur bei einer Gefährdung des mit der Zession verfolgten Sicherungszwecks möglich sein.[328] Um den Schutz des Schuldners zu gewährleisten, müssen die ihn bei der Abtretung schützenden Vorschriften entsprechend herangezogen werden.[329] Ohne eine ausdrückliche Verpflichtung dahingehend, den erlangten Erlös an den Sicherungsnehmer abzuführen, sei laut

---

tonomie gedeckt und überdies dem BGB, wie u.a. §§ 1074, 1282 zeigen - wenn auch nur für beschränkte dingliche Rechte - keineswegs unbekannt.

[324] Palandt/*Grüneberg*, § 398, Rn. 32; *Rüssmann*, JuS 1972, 169 (172 ff.); *Esser/Schmidt* I/2, S. 316; *Lüke*, JuS 1995, 90 (93); Jauernig/*Stürner*, § 398, Rn. 27. Nach *Bülow*, Rn. 1450, muss nicht auf richterliche Rechtsfortbildung als Begründung zurückgegriffen werden, da die Einziehungsermächtigung den Verfassern des BGB bekannt war und auch dessen Wertungen nicht widerspricht.

[325] Die Leistungspflicht des Schuldners an den Ermächtigten im Falle der Einziehungsermächtigung lässt sich *a maiore ad minus* aus der Abtretung folgern.

[326] MünchKommInsO/*Ganter*, § 47, Rn. 160. Er darf sie beispielsweise nicht - auch nicht zur Sicherheit - abtreten, BGH, Urt. v. 30.5.1960 - VII ZR 257/59, BGHZ 32, 357 ff. = NJW 1960, 1712 (171 f.); BGH, Urt. v. 11.11.1981 - VIII ZR 269/80, BGHZ 82, 283 ff. = NJW 1982, 571 (572).

[327] BGH, Urt. v. 11.11.1981 - VIII ZR 269/80, BGHZ 82, 283 ff. = NJW 1982, 571 (572).

[328] *Serick*, KTS 1982, 339 (342 f.). Zustimmend OLG München, Urt. v. 18.10.1985 - 23 U 2983/85, WM 1986, 718 f.; Palandt/*Grüneberg*. § 398, Rn. 34; MünchKomm/*Roth*, § 398, Rn. 54.; Bamberger/Roth/*Rohe*, § 398, Rn. 96.

[329] Einwendungen und Aufrechnungsmöglichkeiten bleiben erhalten, weil der Altgläubiger weiterhin Gläubiger ist. Vgl. näher dazu Staudinger/*Busche*, Einl. §§ 398 ff., Rn. 133 f. Weiterhin gelten die §§ 407, 409 BGB entsprechend, vgl. BGH, Urt. v. 29.11.2001 - IX ZR 389/98, NJW 2002, 1417 (1418). Entsprechende Anwendung des § 407 BGB (zu Recht) als überflüssig ansehend *Rüssmann*, JuS 1972, 169 (174). Nach anderer Ansicht gelten zum Schutz des Schuldners die §§ 170 ff. BGB, so Palandt/*Grüneberg*, § 398, Rn. 35; Staudinger/*Busche*, Einl. §§ 398 ff., Rn. 135. Im Ergebnis erweisen sich beide Möglichkeiten als funktional gleichwertig. So auch *Henckel*, FS Larenz, 1973, S. 652.

BGH davon auszugehen, dass der Sicherungsgeber die eingezogenen Beträge behalten darf. Dies entspreche auch dem mit der Zession verfolgten Zweck, dem Sicherungsnehmer für den Fall eine Befriedigungsmöglichkeit zu verschaffen, dass der Sicherungsgeber seinen Verpflichtungen nicht (mehr) nachkommt.[330] Effektiv ist eine solche Ersatzsicherung nur bei Vereinbarung gewisser Hilfsverpflichtungen wie beispielsweise der Pflicht zur gesonderten Verwahrung von Bargeld durch den Sicherungsgeber, um eine Vermischung nach § 948 BGB zu vermeiden[331] oder der Zahlung auf ein bestimmtes Konto.

c. Kombination von verlängerter und erweiterter Sicherungsübereignung

Oft vereinbaren die Parteien durch Kombination von Verlängerungs- und Erweiterungsklauseln eine Ausdehnung der Sicherheit in horizontaler sowie vertikaler Hinsicht.[332]

IV. KOLLISIONEN MIT ANDEREN SICHERUNGSRECHTEN

Als Ergebnis der fortschreitenden „Perfektionierung des Systems der Mobiliarsicherheiten"[333] ergeben sich häufig Kollisionen zwischen verschiedenen Sicherungsrechten, was vor allem darauf zurückzuführen ist, dass eine immer größere Anzahl von Gegenständen zur Kreditsicherung verwendet wird.

1. *Sicherungsübereignung und Eigentumsvorbehalt*

a. Übereignung zu Sicherungszwecken durch den Vorbehaltskäufer

Besonders häufig sind die Konflikte mit der weit verbreiteten Sicherung durch Eigentumsvorbehalt (§ 449 I BGB).

---

330 BGH, Urt. v. 16.12.1957 - VII ZR 49/57, BGHZ, 26, 185 (191 f.). A. A. *Serick*, EV und SÜ, Bd. II, S. 308 f.

331 Für den Fall einer vorweggenommenen Übereignung.

332 *Serick*, EV und SÜ, Bd. IV, S. 108.

333 Staudinger/*Wiegand*, Anh. §§ 929-931, Rn. 261.

Die im Rahmen eines Eigentumsvorbehalts üblicherweise vereinbarte Ermächtigung zur Weiterveräußerung der Vorbehaltsware im Rahmen des gewöhnlichen Geschäftsbetriebs umfasst nicht deren sicherungsweise Übereignung. Ein gutgläubiger Erwerb des Sicherungsnehmers scheitert im klassischen Fall der Sicherungsübereignung nach § 930 BGB jedenfalls am Übergabeerfordernis des § 933 BGB.[334] Diese fehlgeschlagene Übereignung wird allerdings mit Regelmäßigkeit in die sicherungsweise Übertragung des Anwartschaftsrechts umgedeutet.[335] Bei Bedingungseintritt durch Kaufpreiszahlung seitens des Sicherungsgebers erwirbt dann der Sicherungsnehmer ohne Durchgangserwerb Volleigentum am Sicherungsgut.[336] Im Sicherungsfall kommt dem Vorbehaltsverkäufer ein vorrangiges Recht auf Verwertung zu.[337]

b. Übereignung zu Sicherungszwecken durch den Vorbehaltsverkäufer

Eine Veräußerung unter Eigentumsvorbehalt steht einer Übereignung durch den Vorbehaltsverkäufer zu Sicherungszwecken nicht entgegen, da bis Bedingungseintritt das unter Vorbehalt veräußerte Gut dem Vermögen des Verkäufers zugehörig ist. Die Sicherungsübereignung müsste sich in einem solchen Fall allerdings nach § 931 BGB durch Einigung und Abtretung des Herausgabeanspruchs gegen den Käufer vollziehen. Zugleich wird in einem solchen Fall meist der Kaufpreisanspruch an den Sicherungsnehmer abgetreten, so verliert er zwar bei Zahlung durch den Vorbehaltskäufer sein Eigentum, erhält aber als Ausgleich den Kaufpreis.[338]

---

334 Schon das Erfordernis des guten Glaubens (§§ 932 BGB, 366 HGB) zu bejahen ist problematisch, vgl. Staudinger/*Wiegand*, Anh. §§ 929-931, Rn. 285; § 932, Rn. 135.

335 Soergel/*Mühl*, 12. Aufl., § 929, Rn. 76.

336 BGH, Urt. v. 22.2.1956 - IV ZR 164/55, BGHZ 20, 88 (100) = NJW 1956, 665 (667); Urt. v. 24.6.1958 - VIII ZR 205/57, BGHZ 28, 16 (22) = NJW 1958, 1133 (1134); Urt. v. 10.4.1961 - VIII ZR 68/60, BGHZ 35, 85 (87) = NJW 1961, 1349 (1349). A. A. Staudinger/*Wiegand*, Anh. §§ 929-931, Rn. 117 ff., der von der rechtlichen Unmöglichkeit einer solchen Konstruktion ausgeht und daher nur eine antizipierte Einigung mit der Konsequenz eines Durchgangserwerbs zulassen will.

337 BGH, Urt. v. 16.5.2002 - III ZR 330/00, NJW 2002, 2316 (2317).

338 Soergel/*Henssler*, Anh. § 930, Rn. 114.

2. *Verlängerte Sicherungsübereignung und Globalzession*

Für den Fall, dass ein Schuldner, der seine (zukünftigen) Forderungen bereits an einen Kreditgeber abgetreten hat (Globalzession), mit einem weiteren Kreditgeber eine verlängerte Sicherungsübereignung vereinbart, ist die Anwendung der sog. Vertragsbruchtheorie, die für den Fall der Kollision von Globalzession und verlängertem Eigentumsvorbehalt entwickelt wurde, abzulehnen. Dieser Theorie gemäß verleitet der Globalzessionar den Zedenten in sittenwidriger Weise zum Vertragsbruch, wenn er Forderungen, die (zukünftig) infolge eines verlängerten Eigentumsvorbehalts abgetreten werden, nicht durch dingliche Teilverzichtsklausel von der Globalzession ausnimmt; Folge ist die Nichtigkeit der Globalzession nach § 138 BGB.[339] Hintergrund der Vertragsbruchtheorie ist die Höherbewertung der Sicherungsinteressen des Warenkreditgebers an den wirtschaftlichen Surrogaten seiner Lieferung gegenüber denjenigen anderer Gläubiger.[340] Im Falle der Kollision mit einer verlängerten Sicherungsübereignung geht es aber nicht um den Gegensatz zwischen Waren- und Geldkreditgeber, vielmehr ist die Interessenlage beider Kreditnehmer gleichartig. Es ist daher keine Ausnahme von der Anwendung des Prioritätsprinzips zu befürworten.[341]

---

339 Zuletzt BGH, Urt. v. 8.12.1998 - XI ZR 302/97, NJW 1999, 940 (940); Urt. v. 14.7.2004 - XII ZR 257/01, NJW 2005, 1192 (1193); MünchKomm/*Oechsler*, Anh. §§ 929-936, Rn. 22. Kritische Überlegungen bei *Bülow*, Rn. 1656.

340 MünchKomm/*Roth*, § 398, Rn. 156. Der BGH selbst spricht von der Schutzwürdigkeit des Vorbehaltseigentümers, Urt. v. 14.7.2004 - XII ZR 257/01, NJW 2005, 1192 (1194). Kritisch *Wiegand*, FS Horn, S. 183: „unter keinem theoretischen Gesichtspunkt haltbar (...)."

341 Die Feststellung *Schanbachers* in: Derleder/Knops/Bamberger, S. 903, (ihm zustimmend MünchKomm/*Oechsler*, Anh. §§ 929-936, Rn. 22), dass der Bundesgerichtshof in seinem Urteil vom 8.12.1998 - XI ZR 302/97, NJW 1999, 940, die Globalzession auch im Hinblick auf die Kollision mit einer verlängerten Sicherungsübereignung der Vertragsbruchtheorie unterworfen habe, kann nicht nachvollzogen werden. Der BGH befasst sich hier lediglich mit einer Kollision zwischen Globalzession und verlängertem Eigentumsvorbehalt.

3. *Verlängerte Sicherungsübereignung und verlängerter Eigentumsvorbehalt*

Wenn der Sicherungsgeber über Ware verfügt, die er unter Eigentumsvorbehalt erworben hat, erwirbt der Sicherungsnehmer nur ein Anwartschaftsrecht. Ist der Sicherungsgeber laut Sicherungsnehmer ermächtigt, über dieses Anwartschaftsrecht gegen antizipierte Zession der aus der Veräußerung resultierenden Forderung zu verfügen, wird durch die Vorauszession in die Rechte des Vorbehaltsverkäufers eingegriffen, der den Vorbehaltskäufer auch nur unter dieser Voraussetzung zur Weiterverfügung ermächtigt hat. Nach einer Ansicht ist daher die Vertragsbruchtheorie, die ursprünglich für die Kollision von Globalzession und verlängertem Eigentumsvorbehalt entwickelt wurde, anzuwenden[342]: Danach verleitet der Globalzessionar den Zedenten in sittenwidriger Weise zum Vertragsbruch, wenn er Forderungen, die infolge eines verlängerten Eigentumsvorbehalts abgetreten werden, nicht durch dingliche Teilverzichtsklausel ausnimmt.[343] Übertragen auf den vorliegenden Fall setzt sich der Sicherungsnehmer also dem Vertragsbruchvorwurf aus, wenn er keine Teilverzichtsklausel in den Vertrag aufnimmt. Allerdings handelt es sich hier nicht um einen Konflikt von Waren- und Geldkredit, sondern vielmehr um eine „strukturell gleich gelagerte Umwandlung von sachbezogenen Sicherungsrechten in forderungsbezogene Sicherungsrechte", weswegen ausschließlich das Prioritätsprinzip gelten soll.[344]

4. *Sicherungseigentum und Vermieterpfandrecht*

Im Falle einer Sicherungsübereignung von Gegenständen, die sich in vermieteten Räumen befinden, erwirbt der Sicherungsnehmer nur mit dem Vermieterpfandrecht nach § 562 I BGB belastetes Eigentum. Gutgläubiger Wegerwerb des Pfandrechts ist zwar grundsätzlich möglich, § 936 BGB, scheitert aber regelmäßig an

[342] MünchKomm/*Oechsler*, Anh. §§ 929-936, Rn. 22. Ihm folgend jurisPK.BGB/*Beckmann*, § 930, Rn. 92.

[343] Zuletzt BGH, Urt. v. 8.12.1998 - XI ZR 302/97, NJW 1999, 940 (940); MünchKomm/*Oechsler*, Anh. §§ 929-936, Rn. 22. Kritische Überlegungen bei *Bülow*, Rn. 1656.

[344] Staudinger/*Wiegand*, Anh. §§ 929-931, Rn. 289 f.

der erforderlichen Gutgläubigkeit.[345] Aber auch im Falle des Erwerbs von Vorbehaltsware erwirbt der Sicherungsnehmer bei Bedingungseintritt nur belastetes Eigentum. Es findet zwar kein Durchgangserwerb statt; das Anwartschaftsrecht, welches mangels Eigentum des Vorbehaltskäufers Gegenstand der Sicherungsübertragung war, erfährt aber bereits eine Belastung durch das Vermieterpfandrecht. Zwar erfasst das Vermieterpfandrecht nur Sachen des Mieters, wohingegen die unter Eigentumsvorbehalt gelieferten Gegenstände bis zum Bedingungseintritt noch im Eigentum des Vorbehaltsverkäufers stehen. Dass nur Eigentum des Mieters betroffen ist, hat seinen Grund in der Tatsache, dass die Rechtsstellung eines Dritten nicht dadurch beeinträchtigt werden kann, dass in seinem Eigentum stehende Gegenstände in von einer anderen Partei gemietete Räume gelangen.[346] Die Rechtsstellung des Eigentumsvorbehaltsverkäufers wird aber durch eine mit einem Vermieterpfandrecht belastete Anwartschaft des Eigentumsvorbehaltskäufers nicht geschmälert; sollte es nicht zum Bedingungseintritt durch Zahlung seitens des Eigentumsvorbehaltskäufers kommen und daher ein Rücktritt vom Vertrag erfolgen, erlischt das Anwartschaftsrecht und mit ihm das darauf ruhende Vermieterpfandrecht. Mit Zahlung des Kaufpreises hingegen erwirbt der Sicherungsnehmer Eigentum, das Vermieterpfandrecht am Anwartschaftsrecht setzt sich entsprechend § 1287 S. 1 BGB am Vollrecht fort.[347] Dieses Ergebnis überzeugt wertungsmäßig: der Sicherungsnehmer kann bei Erwerb eines Anwartschaftsrechts, das im Vergleich zum Vollrecht ein wesensgleiches Minus darstellt, nicht besser stehen als bei sofortigem Erwerb des Vollrechts.

Auch im Falle einer Sicherungsübereignung durch antizipiertes Besitzkonstitut mittels Raumsicherungsvertrag erfolgt nach dem Bundesgerichtshof nur ein Erwerb von belastetem Eigentum.[348] Mit Einbringung der Sachen in die Mieträume erwirbt der Siche-

---

[345] BGH, Urt. v. 27.10.1971 - VIII ZR 48/70, BGHZ 57, 166 ff. = NJW 1972, 43 (44): „Der Erwerber von Gegenständen, die in Mieträumen stehen, handelt grob fahrlässig, wenn er sich in Kenntnis des Mietverhältnisses nicht nach dem Vermieterpfandrecht erkundigt."

[346] *Reinicke/Tiedke*, DB 1994, 2601 (2601).

[347] *Reinicke/Tiedke*, DB 1994, 2601 (2601); Soergel/*Henssler*, Anh. § 930, Rn. 117.

[348] BGH, Urt. v. 12.2.1992 - XII ZR 7/91, BGHZ 117, 200 (207 f.) = NJW 1992, 1156 (1157).

rungsgeber Eigentum, welches dann auf den Sicherungsnehmer übergeht. Da ein Durchgangserwerb stattfindet, kann seitens des Sicherungsnehmers nur mit dem Vermieterpfandrecht belastetes Eigentum erworben werden.[349]
Unbelastet erwirbt der Sicherungsnehmer also nur vor Einbringung in die vermieteten Räume.[350]

5. Sicherungseigentum und Grundpfandrechte

Eine mit der Kollision von Sicherungseigentum und Vermieterpfandrecht vergleichbare Situation ergibt sich anlässlich eines Aufeinandertreffens von ersterem mit Grundpfandrechten. Gem. §§ 1120 (i. V. m. § 1192 I) BGB erstreckt sich der Haftungsverband der Hypothek respektive Grundschuld auf das (Mobiliar)Zubehör (§ 97 BGB) des belasteten Grundstücks, soweit es im Eigentum des Grundstückseigentümers steht und keine Enthaftung gem. § 1121 BGB erfahren hat. Zur Sicherheit übereignetes Mobiliar, dem Zubehöreigenschaft zukommt, ist mit dem Grundpfandrecht belastet, solange keine Enthaftung nach § 1121 BGB erfolgt ist. Eine Übereignung nach § 930 BGB bewirkt, obwohl sie eine Veräußerung im Sinne des § 1121 BGB darstellt[351], deswegen keine Enthaftung, weil es am Tatbestandsmerkmal des dauerhaften Entfernens vom Grundstück fehlt. Hat der Grundstückseigentümer das Zubehör unter Eigentumsvorbehalt erworben und folglich nur sein Anwartschaftsrecht zur Sicherheit übereignen können, ist auch dieses in seiner Qualifizierung als „wesensgleiches Minus" zum Volleigen-

---

[349] Staudinger/*Wiegand*, § 930, Rn. 33, Anh. §§ 929-931, Rn. 302; *Reinicke/Tiedke*, Rn. 677. Falls Vorbehaltsware antizipiert übereignet wird, erwirbt der Sicherungsnehmer wiederum ein mit dem Vermieterpfandrecht belastetes Anwartschaftsrecht, wobei sich die Belastung später am Eigentum fortsetzt. Eine andere Ansicht geht hingegen davon aus, dass bei einem Raumsicherungsübereignungsvertrag Sicherungseigentum und Vermieterpfandrecht gleichzeitig und gleichrangig an den eingebrachten Gegenständen entstehen und plädieren daher für eine Aufteilung des Verwertungserlöses *pro rata*, vgl. nur *Weber/Rauscher*, NJW 1988, 1571 (1573). Kritisch dazu MünchKomm/*Oechsler*, Anh. §§ 929-936, Rn. 23; BGH, Urt. v. 12.2.1992 - XII ZR 7/91, BGHZ 117, 200 (207 f.) = NJW 1992, 1156 (1157). Für weitere Nachweise MünchKomm.InsO/*Ganter*, § 50, Rn. 89, Fn. 8.

[350] Palandt/*Weidenkaff*, § 562, Rn. 10.

[351] MünchKomm/*Eickmann*, § 1121, Rn. 13.

tum als dem Haftungsverband zugehörig anzusehen.[352] Mit Bedingungseintritt erlangt der Sicherungsnehmer mit dem Grundpfandrecht belastetes Volleigentum - auch ohne Durchgangserwerb.[353] Nach Ansicht des *BGH* kann allerdings das Anwartschaftsrecht nachträglich durch Absprache zwischen Vorbehaltsverkäufer (Eigentümer der Sache) und Vorbehaltskäufer (Eigentümer des Grundstücks, Sicherungsgeber) aufgehoben werden, was zur Folge hat, dass der Sicherungsnehmer durch die einverständlich aufgehobene bedingte Übereignung unbelastetes Eigentum am Zubehör erlangt.[354] Eine solche Aufhebung unter Umgehung des Grundpfandgläubigers wird in der Literatur für unzulässig gehalten. Sie plädiert daher für eine (analoge) Anwendung des § 1276 BGB: die Zustimmung des Grundpfandgläubigers soll erforderlich sein.[355]

V. MEHRFACHVERFÜGUNGEN DES SICHERUNGSGEBERS

1. *Verfügungen ohne antizipiertes Besitzkonstitut*

Verfügt der Sicherungsgeber als Berechtigter mehrfach über das Sicherungsgut, erwirbt es der erste Sicherungsnehmer zu Eigentum. Der zweite Sicherungsnehmer kann nur noch im Wege des gutgläubigen Erwerbs Eigentümer werden, was in der Regel am Übergabeerfordernis des § 933 BGB scheitern wird.[356] Ist der Sicherungsgeber ursprünglich Nichtberechtigter und erlangt er nach den Verfügun-

---

352 BGH, Urt. v. 10.4.1961 - VIII ZR 68/60, BGHZ 35, 85 (88). Anders noch die ältere Rechtsprechung, vgl. RG, Urt. v. 4.4.1933 - VII 21/33, RGZ 140, 223, die davon ausgeht, dass der Sicherungserwerber unbelastetes Eigentum erlangt.

353 Zu einer Konstruktion, die dem Sicherungsnehmer unbelastetes Eigentum ermöglicht vgl. *Lwowski*, Rn. 584.

354 BGH, Urt. v. 10.10.1984 - VIII ZR 244/83, BGHZ 92, 280 (290 f.)= NJW 1985, 376 (378 f.). Zustimmend *Wilhelm*, NJW 1987, 1785 (1787 f.). I. E. wie der BGH *Ludwig*, NJW 1989, 1458 (1462).

355 *Reinicke/Tiedke*, Rn. 680; *Tiedke*, NJW 1985, 1305 (1308). Ihm zustimmend *Baur/Stürner*, § 59, Rn. 37; MünchKomm/*H.P. Westermann*, § 449, Rn. 74; Palandt/*Bassenge*, § 1276, Rn. 5; *Kollhosser*, JA 1984, 196 (201); Staudinger/*Wiegand*, Anh. §§ 929-931, Rn. 300; MünchKomm/*Oechsler*, Anh. §§ 929-936, Rn. 24; Soergel/*Henssler*, Anh. § 930, Rn. 120.

356 Diese fehlgeschlagene Übereignung wird nach verbreiteter Ansicht in eine sog. Anschlusssicherung umgedeutet, vgl. nur Staudinger/*Wiegand*, Anh. §§ 929-931, Rn. 274.

gen doch noch Eigentum, wird gem. § 185 II S. 2 BGB nur die frühere Verfügung wirksam.

2. *Verfügungen unter antizipiertem Besitzkonstitut*

Hat der Sicherungsgeber mehrfach unter Zuhilfenahme eines antizipierten Besitzkonstituts über das Sicherungsgut (meist ein Warenlager mit wechselndem Bestand) verfügt, stellt sich die daraus ergebende Konstellation etwas komplexer dar. Verfügungen mittels antizipiertem Besitzkonstitut sind nur wirksam, wenn der Wille zu Eigentumsübertragung und Besitzmittlung des Sicherungsgeber-Veräußerers bis zu dem Moment fortbesteht, in dem er selbst den unmittelbaren Besitz am Sicherungsgut erlangt;[357] dieses Fortbestehen wird vermutet.[358] Bis zu dem Zeitpunkt seiner Besitzerlangung kann der Veräußerer-Sicherungsgeber diesen Willen allerdings frei widerrufen.[359] In der Regel ist davon bei einer Zweitverfügung durch den Sicherungsgeber auszugehen.[360] Die bis dahin eingelagerten Waren stehen dann im (Sicherungs-) eigentum des ersten Sicherungsnehmers; an den nachfolgend eingelieferten Sachen erwirbt hingegen der zweite Sicherungsnehmer Eigentum.[361]

VI. BEENDIGUNG DER SICHERUNGSÜBEREIGNUNG

Die Sicherungsübereignung ist beendet, wenn der Sicherungsgeber das Eigentum am Sicherungsgut durch Erfüllung des Rückübereignungsanspruchs oder im Falle einer auflösend bedingten Sicherungsübereignung durch Bedingungseintritt zurückerlangt

---

[357] BGH, Urt. v. 14.7.1952 - IV ZR 1/52, BGHZ 7, 111 (115); Staudinger/*Wiegand*, Anh. §§ 929-931, Rn. 280.

[358] BGH, Urt. v. 1.12.1976 - VIII ZR 127/75, WM 1977, 218.

[359] Anders freilich *Wieling*, in: Enzyklopädie der Rechtswiss., Bd. 1, S. 38 f.

[360] BGH, Urt. v. 27.9.1960 - VIII ZR 230/59, WM 1960, 1223 (1225). Diese Vermutung kann allerdings im Einzelfall widerlegt werden, wobei insbesondere dem Verhalten des Sicherungsgebers Indizwirkung beigemessen wird, Staudinger/*Wiegand*, Anh. §§ 929-931, Rn. 280. Kritisch *Giesen*, AcP 203 (2003), 210 (223 f.).

[361] MünchKomm/*Oechsler*, Anh. §§ 929-936, Rn. 19; *Bülow*, Rn. 1310. In der Praxis schließen die Sicherungsnehmer in einem so gelagerten Fall häufig einen Poolvertrag, in den der Gesamtbestand der Globalsicherheit eingebracht wird. Nach Auskehrung durch den Insolvenzverwalter wird der Erlös nach den im Poolvertrag vereinbarten Quoten verteilt, vgl. MünchKomm/*Oechsler*, Anh. §§ 929-936, Rn. 19.

hat. Der Rückfall des Eigentums erfolgt bei Erledigung des Sicherungszwecks - die gesicherte Forderung wurde getilgt - oder wenn der Sicherungsnehmer auf die Sicherheit verzichtet.[362] Wie für die Bestellung der Sicherheit sind auch in der Rückabwicklung die §§ 929 ff. BGB einschlägig.

VII. VERWERTUNG DES SICHERUNGSEIGENTUMS

1. *Allgemeines*

Erledigt sich der Sicherungszweck nicht, obwohl die gesicherte Forderung zur Tilgung fällig war, tritt der Sicherungsfall ein, der dem Sicherungsnehmer die Verwertung des Sicherungsguts erlaubt. Das Besitzrecht des Sicherungsgebers endet, der Sicherungsnehmer kann das Sicherungsgut herausverlangen[363], wobei er sich sowohl auf sein Recht aus § 985 BGB als auch auf den aus der Sicherungsabrede folgenden Anspruch auf Herausgabe (der keiner ausdrücklichen Vereinbarung bedarf[364]) berufen kann.[365] Verjährung der Forderung schadet hierbei nicht, § 216 II 1 BGB.[366]

---

362 Insbesondere liegt in dem Verzicht keine Dereliktion des Sicherungsgegenstandes nach § 959 BGB, da dies Besitzaufgabe durch den unmittelbar besitzenden Sicherungsgeber erfordern würde, Soergel/*Henssler*, Anh. § 930, Rn. 64 a, § 959, Rn. 5. Weitere Nachweise, auch zu abweichenden Meinungen ebd. in Fn. 22.

363 Ein Zwang zur Verwertung trifft den Sicherungsnehmer nicht, BGH, Urt. v. 24.10.1979 - VIII ZR 298/78, NJW 1980, 226 (227); *Serick*, EV und SÜ, Bd. III, S. 467; anders ist allerdings zu entscheiden, wenn der Sicherungsnehmer den unmittelbaren Besitz am Sicherungsgut innehat, *Serick*, a. a. O.

364 MünchKomm/*Oechsler*, Anh. §§ 929-936, Rn. 47; *Serick*, EV und SÜ, Bd. III, S. 462.

365 A. A. *Wieling*, in: Enzyklopädie der Rechtswiss., Bd. 1, S. 838: § 1231 analog. Die Herausgabeansprüche muss der Sicherungsnehmer gegebenenfalls im Wege der Zwangsvollstreckung durchsetzen, § 883 ZPO. Gewaltsame Wegnahme ist verbotene Eigenmacht i. S. d. § 858 I BGB. Allerdings soll dem Sicherungsgeber in einem solchen Fall kein Anspruch aus § 1007 III 2 i. V. m. §§ 989 ff. BGB zustehen, da petitorische Einreden, wie die Verweisung auf § 986 BGB zeige, erheblich seien, BGH, Urt. v. 20.9.2004 - II ZR 318/02, NJW-RR 2005, 280 (280 f.).

366 Die Sicherungsübereignung fällt unter § 216 II BGB, vgl. (noch zu § 223 II BGB) BGH, Urt. v. 24.1.1961 - VIII ZR 98/59, BGHZ 34, 191 (195); Staudinger/*Peters*/*Jacoby*, § 216, Rn. 6. Zwar besagt § 216 II 1 BGB nur, dass aufgrund Verjährung der Forderung keine Herausgabe der Sicherheit verlangt werden kann; aus dieser Formulierung wird jedoch zu Recht gefolgert, dass der Sicherungsnehmer, falls der Sicherungsgeber im Besitz des Sicherungsgutes ist, dasselbe zum Zweck

Der Sicherungsnehmer kann allerdings auch seinen Zahlungsanspruch titulieren lassen und die Zwangsvollstreckung nach §§ 808 ff. ZPO betreiben, im Zuge derer er auch in das (in seinem Eigentum stehende) Sicherungsgut vollstrecken kann.[367]

2. Rechtsgrundlagen

Die Voraussetzungen sowie die Art und Weise der Verwertung richten sich in erster Linie nach den im Sicherungsvertrag getroffenen Vereinbarungen.[368] Wenn dieser keine ausdrücklichen Regelungen beinhaltet, ist fraglich, ob die Vorschriften über das BGB-Pfandrecht entsprechende Anwendung finden. Dies ist jedenfalls sowohl für solche Vorschriften zu verneinen, die aus den Strukturmerkmalen des Pfandrechts resultieren (beispielsweise aus der Akzessorietät), als auch für diejenigen, die Wirkung gegenüber Dritten zeitigen, da es in dieser Beziehung auf das Eigentum des Sicherungsnehmers ankommt.[369] Etwas anderes soll im Innenverhältnis zwischen Sicherungsgeber und Sicherungsnehmer gelten. Hier erscheint eine Reihe von Pfandrechtsbestimmungen als sinnvolle Ergänzung der (insoweit lückenhaften) Sicherungsabrede, insbesondere wenn sie Konkretisierungen der Grundsätze von Treu und Glauben verkörpern.[370]

3. Zeitpunkt der Verwertung

Nicht unumstritten ist, wann Eintritt der Verwertungsreife anzunehmen ist: Als maßgeblicher Zeitpunkt vertreten wird einerseits

---

der Verwertung herausverlangen darf, wenn der Sicherungsnehmer sich im Bezug auf die Forderung auf Verjährung beruft, BGH a. a. O. 195, 199.

367 *Baur/Stürner*, § 57, Rn. 43. Allerdings gilt es dann § 811 I ZPO zu beachten.

368 Allg. Meinung, BGH, Urt. v. 24.10.1979 - VIII ZR 298/78, NJW 1980, 226 (226).

369 Erman/*L. Michalski*, Anh. §§ 929-931, Rn. 15; Soergel/*Henssler*, Anh. § 930, Rn. 67. Dies gilt beispielsweise für § 1243 BGB, eine Verletzung darin aufgezählter Erfordernisse führt nicht zu Unwirksamkeit der Veräußerung. Gegebenenfalls entsteht ein Anspruch auf Schadensersatz. A. A. *Wieling*, in: Enzyklopädie der Rechtswiss., Bd. 1, S. 838, nach dessen Ansicht die Pfandvorschriften zwingend auch auf die Sicherungsübereignung anzuwenden sind.

370 *Bülow*, Rn. 1222: § 1241 und § 1234 I 1 BGB.

der der Fälligkeit des gesicherten Anspruchs[371], andererseits der des Verzugs des Schuldners mit der Forderungstilgung.[372] Im Sinne des Schuldnerschutzes müsste der Zeitpunkt des Verzuges bevorzugt werden. Zu beachten ist allerdings, dass durch eine derart schuldnerschutzorientierte Entscheidung der Zeitpunkt der Verwertungsreife im Vergleich zu den Vorschriften über das Pfandrecht eine Verlagerung nach hinten erfährt. Ob der Schuldner im Fall einer kautelarischen Sicherheit weitergehenden Schutz als im Rahmen der gesetzlich vorgesehenen Sicherungsrechte erfahren muss, ist doch eher fraglich. Da aber als Verwertungsvoraussetzung größtenteils von der Erforderlichkeit einer Androhung ausgegangen wird[373], lässt sich jedenfalls eine solche als verzugsbegründendes Ereignis interpretieren.

---

[371] MünchKomm/*Oechsler*, Anh. §§ 929-936, Rn. 48; Staudinger/*Wiegand*, Anh. §§ 929-931, Rn. 230; *Wieling*, in: Enzyklopädie der Rechtswiss., Bd. 1, S. 838; Jauernig/*Jauernig*, § 930, Rn. 37 (entsprechende Anwendung von § 1228 II BGB); MünchKomm/*Quack*, 3. Aufl., Anh. §§ 929-936, Rn. 74 (§ 1228 II BGB analog); Palandt/*Bassenge*, § 930, Rn. 30 (§ 1228 II BGB entsprechend); *Serick*, EV und SÜ, Bd. III, S. 466. Unklar *Derleder/Knops/Bamberger*, § 30, Rn. 29, die einmal § 1228 II entsprechend anwenden wollen, aber andererseits ein In-Verzug-Setzen als Verwertungsvoraussetzung fordern. Für den Zeitpunkt der Fälligkeit aber gegen eine Analogie zu § 1228 II BGB *Loy*, S. 5, 30.

[372] Soergel/*Henssler*, Anh. § 930, Rn. 68; AnwK/*Schilken*, § 930, Rn. 77 (beide jedenfalls für den Fall, dass keine anders lautende ausdrückliche Vereinbarung existiert); *Reinicke/Tiedke*, Rn. 703; Bamberger/Roth/*Kindl*, § 930, Rn. 36; *Reich*, S. 146 f.

[373] BGH, Urt. v. 7.7.1992 - XI ZR 274/91, NJW 1992, 2626 (2627). Die Entscheidung betrifft zwar eine Sicherungszession, die Interessenlage erscheint aber vergleichbar: Hier wie dort soll dem Sicherungsgeber in Anbetracht der Tatsache, dass der Sicherungsnehmer ohne Erkenntnisverfahren zur Verwertung schreiten kann, die Möglichkeit gegeben werden, etwaige Einwendungen vorzubringen. Da bei einer Sicherungsübereignung (in der gängigen Form des § 930 BGB) der Sicherungsnehmer bereits durch das Herausgabeverlangen bezogen auf das Sicherungsgut „gewarnt" ist, kann bereits in dieser Handlung die Androhung erblickt werden. Dies sieht auch MünchKomm/*Oechsler*, Anh. §§ 929-936, Rn. 50, der eine Androhung verlangt, aber auf sie verzichten will, wenn der Sicherungsgeber durch das Herausgabeverlangen „hinreichend gewarnt" ist. In Anbetracht der Regelung aus § 1259 BGB ist von dem Erfordernis der Androhung für die Fälle einer ausschließlichen Beteiligung von juristischen Personen des öffentlichen Rechts, Unternehmern und öffentlichrechtlichen Sondervermögen wohl auch im Rahmen der Sicherungsübereignung abzusehen.

4. *Durchführung der Verwertung, Verwertungsarten*

a. Freihändiger Verkauf oder öffentliche Versteigerung

Die Verwertung des Sicherungsgutes kann durch freihändigen Verkauf, öffentliche Versteigerung oder im Wege der Zwangsvollstreckung nach §§ 808 ff. ZPO erfolgen. Eine Veräußerung nach den Pfandrechtsvorschriften ist weder zwingend[374] noch ergibt sie sich - wenn eine explizite Vereinbarung fehlt - aus dem mutmaßlichen Willen der Parteien: Eine Verwertung durch öffentliche Versteigerung ist meist umständlich, kostenintensiv und unergiebig, weswegen in der Regel nur die freihändige Verwertung den Parteiinteressen gerecht wird.[375] Angesichts der Pflicht des Sicherungsnehmers, das bestmöglichste Verwertungsergebnis zu erzielen[376], kann sich aber im Einzelfall auch die Pflicht zur Verwertung im Rahmen einer öffentlichen Versteigerung ergeben.[377] Übersteigt der Erlös[378] den Wert der gesicherten Forderung, hat der Sicherungsnehmer den nach Abzug der entsprechend § 788 ZPO vom Sicherungsgeber zu tragenden Kosten[379] bleibenden Überschuss an den Sicherungsgeber auszuzahlen.[380]

---

374 Anders allerdings *Raape*, S. 58; *Derleder/Knops/Bamberger*, § 30, Rn. 28; *Wieling*, in: Enzyklopädie der Rechtswiss., Bd. 1, S. 838. Er hält eine freie Verwertung nur dann für möglich, wenn sie nach Pfandreife von den Parteien vereinbart wird, § 1245 II BGB.

375 Soergel/*Henssler*, Anh. § 930, Rn. 71; *Reinicke/Tiedke*, DB 1994, 2601 (2608). Anders *Loy*, S. 120.

376 BGH, Urt. v. 5.10.1999 - XI ZR 280/98, NJW 2000, 352 (353). Bei schuldhafter Verletzung dieser Pflicht hat der Sicherungsnehmer Schadensersatz zu leisten. Aus dieser Pflicht folgt des Weiteren, dass der Sicherungsnehmer eine vom Sicherungsgeber nachgewiesene günstige Verwertungsmöglichkeit sorgfältig zu prüfen hat, BGH a. a. O.

377 *Serick*, EV und SÜ, Bd. III, S. 459; *Bülow*, Rn. 1223; *Pottschmidt/Rohr*, Rn. 586.

378 Es findet keine Surrogation statt, § 1247 S. 2 BGB ist nicht anwendbar, über den Eigentumserwerb entscheidet vielmehr das Verwertungsgeschäft. BGH, Urt. v. 11.1.2007 - IX ZR 181/05, NJW-RR 2007, 781 (782); MünchKomm/*Oechsler*, Anh. §§ 929-936, Rn. 52.

379 Palandt/*Bassenge*, § 930, Rn. 29; Soergel/*Mühl*, 12.Aufl., § 930, Rn. 58.

380 Rechnungslegungspflicht des Sicherungsnehmers entsprechend § 666 BGB, MünchKomm/*Oechsler*, Anh. §§ 929-936, Rn. 52; OLG Hamm, Urt. v. 29.5.1998 - 19 U 164/97, OLGR 1999, 317 f.

b. Verfallklausel, Selbsteintrittsklausel

Es kann durchaus auch im Interesse des Sicherungsnehmers liegen, das Sicherungsgut bei Not leidendem Kredit selbst einzubehalten, anstatt es im Rahmen einer Veräußerung zu verwerten. Gestattet ist ihm dies jedenfalls nur dann, wenn eine entsprechende Vereinbarung in die Sicherungsabrede aufgenommen wurde.[381]

aa. Verbot der Verfallabrede für beschränkte dingliche Rechte - Ausweitung auf die Sicherungsübereignung

Für das Faustpfandrecht statuiert das BGB das Verbot einer vor Pfandreife getroffenen Vereinbarung, nach der im Fall der Nichttilgung der gesicherten Forderung das Eigentum am Pfandgut auf den Pfandgläubiger übergeht, § 1229 BGB. Dieses Verbot einer Verfallklausel gilt über § 1273 II BGB auch für das Pfandrecht an Rechten, § 1149 (i. V. m. § 1192 BGB) erweitert den Anwendungsbereich auf die Grundpfandrechte Hypothek und Grundschuld. Eine direkte Anwendung auf die Sicherungsübereignung scheidet schon deswegen aus, weil bei ihr der Sicherungsnehmer im Zeitpunkt des Eintritts des Sicherungsfalls bereits Eigentümer - wenn auch treuhänderisch gebundener - des Sicherungsguts ist. Nicht ausgeschlossen erscheint aber eine Übertragung des Rechtsgedankens: Der Verfall des fiduziarisch gebundenen Eigentums zu ungebundenem Eigentum des Sicherungsnehmers erscheint der Situation des Eigentumserwerbs an Erfüllungs statt bei Sicherung durch beschränkte dingliche Rechte durchaus vergleichbar. Eine Ausdehnung des Verbots ist aber dann nur gerechtfertigt, wenn das Verfallverbot als ein allgemeiner Grundsatz aller Sicherungsrechte angesehen werden kann (und muss).

---

381 BGH, Urt. v. 24.10.1979 - VIII ZR 298/78, NJW 1980, 226 (227); Erman/*L. Michalski*, Anh. §§ 929-931, Rn. 15.

(1) *Ratio* des Verbots

Ausschlaggebend hierfür ist die *ratio* des Verbots. Diese wird seit jeher im Schutz des Schuldners erblickt:[382] Er, der dringend Kredit benötigt und daher aus der schwächeren Verhandlungsposition heraus agiert, wird allzu oft bereit sein einem Verfall zuzustimmen um den Kredit zu erhalten. Als problematisch erweist sich hierbei die Tatsache, dass das Sicherungsgut den Wert der zu sichernden Forderung oft um ein Vielfaches übersteigt. Der Sicherungsgeber, sich sicher die übereignete Sache rechtzeitig wieder auslösen zu können, wird diese Gefahr oft nicht realisieren, zumal er bei einer Sicherungsübereignung nach § 930 BGB im Besitz des Sicherungsgutes verbleibt, also ihm nicht einmal dessen physische Absenz die Gefahr erhellen kann. Es geht also nicht um einen wucherischen Charakter der Verfallklausel im konkreten Einzelfall, sondern vielmehr um die abstrakte Gefährdung des Schuldners[383] durch einen solchen „gefährlichen Vertrag".[384]

(2) Argumente für eine Anwendung dieses Verbots auf die Sicherungsübereignung

Eine Ansicht geht aufgrund der vergleichbaren, wenn nicht sogar bei der Sicherungsübereignung noch dringlicheren Gefahrenlage[385] davon aus, dass das Verbot auch für sie Geltung beanspruchen muss.[386] Auch hier ist der Schuldner gefährdet die gegen ihn gerichtete Forderung durch eine sie an Wert übersteigende Sache

---

382 Mot. III, 820: Die *lex commissoria* sei ein „Mittel zur Bedrückung der unvorsichtigen oder in einer Notlage befindlichen Schuldner." Bamberger/Roth/*Sosnitza*, § 1229, Rn. 1.

383 *Raape*, S. 29.

384 *Warnkönig*, AcP 24 (1841), 312 (359).

385 So *Gaul*, AcP 168 (1968), 351 (379): „Entscheidend ist allein die Frage, ob der Sicherungsgeber bei der Sicherungsübereignung mit Verfallabrede der gleichen Gefährdung ausgesetzt wird, gegen welche das Gesetz den Pfandschuldner schützen will."

386 *Gaul*, AcP 168 (1968), 351 (380); Soergel/*Henssler*, Anh. § 930, Rn. 80; Staudinger/*Wiegand*, Anh. §§ 929-931, Rn. 234; MünchKomm/*Quack*, 3. Aufl., Anh. §§ 929-936, Rn. 77; Soergel/*Mühl*, 12.Aufl., § 930, Rn. 60; *Baur/Stürner*, § 57, Rn. 16, S. 794; *Flume*, Dt. Landesreferate, S. 74 f.; *Reinicke/Tiedke*, Rn. 711, *Raape*, S. 53; *Boehmer*, II 2, S. 163 f.; Jauernig/*Jauernig*, § 930, Rn. 37; Bamberger/Roth/*Kindl*, § 930, Rn. 36; *Reich*, S. 157 f.

zu sichern, in der trügerischen Hoffnung, er sei zur rechtzeitigen Rückzahlung des Kredits in der Lage. Die alleinige Anwendung des § 138 BGB wird als zum Schutze des Schuldners nicht ausreichend angesehen, da das Sittenwidrigkeitsverdikt nicht schon bei Gefährdung, sondern erst bei Verletzung des Schuldners eingreift.

(3) Argumente gegen eine Anwendung des Verbots und Stand der Rechtsprechung

Dies überzeugt nicht alle: Ob der Wesensverschiedenheit von Pfandrecht und Sicherungsübereignung könne eine Ausdehnung des Verfallverbots auf letztere nicht überzeugen.[387] Insbesondere *Serick* spricht sich dagegen aus: „Da die Praxis die Sicherungsübereignung gerade deshalb geschaffen hat, um sich von den nur allzu wirtschaftsfremden Regeln des Pfandrechts zu lösen (...), ist kein zwingender Grund ersichtlich, den uralten Zopf des Verbotes der Verfallklausel im Wege einer entsprechenden Anwendung des § 1229 BGB an die moderne Sicherungsübereignung anzuhängen (...)."[388] Ausreichend sei eine Kontrolle über § 138 BGB, die eine sittenwidrige Verfallklausel der Nichtigkeitsfolge preisgibt, der Sicherungsgeber verdiene „allein Schutz vor einer Verschleuderung der Sicherheit im Verwertungsfall."[389] Diese Ansicht stützt sich auf die Rechtsprechung des Reichsgerichts, insbesondere auf die Entscheidung vom 4.7.1913 (VII 181/13, RGZ 83, 50 ff.), in der sich das Reichsgericht allerdings gar nicht mit dem Verbot der Verfallklausel bei der Sicherungsübereignung zu befassen hatte, sondern vielmehr mit einer Frage zur Stempelabgabe nach dem PreußStempelsteuer-

---

[387] *Pottschmidt/Rohr*, Rn. 591; *Bülow*, Rn. 1228. Nach *Wolff/Raiser*, § 179, S. 737 f., bedarf es bei der Sicherungsübereignung des Schutzes aus § 1229 BGB nicht, da der Sicherungsgeber durch sein Recht zum Besitz ausreichend geschützt sei. Diese Ansicht kann allerdings nicht überzeugen, denn erkennt man die Gültigkeit einer Verfallklausel an, besteht nach Fälligkeit der Schuld auch kein Besitzrecht mehr.

[388] *Serick*, EV und SÜ, Bd. III, S. 487. Er verlangt allerdings die Einhaltung einer angemessenen Frist und vorherige Androhung um dem Schuldner die Möglichkeit zu geben, das Sicherungsgut auszulösen, *Serick*, ebd. Ihm folgend *Pottschmidt/Rohr*, Rn. 591.

[389] MünchKomm/*Oechsler*, Anh. §§ 929-936, Rn. 51. Für Zulässigkeit einer Verfallklausel bei der Sicherungsübereignung: Soergel/*Mühl*, 12. Aufl., § 1229, Rn. 5; Erman/*L. Michalski*, Anh. §§929-931, Rn. 15; Palandt/*Bassenge*, § 930, Rn. 33; *Lwowski*, Rn. 278; *Foerste*, ZBB 2009, 285 (293).

gesetz. Das RG geht rein hypothetisch von der Vereinbarung einer Verfallklausel aus, äußert sich aber nicht explizit über deren Zulässigkeit. Der *BGH* hat bisher kein klares Urteil gesprochen. Im Zusammenhang mit einer Äußerung über mögliche Verwertungsarten bei der Sicherungsübereignung erwähnte er unter anderem den Verfall des Sicherungseigentums und dies mit Verweis auf Serick, der die Vereinbarung einer Verfallklausel als zulässig einstuft.[390] In einer späteren Entscheidung verneint der *BGH* die Ausdehnung des Verbots der Verfallklausel auf dinglich nicht gesicherte Gläubiger[391], sieht vielmehr die §§ 1149, 1229 BGB mit Berufung auf Raape als „Sonderregelung[en] über die Realisierung einer dinglichen Sicherheit". Dies lässt insgesamt betrachtet eher den Schluss zu, dass der *BGH* tendenziell eine Ausweitung des Verbots auf die Sicherungsübereignung ablehnt.[392] Raape, auf den er verweist, hält die Ausweitung des Verbots in dieser Hinsicht allerdings für geboten, der *BGH* distanziert sich hiervon nicht.
Aus den Gesetzesmaterialien lässt sich diesbezüglich nichts entnehmen. Die Erwähnung in § 223 II BGB (jetzt § 216 II BGB) gibt eindeutiges Zeugnis der Befassung mit dieser Kreditsicherheit im Gesetzgebungsprozess. Trotzdem wurde kein den §§ 1229, 1149 BGB entsprechendes Verbot formuliert, sondern vielmehr die Ausgestaltung (einschließlich der Verwertung) den Beteiligten im Rechtsverkehr überantwortet.

bb. Abrechnungsfreier und abrechnungspflichtiger Verfall

Die Verfallsabrede kann in zweierlei Form vereinbart werden, einmal als sog. rechnungsfreier Verfall, einmal als (ab)rechnungspflichtiger Verfall. Der Unterschied besteht darin, dass der Sicherungsnehmer bei letzterem die Differenz zwischen dem erzielbaren Verwertungserlös und dem Wert der gesicherten Forderung an den Sicherungsgeber herauszugeben hat.[393] Uneins ist man sich indes darüber, ob das Verbot der Verfallklausel für beide Fallgestaltungen

---

[390] BGH, Urt. v. 24.10.1979 - VIII ZR 298/78, NJW 1980, 226 (227).
[391] *In casu* handelte es sich um eine Bürgschaftsschuld, BGH, Urt. v. 23.6.1995 - V ZR 265/93, BGHZ 130, 101 ff. = NJW 1995, 2635 (2635 f.).
[392] So auch *Foerste*, ZBB 2009, 285 (293).
[393] *Raape*, S. 16.

eingreifen soll. Für die im Gesetz erwähnten Fälle des Verbots der Verfallklausel (im Rahmen von Pfandrecht und Hypothek) geht man davon aus, dass die Vereinbarung auch dann nichtig ist, wenn der Gläubiger sich verpflichtet, dem Eigentümer den Überschuss zwischen dem Schätzwert und dem geschuldeten Betrag auszuzahlen.[394]
Im Rahmen der Diskussion über die Zulässigkeit einer Verfallklausel bei der Sicherungsübereignung herrscht diesbezüglich kein Konsens. Diejenigen, die die Vereinbarung einer Verfallklausel generell zulassen wollen, akzeptieren sowohl den rechnungspflichtigen als auch den rechnungsfreien Verfall, wobei sie eingestehen, dass letzterer oft das Sittenwidrigkeitsverdikt aus § 138 BGB auf sich ziehen wird.[395] Innerhalb der Auffassung, die eine Geltung des Verbots für die Sicherungsübereignung befürwortet, finden sich zahlreiche Stimmen, die auch einen abrechnungspflichtigen Verfall als unzulässig einstufen. Ein abrechnungspflichtiger Verfall sei für den Schuldner-Sicherungsgeber ungünstig und gefährlich, da sich der dem Verkehrswert[396] entsprechende Schätzwert des Sicherungsguts nach dem richtet, was ein Händler zu zahlen bereit wäre. Ohne eine solche Klausel wäre der Sicherungsnehmer aber verpflichtet, die Sache bestmöglich, also regelmäßig über den ergiebigeren Verkauf an den Letztverbraucher zu verwerten.[397] Allerdings sprechen sich diese Verfechter eines Verbots auch des abrechnungspflichtigen

---

394 MünchKomm/*Eickmann*, § 1149, Rn. 5; Planck/*Flad*, § 1229, Rn. 1; *Gaul*, AcP 168 (1968), 351 (373); Soergel/*Mühl*, 12. Aufl., § 1229, Rn. 2; *Rimmelspacher*, Rn. 357; BGH, Urt. v. 23.6.1995 - V ZR 265/93, NJW 1995, 2635 (2635). So auch schon RG, Urt. v. 10.11.1930 - VI 33/30, RGZ 130, 227 (228).

395 *Serick*, EV und SÜ, Bd. III, S. 487. *Bülow*, Rn. 1228, geht von einer sittenwidrigen Klausel insbesondere bei Missverhältnis zwischen Kredithöhe und Wert des Sicherungsguts aus. Allerdings wird das Sittenwidrigkeitsverdikt hier schon im Vorfeld der Verwertung greifen, sog. Übersicherung.

396 Verkehrswert ist der Einkaufspreis, nicht der Verbraucher- (Nachfrage-) preis, MünchKomm/*Quack*, Anh. §§ 929-936, Rn. 95.

397 Soergel/*Henssler*, Anh. § 930, Rn. 80; *Reinicke/Tiedke*, DB 1994, 2601 (2608). Anders Soergel/*Mühl*, 12. Aufl., § 930, Rn. 62: Es handele sich hier lediglich um die Frage, ob der Preis angemessen ist, dies sei aber ein reines Beweislastproblem. Der abrechnungspflichtige Verfall ist aber generell zulässig. Zur Pflicht des Sicherungsnehmers das Sicherungsgut an einen Letztverbraucher zu verkaufen, soweit die Möglichkeit im Einzelfall besteht, OLG Düsseldorf, Urt. v. 8.2.1990 - 6 U 151/89, NJW-RR 1990, 1073 (1074); LG Wiesbaden, Urt. v. 6.4.1987 - 1 S 413/86, NJW-RR 1987, 1270.

Verfalls für die Zulässigkeit eines sog. Selbsteintrittsrechts aus.[398] Als Selbsteintrittsrecht wird eine Vereinbarung bezeichnet, die dem Sicherungsnehmer ermöglicht, das Sicherungsgut zu einem angemessenen Preis selbst zu übernehmen[399], also gewissermaßen an sich selbst zu veräußern. Übersehen wird hierbei offenbar, dass zwischen einem abrechnungspflichtigen Verfall und einem Selbsteintritt kein Unterschied auszumachen ist.[400] Das Sicherungsgut wird jeweils nicht der Verwertung (durch freihändigen Verkauf oder Versteigerung) zugeführt, sondern zu einem angemessen Preis (Schätzpreis) vom Gläubiger-Sicherungsgeber übernommen. Konsequenterweise muss man also, wenn man den Selbsteintritt zulassen will, auch den rechnungspflichtigen Verfall bei der Sicherungsübereignung erlauben.

Somit lassen sich im Endeffekt zwei Tendenzen ausmachen: Die einen lehnen eine Ausdehnung des Verfallklauselverbots auf die Sicherungsübereignung rigoros ab; die anderen halten zwar nicht den abrechnungsfreien, wohl aber den rechnungspflichtigen Verfall (Selbsteintritt) für zulässig.[401]

In letztere Kategorie muss man wohl auch den *BGH* einordnen: Er scheint einen abrechnungspflichtigen Verfall zu billigen[402], wenn auch eine zufriedenstellende Auseinandersetzung mit der Problematik bisher nicht erfolgt ist.

Ob man der einen oder der anderen Ansicht folgt, macht keinen allzu großen Unterschied: Der rechnungsfreie Verfall wird auch bei

---

[398] Soergel/*Henssler*, Anh. § 930, Rn. 77; *Reinicke/Tiedke*, DB 1994, 2601 (2608); Schimansky/Bunte/Lwowski/*Ganter*, § 90, Rn. 559.

[399] BGH, Urt. v. 23.11.1959 - VII ZR 48/58, WM 1960, 171 (171). In der Literatur wird das Selbsteintrittsrecht oft als Wahlrecht des Sicherungsnehmers zwischen Verwertung des Sicherungsguts oder Selbstübernahme dargestellt. Selbsteintritt bezeichnet aber richtigerweise nur die Möglichkeit des Sicherungsnehmers das Sicherungsgut zu einem angemessenen Preis selbst zu übernehmen. Ob er daneben wahlweise auch zur Verwertung (durch freihändigen Verkauf) schreiten kann, hat für die Beurteilung der Zulässigkeit eines Selbsteintrittsrechts keine Relevanz.

[400] So auch *Foerste*, ZBB 2009, 285 (287): „Ein vertraglich gestatteter Selbsteintritt bei der Verwertung von Sicherungseigentum geht folglich entgegen landläufiger Ansicht praktisch stets mit Verfall einher."

[401] Beispielsweise MünchKomm/*Oechsler*, Anh. §§ 929-936, Rn. 234; *Rimmelspacher*, Rn. 357. Anders *Gaul*, AcP 168 (1968), 351 (372 f., 380), der wohl auch den abrechnungspflichtigen Verfall für unzulässig hält.

[402] BGH, Urt. v. 23.11.1959 - VII ZR 48/58, WM 1960, 171 (171). In diese Richtung auch OLG Hamm, Urt. v. 29.5.1998 - 19 U 164/97, OLGR 1999, 317 f.

den Gegnern des Verfallklauselverbots regelmäßig an § 138 BGB scheitern. Die Befürworter des Verbots hingegen halten andererseits in großer Mehrzahl den rechnungspflichtigen Verfall für zulässig.

cc. Rechtsfolgen der Verfallabrede

Die Vereinbarung einer Verfallabrede (insoweit man sie überhaupt für verboten hält) führt nicht nach § 139 BGB zur Nichtigkeit der Sicherungsübereignung als solcher, sie soll im Zweifel aufrechterhalten werden.[403]

VIII. ZWANGSVOLLSTRECKUNG

1. *Rechtsbehelfe des Sicherungsnehmers bei Pfändung des Sicherungsguts durch Gläubiger des Sicherungsgebers*

Wenn Gläubiger des Sicherungsgebers in das sich in dessen Gewahrsam befindliche Sicherungsgut vollstrecken, kann sich der Sicherungsgeber, da der Gerichtsvollzieher die materielle Rechtsstellung nicht zu prüfen hat[404], nicht unter Berufung darauf der Pfändung erwehren, dass er nicht Eigentümer sei. Darzustellen bleibt also, inwiefern dem Sicherungsnehmer in einem solchen Fall Rechtsbehelfe zur Seite stehen:

a. § 771 oder § 805 ZPO?

Nach herrschender Ansicht kann sich der Sicherungsnehmer auf den Schutz der Drittwiderspruchsklage aus § 771 ZPO berufen.[405]

---

403 So allgemein im Falle der Vereinbarung einer (nichtigen) Verfallklausel beim Pfand, vgl. Staudinger/*Wiegand*, § 1229, Rn. 10; MünchKomm/*Damrau*, § 1229, Rn. 4.

404 Musielak/*Becker*, ZPO, § 808, Rn. 5. Dies gilt auch, wenn der Schuldner dem Gerichtsvollzieher den Sicherungsübereignungsvertrag vorlegt, LG Bonn, Beschl. v. 25.11.1986 - 4 T 743/86, MDR 1987, 770.

405 BGH, Urt. v. 4.2.1954 - IV ZR 164/53, BGHZ 12, 232 (234) = NJW 1954, 673 (674); Urt. v. 13.5.1981 - VIII ZR 117/80, BGHZ 80, 296 (299) = NJW 1981, 1835 (1835); Urt. v. 25.2.1987 - VIII ZR 47/86, BGHZ 100, 95 ff. = NJW 1987, 1880 (1882); Urt. v. 12.5.1992 - VI ZR 257/91, BGHZ 118, 201 (206 f.) = NJW 1992, 2014 (2015). So auch schon RG, Urt. v. 9.4.1929 - VII 536/28, RGZ 124, 73 (73 f.); *Gaul*, FS BGH, Bd. III, 521 (549 f.); *Pottschmidt*, Rn. 612; *Reinicke/Tiedke*, DB 1994, 2601 (2603); Stein/Jonas/*Münzberg*, § 771, Rn. 30; Palandt/*Bassenge*, § 930, Rn. 35; MünchKomm/*Oechsler*, Anh. §§ 929-

Die Drittwiderspruchsklage ist eine prozessuale Gestaltungsklage[406], die auf Einstellung der Zwangsvollstreckung in den Sicherungsgegenstand zielt, § 775 Nr. 1, 776 ZPO.[407] Voraussetzung ist, dass dem Klageführer „ein die Veräußerung hinderndes Recht" am Vollstreckungsobjekt zusteht. Diese Formulierung hat umfassende Kritik auf sich gezogen: Einmal muss es sich im Rahmen des § 771 ZPO nicht um eine Veräußerung handeln[408], zum anderen gibt es kein Recht, das eine Veräußerung hindert, selbst das umfassendste unserer Rechtsordnung bekannte Recht an einer Sache, nämlich das Eigentum, hindert nicht deren Veräußerung, §§ 932 ff. BGB. Nach der Rechtsprechung steht einem dann ein Recht im Sinne des § 771 ZPO zu, „wenn der Schuldner selbst, veräußerte er den Vollstreckungsgegenstand, widerrechtlich in den Rechtskreis eines Dritten eingreifen würde und deshalb der Dritte den Schuldner hindern könnte zu veräußern. Dann soll der Dritte auch die Gläubiger des Schuldners daran hindern können, die Sache im Wege der Zwangsvollstreckung zu verwerten."[409] Eigentum ist also der Paradefall eines Rechts im Sinne des § 771 ZPO, somit ist gemäß seiner Einstufung als vollwertiges Eigentum auch das Sicherungseigentum umfasst. Dies gilt allerdings nur solange die gesicherte Forderung noch nicht erfüllt wurde.[410] Mit Wegfall des Sicherungszwecks wäre die Erhebung

---

936, Rn. 54; Staudinger/*Wiegand*, Anh. §§ 929-931, Rn. 252; Jauernig/*Jauernig*, § 930, Rn. 49; Bamberger/Roth/*Kindl*, § 930, Rn. 31; Erman/*L. Michalski*, Anh. §§ 929-931, Rn. 10; Musielak/*Lackmann*, ZPO, § 771, Rn. 19; *Bülow*, Rn. 1272.

[406] H. M., vgl. BGH, Urt. v. 7.3.1972 - VI ZR 158/70, BGHZ 58, 207 (212 ff.) = NJW 1972, 1048 (1049); MünchKomm.ZPO/*Schmidt*, § 771, Rn. 3; *Gaul*, FS BGH, Bd. III, 521 (523).

[407] Oft wird der Sicherungsnehmer als nicht am Verfahren Beteiligter von seiner Rechtsbeeinträchtigung gar nichts erfahren, insoweit ist er auf die Loyalität des Schuldners und Eigeninitiative angewiesen. Oft wird ihm nur ein nachträglicher Ausgleich aus § 812 I 1 Alt. 2 BGB hinsichtlich des dem Dritten Gläubiger ungerechtfertigt zugeflossenen Erlöses verbleiben, gegebenenfalls Schadensersatz, *Gaul*, FS BGH, Bd. III, 521 (522).

[408] MünchKomm.ZPO/*Schmidt*, § 771, Rn. 16: Zwangsverwaltung, Pfändung einer dem Dritten zustehenden Forderung.

[409] BGH, Urt. v. 11.11.1970 - VIII ZR 242/68, BGHZ 55, 20 (26 ff.) = NJW 1971, 799 (800); RG, Urt. v. 21.3.1927 - V 381/26, RGZ 116, 363 (366 ff.). Kritik bei *Gaul*, FS BGH,Bd. III, 521 (537 f.).

[410] BGH, Urt. v. 25.2.1987 - VIII ZR 47/86, BGHZ 100, 95 (105 f.) = NJW 1987, 1880 (1882).

einer Drittwiderspruchsklage eine unzulässige Ausnutzung einer nur noch formal bestehenden Position des Sicherungsnehmers.[411] Nach anderer Ansicht hingegen ist es dem Sicherungsnehmer verwehrt sich der Drittwiderspruchsklage zu bedienen, vielmehr sei er auf die Klage auf vorzugsweise Befriedigung aus § 805 ZPO zu verweisen.[412] Wenn man eine Beschränkung des Sicherungsnehmers in dieser Hinsicht annimmt, kann er nicht Einstellung der Vollstreckung in das Sicherungsgut erreichen und somit die Verwertung des Sicherungsguts nicht verhindern. Vielmehr bleibt ihm nur eine gegenüber dem Vollstreckungsgläubiger bevorzugte Befriedigung aus dem Erlös der gepfändeten Sache. Begründet wird diese Ansicht mit der Eigenschaft der Sicherungsübereignung, die sich funktional (und wirtschaftlich betrachtet) als besitzloses Pfandrecht darstelle. Steht dem Sicherungsnehmer die Klage aus § 771 ZPO zu, ist das Sicherungsgut für alle anderen Gläubiger in vollstreckungsrechtlicher Hinsicht blockiert.[413] Gern wird auch ein Vergleich zur Regelung für den Insolvenzfall gezogen: Auch § 51 Nr. 1 InsO berechtige den Sicherungsnehmer lediglich zur Absonderung und keineswegs zur Aussonderung. Hier ist allerdings zu beachten, dass die Interessenlagen keineswegs übereinstimmen und daher ein solcher Vergleich jeder Grundlage entbehrt.[414]

Die Befürworter der gegenteiligen Meinung berufen sich vornehmlich auf die materiellrechtliche Stellung des Sicherungsneh-

---

411 Einer trotzdem erhobenen Klage kann der Einwand des Rechtsmissbrauchs aus § 242 BGB entgegengehalten werden, RG, JW 1921, 1246 f. m. zust. Anm. *Rosenberg;* BGH, Urt. v. 25.2.1987 - VIII ZR 47/86, NJW 1987, 1880 (1882); *Gaul/Schilken/Becker-Eberhard,* § 41, Rn. 74.

412 MünchKomm.ZPO/*Schmidt,* § 771, Rn. 29; *Baumbach/Lauterbach/Hartmann,* § 771, Rn. 25; *Wieling,* in: Enzyklopädie der Rechtswiss., Bd. 1, S. 836; *Caspari,* JW 1935, 674 (674 f.).

413 MünchKomm.ZPO/*Schmidt,* § 771, Rn. 29. Dies hat allerdings nur dann Relevanz, wenn der Wert des Sicherungsguts den Wert der gesicherten Forderung überschreitet. Nimmt man mit der herrschenden Meinung an, dass sich der Sicherungsnehmer auf § 771 ZPO berufen kann, bleibt den übrigen Gläubigern nur die Pfändung des schuldrechtlichen Rückübertragungsanspruchs des Sicherungsgebers nach §§ 828 ZPO (beziehungsweise des Anwartschaftsrechts, wenn eine auflösend bedingte Sicherungsübereignung im Raum steht). Vermittelnd *Lange,* NJW 1950, 565 (569): § 771 ZPO nur, insoweit der Betrag der gesicherten Forderung den Wert des Sicherungsguts erreicht oder überschreitet, hingegen bei Übersicherung § 805 ZPO.

414 Dazu ausführlich *Funk,* S. 188 ff.

mers als Eigentümer des Sicherungsguts. Eine Beschränkung des Sicherungsnehmers auf § 805 ZPO würde ihm den Verwertungszeitpunkt aufdrängen, was insbesondere unter dem Gesichtspunkt bedenklich erscheint, dass der Sicherungsgeber das Sicherungsgut oft zu seinem wirtschaftlichen Fortkommen und somit zur Erwirtschaftung der Mittel zur (Rest-)Kredittilgung benötigt.[415] Auch würde so das Kreditverhältnis (jedenfalls in der Höhe, in der der Erlös zur Tilgung der Forderung ausreicht) erlöschen, was dem Sicherungsnehmer zu Schaden gereicht, wenn ihm günstige Bedingungen ausgehandelt waren.[416]Zusätzlich zum Verwertungszeitpunkt wäre ihm überdies eine Verwertungsart (Versteigerung durch den Gerichtsvollzieher) aufgedrängt, die der in der Sicherungsabrede regelmäßig vereinbarten freihändigen Veräußerung widerspricht und in der Regel einen geringeren Erlös erwirtschaftet.[417] Überzeugender erscheint demnach, dem Sicherungsnehmer die Möglichkeit einer Drittwiderspruchsklage zu gewähren.

b. Erinnerung, § 766 ZPO

Befindet sich das Sicherungsgut ausnahmsweise im Gewahrsam des Sicherungsnehmers, kann er einer Wegnahme durch den Gerichtsvollzieher, der aufgrund eines Titels anderer Gläubiger des Sicherungsgebers pfändet, nach § 809 ZPO widersprechen. Fährt der Gerichtsvollzieher dennoch mit der Pfändung fort, kann der Sicherungsnehmer diesen Verstoß nach § 766 ZPO mit einer Erinnerung geltend machen.[418] Einer Klage nach § 771 ZPO steht dies nicht entgegen.[419]

---

[415] Soergel/*Henssler*, Anh. § 930, Rn. 132.
[416] *Reinicke/Tiedke*, DB 1994, 2601 (2603).
[417] Musielak/*Lackmann*, ZPO, § 771, Rn. 19.
[418] Jauernig/*Jauernig*, § 930, Rn. 49.
[419] MünchKomm.ZPO/*Schmidt*, § 766, Rn. 5.

2. *Rechtsbehelfe des Sicherungsgebers bei Pfändung des Sicherungsguts durch Gläubiger des Sicherungsnehmers*

Denkbar ist auch die umgekehrte Fallgestaltung: Gläubiger des Sicherungsnehmers versuchen im Rahmen der Zwangsvollstreckung auf das Sicherungsgut zuzugreifen. Darzustellen ist, inwieweit dem Sicherungsgeber Möglichkeit zum Intervenieren gegeben ist.

a. Erinnerung, § 766 ZPO

Befindet sich der Sicherungsgeber, wie dies regelmäßig bis zur Verwertungsreife der Fall ist, im Besitz des Sicherguts, kann er jedenfalls im Rahmen einer Forderungsvollstreckung gegen den Sicherungsnehmer seine Zustimmung zur Pfändung nach § 809 ZPO verweigern; bei Verstoß hilft ihm der Rechtsbehelf aus § 766 ZPO.

b. Drittwiderspruchsklage, § 771 ZPO

Hat hingegen der Sicherungsnehmer den unmittelbaren Besitz am Sicherungsgegenstand inne, bleibt zu klären, ob der Sicherungsgeber sich einer Verwertung durch die Gläubiger des Sicherungsnehmers erwehren kann. In Frage steht, ob er sich auf ein Recht i. S. d. § 771 ZPO berufen kann. Wie bereits dar- und festgestellt, ist der Sicherungsnehmer vollwertiger Eigentümer. § 771 ZPO scheidet somit grundsätzlich aus; mit seiner Hilfe soll nur erreicht werden, dass schuldner*fremdes* Vermögen dem Haftungszugriff entzogen wird. Dies erscheint im vorliegenden Fall allerdings zu kurz gegriffen. Das Sicherungsgut ist dem Sicherungsnehmer nicht endgültig zugewiesen, sondern soll nach Erledigung des Sicherungszwecks wieder dem Sicherungsgeber zufallen. Das Reichsgericht plädierte daher für eine Anwendung des Widerspruchsrechts: Maßgeblich sei, dass der Sicherungsgegenstand zwar „formell und juristisch" dem Sicherungsnehmer „gehöre", nicht aber „materiell und wirtschaftlich."[420] Dies drückt die Wertung aus, dass das durch die Sicherungsabrede treuhänderisch gebundene Vermögen billigerweise

[420] RG, Urt. v. 23.12.1899 - V 233/99, RGZ 45, 80 (85).

nicht für persönliche Schulden des Treunehmers haften soll[421], die Sicherungsübereignung bezweckt eben gerade keinen endgültigen Vermögenszuwachs für den Empfänger. Der Sicherungsnehmer darf vor der Verwertungsreife nicht auf das Sicherungsgut zugreifen, also kann seinen Gläubigern (bis zu diesem Zeitpunkt) auch kein weitergehendes Recht zukommen.[422] Vollstrecken sie trotzdem, kann sich der Sicherungsgeber mit § 771 ZPO zur Wehr setzen.[423]
Dies gilt unabhängig davon, ob der Schuldner-Sicherungsgeber seine Forderung bereits getilgt hat oder gleichzeitig tilgt.[424]
Anders stellt sich die Rechtslage hingegen dar, wenn die Forderung gegen den Sicherungsgeber Not leidend wurde, also hinsichtlich des Sicherungsguts Verwertungsreife eingetreten ist. Da ab diesem Zeitpunkt der Sicherungsnehmer zur Verwertung berechtigt ist, kann auch ein Verbot des Zugriffs seiner Gläubiger nicht mehr gerechtfertigt werden.[425]
Offengelassen wurde vom *BGH*, wie in dem Fall zu verfahren sei, dass die Forderung, die dem Gläubiger gegen den Sicherungsnehmer zusteht, höher ist, als die Forderung des Sicherungsnehmers gegen den Sicherungsgeber. Fraglich ist dann nämlich, ob sich der Gläubiger auch wegen des höheren Betrags aus dem Sicherungsgut befriedigen kann. Überzeugend wird angenommen, dass der Sicherungsgeber in diesem Fall zwar nicht der Vollstreckung als solcher widersprechen kann, aber doch insoweit, als der Gläubiger Befriedigung wegen des Mehrbetrags sucht.[426]

---

[421] *Reinicke/Tiedke*, Rn. 762 sprechen diesbezüglich von quasidinglichen Wirkungen.

[422] BGH, Urt. v. 28.6.1978 - VIII ZR 60/77, BGHZ 72 (141 ff.) = NJW 1978. 1859 (1860).

[423] Allg. Meinung, Erman/*L. Michalski*, Anh. 929-931, Rn. 11; *Reinicke/Tiedke*, Rn. 762; Zöller/*Herget*, § 771, Rn. 14; *Bülow*, Rn. 1270; MünchKomm/*Oechsler*, Anh. §§ 929-936, Rn. 53; Staudinger/*Wiegand*, Anh. §§ 929-931, Rn. 250; MünchKomm.ZPO/*Schmidt*, § 771, Rn. 28; OLG Karlsruhe, Urt. v. 9.2.1977 - 6 U 106/76, NJW 1977, 1069 (1069).

[424] Palandt/*Bassenge*, § 930, Rn. 34; BGH, Urt. v. 28.6.1978 - VIII ZR 60/77, BGHZ 72, 141 (144, 145 f.) = NJW 1978, 1859 (1859 f.). Anders aber *Weber*, NJW 1976, 1601 (1605); *Derleder*, BB 1969, 725 (728); Soergel/*Henssler*, Anh. § 930, Rn. 131.

[425] BGH, v. 28.6.1978 - VIII ZR 60/77, BGHZ 72, 141 (146) = NJW 1978, 1859 (1860). Zweifelnd MünchKommm.ZPO/*Schmidt*, § 771, Rn. 28.

[426] Erman/*L. Michalski*, Anh. 930, Rn. 11; *Bülow*, Rn. 1271; *Reinicke/Tiedke*, Rn. 764; Soergel/*Henssler*, Anh. § 930, Rn. 134.

IX. SICHERUNGSÜBEREIGNUNG UND INSOLVENZ

Allgemeiner Eröffnungsgrund für das Insolvenzverfahren ist die Zahlungsunfähigkeit, § 17 I InsO, wenn also der Schuldner nicht mehr in der Lage ist, seine (fälligen) Zahlungsverpflichtungen zu erfüllen, § 17 II InsO. Gläubiger in diesem Gesamtvollstreckungsverfahren ist jeder, der im Zeitpunkt der Verfahrenseröffnung einen begründeten Vermögensanspruch gegen den Schuldner innehat, § 38 InsO. Auf vertragsgemäße Tilgung ihrer Forderungen haben sie keine Aussicht mehr, allenfalls auf eine Insolvenzquote. Umso wichtiger ist Kreditsicherung: Zwar ist nach Eröffnung des Insolvenzverfahrens auch die Verwertung des Sicherungsguts nicht mehr möglich, aber dem Gläubiger steht gegebenenfalls ein Aussonderungs- oder Absonderungsrecht zu. Wie es um die Rechte von Sicherungsgeber und Sicherungsnehmer in der Insolvenz des jeweils anderen steht, soll in der folgenden Darstellung erläutert werden.

1. *Insolvenz des Sicherungsgebers*

a. Absonderungsrecht des Sicherungsnehmers, §§ 50, 51 Nr. 1 InsO

In der Insolvenz des Sicherungsgebers hat der Sicherungsnehmer, obwohl er als Eigentümer Inhaber eines dinglichen Rechts ist, kein Recht zur Aussonderung des Gegenstands nach § 47 InsO, sondern vielmehr nur zur abgesonderten Befriedigung, §§ 50, 51 Nr. 1 InsO.[427] Das Sicherungsgut ist folglich Teil der Insolvenzmasse, dem Sicherungsnehmer gebührt aber bevorzugte Befriedigung aus dem Verwertungserlös. Begründet wird die Stellung des Sicherungseigentümers als bloß Absonderungsberechtigter damit, dass die Sicherungsübereignung bei wirtschaftlicher Betrachtungsweise (anstelle formal juristischer) einem Pfandrecht näher stünde als dem Eigentum.[428] Zweck sei es, dem Sicherungsnehmer eine vorrangige Befriedigungsmöglichkeit aus dem Sicherungsgut zu verschaffen; eine solche erlange er aber auch als

[427] BGH, Urt. v. 17.7.2008 - IX ZR 96/06, NJW 2008, 3142 (3143).
[428] BT-Drs. 12/2443, S. 125.

Absonderungberechtigter. Diese Ansicht wurde von der herrschenden Meinung auch schon während der Geltungszeit der Konkursordnung[429] vertreten.[430] Wegen unterschiedlicher Interessenlagen herrscht auch kein Widerspruch zu der Rechtslage in der Einzelzwangsvollstreckung. Dort gewährt die herrschende Meinung dem Sicherungsnehmer ein Widerspruchsrecht gegen die Vollstreckung durch Drittgläubiger nach § 771 ZPO[431], weil in das Kreditverhältnis zwischen Sicherungsnehmer und Sicherungsgeber nicht eingegriffen werden und dem Sicherungsnehmer keine Verwertung aufgedrängt werden soll. Die Gläubiger sind auf das übrige Schuldnervermögen zu verweisen. Ist aber über das gesamte Vermögen des Sicherungsgebers ein Insolvenzverfahren eröffnet, bewirkt dies den Fälligkeitseintritt aller gegen den Schuldner bestehenden Forderungen und somit zwangsläufig auch die Lösung des durch die Sicherungsübereignung gesicherten Kreditverhältnisses. Ein Eingriff in das Kreditverhältnis erfolgt in der Insolvenz also zwangsläufig. Da im Insolvenzverfahren außerdem das gesamte Vermögen des Sicherungsgebers verwertet werden soll, muss die Haftungsfunktion des sicherungsweise übertragenen Eigentums hier voll ausgeschöpft werden.[432]

b. Verwertungsverfahren

Die Verwertung beweglicher Gegenstände, einschließlich derer, die zur Sicherheit übereignet wurden und an denen somit nach § 51 Nr. 1 InsO ein Absonderungsrecht besteht, erfolgt ausschließlich durch den Insolvenzverwalter, § 166 InsO.[433] Gegenüber der

---

[429] Aufgehoben mit Wirkung vom 1.1.1999. Seit diesem Zeitpunkt gilt die Insolvenzordnung vom 5.10.1994 (BGBl. I S. 2866).

[430] In der KO existierte für das Sicherungseigentum keine dem § 51 Nr. 1 InsO entsprechende Regelung. Die Einordnung des Sicherungseigentümers unter die Absonderungs- statt die Aussonderungsberechtigten war allerdings gefestigte Rechtsprechung, vgl. nur RG, Urt. v. 9.4.1929 - VII 536/28, RGZ 124, 73 (75); Soergel/*Henssler*, Anh. § 930, Rn. 138 m. w. N.

[431] Vgl. dazu oben, Zweiter Teil, § 1, B, VIII 2b.

[432] *Gaul*, FS Serick 1992, S. 130. MünchKomm/*Oechsler*, Anh. §§ 929-936, Rn. 55, entnimmt die Begründung für das Absonderungsrecht des Sicherungsnehmers aus dem Prinzip der gleichmäßigen Gläubigerbefriedigung des § 1 S. 1 InsO.

[433] Ein Verwertungsrecht kann sich nur aus § 173 InsO ergeben, so beispielsweise für bewegliche Gegenstände, die sich nicht im Besitz des Insolvenzverwalters befinden,

Regelung der KO stellt dies eine Neuerung dar: Dort war noch der Absonderungsberechtigte in der Regel selbst zur Verwertung befugt, § 127 II KO. Um den Verlust dieser Privilegierung abzumildern und die gegenüber ungesicherten Insolvenzgläubigern stärkere Rechtsstellung auch realisieren zu können, sind in den §§ 167 ff. InsO einige Pflichten für den Insolvenzverwalter verankert. So kann der Gläubiger ihn unter den Voraussetzungen des § 168 InsO auf günstigere Verwertungsmöglichkeiten verweisen und angesichts einer Verzögerung der Verwertung nach § 169 InsO Zinsen verlangen.[434]

2. *Insolvenz des Sicherungsnehmers*

Dem Sicherungsgeber wird in den - praktisch eher seltenen - Fällen einer Sicherungsnehmerinsolvenz ein Aussonderungsrecht nach § 47 InsO gewährt.[435] Dies mag auf den ersten Blick ob der Tatsache, dass der Sicherungsgeber zu diesem Zeitpunkt nicht Eigentümer ist, sondern vielmehr nur einen obligatorischen Anspruch auf Rückübereignung des Sicherungsguts (nach Tilgung der Schuld) innehat, verwundern. Die Begründung entspricht jedoch derjenigen für die Anwendung des § 771 ZPO in der Zwangsvollstreckung: Das Sicherungsgut soll nicht endgültig, sondern nur zeitweise im Vermögen des Sicherungsnehmers verbleiben, weswegen eine Einverleibung in die Insolvenzmasse nicht gerechtfertigt erscheint. Tilgt der Sicherungsgeber den Kredit allerdings nicht ordnungsgemäß, fällt der Sicherungsgegenstand natürlich endgültig in die Insolvenzmasse.[436]

Uneinigkeit besteht darüber, ob der Sicherungsgeber sein Aussonderungsrecht erst geltend machen kann, wenn die gesicherte

---

insbesondere also für Inhaber eines vertraglichen Pfandrechts. Im Rahmen einer Sicherungsübereignung ist der Sicherungsnehmer dann verwertungsberechtigt, wenn er sich ausnahmsweise im Besitz des Sicherungsguts befindet.

434 Vgl. dazu die Darstellung bei *Pallas*, Die Rechtstellung der Sicherungsgeber bei der Verwertung des Sicherungseigentums, S. 196 ff.

435 Noch zur KO BGH, Urt. v. 21.12.1961 - III ZR 162/60, WM 1962, 180 (181); MünchKomm.InsO/*Ganter*, § 47, Rn. 375; Uhlenbruck/*Brinkmann*, § 47, Rn. 36; Soergel/*Henssler*, Anh. § 930, Rn. 142. So schon RG, Urt. v. 5.11.1918 - VII 202/18, RGZ 94, 305 (307). Anders noch *v. Tuhr*, S. 205: „Wer sein Eigentum weggibt, riskiert bei Insolvenz des Gegners einen Verlust zu erleiden."

436 *Bülow*, Rn. 1254; *Gaul*, FS Serick 1992, S. 136.

Forderung beglichen wurde (oder der Sicherungszweck aus anderen Gründen entfallen ist)[437], womit sich die weitere Frage stellt, ob dem Sicherungsgeber eine vorzeitige Befriedigung gestattet ist, um sein Aussonderungsrecht durchzusetzen.[438] Die herrschende Meinung verlangt - zu Recht -, dass erst nach Tilgung der gesicherten Forderung zur Aussonderung geschritten werden kann. Da dies dem Abwicklungszweck des Insolvenzverfahrens entspricht, ist dem Sicherungsgeber die Möglichkeit einer vorzeitigen Tilgung zuzugestehen.[439]

Macht der Sicherungsgeber von seinem Aussonderungsrecht keinen Gebrauch, verwertet es der Insolvenzverwalter gemäß der Sicherungsabrede, wobei ein etwaiger Mehrerlös dem Sicherungsgeber als Masseverbindlichkeit nach § 55 I 3 InsO zusteht.[440]

---

[437] So Bamberger/Roth/*Kindl*, § 930, Rn. 35; *Pottschmidt/Rohr*, Rn. 620; Staudinger/*Wiegand*, Anh. §§ 929-931, Rn. 251; *Gaul*, FS Serick 1992, S. 137; MünchKomm.InsO/*Ganter*, § 47, Rn. 436 c; Soergel/*Henssler*, Anh. § 930, Rn. 142. Ablehnend *Serick*, EV und SÜ, Bd. III, S. 295.

[438] Jedenfalls kann ihm die vorzeitige Erfüllung entgegen der Sicherungsabrede nicht aufgedrängt werden, *Gaul*, FS Serick 1992, S. 137.

[439] *Gaul*, FS Serick 1992, S. 138. Anders *Serick*, EV und SÜ, Bd. III, S. 296; Palandt/*Bassenge*, § 930, Rn. 36; *Derleder/Knops/Bamberger*, § 30, Rn. 44.

[440] *Reinicke/Tiedke*, Rn. 770; Soergel/*Henssler*, Anh. § 930, Rn. 142. Als eine solche ist sie nach § 53 InsO vorweg aus der Insolvenzmasse zu befriedigen.

§ 2. Italien - Sicherungseigentum und Funktionsäquivalente

Gegenstand des folgenden Kapitels dieser Arbeit ist die Frage, ob in der italienischen Rechtsordnung ein Äquivalent des deutschen Institutes der Sicherungsübereignung existiert und anerkannt wird. Wie in Deutschland ist auch in Italien jedenfalls keine gesetzliche Regelung einer Eigentumsübertragung zu Sicherungszwecken erfolgt. Es wird jedoch zu zeigen sein, dass auch die italienische Praxis, ausgehend - wie in Deutschland - von einem Sicherungskauf eine Eigentumsübertragung zu Sicherungszwecken entwickelt hat.
Während sich die Praxis der Form des Sicherungskaufs bediente, war der Ausgangspunkt der Rechtsgelehrten demgegenüber die Lehre von der Treuhand.
Zunächst soll hier deshalb der Versuch dargestellt werden, ein treuhänderisches Geschäft in einer vom Konsensualprinzip beherrschten Rechtsordnung, die zudem durch das *Causa*-Erfordernis geprägt ist, zu konstruieren. Anschließend wird die Entwicklung des Kaufs zu Sicherungszwecken beschrieben. Da ein solcher (mittlerweile) als unzulässig angesehen wird, erfolgt zudem eine Abgrenzung von ähnlichen, aber zulässigen Geschäften.
Hiernach erfolgt eine Darstellung der in Italien zulässigen besitzlosen Pfandrechte einschließlich der Mobiliarhypothek und der *privilegi*.

A. Veräußerung zu Sicherungszwecken in Italien

I. TREUHÄNDERISCHES GESCHÄFT

Wie im deutschen Recht ist auch im italienischen Recht keine allgemeine Regelung des Treuhandgeschäfts erfolgt, allerdings wird die grundsätzliche Zulässigkeit solcher Geschäfte nicht in Zweifel gezogen.[441]

---

[441] *Torrente/Schlesinger*, § 337, S. 598.

Als problematisch erweist sich im italienischen Recht allerdings die Konstruktion eines solchen treuhänderischen Geschäfts.

1. Konsensprinzip (principio consensualistico)

In Italien gilt nicht das Trennungs-, sondern das Konsensprinzip[442] (*principio consensualistico* oder *principio del consenso traslativo*), d. h. es erfolgt keine strikte Trennung des schuldrechtlichen Verpflichtungs- vom dinglichen Verfügungsgeschäft. Art. 1376 c. c.[443] regelt diesbezüglich, dass im Rahmen eines Vertrags, der den Eigentumsübergang einer Sache zum Gegenstand hat, das Eigentum bereits durch die wirksame Einigung der Parteien übertragen wird. Der Vertrag hat also unmittelbar dingliche Wirkung; eine Übergabe oder ein sonstiger Publizitätsakt sind nicht erforderlich. Es existiert im italienischen Recht zwar die Unterscheidung zwischen Geschäften mit nur obligatorischer und Geschäften mit dinglicher Wirkung, aber gerade keine Unterscheidung zwischen Verpflichtungs- und Verfügungsgeschäft.

Folge ist, dass die rechtliche Struktur des fiduziarischen Geschäfts, wie wir sie aus dem deutschen Recht kennen, für das italienische Recht nicht übernommen werden kann.

Im italienischen Recht findet sich keine Regelung eines typischen Vertrags, der treuhänderische Wirkungen erzeugt. Allerdings sind – als Ausdruck der Geltung der Privatautonomie – auch im italienischen Recht sog. atypische Verträge zulässig, Art. 1322 c. c.:

(Vertragsfreiheit)
(1) Die Parteien können innerhalb der durch das Gesetz [und durch die Korporativnormen] gezogenen Grenzen den Vertragsinhalt frei bestimmen.
(2) Die Parteien können auch Verträge schließen, die nicht zu den besonders geregelten Vertragstypen gehören, vorausgesetzt, sie sind auf die

---

[442] *Delle Monache*, Riv. dir. civ. 2006, 285 (286).

[443] Art. 1376: "*Nei contratti che hanno per oggetto il trasferimento della proprietà di una cosa determinata, la costituzione o il trasferimento di un diritto reale ovvero il trasferimento di un altro diritto, la proprietà o il diritto si trasmettono e si acquistano per effetto del consenso delle parti legittimamente manifestato.*"

Verwirklichung von nach der Rechtsordnung schutzwürdigen Interessen gerichtet.[444]

Ein treuhänderisches Rechtsgeschäft muss folglich in Italien im Rahmen der Vertragsautonomie konstruiert werden. Als Kernproblematiken haben sich hierbei die Vereinbarkeit eines Treuhandgeschäfts mit dem Prinzip des *numerus clausus* der dinglichen Rechte und die Frage nach der Zulässigkeit einer *causa fiduciae,* die sich trotz der bereits erwähnten Vertragsfreiheit stellt, erwiesen.

2. *Causa*

Gem. Art. 1325 Nr. 2 c. c. ist die *causa* in Italien konstitutiver Bestandteil (*requisito*) eines wirksamen Vertrags. Fehlt sie, ist der Vertrag nach Art. 1418 c. c. unheilbar nichtig. Was genau unter dem Konzept der *causa* zu verstehen ist, geht allerdings aus dem *Codice civile* selbst nicht hervor, eine Legaldefinition sucht man vergebens.[445] In der Diskussion um Definition und Inhalt der *causa* herrschen unterschiedliche Auffassungen.[446] Bezeichnungen der *causa* als „vages und mysteriöses Objekt“[447] oder als „vierte Seite eines Dreiecks“[448] sprechen für sich.

---

[444] Art. 1322: (*Autonomia contrattuale*) "*Le parti possono liberamente determinare il contenuto del contratto nei limiti imposti dalla legge [e dalle norme corporative]. Le parti possono anche concludere contratti che non appartengano ai tipi aventi una disciplina particolare, purché siano diretti a realizzare interessi meritevoli di tutela secondo l´ordinamento giuridico.*" Übersetzung nach *Patti*, S. 345.

[445] *Matrone*, Vit. not. 2008 II, 1141 (1141).

[446] Nach Ansicht von *Gallo*, S. 34, gibt es keinen Autor, der nicht eine eigene Konzeption der *causa* vertritt. Nach *Bessone/Roppo*, S. 3, ist die *causa* eine Materie, die durch die Möglichkeit, einem Begriff, der noch immer gefährlich unbestimmt, undurchsichtig und polyvalent ist, jede beliebige nützliche Bedeutung beizumessen, Perplexität hervorruft.

[447] *Ferrara*, S. 127.

[448] So *Giorgi*, zitiert bei *Besozzi*, Contratti 2007, 1007 (1007).

a. Die Geschichte der *causa*

Die ersten *causa*-Lehren wurden von der mittelalterlichen Jurisprudenz, beeinflusst von der Kausalitätslehre der scholastischen Philosophie, in Rückgriff auf das *Corpus Iuris Civilis* entwickelt.[449]
Im Römischen Recht konnte eine einklagbare Verpflichtung nur mittels einer *stipulatio*[450] begründet werden. Ansonsten galt ein durch Typenzwang gekennzeichnetes Vertragssystem, in dem die Willenseinigung der Parteien nur dann einen klagbaren Vertrag zustande brachte, wenn sie einem vorgegebenen Vertragsmuster entsprach.[451] Die übrigen Konsensualkontrakte waren seit der Klassik als *pacta nuda* geläufig;[452] es galt für sie die Regelung: *„nuda pactio obligationem non parit"*.[453]
Im Mittelalter ging man hinsichtlich des Schuldvertragsrechts zur allgemeinen Form des auf formloser Vereinbarung beruhenden Vertrags, dessen Inhalt nicht mehr durch die Rechtsordnung festgelegt ist, über: Die bloße Willenseinigung genügte als Verpflichtungsgrund, zudem galt Vertragsfreiheit.[454] Problematisch war nun allerdings die Feststellung, ob die Parteien gewillt waren, sich rechtlich zu binden, denn aufgrund der strikten Formvorgaben der römischen *stipulatio* war dies bisher stets unproblematisch erkennbar gewesen.[455] Als neues Kriterium übernahm man die Lehre von der

---

[449] Vgl. dazu *Söllner*, ZRG (R.A.) 77 (1960), 182 (268).

[450] Die *stipulatio* war ein mündliches Schuldversprechen, das auf einer bestimmten Frage- und Antwortform beruhte; der *stipulator* (derjenige, der sich die Leistung versprechen ließ) fragte den *promissor*, ob er ihm die Leistung verspreche und der *promissor* versprach sie (*sestertium V milia dari spondesne?- spondeo*). Wenn dieses Ritual eingehalten wurde, entstand eine einklagbare Verpflichtung auch ungeachtet eines wirksamen Kausalverhältnisses. Im Sinne unserer heutigen Terminologie ist die *stipulatio* also ein abstraktes Rechtsgeschäft, *Flume*, S. 160.

[451] *Nanz*, S. 11.

[452] *Nanz*, S. 11; *Riccobono*, ZRG (RA) 35 (1914), 214 (243). Die ursprüngliche Bezeichnung dieser Vereinbarungen als *pacta* war nach der Klagbarmachung bestimmter *pacta* nicht mehr unterscheidungskräftig und wurde daher auf *pacta nuda* erweitert, vgl.: *Bremkamp*, S. 38.

[453] D 2, 14, 7, 4. Hinsichtlich dieser Regel gibt es mehrere Formulierungsvarianten, beispielsweise auch folgende sehr geläufige: *„ex nudo pacto actio non oritur"*.

[454] Beeinflusst wurde diese Entwicklung durch das mittelalterliche kanonische Recht sowie durch die handelsrechtliche Praxis, dazu *Nanz*, S. 46 ff., 57 ff.; *Söllner*, ZRG (R.A.) 1960 (77), 182 (240 ff.)

[455] *Zimmermann*, S. 549.

Notwendigkeit einer *causa,* wie sie im justinianischen Recht schon für die *stipulatio* entwickelt worden war. [456] Die Bedeutung der *causa* lag folglich darin, festzustellen, ob seitens der Parteien eine rechtliche Bindung intendiert war - und somit die Möglichkeit einer gerichtlichen Durchsetzung der Vereinbarung bestand.[457]
Im Zuge der Kodifizierungen wurde die Lehre von der *causa* nicht nur in den *Code Civil,* der für einen wirksamen Vertrag gemäß Art. 1108 eine *„cause licite dans l´obligation"* verlangte[458], sondern auch in sämtliche andere romanische Gesetzbücher, darunter auch in das italienische[459], übernommen. Der *Codice Civile* von 1865 reproduzierte die französische Regelung gar wörtlich, indem er gemäß Art. 1104 c. c. a. F. eine *„causa lecita per obbligarsi"* als Vertragsbestandteil voraussetzte.

b. Der traditionelle Inhalt der *causa*

Aus dem in Frankreich dominierenden Verständnis erklärt sich die in Italien zunächst vorherrschende subjektive Auffassung von der *causa.* Nach Domat und Pothier, auf deren Lehren die Regelungen des *Code Civil* zum allgemeinen Vertragsrecht beruhen, bestand die *causa* für die Verpflichtung des einen Teils bei gegenseitigen Verträgen in der Verpflichtung des anderen Teils. [460] Der Bezugspunkt für die *causa* war folglich nicht der Vertrag, sondern das einzelne Leis-

---

[456] *Ranieri,* S. 1048; *Zimmermann,* S. 549.

[457] *Söllner,* ZRG (R.A.) 1960 (77), 182 (256).

[458] Vgl. Art. 1108 Code civil. Der *Code Civil* (bis 1807 trug er die Bezeichnung *Code Napoléon*) trat 1804 in Kraft.

[459] *Ranieri,* S. 1137. So in den spanischen *Código Civil* von 1889, den rumänischen *Codul Civil* von 1865, den italienischen *Codice Civile* von 1865 und sowie auch in den von 1942. Diametral entgegengesetzt die Entwicklung in Deutschland und den Niederlanden: Hier tritt die *Causa*-Lehre seit der zweiten Hälfte des 17. Jhd. zurück; in der Definition des Vertrag findet sie keine Erwähnung. In Anbetracht der der *causa* zugeschriebenen Funktion - Feststellung, ob der Vertrag von den Parteien ernsthaft gewollt war - stellt denn auch *Zimmermann,* S. 553, fest: *„One does not really need causa as an indipendent requirement to call attention to this trivial point."*

[460] *Pothier,* Traité des obligations n. 42: *„Dans les contrats interéssés la cause de l´engagement, que contracte l´une des parties, est ce que l´autre partie lui donne ou s´engage de lui donner"*, zitiert nach *Ranieri,* S. 1136. Schon nach *Domat* bestand der subjektive Zweck der einen Partei zur Eingehung der Verbindlichkeit im Erhalt der Gegenleistung, Les Lois Civiles dans leur ordre naturel, Lib. I, tit. I, sect. 1.n.5: *"L´engagement de l´un est le fondement de celui de l´autre"*, zitiert nach *Ranieri,* S. 1136.

tungsversprechen.[461] Dies erklärt sich daraus, dass sich der Anspruch einer Partei nach damaliger Ansicht nicht aus dem Vertrag, sondern aus der Gegenverpflichtung ergab, die nur durch die eigene Leistungspflicht einklagbar wurde. *Causa* wurde verstanden als der subjektive Zweck, der die Partei zur Eingehung der Verbindlichkeit bewegt[462]; dieser Zweck war der Erhalt der Gegenleistung.[463] Unter dem Einfluss der Pandektistik ging auch die italienische Doktrin gegen Ende des 19. und Beginn des 20. Jhd. dazu über, den Vertrag als Grundlage der gegenseitigen Verpflichtungen anzusehen. Wenn allerdings nun die Bindungswirkung des Vertrags auf der Willensübereinstimmung, also der Verknüpfung zweier Verpflichtungen beruht, wird damit die bisherige Auffassung von *causa* überflüssig, sie wird zum „*(inutile) doppione del consenso*"[464], also zum „(unnützen) Doppelgänger der vertraglichen Einigung." Die so genannte anticausalistische Strömung will denn als logische Schlussfolgerung die *causa* abgeschafft wissen[465], kann sich aber gegen die Neukonzeption der *causa* als *funzione economico sociale* (sozial-ökonomische Funktion) des Vertrags nicht durchsetzen.[466]

c. *Causa* als *funzione economico sociale* des Vertrags

Betti stellte die *causa*, die zu diesem Zeitpunkt sinnentleert war, in den Dienst des faschistischen Regimes; sie sollte sicherstellen, dass privatautonomes Handeln nur dann dem Schutz der Rechtsordnung untersteht, wenn es eine sozial nützliche Funktion erfüllt und sich in Einklang mit der nationalen Wirtschaft und dem öffentlichen Interesse befindet.[467] Die *causa* wurde also gleichgesetzt mit der sozial-

---

461 *Ferri*, Dig. IV, voce negozio giuridico, S. 76.

462 *Giorgianni*, Enc. dir. VI, voce causa, S. 548.

463 *Giorgianni*, Enc. dir. VI, voce causa, S. 548.

464 *Sacco*. S. 322; *Bessone/Roppo*, S. 5.

465 *Sacco*, S. 322.

466 Diese ist im Kern zurückzuführen auf *Scialoja*, S. 161 ff., der ein objektives *Causa*-Verständnis prägte, nach dem sie *scopo o funzione del negozio giuridico* (Zweck oder Funktion des Rechtsgeschäfts) war.

467 *Betti*, Riv. dir. comm. 1940 I, 217 (222). Es kommt für die Verbindlichkeit eines Vertrags also nicht mehr auf den Rechtsbindungswillen der Parteien, sondern darauf an, ob die Rechtsordnung einen solchen als anerkennenswert einstuft. Dieses Konzept der *causa* erlaubt dem faschistischen Regime eine Kontrolle und Steuerung

ökonomischen Funktion des Rechtsgeschäfts; folglich musste jedes Rechtsgeschäft, um vor der Rechtsordnung Anerkennung zu verdienen, eine solche Funktion erfüllen. Den Parteien wurde abverlangt, dass sie ein „objektives und plausibles, damit aus sozialer Sicht wertvolles und kontrollierbares Interesse" verfolgen.[468] Die *causa* wird somit zur „Kehrseite der Privatautonomie."[469]
Diese Konzeption von *causa* fand Eingang in den neuen *Codice Civile* von 1942. Diesem selbst lässt sich zwar keinerlei Definition entnehmen; deutliche Worte spricht hingegen die *Relazione al Codice*: „Die *causa* ist nicht der subjektive Zweck, den der Vertragsschließende im konkreten Fall verfolgt, sondern (...) die ökonomisch-soziale Funktion (...)."[470] Dieses *Causa*-Verständnis wurde von den Gerichten bald in ständiger Rechtsprechung zur Anwendung gebracht.[471] Die bettianische Konzeption war dabei aber keinesfalls unumstritten. Hauptkritikpunkte waren: die Funktion der *causa* als ideologiegeprägtes Kontrollinstrument[472] eines „zentralistischen und dirigistischen Staats"[473] und die Tatsache, dass bei einem solchen abstrakten *Causa*-Verständnis ein typischer, vom *Codice* vorgesehener Vertrag im Hinblick auf seine *causa* nie unwirksam kann, weil seine Funktion bereits vom Gesetzgeber als sozial-ökonomisch eingestuft wurde. Es wäre also kaum erklärbar, dass ein Kaufvertrag eine *causa illecita* (widerrechtliche *causa*) hat und daher gem. Art. 1343 c. c. unwirk-

---

der privaten Aktivitäten ohne vom Grundsatz der Vertragsautonomie abweichen zu müssen, *Viola*, S. 348.

[468] *Betti*, S. 175 f.

[469] *Galati*, S. 3.

[470] Relazione al Codice Civile, n. 613.

[471] Beispielhaft: Cass., Urt. v. 15.7.1993, n. 7844, Giur. it. 1995 I 1 c, 734 (741): „ *La causa (...) si identifica con la funzione economico-sociale dell´atto di autonomia privata nella sintesi dei suoi elementi essenziali (...).*" oder Cass., Urt. v. 29.1.1983, n. 826, Rep. Foro. it. 1983, voce: contratto in genere, n. 156: „*La causa del contratto si identifica con la funzione economico-sociale che il negozio obiettivamente persegue e il diritto riconosce rilevante ai fini della tutela apprestata.* " So auch in letzter Zeit: Cass., Urt. v. 4.4.2003, n. 5324, Rep. Foro. it. 2003, voce: contratto in genere, n. 375. Vgl. auch *Izzi*, Riv. dir. comm. 2007, 479 (496) und *Sicchiero*, Giur. it. 1995 I 1 c, 734 (741, Fn. 3) m. w. Nachw. zur Rechtsprechung.

[472] *Gorla*, S. 224 f.

[473] *Ferri*, Riv. dir .comm. 1986 I, 127 (133 f.).

sam ist, obwohl Art. 1343 c. c. diese Möglichkeit offensichtlich vorsieht.[474]

d. *Causa* als *funzione economico individuale* des Vertrags

In Anbetracht dieser Schwächen hat nun auch die Rechtsprechung der *causa* im Sinn von *funzione economico sociale* den Rücken gekehrt und sich der Lehre von der sog. *causa concreta* angeschlossen.[475] *Causa* ist demnach nicht (mehr) die abstrakte sozial-ökonomische Funktion, sondern vielmehr die Zusammenfassung der Interessen, die der Vertrag realisieren soll, wobei es um die Zusammenfassung der Vertragsdynamik und nicht des bloßen Willens der Parteien geht.[476] Die *causa* wird also nun verstanden als ökonomisch-

[474] *Bianca*, S. 452; *Besozzi*, Contratti 2007, 1007 (1008); *Rolfi*, Corr. giur. 2006 II, 1720 (1721). Hierbei ist anzumerken, dass die Rechtsprechung zu dieser logischen Schlussfolgerung nie vorgedrungen ist, weil auch im Rahmen der typischen Verträge überprüft wurde, ob die *causa* im Sinne der *funzione economico sociale* im konkreten Fall tatsächlich vorliegt, vgl. dazu *Rolfi*, Corr. giur. 2006 II, 1720 (1721 f.); *Izzi*, Giust. civ. 2007 I, 1988 (1989). Dies sah allerdings - scheinbar wenig beachtet - auch schon die *Relazione al Codice Civile*, n. 614 vor: "*La causa che in concreto il negozio realizza, per riscontrare non solo se essa corrisponde a quella tipica del rapporto, ma anche se la funzione in astratto ritenuta degna dell'ordinamento giuridico possa veramente attuarsi, avuto riguardo alla concreta situazione sulla quale il contratto deve operare.*", zitiert bei *Rolfi*, Corr. giur. 2006 II, 1720 (1721, Fn. 5). Allerdings sagt die *Relazione* an anderer Stelle: "(...) *se i privati utilizzano uno degli schemi prefissati è inutile un controllo della corrispondenza obiettiva tra schema legislativo e singolo contratto*", zitiert nach *Rimoldi*, Contratti 2007 II, 624 (631). Diese Aussagen kann man wohl nur als widersprüchlich bezeichnen.

[475] Cass., Urt. v. 8.5.2006, n. 10490, Corr. giur. 2006 II, 1718 f. = Contratti 2007 II, 621 ff. = Giust. civ. 2007 I, 1985 ff. = Dir. e giur. 2007, 332 ff. = Riv. del. not. 2007 I, 180 ff.; Cass, Sez. Un., Urt. v. 18.3.2010, n. 6538. Schon vorher war die Rechtsprechung vereinzelt von einem konkreten *Causa*-Verständnis ausgegangen: sie prüfte nicht mehr nur, ob die abstrakte sozial-ökonomische Funktion des typisierten Vertrags auch im konkreten Fall realisierbar ist, sondern stellte vielmehr auf die individuelle, von den Parteien zugrunde gelegte Funktion (*funzione economico individuale*) des Vertrags ab. Vgl. dazu *Besozzi*, Contratti 2007 II, 1007 (1009 f.); *Izzi*, Riv. dir. comm 2007, 479 (496 ff.). Die immerwährende Berufung auf die *causa* als *funzione economico sociale* verkam so zu einer rein deklamatorischen Formel, *Rolfi*, Corr. giur. 2006 II, 1720 (1723 f.).

[476] Cass., Urt. v. 8.5.2006, n. 10490: "*Sintesi degli interessi reali che il contratto stesso é diretto a realizzare; sintesi della dinamica contrattuale, si badi, e non anche della volontà delle parti.*" Die ökonomisch-individuelle Funktion ist also gerade nicht die Zusammenfassung aller subjektiven Motive, sondern nur der im Vertrag zum Ausdruck gekommenen Interessen der Parteien, die sozusagen „objektiviert" wurden. Daher

individuelle Funktion des einzelnen, spezifischen Vertrags.[477] Dem Vertrag wird damit wieder seine angestammte Funktion zugestanden, nämlich der Befriedigung privater Interessen im Rahmen der Gesetze zu dienen, ohne dass es von Relevanz wäre, ob von den Parteien ein aus staatlicher Sicht anerkennenswertes, sozial nützliches Ziel verfolgt wird. Die *causa* als notwendiger Vertragsbestandteil liegt also vor, wenn der im konkreten Fall geschlossene Vertrag geeignet ist, die in ihm zum Ausdruck gekommenen Interessen der Parteien zu realisieren, überdies darf die *causa* nicht gegen zwingende Normen verstoßen.[478]

3. *Konstruktion des treuhänderischen Geschäfts*

a. Treuhänderisches Geschäft als einheitliche Figur

aa. Struktur

In Anbetracht des *Causa*- Erfordernisses und unter der Geltung des Konsensualprinzips ist in Italien eine abstrakte Eigentumsübertragung nicht möglich.[479] Es musste daher versucht werden, die Konstruktion eines treuhänderischen Rechtsgeschäfts (*negozio fiduciario*) auf andere Weise zu bewerkstelligen.[480] Anstoß für eine Diskussion über Treuhandgeschäfte in der italienischen Lehre war die Beschäftigung mit diesem Problemkreis in Deutschland.[481] Eine erste, an die

---

ergibt sich auch keine Interferenz zum Prinzip der Unbeachtlichkeit der Motive. Anders sieht dies allerdings *Viola*, Vit. not. 2009, 1201 (1202).

477 Die Theorie von der *causa* als *funzione economico individuale* ist zurückzuführen auf *Ferri*, Causa e tipo nella teoria del negozio giuridico, Milano 1966.

478 *Rolfi*, Corr. giur. 2006 II, 1720 (1726). Auch diese neue *Causa*-Theorie hat nicht nur Befürworter: *Galati*, treccani.it. 2009, 1 (7 ff.).

479 *Putti*, Digesto IV, Agg., S. 913; *Grassetti*, Riv. dir. civ. 2007, 625 (629).

480 Die Konstruktion eines zulässigen Treuhandgeschäfts stellt laut *Santoro*, S. 196, aufgrund der zahlreichen anzugehenden Problematiken eine der komplexesten Materien dar, mit der sich die zivilrechtliche Lehre zu befassen hatte.

481 *Mannetta/Dragone*, Giust. civ. 2007 I, 2613 (2614). Von großem Einfluss waren die Werke von *Kohler*, Studien über Mentalreservation und Simulation, JherJB 16, S. 91 ff., und *Regelsberger*, Zwei Beiträge zur Lehre von der Cession, AcP 63 (1880), S. 157 ff. Die Charakterisierung des Treuhandgeschäfts durch das „Missverhältnis zwischen Zweck und Mittel", die auf Regelsberger zurückgeht, wurde von der italienischen Doktrin und Rechtsprechung nahezu unreflektiert übernommen, vgl. *Grassetti*, Riv. dir. comm. 1936 I, 345 (348).

italienischen Gegebenheiten angepasste Konstruktion des Treuhandgeschäfts geht auf *Cesare Grassetti* zurück.[482] Er wandte sich damit vor allem gegen die in der damaligen Doktrin verbreitete Ansicht, die einen *numerus clausus* der Geschäfte mit dinglicher Wirkung annahm[483], insbesondere gegen die Annahme, ein solcher *numerus clausus* der Verträge mit dinglicher Wirkung sei aus dem (allgemein anerkannten) *numerus clausus* der dinglichen Rechte[484] abzuleiten. [485] Vielmehr ergibt sich seiner Ansicht nach aus Art. 1103 c. c. (1865)[486], der bestimmt, dass die Parteien auch Verträge schließen können, die nicht zu den besonders gesetzlich geregelten Vertragstypen gehören, dass die Parteien auch atypische Zwecke verfolgen können[487], und dass sie zur Verwirklichung dieser atypischen Zwecke auf Geschäfte mit nur obligatorischer Wirkung beschränkt wären, sei ausweislich der Norm nicht ersichtlich.[488] Das *negozio fiduciario* sei daher als einheitlicher Vertrag mit dinglicher Wirkung gestützt auf eine *causa fiduciae* zu konstruieren[489], wobei

---

482 Seine Abhandlung in Riv. dir. comm 1936 I, 345 ff., Del negozio fiduciario e della sua ammissibiltà nel nostro ordinamento giuridico, gilt laut *Carnevali*, Riv. dir. priv. 2007, 625, als „*l´unico tra gli scritti (…) che ancora oggi costituisce il punto obbligato di partenza per ogni indagine su questo tema.*" Als Erster in Italien beschäftigte sich Fadda in einer Anmerkung zu einer Entscheidung des *Tribunale di Bari* mit dem treuhänderischen Geschäft, Ann. Crit. di giur. VI (1894), 117 ff.

483 *Segré*, Ann. di dir.comp., II-III, 1929, 832 (836); *Cariota-Ferrara*, S. 124, Fn. 2. So mit Einschränkung auch *Pugliatti*, S. 271. Art. 1103 c. c. (1865), der Art. 1322 c. c. (1942) entspricht, wird folglich dahingehend ausgelegt, dass es den Parteien zugestanden wird, atypische Veträge mit obligatorischer Wirkung zu schließen, aber nicht solche mit dinglicher Wirkung.

484 Nach *Wieling*, S. 557, ist der Grundsatz allgemein anerkannt: „Es lohnt nicht, dafür Autoritäten zu zitieren; es reicht ein beliebiges Buch zum Sachenrecht aufzuschlagen, um die genannte Behauptung bestätigt zu sehen." Daher vgl. nur: *Wilhelm*, Rn. 13 ff.; Staudinger/*Seiler*, Einl. SachenR, Rn. 38. Zu Entstehung und Bedeutung vgl. *Wiegand*, Numerus clausus der dinglichen Rechte in: FS Kroeschell, Frankf. a. Main 1987, S. 623-643. Auch im italienischen Recht wird ein sog. *numero chiuso* der dinglichen Rechte angenommen, vgl. nur: *Morello*, in: Trattato dei diritti reali, S. 67 ff.; *Torrente/Schlesinger*, § 131, S. 252.

485 Zustimmend *Santoro*, S. 205.

486 Entspricht Art. 1322 des geltenden *Codice* von 1942.

487 Zwar spricht Art. 1103 c. c. (1865) sowie auch Art. 1322 c. c. (1942) nur von der Möglichkeit atypische Verträge zu schließen; dies macht aber nur dann Sinn, wenn auch das Verfolgen atypischer Zwecke erfasst ist.

488 So auch *Tamburrino*, Giur. compl. di Cass., 1946 I, 185 (192); *Cipriani*, S. 73.

489 Zustimmend *De Martini*, Giur. compl. di Cass., 1946 II, tomo I, 705 (707); Giur. it. 1946 I, 321 (325); *Foschini*, Banca, Borsa 1962 I, 19 (39); *Mancini*, Foro it. 1960, 1838

durch die obligatorische Sicherungsabrede nicht nur die Rechtsmacht des Treunehmers beschränkt wird, sondern diese zugleich auch die *causa* für die Begründung dieser Rechtsmacht verkörpert.[490] Eine solche atypische *causa* trifft nur auf die ihr von Art. 1322 II c. c. aufgezeigte Grenze, *„interessi meritevoli di tutela secondo l´orientamento giuridico"*[491] (nach der Rechtsordnung schutzwürdige Interessen) verwirklichen zu müssen.

bb. Kritik

Neben dem Vorwurf, gegen einen so genannten *numerus clausus* der Geschäfte mit dinglicher Wirkung zu verstoßen, sah sich die Konstruktion eines einheitlichen treuhänderischen Geschäfts weiteren Vorwürfen ausgesetzt:

(1) Verstoß gegen den *numerus clausus* der dinglichen Rechte

Gegen die Zulässigkeit eines solchen treuhänderischen Geschäfts wird der allgemein anerkannte *numerus clausus* der dinglichen Rechte ins Feld geführt. Inhalt des *Numerus-Clausus*-Prinzips ist eine Begrenzung der Privatautonomie dahingehend, dass die Parteien keine dinglichen Rechte jenseits der im Gesetz vorgesehenen schaffen können. Dies ist geboten, um den Rechtsverkehr zu schützen: Denn in Anbetracht der Tatsache, dass dingliche Rechte absolut, also gegen jedermann wirken, müssen die Teilnehmer am Rechts-

---

(1839 f.); *Jaeger*, Giur. comm. 1979 I, 181 (181 f.). Aus der Rechtsprechung: Cass., Urt. v. 19.5.1960, n. 1261, Giust. civ. 1960 I, 2131; Cass., Urt. v. 17.2.1961, n. 339, Rep. Foro it. 1961, voce: frode e simulazione, n. 3.

[490] *Grassetti*, Riv. dir. comm. 1936 I, 345 (375).

[491] Die Individualisierung der Kriterien für die Bestimmung der Schutzwürdigkeit ist laut *Ferri*, Riv. dir. comm. 1971 II, 81 (87), das zentrale Problem der Privatautonomie. Nach einer Ansicht ist ein atypischer Vertrag dann schutzwürdig i. S. d. Art. 1322 II c. c., wenn er den Kriterien des Art. 1343 c. c. entspricht, also nicht gegen zwingende Normen, die öffentliche Ordnung oder die guten Sitten verstößt. Nach anderer Ansicht ist im Rahmen des Art. 1322 II c. c. das Kriterium der *utilità sociale*, also des Nutzens für die Allgemeinheit, zu berücksichtigen. Nur so komme Art. 1322 II c. c. neben Art. 1343 c. c. überhaupt eine eigenständige Bedeutung zu, die seine Existenz rechtfertige. Vgl. dazu *Gazzoni*, Riv. dir. civ. 1978 I, S. 52-106 und *Di Marzio*, S. 566 ff.

verkehr wissen, mit welchen Rechten sie zu rechnen haben und welchen Inhalts diese sind (Typenzwang).
Einen Verstoß gegen dieses Prinzip durch das treuhänderische Geschäft nimmt eine Ansicht an, indem sie feststellt, dass in diesem Fall kein normales Eigentum geschaffen wird, sondern eine *proprietà fiduciaria,* ein sog. fiduziarisches Eigentum.[492] Da zwischen *causa* (*fiduciae*) und dinglicher Wirkung des Geschäfts ein Gleichlauf gegeben sein muss, entstehe, wenn ein fiduziarischer Zweck verfolgt wird, nur ein in zeitlicher und funktioneller Hinsicht beschränktes Eigentum, also eine neue, andere Art von Eigentum.
Dies sei aber mit dem *numerus clausus* der dinglichen Rechte unvereinbar.[493] Hierbei darf man allerdings nicht übersehen, dass von einem neuen Eigentumstyp in Form einer *proprietà fiduciaria* erst dann auszugehen ist, wenn die Beschränkung des Eigentums dingliche Wirkung entfaltet.[494] Gerade dies ist aber bei einem einheitlich konzipierten treuhänderischen Geschäft nicht der Fall. Vielmehr wird hier unbeschränktes Eigentum übertragen, lediglich im Innenverhältnis zwischen Treugeber und Treunehmer wird eine Beschränkung vereinbart, die allerdings nur obligatorische Wirkung zeitigt. *Causa fiduciae* im Sinne von *causa* als *funzione economico sociale*[495] ist nämlich das Anvertrauen der Inhaberschaft eines dinglichen Rechts für einen beschränkten Zweck.[496] Die Funktion besteht also gerade darin ein Vollrecht zu übertragen, welches nur auf obligatorischer Ebene eingeschränkt wird; ein Gleichlauf zwischen *causa* und Wirkung des Geschäfts wird folglich auch ohne Annahme eines sog. fiduziarischen Eigentums erreicht. Obligatorisch beschränktes Eigentum ist überdies der italienischen Rechtsordnung nicht fremd: Zu nennen ist beispielsweise die Rechtsstellung des Auftragsnehmers, der im eigenen Namen für Rechnung des Auftraggebers erwirbt. Er ist zunächst Eigentümer und nur zur Über-

---

492 *Pugliatti,* S. 272.

493 *Pugliatti,* S. 272; Trimarchi, Enc. dir. XXVIII, voce: negozio fiduciario, S. 42; *Nuzzo,* Riv. dir. civ. 1985 II, 645 (654).

494 *Galgano,* S. 421. Anderer Ansicht ist hier Pugliatti, der eine Unterscheidung zwischen obligatorischer und dinglicher Beschränkung als zu formalistisch empfindet. Diese beruhe nämlich auf der Unterscheidung zwischen dinglichem und obligatorischem Geschäft, die wegen der einheitlichen *causa* hinfällig ist, vgl. *Pugliatti,* S. 276.

495 Oder neuerdings im Sinn von *funzione economico individuale.*

496 *Nuzzo,* Riv. dir. civ. 1985 II, 645 (653).

tragung der Sache an den Auftraggeber verpflichtet (Art. 1706 c. c.). Es ergibt sich aber aus der Regelung des Art. 1707 c. c., der für den Fall des Zugriffs durch Gläubiger des Auftragsnehmers die Güter als zum Vermögen des Auftragsgebers zugehörig ansieht (allerdings nur insoweit ein schriftliches Dokument mit sicherem Datum vorliegt), dass diese Güter wirtschaftlich dem Auftraggeber zugeschrieben sind. Eine gewisse Instrumentalisierung erfährt der Eigentumsbegriff auch durch die Möglichkeit einer Vereinbarung eines zwischen den Parteien wirksamen Veräußerungsverbots, Art. 1379 c. c., oder durch die Vereinbarung einer Rückkaufsvereinbarung, Art. 1500 c. c.

(2) Sicherungsübereignung nur möglich in Rechtsordnungen, die das Abstraktionsprinzip kennen?

Nach *Pugliatti* könnte die Problematik des fiduziarischen Eigentums dadurch umgangen werden, dass man zwei getrennte Geschäfte annimmt, die nicht auf einer einheitlichen *causa* beruhen. Das wiederum birgt allerdings die Gefahr eines abstrakten Verfügungsgeschäfts, das in der italienischen Rechtsordnung nicht zulässig ist.[497]
Zu diesem Ergebnis gelangt auch *Cariota-Ferrara*. Eine abstrakte Übereignung, wie sie in Deutschland vorgenommen wird, sei in Italien nicht möglich, aber eben unerlässliche Voraussetzung für ein treuhänderisches Geschäft, da der Garantiezweck als *causa* nur die Einräumung eines dinglichen Sicherungsrechts, aber nicht eine Eigentumsübertragung rechtfertigen kann.[498] Bei einem abstrakten Verfügungsgeschäft ist die *causa* nicht mehr bestimmendes Element, sondern steht außerhalb des Geschäfts, sie übernimmt die Funktion die Wirkungen des abstrakten Rechtsgeschäfts zu rechtfertigen. Eine derartige Konstruktion ist aber in Italien gerade nicht zulässig. In solchen Rechtsordnungen wie der italienischen, die ein Abstraktionsprinzip nicht kennen, bestehe aber die Möglichkeit die vom Gesetz vorgesehenen, typischen Geschäfte mit dinglicher Wirkung an den treuhänderischen Zweck anzupassen.[499] Eine *causa fiduciae*

---

[497] *Pugliatti*, S. 278 f.

[498] *Cariota-Ferrara*, S. 126. So auch *Ferrara*, Dir. e. giur. 1955, 209 (211).

[499] *Cariota-Ferrara*, S. 131. Dagegen *Grassetti*, Riv. dir. priv. 2007, 625 (630): Er hält diese Konstruktion für *„del tutto inammissibile"*, also für gänzlich unzulässig; seiner An-

sei dann nicht nötig, weil sich die Eigentumsübertragung dann auf die *causa* des angepassten Geschäfts stützen kann. Der treuhänderische Zweck sei dabei lediglich wirtschaftliches Motiv.[500] Derartig angepasste Geschäfte dürfe man zwar nicht als treuhänderische Geschäfte bezeichnen, allerdings lasse sich eine große Ähnlichkeit nicht leugnen.[501]

(3) Verstoß gegen den *numerus clausus* der Vorzugsrechte?

Gegen die Zulässigkeit eines treuhänderischen Geschäfts wird zudem ein sog. *numerus clausus* der Vorzugsrechte angeführt. Diese seien in Form von Pfand, Hypothek und Privilegien gesetzlich geregelt, darüber hinausgehende, atypische Sicherheiten seien mit dem Grundsatz der *par conditio creditorum* nicht in Einklang zu bringen. Ein treuhänderisches Geschäft, welches ein solches Vorzugsrecht begründet, sei somit als nichtig einzustufen.[502]

(4) Kritik an der *causa fiduciae*

Einen weiteren Einwand gegen ein einheitliches, atypisches Geschäft beruhend auf einer *causa fiduciae* erhebt *Lipari*: das treuhänderische Geschäft entspreche einer Vielzahl von Funktionen (*fiducia cum creditore, fiducia cum amico*), daher sei eine einheitliche *causa* für alle treuhänderischen Geschäfte undenkbar.[503]
Nach *Santoro Passarelli* ist die Konstruktion eines atypischen Geschäfts basierend auf einer *causa fiduciae* nicht denkbar. Auch er schlägt vor die gesetzlich geregelten typischen Geschäfte treuhänderischen Zwecken anzupassen. Da die *causa fiduciae* seiner Ansicht nach aber unvereinbar mit der *causa* des typischen Geschäfts ist (z.B:

---

sicht nach ist es mit der *causa* des Kaufs unvereinbar, diesen einem treuhänderischen Zweck anzupassen, da es dann an der für den Kaufvertrag typischen Gegenleistung fehlt.

[500] *Cariota-Ferrara*, S. 137: *„gli altri [i negozi causali di trasferimento adattati ad altri scopi] si fondano sulle cause proprie dei negozi reali di cui constano e rilevano semplicemente come un fine economico lo scopo avuto di mira"*.

[501] *Cariota-Ferrara*, S. 138.

[502] *Ferrari*, Giur. it. 1951, 799 (805).

[503] *Lipari*, S. 278 f.: „ (…) *evidentemente non basta configurare, per tutte le ipotesi indicate, un unitario schema causale."* Zustimmend *Anelli*, S. 178 f., 181.

der *causa* des Kaufs) und daher eine Anpassung eine willkürliche und unzulässige partielle Abstraktion der *causa* vom typischen Rechtsgeschäft bewirkt[504], verwirft er auch diese Möglichkeit.

b. Treuhandgeschäft als zweigliedriges Geschäft

Von der italienischen Rechtsprechung wird eine Konzeption des Treuhandgeschäfts als zweigliedriges Geschäft favorisiert. Ein Geschäft mit Außenwirkung, welches die Rechtsübertragung bewirkt, wird mit einem nur *inter partes* wirkenden verbunden, das darauf gerichtet ist, die Wirkungen des rechtsübertragenden Geschäfts zu modifizieren.[505] Das externe, die Rechtsübertragung bewirkende Geschäft ist hierbei nicht - wie von einigen Autoren behauptet - der Gefahr der Abstraktheit ausgesetzt, denn es stützt sich auf eine ihm selbst innewohnende, eigene *causa*, die gerade nicht außerhalb dieses Geschäfts liegt.[506] Generell ist hinsichtlich der Qualifizierung dieses externen Geschäfts von einem Kauf auszugehen.[507] Das obligatorische, nur intern wirkende Geschäft wird meist durch einen Auftrag (*mandato*) verkörpert, der das sog. *pactum fiduciae* formalisiert, indem er für den Treuhänder die Verpflichtung enthält die übereignete Sache nur in bestimmter Weise zu gebrauchen und sie wieder an den Treugeber zurückzuübereignen. Diese zwei Geschäfte sind zwar voneinander unabhängig, aber doch durch ihr gemein-

---

[504] *Santoro Passarelli*, S. 180: *„la cosidetta causa fiduciae in sostanza si risolve in un´ arbitraria e non consentita astrazione parziale dalla causa del negozio tipico."*

[505] Cass., Urt. v. 1.4.2003, n. 4886, Arch. civ. 2003, 869: *"Il negozio fiduciario si realizza mediante il collegamento di due negozi, l´uno di carattere esterno, realmente voluto e con efficacia verso i terzi, e l´altro di carattere interno – pure effettivamente voluto – ed obbligatorio, diretto a modificare il risultato finale del primo negozio per cui il fiduciario è tenuto a ritrasferire il bene al sfiduciante o a un terzo."* So auch Cass., Urt. v. 7.8.1982, n. 4438, Mass. Foro. it. 1982, 926 und Rep. Foro it. 1982, voce: contratto in genere, nn. 66. 67; Cass, Urt. v. 29.5.1993, n. 6024, Giur. comm. 1994 II, 5; Cass., Urt. v. 29.11.1983, n. 7152, Rep. giur. it. 1983, voce: società, n. 356; Cass., Urt. v. 30.1.1968, n. 296, Giust. civ. 1968 I, 609; Corte di App. di Napoli, Urt. v. 29.11.2006, Giust. civ. 2007 I, 2609; Trib. Roma, Urt. v. 29.11.1999, Giur. romana, 2000, 252; Trib. civ. di Terni, Urt. v. 8.3.2006, Rass. giur. umbra, 2007 II, 705. Ablehnend *Gazzoni*, S. 983.

[506] *Galgano*, S. 427.

[507] *Fani*, Rass. giur. umbra 2007 II, 711 (713).

sames wirtschaftliches Ziel funktionell verknüpft.[508] Die Verbindung dieser beiden Geschäfte stellt die *causa fiduciae* dar.[509]
Mit dieser Konstruktion wird also ein in der italienischen Rechtsordnung nicht zulässiges abstraktes rechtsübertragendes Geschäft vermieden, ohne aber den Entwurf eines zweigliedrigen Treuhandgeschäfts aufgeben zu müssen.

II. ALIENAZIONI A SCOPO DI GARANZIA - VERÄUßERUNGEN ZU SICHERUNGSZWECKEN

1. *Vendita a scopo di garanzia – Der Kauf zu Sicherungszwecken*

Wohl in Anbetracht der vorherrschenden Unsicherheit und der Mühen betreffend die Konstruktion eines Treuhandgeschäfts bediente sich die Praxis in Italien zu Sicherungszwecken lange Zeit hauptsächlich eines Kaufgeschäfts.[510] Dabei wird entweder die im Gesetz vorgesehene *vendita con patto di riscatto*[511] bemüht oder der Kauf wahlweise mit einer aufschiebenden oder auflösenden Bedingung versehen oder durch ein sog. *pactum de retrovendendo*[512] ergänzt.[513] Dem Verkäufer-Schuldner wird dabei die Möglichkeit gegeben, bei Tilgung seiner Darlehensschuld die verkaufte Sache wieder „auszulösen".

---

508 *Lipari*, S. 304; *Fani*, Rass. giur. umbra 2007 II, 711 (713).

509 *Galgano*, S. 427; *Putti*, Dig. IV, Agg., S. 914; *Nuzzo*, Riv. dir .civ. 1985 II, 645 (650).

510 *Cipriani*, S. 66, Fn. 129; *Pisani*, S. 273; *Bianca*, S. 116 f.: „Unserer Rechtsprechung hat sich die Veräußerung zu Sicherungszwecken im Gewand des Kaufs zu Sicherungszwecken präsentiert (...)". Umstritten war, ob die *vendita a scopo di garanzia* auf das Schema des *negozio fiduciario*, also des Treuhandgeschäfts, zurückzuführen ist oder ob das Treuhandgeschäft eine eigenständige Kategorie darstellt, vgl. dazu *Pisani*, S. 101 ff.

511 Art. 1500 c. c.: *"Il venditore può riservarsi il diritto di riavere la proprietà della cosa venduta mediante la restituzione del prezzo e i rimborsi stabiliti dalle disposizioni che seguono. Il patto di restituire un prezzo superiore a quello stipulato per la vendita è nullo per l´eccedenza"*. Zu Deutsch: „Der Verkäufer kann sich das Recht vorbehalten, durch Rückzahlung des Kaufpreises und Rückerstattungen nach den folgenden Bestimmungen das Eigentum an der verkauften Sache wiederzuerlangen. Die Abrede, einen höheren als den für den Verkauf vereinbarten Preis zurückzuerstatten, ist hinsichtlich des Mehrbetrags nichtig."

512 Auch die Bezeichnung als *patto di retrovendita* ist geläufig; der Unterschied zur *vendita con patto di riscatto* liegt darin, dass der *patto di retrovendita* nur obligatorische Wirkung zeitigt.

513 *Fiorentini*, Riv. dir. civ. 2000 II, 253 (259).

a. Bedeutung einer besitzlosen Mobiliarsicherheit

Zurückzuführen ist dieser Einsatz eines Kaufgeschäfts zu Sicherungszwecken, wie auch in Deutschland, auf das Bedürfnis einer Mobiliarsicherheit, die keine Aufgabe des physischen Besitzes seitens des Kreditgebers verlangt.[514] Auch in Italien gilt das Faustpfandprinzip, d. h. bewegliche Sachen, die als Kreditunterlage dienen sollen, können nur unter der Voraussetzung wirksam verpfändet werden, dass der unmittelbare Besitz auf den Pfandnehmer übergeht. Die Nutzung der Mobilien ist aber häufig für das wirtschaftliche Fortkommen des Schuldners unentbehrlich, man denke nur an Produktionsmaschinen eines Unternehmers oder Rohstoffe, die es zu verarbeiten gilt. Im italienischen Recht wurde dieses Problem zwar erkannt, allerdings nur punktuell und (wohl) unzureichend darauf reagiert. Als Ausnahme zum Faustpfandprinzip wurde in den 80er Jahren das sog. Schinkenpfandrecht und später das Bankenprivileg am Unternehmensvermögen gem. Art. 46 T. U. (*testo unico in materia bancaria*) geschaffen.[515] Abgesehen von diesen Spezialregelungen, die ausweislich ihres persönlichen und sachlichen Anwendungsbereichs nur die Interessen eines sehr eng gezogenen Personenkreises zu befriedigen vermögen, existiert im italienischen Recht kein gesetzlich geregeltes, allgemeines, allen Personen zugängliches, besitzloses Sicherungsmittel an jeglicher Art von Mobilien.

b. Zulässigkeit der *vendita a scopo di garanzia* – Verstoß gegen das Verbot der Verfallklausel

Sehr kontrovers wurde über Jahre sowohl in der Rechtsprechung als auch in der Literatur die Zulässigkeit einer *vendita a scopo di garanzia* (eines Kaufs zu Sicherungszwecken) diskutiert. Als Hauptproblem hat sich dabei die Frage nach der Vereinbarkeit des Sicherungskaufs

---

[514] Im Bezug auf Immobilien stellt sich das Problem angesichts der Möglichkeit einer Hypothekenbestellung, die keine Besitzaufgabe erfordert, ohnehin nicht.

[515] Dazu unten, Zweiter Teil, § 2, B III, 9.

mit dem Verbot des *patto commissorio* aus Art. 2744 c. c.[516] erwiesen:[517]

Art. 2744 c .c.: (Verbot der Verfallsabrede) Die Abrede, mit der vereinbart wird, dass bei ausbleibender Erfüllung der Forderung in der festgesetzten Zeit das Eigentum an der hypothekarisch belasteten oder zu Pfand gegebenen Sache auf den Gläubiger übergehen soll, ist nichtig. Die Vereinbarung ist auch dann nichtig, wenn sie nach Bestellung der Hypothek oder des Pfandrechts getroffen wird.[518]

Art. 2744 c. c. regelt also die Nichtigkeit einer Verfallvereinbarung über eine verpfändete bzw. hypothekarisch belastete Sache, die zur Folge hätte, dass im Zeitpunkt der Nichterfüllung der gesicherten Verbindlichkeit das Eigentum an den Gläubiger übergeht, ohne dass er auf den gesetzlich vorgeschriebenen Verwertungsmechanismus verwiesen wäre. Ausweislich seines Wortlauts gilt das Verbot des Art. 2744 c. c. nicht für den Sicherungskauf. Es kann sich also vorliegend wenn dann nur um eine über den Wortlaut der Norm hinausgehende Anwendung des Verbots handeln.
Es erscheint daher geboten, zunächst die *Ratio* und den Anwendungsbereich des Art. 2744 c. c. darzustellen.[519]

aa. Geschichte und Entwicklung des Verbots des *patto commissorio*

Geläufig war die Verwendung einer Verfallsabrede schon im Römischen Recht, jedenfalls bis zu ihrer Unterbindung durch das Verbot

---

516 Die entsprechenden Normen im deutschen Recht sind die §§ 1229, 1149 BGB, die das Verbot einer Verfallvereinbarung bei Pfandrecht und Hypothek regeln.

517 Die Problematik um das Verbot des *patto commissorio* stellt nach *Cipriani*, S. 25, das *„elemento chiave"*, das Schlüsselelement, der Materie betreffend Übertragungen von Eigentum zu Sicherungszwecken dar. Dies gilt auch im Falle des Abschlusses eines Treuhandgeschäfts zu Sicherungszwecken, wie es oben dargestellt wurde. Allerdings befassen sich - wohl anlässlich der praktischen Relevanz - alle Abhandlungen und Urteile nur mit dem Fall, ob ein Kauf zu Sicherungszwecken mit dem Verbot des *patto commissorio* zu vereinbaren ist.

518 Übersetzung nach *Patti*, S. 817. *Divieto del patto commissorio*: "*È nullo il patto col quale si conviene che, in mancanza del pagamento del credito nel termine fissato, la proprietà della cosa ipotecata o data in pegno passi al creditore. Il patto è nullo anche se posteriore alla costituzione dell´ipoteca o del pegno.*" Gem. Art. 1963 c. c. gilt das Verbot des *patto commissorio* auch im Falle des Nutzungspfands (*anticresi*).

519 So auch *Lascialfari*, S. 160.

Kaiser Konstantins im Jahre 320 n. Chr.[520] Dieses Verbot fand später auch Aufnahme in die großen Kodifikationen des 19. Jhd., so auch in den *Codice Civile Italiano* von 1865, dort allerdings nur für den Fall der Pfandbestellung und des Nutzungspfands. Streit entbrannte daher schon kurz darauf darüber, ob das Verbot auch im Rahmen der vom Wortlaut nicht umfassten Fälle der Hypothek[521] und des nachträglich - also nach Bestellung der Sicherheit - vereinbarten *patto commissorio*[522] Beachtung finden muss.[523] Bereits noch zu Zeiten des *Codice Civile* von 1865 wurde also eine über den Wortlaut hinausgehende Anwendung des Verfallklauselverbots diskutiert. Ein Ende fand dieser Streit erst mit dem Inkrafttreten des *Codice Civile* von 1942, der sowohl die nachträglich vereinbarte Verfallklausel als auch die Verfallklausel für die Hypothekenbestellung verbietet. In den Vordergrund rückte stattdessen das hier interessierende Problem des sog. *patto commissorio autonomo,* ob nämlich das Verbot der

520 Über das genaue Datum des Verbots besteht keine endgültige Klarheit, *Kunkel/Jörs/Wenger,* § 78, S. 199, nehmen 320 n. Chr. an, *Verhagen,* ZeuP 2011, 109 (110) 320 oder 326 n. Chr., *Cendon,* § 2744, S. 74, 324 n. Chr.
C. 8.34.3: "Quoniam inter alias captiones praecipue commissoriae pignorum legis crescit asperitas, placet infirmari eam et in posterum omnem eius memoriam aboleri. Si quis igitur tali contractu laborat, hac sanctione respiret, quae cum praeteritis praesentia quoque depellit et futura prohibet. Creditores enim re amissa iubemus recipere quod dederunt." Zu Deutsch: „Weil unter anderen Ausbeutungen besonders die Rohheit der Verfallsabrede der Pfandrechte zunimmt, wird bestimmt, dass sie ungültig werde und in Zukunft jede Erinnerung an sie verschwinde. Wenn daher jemand unter einem solchem Vertrag leidet, soll er durch diese Bestimmung aufatmen, welche zusammen mit Vergangenem auch das Gegenwärtige niederschlägt und Künftiges verhindert. Die Gläubiger nämlich heißen wir, nachdem sie ihre Sache verloren haben, wiederzuerhalten, was sie gegeben haben."

521 Zwar war auch in Frankreichs *Code Civil* ein Verbot der Verfallabrede für den Fall der Hypothekenbestellung nicht vorgesehen, allerdings stellte sich dort das in Italien aufgetretene Problem der Anwendbarkeit des Verbots auf diese Fälle deswegen nicht, weil dort das Zwangsvollstreckungsverfahren für Immobilien ohnehin nicht abdingbar war. Vgl. dazu *Cipriani,* S. 45.

522 Sog. *patto commissorio ex intervallo.*

523 Bis ins Jahr 1923 sah die Rechtsprechung die Verfallabrede im Rahmen der Bestellung einer Hypothek als unzulässig an. Mit der Entscheidung der *Cassazione,* Sez. un., v. 18.7.1923, Foro. it 1923 I c, 985 = Riv. dir. comm 1924 II, 233, erfolgte allerdings ein Richtungswechsel hin zur Zulässigkeit und zwar unter Berufung auf den *„valore assoluto della libertà contrattuale"*, der den Ausnahmecharakter der die Vertragsfreiheit einschränkenden Normen bedingt. Kritisch stand dieser Rechtsprechungsänderung die Literatur gegenüber, vgl. dazu *Barbiera* in: Codice Civile Commentario, Art. 2744, S. 210 f.; *Andrioli,* in: Commentario del Codice Civile, Art. 2744, I. Zum Meinungsstand in der Literatur siehe auch *Bussani,* S. 206 f.

Vereinbarung einer Verfallabrede auch dann gilt, wenn die Verfallabrede nicht im Rahmen einer dinglichen Sicherheit in Form von Hypothek, Pfand oder Nutzungspfand vereinbart wird, sondern Schuldner und Gläubiger übereinkommen, dass im Falle der Nichterfüllung einer Verbindlichkeit das Eigentum an einer Sache des Schuldners auf den Gläubiger übergeht.[524]
Um die Frage nach einer Ausweitung des Verbots beantworten zu können, ist es unvermeidbar, zunächst ihrer *Ratio* auf den Grund zu gehen.

bb. Die *Ratio* des Verfallklauselverbots - Ansichten in der Literatur

Nahezu sämtliche Abhandlungen die Verfallsabrede betreffend setzen sich maßgeblich mit der *Ratio* ihres Verbots auseinander[525], was eben darin begründet liegt, dass versucht wird eine Rechtfertigung für die extensive Auslegung zu schaffen, eben den Beweis dafür zu erbringen, dass Artt. 2744, 1963 c. c. sog. *norme materiali*[526] verkörpern, die immer dann anwendbar sind, wenn das in ihnen verbotene wirtschaftliche Ziel - auf welche Weise auch immer - realisiert wird.

(1) *Interessi individuali*

(a) Schuldnerschutz

Traditionell - auch in Anlehnung an die oben dargestellte *Ratio* des Verbots durch *Konstantin* - wird die *Ratio* des Verbots der Verfallabrede im Schutz des Schuldners als dem (regelmäßig) wirtschaftlich schwächeren Vertragspartner erblickt. Das Verbot soll die (abstrakte) Gefahr einer Übervorteilung des Schuldners verhindern, der in einer finanziellen Notsituation eine Sache mit Verfallvereinbarung

---

524 Nach *Bussani*, S. 209, löste eben der Gesetzgeber nur die statistisch gesehen marginalen Probleme des *patto commissorio ipotecario* e des *patto commissorio ex intervallo*, aber nicht das wichtigere des sog. *patto commissorio autonomo*.

525 Nach *d'Ercole*, Contr. e impr. 1995 I, 228 (236), gibt es unter den vielen Vorschlägen, die die *Ratio* betreffen, trotzdem keinen, der überzeugen kann.

526 Also Normen, die nicht auf einen bestimmten Tatbestand, eine Struktur, abzielen, sondern vielmehr auf ein bestimmtes Resultat, ganz gleich auf welchem Weg es realisiert wird.

veräußert, deren Wert die Höhe des zu sichernden Darlehens (oft) bei weitem übersteigt.[527] Es geschehe nämlich häufig, dass der Schuldner sich - unter oft missbräuchlichem Druck des Gläubigers - zu einer solchen Handlung durch die trügerische Hoffnung verleiten lässt, die Sache durch rechtzeitige Rückzahlung des Kredits wieder auslösen zu können.[528]
Kritiker sehen die den Schutz des schwachen Schuldners bezweckende *Ratio* als nicht vereinbar mit der in Art. 2744 c. c. vorgesehenen Nichtigkeitsfolge.[529] Diese Folge tritt unabhängig davon ein, ob der Schuldner bedürftig war, ob er unter Druck oder Zwang stand, ob sein Gläubiger wirklich in unangemessener Weise von der Vereinbarung profitierte, sogar dann, wenn die Verfallvereinbarung für den Schuldner gar vorteilhaft war. Die Nichtigkeitsfolge erscheint somit manchem für die Zwecke des Schuldnerschutzes inadäquat.[530] Sinnvoller sei vielmehr Abhilfe, die in Form der *azione di annullamento* (Artt. 1441 ff. c. c.) oder der *azione di rescissione* (Artt. 1447 ff. c. c.) zur Verfügung stehe.[531] Aus der Rechtsfolge, die Art. 2744 c. c. vorsieht, lässt sich nach dieser Meinnug schließen, dass die *Ratio* des Verbots nicht im Schuldnerschutz liegen kann.

---

[527] Vgl. *Relazione al Re*, n. 1127; *Rubino*, S. 1027. Aus jüngerer Zeit *Cipriani*, S. 137; *Sassi*, S. 287; *Carimini*, S. 362. *Bin*, Riv. trim. proc. 1991, 959 (962), hält dies für eine *„spiegazione superficiale e generica"*, also „oberflächliche und vage Erklärung".

[528] Diese Argumentation scheitert nicht daran, dass das Verbot des Art. 2744 c. c. auch den *patto commissorio ex intervallo*, also die nachträglich vereinbarte Verfallklausel, erfasst. Man könnte zwar meinen, dass sich dann der Schuldner in Anbetracht der Tatsache den benötigten Kredit bereits erhalten zu haben, nicht mehr in der schwächeren Position befindet. Allerdings wird sich der Schuldner auf eine nachträgliche Verfallvereinbarung wohl nur dann einlassen, wenn er eine Stundung des Kredits anstrebt. Dieses Beispiel bringt auch die *Relazione al Re*, n. 1127: *„È facile, infatti, che il debitore versando in gravi angustie economiche, si assoggetti, per ottenere una dilazione, alla stipulazione del patto."* Anders *Gazzoni*, S. 1110.

[529] *Bin*, Riv. trim. proc. 1991, 959 (962).

[530] *Bianca*, S. 204, 208 ff.

[531] Es handelt sich um die Möglichkeit einen Vertrag für nichtig erklären zu lassen oder aufzuheben.

(b) Schutz der *par conditio creditorum*

Andere Autoren hingegen sehen die *Ratio* des Verbots im Schutz der übrigen Gläubiger des Schuldners.[532] Indem nämlich einem Gläubiger der Sicherungsgegenstand verfällt, steht ihm im Vergleich zu den übrigen Gläubigern ein atypisches, nicht im Gesetz vorgesehenes Vorzugsrecht zu.[533] Weiterhin bestehe die Gefahr, dass auf diese Weise dem Schuldnervermögen und damit den übrigen, ungesicherten Gläubigern ein höherer Wert entzogen wird, als dem gesicherten Kredit entspricht, da der von der Verfallabrede betroffene Gegenstand häufig den zu sichernden Kredit an Wert übertrifft.[534] Mit dem in Art. 2741 c. c. niedergelegten Grundsatz der *par conditio creditorum* sei dies nicht vereinbar:

Art. 2741 c. c: „Gläubiger haben, vorbehaltlich der gesetzlichen Fälle einer vorzugsweisen Befriedigung, gleiches Recht, aus dem Vermögen des Schuldners befriedigt zu werden. Gesetzliche Vorzugsrechte sind die Privilegien, das Pfand und die Hypothek."[535]

Diese Ansicht wurde in mehrerlei Hinsicht angegriffen. Zunächst wurde der berechtigte Einwand erhoben, dass diese Argumentation nur greift, wenn der Schuldner überhaupt mehr als nur einen einzigen Gläubiger hat und sein Vermögen nicht zur Befriedigung aller ausreicht.[536] Der Schuldner sei immer frei, seine Verbindlichkeiten

---

[532] *Miele*, Riv. dir. comm. 1946 II, 65 (69); *Mancini*, Foro it. 1966 I, 1118 (1120); *Barbiera*, in: Codice Civile Commentario Art. 2744, S. 214.

[533] So *Busani*, Corr. giur. 1990 II, 1138 (1138). Nach Meinung von *Valcavi*, Foro it. 1990 I, 205 (208, Fn. 21), ist ein solches *Ratio*-Verständnis angesichts der Zulässigkeit des sog. *patto marciano*, der auch ein atypisches Vorzugsrecht begründet, unhaltbar. Näher zu der Figur des *patto marciano* unten, Zweiter Teil, § 2, A, III, 2.

[534] *Carnelutti*, Riv. dir. comm. 1916 II, 887 (890). Dafür, die *Ratio* des Verbots im Interesse der restlichen Gläubiger zu sehen, auch *Andrioli*, in: Commentario del Codice Civile, Art. 2744, S. 51.

[535] Art. 2741 c. c. (*Concorso dei creditori e cause di prelazione*) *"I creditori hanno eguale diritto di essere soddisfatti sui beni del debitore, salve le cause legittime di prelazione. Sono cause legittime di prelazione i privilegi, il pegno e le ipoteche"*.

[536] *Gigliotti*, S. 58; *Bianca*, S. 215. Für bedeutungsvoll, aber wohl nicht entscheidend hält *Minniti*, Riv. dir. comm 1997 I, 29 (42), dieses Argument, denn der Gesetzgeber kann mit dem Verbot des *patto commissorio* auch eine generelle Wertung ausdrücken, dass nämlich eine Verfallklausel mit den Interessen der aktuell oder nur potentiell vorhandenen Gläubiger unvereinbar ist.

gegenüber verschiedenen Gläubigern nach zu seinem *Gusto* zu erfüllen.[537] Außerhalb des Vollstreckungsprozesses könne man deswegen schon gar nicht von einer Gleichheit aller Gläubiger sprechen.[538]

Kritiker betonen weiterhin, dass sich das Vorzugsrecht, wenn es sich um eine im Rahmen eines Pfandes oder einer Hypothek vereinbarte Verfallklausel handelt, bereits aus dem Sicherungsmittel selbst ergebe und daher schon gar nicht von einem atypischen Vorzugsrecht die Rede sein könne.[539]

Systematisch gesehen müsse der Schutz der Interessen der anderen Gläubiger des Schuldners ohnehin mittels der sog. *azione revocatoria*[540] erreicht werden[541], die eine relative Unwirksamkeit der den Gläubiger schädigenden Vermögensverschiebungen nach sich zieht; die Rechtsfolge der Nichtigkeit dieser Akte, wie sie sich aus Art. 2744 c. c. ergeben würde, sei völlig untypisch, wenn es um den Ausgleich der Interessen der Gläubiger geht.[542]

(c) Schutz des Schuldners und seiner übrigen Gläubiger

Auch in der Kombination aus Schuldnerschutz und Schutz der Gläubigerinteressen meint man die *Ratio* des Art. 2744 c. c. erblicken

537 *Minniti*, Riv. dir. comm. 1997 I, 29 (42).

538 *Genghini*, Contr. e impr. 1995, 260 (279); *Gigliotti*, S. 60.

539 *Carnevali*, Enc. Dir. XXXII, voce patto commissorio, S. 501.

540 Art. 2901 c. c. Die *azione revocatoria* ist dem im deutschen Recht bekannten Institut der Anfechtung nach dem Anfechtungsgesetz vergleichbar. Folge ist, dass bestimmte, anfechtbare Vermögensverschiebungen des Gläubigers dem anfechtenden Schuldner gegenüber relativ unwirksam sind. Im Falle, dass über das Schuldnervermögen das Insolvenzverfahren eröffnet wurde, ist nicht Art. 2901 c. c., sondern Art. 66 l. fall. (Legge fallimentare, Regio decreto 16.3.1942, n. 267) einschlägig.

541 *Bianca*, S. 215. Ihm folgend *Carnevali*, Enc. Dir. XXXII, voce patto commissorio, S. 501. Er hebt hervor, dass vor allem die Folge der *azione revocatoria* - relative Unwirksamkeit der angefochtenen Verfügungen - im Vergleich zu der des Art. 2744 c. c. - absolute Nichtigkeit sogar im Falle, dass das restliche Schuldnervermögen zur Befriedigung aller Gläubiger ausreicht - für den Schutz der Interessen der Gläubiger angemessener und ausreichend ist. So auch *D'Ercole*, Contr. e impr. 1995 I, 228 (238); *Rogora*, Contratti 1995, 188 (191) und *Bin*, Riv. trim. proc. 1991, 959 (962), der deswegen im Übrigen den Grundsatz der *par conditio* als *Ratio* für „abwegig" hält.

542 *Minniti*, Riv. dir. comm. 1997 I, 29 (43).

zu können.[543] Allerdings ist auch diese Ansicht der Kritik ausgesetzt, dass eben der Schutz von Individualinteressen nicht mit der rigiden Nichtigkeitsfolge in Einklang zu bringen sei.[544]

(2) *Interessi generali*

Ein Teil der Lehre folgert aus der Nichtigkeitsfolge des Art. 2744 c. c., dass es dort nicht um den Schutz reiner Individualinteressen gehen kann, da für deren Schutz die Folge zu weitreichend und auch untypisch sei.[545]
Da es überdies ja gerade nicht darauf ankommt, dass im Einzelfall tatsächlich ein Schaden der beteiligten Personen eingetreten ist, muss ihrer Ansicht nach der Schutz eines Allgemeininteresses intendiert sein. Über die konkrete Ausgestaltung eines solchen Interesses ist man allerdings uneins.

(a) *Principio di ordine pubblico*

Nach einer Ansicht ist die Grundlage des Verbots des *patto commissorio* in der generellen Unabdingbarkeit des Gerichtsverfahrens zu sehen. Man müsse das staatliche Vollstreckungsmonopol wahren und dürfe nicht dulden, dass sich der Schuldner per Vertrag einem

---

[543] *Pugliese*, Riv. dir. civ. 1955, 1064 (1066); *Lojacono*, S. 39. Ablehnend *Candian*, Foro it. 1999 I, 175 (178), die feststellt, dass es unnötig ist, sich als zusätzliche, das Verbot rechtfertigende *Ratio* auch auf den Gläubigerschutz zu berufen, da es sich um das gleiche Argument, nur aus anderer Perspektive gesehen, wie das des Schuldnerschutzes handelt. Zu diesem Aspekt auch schon *Pugliatti*, Riv. trim. proc. 1950, 298 (316).

[544] Vgl. nur *Bianca*, S. 215 f.

[545] *Roppo*, S. 560; *Bianca*, NDI XII, voce patto commissorio, S. 717; *Morace Pinelli*, Giur. it. 1994, 63 (67). Die Folgerung, dass die Nichtigkeitsfolge vom Gesetzgeber nur im Fall des Schutzes eines Allgemeininteresses und nicht zum Schutz reiner Individualinteressen gewählt wird, trifft nicht auf uneingeschränkte Zustimmung. Hingewiesen wird insbesondere auf Art. 1815 comm. 2 c. c., in dem für den Fall von Wucherzinsen bei Darlehen die Vereinbarung für nichtig erklärt wird (die Nichtigkeitsfolge wurde eingeführt durch Art. 4 legge 7.3.1996, n. 108). Auch hier sind aber vornehmlich Individualinteressen geschützt. Maßgeblich für die Wahl einer so empfindlichen, der Disposition der Parteien entzogenen Sanktion seitens des Gesetzgebers ist vielmehr, dass in diesen Fällen die Missbrauchsgefahr besonders groß ist und/oder der Schaden des Schuldners besonders gravierend und nur so für den Schuldner ein besonders intensiver Schutz bereitgestellt wird. Vgl. *Luminoso*, Riv. dir. civ. 1990, 219 (229 f.), *Anelli*, S. 59 ff., 69.

vom Gläubiger kreierten Selbstbefriedigungsmechanismus unterwirft.[546] Dieser Ansicht wird allerdings - zu Recht - entgegengehalten, dass es im Rechtssystem Italiens keinen Grundsatz der Unabdingbarkeit des Vollstreckungsverfahrens gibt.[547] Vielmehr ist es durchaus zulässig, den gesetzlich vorgesehenen Zwangsvollstreckungsmechanismus durch eine von den Parteien vereinbarte *datio in solutum* gem. Art. 1197 c. c.[548] oder durch eine sog. *cessio bonorum* gem. Art. 1977 c. c.[549] zu vermeiden. Eine Unabdingbarkeit des Zwangsvollstreckungsverfahrens kann sich darüber hinaus auch nicht aus dem Hinweis ergeben, dass der Schuldner dort in höherem Maße geschützt werde, denn es sei gerade das Gegenteil der Fall: In der Zwangsvollstreckung wird die Sache kaum jemals zum Marktpreis verkauft, zudem fallen Verfahrenskosten an, die vom Schuldner zu tragen sind.[550]

(b) *Interesse generale* im engeren Sinne

Namentlich *Bianca* meint, das Verbot will vermeiden, dass die Verfallklausel zu einer *„clausola di stile"* wird, dass es zur Gewohnheit wird, eine solche in sozialer Hinsicht schädliche, potentiell wucherische Klausel zu vereinbaren.[551] *Ratio* ist so betrachtet die Erschaffung eines „Präventivheilmittels".[552]

---

[546] *Betti*, Riv. dir. comm. 1931 II, 689 (699). Ihm folgend *Bellafiore*, Rass. dir. civ. 2003 I, 474 (480). Vgl. für weitere Nachweise auch *Minniti*, Riv. dir. comm. 1997 I, 29 (43 Fn. 33).

[547] *Bianca*, S. 187 ff., insb. S. 191 ff.; *Sassi*, S. 106 f.

[548] Art. 1197 c. c.: „Der Schuldner kann sich ohne Zustimmung des Gläubigers nicht dadurch befreien, dass er eine andere als die geschuldete Leistung erbringt, selbst wenn diese von gleichem oder höheren Wert ist. Stimmt der Gläubiger zu, erlischt die Verbindlichkeit, sobald die andere Leistung bewirkt ist. (...)." Übersetzung *Patti*, S. 317. Die *datio in solutum* oder *prestazione in luogo dell'adempimento* entspricht also im deutschen Recht der Leistung an Erfüllung statt, § 364 BGB.

[549] Art. 1977 c. c.: „Die Vermögensabtretung an die Gläubiger ist ein Vertrag, durch den der Schuldner seine Gläubiger oder einige von ihnen damit betraut, alle oder einige seiner Vermögenswerte zu verwerten und den Erlös zur Befriedigung ihrer Forderungen unter sich zu verteilen." Übersetzung *Patti*, S. 499.

[550] *Sassi*, S. 106 f.

[551] *Bianca*, S. 218; *Morace Pinelli*, Giur. it. 1994, 63 (67, 69). So (wohl) auch *Roppo*, S. 561. Ablehnend *Minniti*, Riv. dir. comm. 1997 I, 29 (45). *Candian*, Foro it. 1999 I ,175 (178), bemerkt, dass, wenn *Ratio* des Art. 2744 c. c. sein soll zu verhindern, dass der *patto commissorio* zur *clausola di stile* wird, dies seine Schädlichkeit nur voraussetzt, aber nicht beweist, wenn aber die Verbreitung zwecks Schuldner- oder Gläubigerschutz

Nach *Carnevali* ist eine Verfallsklausel deswegen nichtig, weil sie gegen ein *„principio di ordine pubblico economico“*[553] verstößt, welches beinhaltet, dass die Unterwerfung des Schuldnervermögens nach der Höhe der geschuldeten Verbindlichkeit bemessen wird.[554] Andere sehen das Allgemeininteresse, welches die Nichtigkeitsfolge rechtfertigt, im verfassungsrechtlichen Grundsatz der Solidarität, der verletzt ist, wenn wie im Falle eines *patto commissorio* die Gefahr besteht, dass eine Unausgeglichenheit der Kräfteverteilung im Vertragsverhältnis vorliegt.[555] Betrachtet man diese verschiedenen Ansichten, die allesamt ein Individualinteressen übergeordnetes, irgendwie geartetes allgemeines Interesse als *Ratio* zugrunde legen, kommt man m. E. zwangsläufig zu dem Schluss, dass jede letztendlich doch wieder auf das Argument des Schuldnerschutzes zurückzuführen ist.

(3) Systematische Analyse

Luminoso nähert sich der *Ratio* des Art. 2744 c. c., indem er die dem *patto commissorio* ähnlichen, aber in der italienischen Rechtsordnung zulässigen Rechtsinstitute von ihm abgrenzt.[556] Zu nennen seien *pegno irregolare* und *datio in solutum*. Er kommt zu dem Ergebnis, dass die *Ratio* des Verbots der Verfallklausel darin liegt, den Schuldner vor einem zweifachen Risiko zu schützen: einerseits vor

---

vermieden werden soll, berge diese Ansicht nichts Neues. Kritisch auch *Realmonte*, Jus 1986, 16 (21); *Bin*, Riv. trim. proc. 1991, 959 (962).

552 *Fiorentini*, Riv. dir. civ. 2000 II, 253 (274).

553 Dies meint so viel wie den Grundsatz des ökonomischen *ordre public*.

554 *Carnevali*, Enc. Dir. XXXII, voce patto commissorio, S. 501. Auch dieser Ansicht, die letztendlich die *Ratio* im Schuldnerschutz, also im Schutz von Individualinteressen, sieht, kann man Unvereinbarkeit mit der Nichtigkeitsfolge des Art. 2744 c. c. vorwerfen, vgl. dazu *Bellafiore*, Rass. dir. civ. 2003 I, 474 (477). Zu der Diskussion, ob nur der Schutz von allgemeinen Interessen die Sanktion der Nichtigkeit rechtfertigen kann, vgl. oben, Zweiter Teil, § 2, A II, 1b, bb (2).

555 *Nardi*, Giust. civ. 2005, 329 (333). Er beruft sich dabei auf *Cipriani*, der allerdings m. E. die *Ratio* des Art. 2744 c. c. im Schutz des (regelmäßig) wirtschaftlich schwächeren Schuldners sieht und nur darstellt, dass ein solcher Schutz Ausfluss des verfassungsrechtlichen Grundsatz der Solidarität ist, *Cipriani*, S. 151, 157.

556 Ihm folgend *Quartapelle*, Vit. not. 1989, 246 (248); *Sesta*, S. 24 f. So auch *Bin*, Riv. trim. proc. 1991, 959 (963), nach dessen Ansicht in diese Abgrenzung *pegno irregolare*, *patto marciano*, *vendita con patto di riscatto* und *datio in solutum* einzubeziehen sind. Ähnlich auch *Realmonte*, Jus 1986, 16 (21 f.).

dem objektiven Risiko der Unverhältnismäßigkeit des finanziellen Verlusts gemessen an der Höhe der nicht zurückgezahlten Schulden, andererseits vor dem subjektiven oder psychischen, dass er eine ihm ungünstige Vereinbarung eingeht, weil er sich in der Sicherheit wiegt, die Sache wieder rechtzeitig auslösen zu können.[557]

(4) Restriktive Auslegung

Gegen ein extensives Verständnis der *Ratio* des Art. 2744 c. c. sprechen sich hingegen diejenigen aus, die meinen, dass der Gesetzgeber die Kumulation von typischer dinglicher Sicherheit und Verfallklausel vermeiden wollte, um die gesetzlich festgelegten Befriedigungsmechanismen gewahrt zu wissen.[558]. Im Falle der Vereinbarung eines *patto commissorio* würde das Rechtsgut bereits im Zeitpunkt der Nichterfüllung der Verbindlichkeit in das Eigentum des Gläubigers übergehen, was die Funktion des typischen Sicherungsrechts - bevorzugte Verwertung durch den Sicherungsnehmer - leer laufen lassen würde. Ausgehend von einer solchen *Ratio* ist eine Ausdehnung des Verbots auf den *patto commissorio autonomo*[559] konsequenterweise nicht möglich.

(5) Haltung der Rechtsprechung

Auch in der Rechtsprechung ist hinsichtlich der *Ratio* des Verbots der Verfallklausel keine einheitliche Linie auszumachen. Es finden sich Urteile, die auf den Grundsatz der *par conditio* abstellen, aber auch solche die das Erfordernis des Schutzes des wirtschaftlich meist schwächeren Schuldners betonen.[560] Sehr häufig wird die *Ratio*

---

557 So auch *Bin*, Riv. trim. proc. 1991, 959 (963). Zu einigen weiteren (abzulehnenden) Meinungen hinsichtlich der *Ratio* des Art. 2744 c. c. siehe *Luminoso*, Riv. dir. civ. 1990 I, 219 (223 ff.).

558 *Gigliotti*, S. 115 ff. *Cipriani*, S. 134, hält diese Ansicht für "originell, aber nicht sehr überzeugend". Wie Gigliotti *Bruggi*, Enc. Giur. XXII, voce patto commissorio, S. 6. Gigliotti folgend wohl auch *Bellafiore*, Rass. dir. civ. 2003 I, 474 (477).

559 Dazu näher im Folgenden.

560 Cass., Urt. v. 10.2.1997, n. 1233, Contratti 1997, 455 ff.; Urt. v. 7.4.1995, n. 4064; Urt. v. 17.5.1990, n. 4283; Urt. v. 27.5.2003, n. 8411; Trib. Firenze, Urt. v. 15.6.1966, Giur. it. 1967 I 2, 508 ff.; Cass., Urt. v. 5.6.1960, n. 776, Foro pad. 1961, 49 ff.; Urt. v. 16.8.1990, n. 8325, Giur. it. Mass. 1991 I 1, 64; Urt. v. 23.11.2001, n. 14911, Rass. dir. civ. 2003,

in einer Kumulierung dieser beiden Erfordernisse gesehen[561], teilweise auch in einer Kombination aus Schutz des Schuldners vor missbräuchlichem Druck des Gläubigers und Verhinderung einer Verbreitung der Verfallklausel, die so das gesetzlich vorgesehene System der Garantien ersetzen würde.[562] Generell ist zu bemerken, dass sich die Rechtsprechung der schon in der Literatur erarbeiteten Ansätze bedient; eine (kritische) Auseinandersetzung erfolgt selten. Vorherrschend ist in jedem Fall eine Einschätzung der *Ratio* im Sinne eines Schutzes von Individualinteressen. Emblematisch für das Desinteresse hinsichtlich der *Ratio* des Verbots der Verfallabrede ist folgender Auszug aus einem Urteil des Kassationsgerichtshofs: „Worin auch immer die *Ratio* zu sehen ist (den Schuldner vor unzulässigen Zwang seitens des Gläubigers schützen, die *par conditio creditorum* sichern, ...Unabdingbarkeit des Vollstreckungsverfahrens ...)".[563]

cc. Zwischenergebnis

Von einem einheitlichen Verständnis im Hinblick auf die *Ratio* des Art. 2744 c. c. ist man in Italien weit entfernt. Es wird eine Vielzahl unterschiedlicher Auffassungen vertreten, wobei allerdings die

---

471 ff.; Urt. v. 12.1.2009, n. 437, Contratti 2009, 395; Urt. v. 18.4.1984, n. 2544, Giust. civ. Mass. 1984, Nr. 4; Urt. v. 23.10.1999, n. 11924, Giur. it. 2000 I, 1599 ff.

[561] Cass., Urt. v. 12.2.1993, n. 1787, Giur. it. 1994 I 1 c, 64 ff.; Urt. v. 21.4.1989, n. 1907, Foro it. 1990 I, 205 ff. = Giust. civ. 1989 I, 1821 ff.; Urt. v. 3.6.1983, n. 3800, Foro it. 1984 I, 212 ff. = Giust. civ. 1983 I, 2053 ff. = Giur. it. 1984 I 1, 1648 ff.; Urt. v. 3.4.1989, n. 1611, Foro it. 1989 I, 1429 ff. = Giust. civ. 1989 I, 1569 = Corr. giur. 1989, 522 = Riv. dir. civ. 1990 II, 615; Urt. v. 6.12.1983, n. 7271, Riv. it. leasing 1985, 136 ff.; Urt. v. 12.12.1986, n. 7385, Giust. civ. 1987 I, 545 ff.; Corte d´Appello di Trento, Urt. v. 18.2.1975, Giur. di merito 1975, 424 ff.; Cass., Urt. v. 6.7.1990, n. 7161, Corr. giur. 1990, 1137 ff.; Trib. Napoli, Urt. v. 10.1.2006, Giur. di merito 2006, 545 ff.; Cass., Urt. v. 19.5.2004, n. 9466, Contr. 2004, 979 ff.; Urt. v. 18.1.2010, n. 649; Urt. v. 3.2.2012, n. 1675.

[562] App. Roma, Urt. v. 18.5.2006: „ *La ratio della norma è nell´esigenza di tutelare la volontà del debitore da abusive pressioni e nella volontà dell´ordinamento di evitare il danno sociale, derivante dalla diffusione del patto commissorio quale clausola di stile che, sostituendosi al sistema delle garanzie reali tipiche, diventerebbe uno strumento generalizzato di abuso ai danni del debitore."*

[563] Cass., Urt. v. 4.3.1996, n. 1657, Contratti 1996, 442 (444): "*Quale che sia la ratio (difendere il debitore da illecite coercizioni del creditore, assicurando nel contempo la par conditio creditorum...inderogabilità della procedura esecutiva...).*" *Bussani*, S. 257, bezeichnet eine solche Einstellung der *Corte di Cassazione* als "*schopenhaueriana noluntas*".

meisten nur bedingt überzeugen können. Am schlüssigsten erscheint es, die *Ratio* anhand einer Abgrenzung von strukturell ähnlichen, in der italienischen Rechtsordnung aber zulässigen Rechtsinstituten, gewissermaßen von außen her zu bestimmen. Dabei gelangt man zu dem Ergebnis, dass die maßgebliche Intention des Gesetzgebers darin bestand, einen effektiven Schutz des wirtschaftlich schwächeren Schuldners zu bewerkstelligen, der sich in einem finanziellen Engpass befindend dringend auf Kredit angewiesen ist und daher - unter oft missbräuchlichem Druck und vor allem der Illusion verhaftet rechtzeitig zurückzahlen zu können - eine Verfallvereinbarung über eine Sache trifft, die wertmäßig den Kredit (oft bei weitem) übersteigt. Die Nichtigkeitsfolge erweist sich auch als durchaus mit dem Schutz von Individualinteressen vereinbar; der Gesetzgeber wählt sie immer gerade dann, wenn dem Schuldner ein besonders effektiver, der Disposition der Parteien entzogener Schutz gewährt werden soll.

dd. *Patto commissorio autonomo*, sog. selbständige oder unabhängige Verfallvereinbarung - Struktur des *patto commissorio*

Wie oben bereits kurz erwähnt, stellt sich als das eigentliche Problem hinsichtlich der Verfallklausel nicht der im Gesetz eindeutig geregelte Fall dar, in dem eine solche als akzessorische Abrede im Zuge einer Hypotheken- oder Pfandbestellung vereinbart wird. Eine solche Klausel ist laut Art. 2744 c. c. eindeutig nichtig; ebenso eindeutig die Folge für die Realsicherheit: Sie bleibt als solche bestehen[564] und wird im (gegebenenfalls eintretenden) Sicherungsfall den

[564] *Anelli*, S. 432. Teilweise will man auch Art. 1419 c. c. angewendet wissen, der die Teilnichtigkeit von Verträgen regelt (und somit das Pendant zu § 139 BGB darstellt). Demnach führt die Teilnichtigkeit eines Vertrags dann zur Nichtigkeit des ganzen Vertrags, wenn die Parteien den Vertrag ohne den nichtigen Part nicht geschlossen hätten. Ausschlaggebend wäre also, ob die Parteien des Pfand- oder Hypothekenvertrags denselben auch ohne die Verfallklausel geschlossen hätten. Würde man bezüglich des Sicherungsnehmers zu dem Ergebnis kommen, dass es ihm gerade auf die Verfallklausel ankam, wäre somit Folge nicht nur Nichtigkeit der Verfallklausel, sondern auch Nichtigkeit des gesamten Sicherungsvertrags. Allerdings ist wohl eher davon auszugehen, dass der Sicherungsnehmer den Sicherungsvertrag auch ohne Verfall abgeschlossen hätte. Dies entspricht auch der h. M. in Deutschland, die in einem solchen Fall § 139 BGB anwendet. Vgl. dazu ausführlich *Cendon*, Art. 2744, S. 78 ff.

gesetzlichen Vorschriften gemäß realisiert.[565] Schon immer war aber die Tendenz auszumachen, das Verbot der Verfallklausel über die gesetzlich vorgesehenen Fälle hinaus zur Anwendung zu bringen, da man es in Anbetracht seiner *Ratio* (vgl. oben) als ein Verbot im materiellen Sinne wahrnimmt. Dies ist - als Gegenbegriff zu einem Verbot im formellen Sinne, welches eine bestimmte Vorgehensweise sanktioniert - das Verbot eines (wirtschaftlichen) Resultats, und zwar ganz gleich auf welchem Weg und mit welchen Mitteln man es zu erreichen gedenkt.[566] Gemäß ständiger Rechtsprechung der *Corte di Cassazione* „erstreckt sich das Verbot der Verfallklausel auf jedes Geschäft, das, wenn es auch abstrakt gesehen zulässig ist, dazu gebraucht wird, das von der Rechtsordnung untersagte konkrete Resultat, den Schuldner einem unzulässigen Druck seitens des Gläubigers auszusetzen, zu erreichen (…)."[567]
Als besonders komplex erweist sich bis heute die Fallgestaltung des so genannten *patto commissorio autonomo*: Hierbei geht es um die Vereinbarung einer von der Bestellung typischer Sicherheiten unabhängigen Verfallsabrede, die bestimmt, dass das Eigentum an einem bestimmten Rechtsgut des Schuldners im Falle der Nichterfüllung der ihm obliegenden Verbindlichkeit automatisch auf seinen Gläubiger übergeht.[568]

(1) Haltung der herrschenden Meinung und der Rechtsprechung

Ein solcher *patto commissorio autonomo* verkörpert nach der wohl herrschenden Ansicht in Italien eine Veräußerung zu Sicherungszwecken (*alienazione a scopo di garanzia*), wobei die Nichterfüllung

---

[565] Für das Pfand: Art. 2797 f. c. c.; für die Hypothek: Art. 2808 c. c.

[566] Vgl. nur Cass., Urt. v. 3.4.1989, n. 1611, Foro it. 1989 I, 1429 ff.: „*È il risultato perseguito che giustifica il divieto di legge, non i mezzi impiegati* (…)." und Trib. Firenze, Urt. v. 15.6.1966, Giur. it. 1967 I 2, 509 f.: „ (…) *contenuto materiale applicabile a qualsiasi altro negozio con il quale venga comunque perseguito lo stesso risultato economico* (…)."

[567] Cass., Urt. v. 12.1.2009, n. 437, Contratti 2009, 395: „*Il divieto del patto commissorio* (…) *si estende a qualsiasi negozio, ancorchè astrattamente di per sé lecito, che venga impiegato per conseguire il risultato concreto, vietato dall´ordinamento, di assoggettare il debitore all´illecita coercizione del creditore* (...)"; Cass., Urt. v. 2.2.2006, n. 2285, Giust. civ. 2007, 700 ff.; Cass., Urt. v. 18.1.2010, n. 649; Cass., Urt. v. 10.3.2011, n. 5740; Urt. v. 3.2.2012, n. 1675.

[568] *Carnevali*, Enc. dir. XXXII, voce patto commissorio, S. 502.

der Verbindlichkeit durch den Schuldner als aufschiebende Bedingung für den Eigentumserwerb des Gläubigers fungiert. Es wird also davon ausgegangen, dass die Verfallklausel selbst eine Veräußerung zu Sicherungszwecken darstellt. Folgerichtige Konsequenz einer derartigen Sichtweise ist die Nichtigkeit des kompletten Sicherungsgeschäfts, nicht nur Nichtigkeit der Verfallklausel.

(2) Kritik

Eine solche Gleichsetzung von Verfallvereinbarung und Veräußerung zu Sicherungszwecken hat in neuerer Zeit allerdings (zu Recht) Kritik erfahren. Es müsse berücksichtigt werden, dass die Verfallklausel laut Gesetzgeber eine vertragliche Vereinbarung, betreffend die Modalitäten der Realisierung einer Sicherheit, darstellt; es handelt es sich hier also um eine Vermögenszuwendung *solvendi causa*.[569] Daher sei - auch im Falle einer Sicherungsübertragung - zu trennen zwischen dem atypischen Sicherungsgeschäft, welches die Garantiefunktion ausübt, und der Verfallklausel, die lediglich die Erfüllungsfunktion innehat.[570] Starke Kritik hat eine solche Sichtweise[571] schon bei *Bianca* erfahren: Seiner Ansicht nach würde eine Veräußerung zu Sicherungszwecken ohne den Erwerbseffekt des *patto commissorio* dem Gläubiger nur mehr ein bloßes Zurückbehaltungsrecht (*diritto di ritenzione*) zuerkennen.[572] Zudem hätte man - im Falle einer aufschiebend bedingten Übereignung - in struktureller Hinsicht einen *patto commissorio* als akzessorische Klausel zu einer Vereinbarung geschaffen, die wiederum selbst nichts anderes darstellt als einen *patto commissorio*.[573] Kritisch äußert

---

569 *Anelli*, S. 431.

570 *Anelli*, S. 442. Ihm zustimmend *Cipriani*, S. 117; *Carimini*, S. 371 ff.; *Dolmetta*, Giur. comm. 2002 I, 306 (313). Zu den Begriffen Garantie- und Erfüllungsfunktion *Cipriani*, S. 98 ff.

571 *Bianca* nimmt dabei allerdings nicht Bezug auf die Ansicht Anellis aus dem Jahre 1996, die er im Zeitpunkt des Erscheinens seiner Monografie (1957) gar nicht kennen konnte, sondern auf die von *L. Raape*, dargestellt in dessen Monografie „Die Verfallklausel bei Pfand und Sicherungsübereignung".

572 Drastischer in der Formulierung ist *Sassi*, S. 207: Der Gläubiger hat nur noch ein „*mero mezzo di coazione psicologica sul debitore*", also lediglich ein Mittel um gegenüber dem Schuldner psychischen Zwang auszuüben, was dem Modell des archaischen Rechts entspräche.

573 *Bianca*, S. 138 f.

sich auch *Sassi*: Das Erfüllungsmoment, wenn es auch nur für den Fall der Nichterfüllung seitens des Schuldners an Relevanz gewinnt[574], ist notwendigerweise das Resultat, auf das die Veräußerung zu Sicherungszwecken abzielt; die Übereignungswirkung (*effetto traslativo*) sei daher untrennbar mit der Erfüllungswirkung (*effetto solutorio*) verbunden.[575] Ohne die Möglichkeit für den Gläubiger, das Rechtsgut zu seiner Befriedigung endgültig zu erlangen, kann eine Veräußerung zu Sicherungszwecken nicht als vollständig erachtet werden; die Modalitäten der Realisierung der Sicherheit sind nach *Sassi* also deren zwingender Bestandteil.[576] Nach der Meinung von *Sassi* und *Bianca* kann man folglich Sicherungsveräußerung und Verfall nicht trennen, da es ohne Verfall keine Sicherung gibt.

Dass für das wirksame Operieren einer Sicherheit ein Erfüllungsmechanismus zwingend ist, wird auch von der Gegenansicht keineswegs bestritten. Allerdings impliziert dies nach ihrer Ansicht lediglich, dass eine Kombination von Sicherungs- und Erfüllungsmechanismen erforderlich ist.[577] Zudem wird von ihnen der Vorwurf erhoben, dass Folge der Gleichsetzung von Verfallklausel und Sicherungsveräußerung wäre, dass die Verfallklausel - je nachdem, ob sie im Rahmen einer dinglichen Sicherheit oder autonom vereinbart wird - sowohl in struktureller als auch in funktionaler Hinsicht differiert. Einmal hätte sie sowohl rechtsübertragende als auch Erfüllungsfunktion, das andere Mal hingegen nur Erfüllungsfunkti-

---

574 Gerade aus dieser Eventualität leitet die Gegenmeinung ab, dass die Garantiefunktion unabhängig von der Erfüllungsfunktion besteht, denn ansonsten müsste man im Falle, dass der Schuldner rechtzeitig seine Schuld begleicht, von der Unwirksamkeit des Sicherungsmittels ausgehen, *Cipriani*, S. 113 f.

575 *Sassi*, S. 198. Ähnlich auch *Quartapelle*, Vit. not. 1989, 246 (253).

576 *Sassi*, S. 198. Betreffend den *patto commissorio*, der im Rahmen einer dinglichen Sicherheit vereinbart wird, vertritt *Sassi*, ebd. S. 200 f., die Ansicht, dass auch diesem nicht nur Erfüllungsfunktion (*funzione solutoria*) zukomme, sondern er vielmehr die gleiche (Garantie-)Funktion ausübe wie die dingliche Sicherheit, nämlich die Bestimmung eines Rechtsguts zur Befriedigung des Gläubigers, nur eben realisiert mittels eines anderen Erfüllungsmechanismus. Das Vereinbaren einer Verfallklausel hindert nach Sassi das Wirken der dinglichen Sicherheit; dies ergebe sich schon daraus, dass eine Enteignung zur Verwertung nicht möglich ist, wenn der Gläubiger bereits aufgrund der Verfallklausel Eigentümer der Sache wurde. Auch *Nardi*, Giust. civ. 2005, 329 (331), spricht dem *patto commissorio* eine Garantiefunktion zu.

577 *Cipriani*, S. 112.

on.[578] Allerdings wird, auch wenn das Eigentum schon im Rahmen der Sicherungsübereignung auf den Gläubiger übergegangen ist, durch die Verfallklausel - im Rahmen ihrer Erfüllungsfunktion - ein Erstarken der Eigentumsposition zu einer endgültigen bewirkt. Ein Unterschied kann also nur in struktureller Hinsicht ausgemacht werden.[579]
Hervorzuheben ist meiner Ansicht nach insbesondere, dass, wenn man der herrschenden Ansicht folgt und *patto commissorio* und Veräußerung zu Sicherungszwecken gleichsetzt, in der Folge das gesamte Sicherungsgeschäft nichtig ist, was eben nicht der Rechtsfolge des Art. 2744 c. c. entspricht, dass nur die Verfallklausel *stricto sensu* nichtig ist.
Die Rechtsprechung, maßgeblich die *Corte di Cassazione*, hat sich mit diesem Problem nicht explizit befasst, ebenso wie der Großteil der Literatur. Es wird den Untersuchungen schlicht und ergreifend die Gleichsetzung von *patto commissorio* und Sicherungsveräußerung zugrunde gelegt. Das in der Rechtsprechung und Literatur hauptsächlich diskutierte Problem betrifft vielmehr die Ausweitung des Verbots der Verfallklausel auf atypische Sicherheiten.

c. Entwicklung der Rechtsprechung betreffend die Zulässigkeit der *vendita a scopo di garanzia*

Die *Corte di Cassazione* und die Instanzgerichte hatten sich in den letzten Jahrzehnten unzählige Male mit der Anwendung des Art. 2744 c. c. auf Veräußerungen zu Sicherungszwecken zu beschäftigen. Bemerkenswerterweise ging es nie um eine solche in „Reinform“, sondern vielmehr immer um sog. Sicherungskäufe[580] (*vendite a scopo di garanzia*).[581] Vermutlich greifen die Parteien regelmäßig deswegen auf die Form des Kaufs zurück, weil sich die Rechtsprechung erstens zur Zulässigkeit einer Veräußerung zu Sicherungszwecken bisher nicht (explizit) geäußert hat und zweitens sie jeden-

[578] Vgl. dazu *Cipriani*, S. 63.
[579] *Cipriani*, S. 122 f.
[580] Wie sie auch in Deutschland, überwiegend vor der Durchsetzung des Abstraktionsprinzips, verbreitet waren.
[581] Vgl. *Bianca*, S. 117.

falls mit an Sicherheit grenzender Wahrscheinlichkeit am Verbot des Art. 2744 c. c. scheitern lassen würde.
Insbesondere die im Gesetz vorgesehene Form des Wiederkaufs, Art. 1500 c. c.[582], eignet sich geradezu vorzüglich für Sicherungszwecke eingesetzt zu werden. Der Schuldner-Verkäufer verkauft eine bestimmte, in seinem Eigentum stehende Sache an seinen Gläubiger, wobei der Kaufpreis der Höhe seiner Schuld entspricht, meist erhöht um die Zinsen[583]; durch rechtzeitige Begleichung seiner Schuld besteht für den Schuldner-Verkäufer die Möglichkeit die Sache wieder auslösen. Dieses Ziel wird auch erreicht, wenn der Verkauf auflösend oder aufschiebend bedingt durch die Nichterfüllung des Verkäufer-Schuldners konstruiert wird oder er zwar unbedingt, aber in Verbindung mit einem sog. *patto di retrovendita*[584] geschlossen wird, durch den für den Fall der rechtzeitigen Erfüllung durch den Schuldner ein Rückkaufsrecht vorgesehen ist.[585]

aa. Rechtsprechung bis zu Beginn der 80er Jahre

Die *Corte di Cassazione* sah über Jahrzehnte einen aufschiebend bedingt vereinbarten Kauf zu Sicherungszwecken als mit dem Verbot des Art. 2744 c. c. unvereinbar an[586], wohingegen sie einen auflösend bedingten als zulässig einstufte.[587] Das maßgebliche Kriterium für

---

[582] Art. 1500 c. c.: *"Il venditore può riservarsi il diritto di riavere la proprietà della cosa venduta mediante la restituzione del prezzo e i rimborsi stabiliti dalle disposizioni che seguono. Il patto di restituire un prezzo superiore a quello stipulato per la vendita è nullo per l'eccedenza"*. Zu Deutsch: „Der Verkäufer kann sich das Recht vorbehalten, durch Rückzahlung des Kaufpreises und Rückerstattungen nach den folgenden Bestimmungen das Eigentum an der verkauften Sache wiederzuerlangen. Die Abrede, einen höheren als den für den Verkauf vereinbarten Preis zurückzuerstatten, ist hinsichtlich des Mehrbetrags nichtig."

[583] Diese Praxis ist dem Verbot des Art. 1500 II c. c. geschuldet, vgl. zum Wortlaut die vorhergehende Fußnote.

[584] Auch die Bezeichnung als *patto di retrovendendo* ist geläufig; der Unterschied zur *vendita con patto di riscatto* liegt darin, dass der *patto di retrovendita* nur obligatorische Wirkung zeitigt.

[585] Zu den verschiedenen Konstruktionsmöglichkeiten auch *Fiorentini*, Riv. dir. civ. 2000 II, 253 (259).

[586] Cass., Urt. v. 14.5.1962, n. 1004, Foro it. 1963, 365 ff.; Urt. v. 23.10.1965, n. 2219, Foro it. 1966, 1118 ff.; Urt. v. 1.2.1974, n. 282, Giur. it. 1974 I 1, 1028. Für weitere Nachweise *Pisani*, S. 290.

[587] Cass., Urt. v. 5.4.1960, n. 776, Foro pad. 1961, 49 ff. So auch *De Martini*, Giur. it. 1946 I 2, 321 (331 f.).

die Abgrenzung von zulässigem Kauf und unzulässigem *patto commissorio* lag für die Rechtsprechung also im Zeitpunkt des Eigentumsübergangs auf den Gläubiger, wobei sie sich diesbezüglich jedenfalls auf den Wortlaut des Art. 2744 c. c. stützen konnte, der von einem Eigentumsübergang erst im Falle der Nichterfüllung der Verbindlichkeit durch den Schuldner ausgeht.[588] Nach Ansicht der Rechtsprechung verwirklicht der aufschiebend bedingte Kauf genau die Situation, Verfall bei Nichterfüllung, die das Verbot des *patto commissorio* verhindern will, weswegen von einer Nichtigkeit des Geschäfts nach Art. 1343 c. c.[589] auszugehen ist. Im Falle einer auflösenden Bedingung hingegen, konstruiert in den meisten Fällen mittels einer *vendita con patto di riscatto* nach Art. 1500 c. c., liegt, auch wenn Garantiezwecke verfolgt werden, ein „echter und wirklicher Kauf" vor.[590] Die Garantieabsicht der Parteien, also die Intention das Kaufgeschäft zu Sicherungszwecken abzuschließen, ist nach Ansicht der Rechtsprechung auf der Ebene der Motive anzusiedeln[591], die –

---

[588] *Sassi*, S. 178, hält dieses Argument für nicht durchschlagend; es müsse berücksichtigt werden, dass diese Konstruktion allein der in Art. 2744 c. c. zum Ausdruck kommenden Akzessorietät des *patto commissorio* hinsichtlich Hypothek und Pfand geschuldet ist, da eine dingliche Sicherheit an einer Sache nicht bestellt werden könne, wenn gleichzeitig das Eigentum an ihr an den Gläubiger übergeht (wie dies im Fall der Konstruktion mit auflösender Bedingung der Fall wäre). So auch *Mattiangeli*, Vit. not. 2006, 1092 (1099).

[589] Art. 1343 c. c.: *„La causa é illecita quando é contraria a norme imperative, all´ordine pubblico o al buon costume."* Zu Deutsch: „Die *causa* ist widerrechtlich, wenn sie gegen zwingende Normen, die öffentliche Ordnung oder die guten Sitten verstößt." Eine zulässige *causa* ist gem. Art. 1325 c. c. zwingender Bestandteil eines jeden Vertrages. Zur *causa* vgl. oben, Zweiter Teil, § 2 A, I, 2.

[590] Vgl. nur Cass., Urt. v. 5.4.1960, n. 776, Foro pad. 1961 I c, 49 (51): "*Non vi è dubbio che la vendita possa essere stipulata fiduciae causa: il negozio indiretto conserva in tal caso la sua piena validità, anche se concluso non per il fine tipico (lo scambio), ma per uno scopo atipico (la garanzia). In questo caso si tratta di una vendita vera e reale* (…)." Zu Deutsch: "Es besteht kein Zweifel, dass ein Kauf zu Garantiezwecken abgeschlossen werden kann: Das indirekte Geschäft bewahrt in einem solchen Fall seine volle Wirksamkeit, auch wenn es nicht zum typischen Zweck (Austausch), sondern zu einem atypischen Zweck (Garantie) abgeschlossen wurde. In diesem Fall liegt ein wahrer und wirklicher Kauf vor (…)." Die *Corte di Cassazione* spricht hier von einem sog. *„negozio indiretto"*, also einem indirekten Geschäft: Damit – vorausgesetzt man vertritt die Theorie von der *causa* als *funzione economico-sociale* – ist ein Geschäft bezeichnet, das von dem gesetzlich fixierten Typ abweicht, also zwar mit seinen Rechtsfolgen gewollt ist, aber nicht zu seinem typischen, gesetzlich vorgesehenen, sondern zu einem atypischen Zweck gebraucht wird.

[591] *Pisani*, S. 105.

wie auch im deutschen Recht - in juristischer Hinsicht unbeachtlich sind.[592] Die *causa di scambio*, also die Austausch-*Causa* des Kaufvertrags, bleibt demgemäß nach dieser Konzeption unberührt, was dazu führt, dass ein „wahrer" Kauf auch dann vorliegen kann, wenn die Parteien ein Sicherungsgeschäft beabsichtigen.[593] *Bianca* bezeichnete ein solches Verständnis schon in den 50er Jahren als *„inaccettabile"*, also inakzeptabel.[594] Ein Abschluss zu Garantiezwecken führe dazu, dass die für die Austausch-*Causa* des Kaufvertrags konstituierende Kaufpreiszahlung entfalle, da der Schuldner-Verkäufer sich dazu verpflichtet, die erhaltene Summe zurückzuzahlen. Ein wirksamer Kaufvertrag kann somit zwar nach *Bianca* nicht vorliegen[595], für die hier erfolgende Darstellung der Rechtsprechung hinsichtlich des Sicherungskaufes ist aber natürlich deren Ansicht zugrunde zulegen.

Betreffend die Vereinbarkeit eines solchen auflösend bedingten Kaufs mit dem Verbot aus Art. 2744 c. c. war die *Corte di Cassazione*

---

[592] Für das italienische Recht ergibt sich dies *e contrario* aus den Normen des *Codice Civile*, die eine ausnahmsweise Beachtlichkeit der Motive statuieren. Zu nennen sind diesbezüglich Art. 1345 c. c., der die Nichtigkeit eines Vertrags vorsieht, der auf einem gemeinsamen, widerrechtlichen Motiv der Parteien beruht und die Artt. 624 2°comma, 787 c. c., die die Aufhebbarkeit von Testament respektive Schenkung ermöglichen, wenn diese auf einem Motivirrtum beruhen.

[593] Diese Sicht hängt natürlich maßgeblich mit dem damals herrschenden Verständnis von der *causa* als *funzione economico-sociale* zusammen; die Funktion des Kaufs mit Wiederkaufsrecht liegt in dem Austausch von Ware und Geld und wurde vom Gesetzgeber in sozial-ökonomischer Hinsicht als schutzwürdig eingestuft. Ob die Parteien diesen Austausch nun zu Garantiezwecken vornehmen, kann bei einem solchen (objektiven) *Causa*-Verständnis hinsichtlich typischer Verträge zwingend nur auf Motivebene zu verorten sein. Vgl. zum Verhältnis von *causa* (im Sinne von *funzione economico-sociale*) und Motiv, *Ferrando*, Vit. not. 1984, 735 (738 ff.). Eine andere Ansicht geht von einem „wahren", gültigen Kaufvertrag aus, da die Garantiefunktion nur in wirtschaftlicher Hinsicht, nicht hingegen in juristischer Hinsicht auszumachen sei. Zurückzuführen ist dies darauf, dass nach dieser Ansicht mit dem Entstehen der Kaufpreisforderung des Schuldner-Verkäufers die Darlehensforderung des Gläubiger-Käufers automatisch erlischt und somit keine zu sichernde Forderung mehr besteht. Vgl. dazu *Luminoso*, Il codice civile commentario, Art. 1500, S. 228 (der in einem solchen Fall von einer Leistung an Erfüllungs Statt ausgeht, S. 257). Naheliegender ist wohl allerdings, - so auch die überwiegende Ansicht - dass die Parteien die zu sichernde Forderung bestehen lassen wollen.

[594] *Bianca*, S. 299.

[595] So auch *Ferrari*, Giur. it. 1951, 799 (806); *Roppo*, Riv. del not. 1981, 398 (403). Vielmehr stellt sich stattdessen die Frage nach der Zulässigkeit einer Garantie-*Causa*.

lange Zeit positiv gestimmt.[596] Begründet[597] wurde dies damit, dass die *eadem ratio* fehle, da das Eigentum in dieser Fallgestaltung sofort, d.h. im Zeitpunkt des Vertragsschlusses, auf den Gläubiger übergeht und nicht erst - wie es beim *patto commissorio* der Fall ist - dann, wenn der Schuldner nicht in der Lage ist seine Verbindlichkeit zu erfüllen. Der Schuldner-Verkäufer, der sein Eigentum sofort verliert, befindet sich nicht in der misslichen Lage, sich auf die Veräußerung nur einzulassen, weil er dringend Kredit benötigt und darauf hoffen kann, die Sache wieder rechtzeitig auslösen zu können. Vielmehr sei ihm der Verlust wegen des sofortigen Eigentumsübergangs bewusst, die (potentiellen) negativen Folgen wie eine finanzielle Einbuße, die sich aus der Wertdifferenz zwischen veräußerter Sache und Verbindlichkeit ergeben kann, treten sofort ein.[598] Zudem sei keine Beeinträchtigung des Grundsatzes der *par conditio creditorum* auszumachen, da die Eigentumsübertragung sich nicht als Konsequenz der Nichterfüllung seitens des Schuldners, sondern der rechtmäßigen Übereinkunft der Parteien darstellt.[599] Eine analoge Anwendung des Art. 2744 c. c. erweise sich wegen des „*carattere eccezionale*", des Ausnahmecharakters, des Art. 2744 c. c. als nicht praktizierbar.[600]
Diese von der Rechtsprechung verfolgte Linie sah sich schon früh teils heftiger Kritik von seiten der Literatur ausgesetzt, die zum einen die Einordnung des Garantiezwecks auf Motivebene[601] und zum anderen das strukturell ausgerichtete, temporäre Kriterium hinsichtlich der Vereinbarkeit des Sicherungskaufs mit Art. 2744 c. c.

---

[596] Diese Ansicht fand auch Zuspruch in der Literatur, zu nennen sind hier *De Martini*, Giur. it. 1946 I 2, 321 (331) und *Rubino*, S. 1027.

[597] Natürlich erfolgt diese Begründung auf der Basis der *Ratio*, die die Rechtsprechung Art. 2744 c. c. zugrunde legt. Dazu oben, Zweiter Teil, § 2 A II, 1 b bb (5).

[598] *Pugliese*, Riv. dir. civ. 1955, 1064 (1071). Nach anderer Ansicht zeugt gerade das Sich-Einlassen auf einen sofortigen Eigentumsübergang von der besonderes dringenden Kreditbedürftigkeit des Schuldners, der daher noch schutzbedürftiger sei, vgl. *Carnevali*, Enc. dir. XXXII, voce patto commissorio, S. 503; *Roppo*, Riv. del not. 1981, 398 (405 f.). Außerdem bleibt auch im Falle einer auflösenden Bedingung regelmäßig der Verkäufer-Schuldner im Besitz der Sache, was gerade zur Folge hat, dass ihm der (mögliche) Verlust der Sache nicht deutlich vor Augen tritt, *Bianca*, Vendita, S. 610.

[599] Cass.,Urt. v. 6.3.1978, n. 1104, Giust. civ. 1979 I, 885. Anders *Pugliatti*, Riv. trim. proc. 1950, 298 (316).

[600] Cass., Urt. v. 30.3.1967, n. 689, Giur. it. 1968 I 1, 52.

[601] Dazu oben, Zweiter Teil, § 2, A, II, 1 c, aa.

ablehnte. In praktischer Hinsicht wurde vor allem der Vorwurf erhoben, dass es den Parteien so ein Leichtes sei, das Sicherungsgeschäft außerhalb des Radius des Verbots aus Art. 2744 c. c. anzusiedeln, indem sie einfach den Zeitpunkt des Eigentumsübergangs vorverlegen, also eben einen auflösend und nicht einen aufschiebend bedingten Kauf vereinbaren.[602] Zudem kann nicht geleugnet werden, dass auch bei einem auflösend bedingt geschlossenen Kauf der Tatsache der Nichterfüllung durch den Verkäufer-Schuldner Bedeutung zukommt, da sich erst in diesem Moment abzeichnet, ob die Bedingung eintritt oder nicht und somit erst ab diesem Zeitpunkt von einem endgültigen Eigentumserwerb des Käufer-Gläubigers ausgegangen werden kann.[603] Eigentlich sei sogar die Konstruktion des auflösend bedingten Kaufs dem in Art. 2744 c. c. dargestellten (und verbotenen) Fall - Hypothek oder Pfand verbunden mit einer Verfallklausel - ähnlicher als der aufschiebend bedingte Kauf, da nur dort der Gläubiger-Käufer schon ein Recht an der Sache und nicht nur eine bloße *„aspettativa"* innehat.[604] Die Rechtsprechungskritiker plädieren daher für die Abgrenzung eines zulässigen Kaufs von einem verbotenen *patto commissorio* anhand eines funktionalen Kriteriums: Entscheidend soll nicht der Zeitpunkt der Eigentumsübertragung sein, sondern die Feststellung, ob die Vertragsparteien einen Sicherungszweck verfolgen.[605]

Trotz oder gerade wegen ihrer konsolidierten Ansicht, einen Sicherungskauf als zulässig anzusehen, wenn nur der Eigentumsübergang sofort und nicht aufschiebend bedingt erfolgte, unternahm die Rechtsprechung den Versuch, das so gefundene Ergebnis mit Hilfe des Rechtsinstituts der Simulation wieder zu relativieren: Von den Gerichten wurde daher immer geprüft, ob die Parteien, die einen auflösend bedingten Kauf oder einen Kauf mit Wiederkaufrecht vereinbart haben, nicht in Wirklichkeit dadurch einen aufschiebend bedingten Kauf dissimulieren, also den Eigentumsübergang von der

---

[602] *Giancipoli*, Vit. not. 1999, 1644 (1647).

[603] *Mancini*, Foro it. 1966 I, 1118 (1119).

[604] *Mancini*, Foro it. 1966 I, 1118 (1121 f.).

[605] *Mancini*, Foro it. 1966 , 1118 (1119, 1122); *Bianca*, S. 155 ff.; *Andrioli*, in Commentario del Codice civile, Art. 2744, S. 58. So auch eine Minderheit in der Rechtsprechung, siehe Cass., Urt. v. 14.4.1953, n. 966, Foro it. 1953 I, 1627; Urt. v. 11.3.1954, n. 696, Foro it. Rep. 1955, voce mutuo, nn. 2,3; Urt. v. 10.2.1961, n. 288, Foro it. 1961 I, 1155; Trib. Casale Monferrato, Urt. v. 1.7.1953, Foro it. 1953 I, 1534.

Nichterfüllung seitens des Schuldner-Verkäufers abhängig machen wollen, was mit dem Verbot des Art. 2744 c. c. unvereinbar wäre. Aufgabe des Gerichts war hierbei den wahren Willen der Parteien zu erforschen, wobei es sich - angesichts der Schwierigkeit des Unterfangens - an bestimmten „verdächtigen" Umständen orientierte, die, wenn sie im konkreten Fall vorlagen, den Schluss auf eine aufschiebende Bedingung zuließen. Anzeichen für eine solche Simulation waren: Das Verbleiben der Kaufsache im Besitz des Verkäufer-Schuldners, die Nichtzahlung des Kaufpreises, die Vereinbarung von Zinsen auf den im Falle des Wiederkaufs zu erstattenden Kaufpreis[606], das Übernehmen aller Vertragskosten und Steuerlasten, das Missverhältnis zwischen Kaufpreis und Wert der Sache und die Existenz eines Schuldverhältnisses zwischen den Parteien, wobei die aus diesem geschuldete Summe in der Höhe dem Kaufpreis entsprach.[607] Aufgrund solcher „Indizien" stellte die Rechtsprechung fest, dass der Kauf mit Wiederkauf oder mit auflösender Bedingung lediglich ein Scheingeschäft und damit nach Art. 1414 c. c.[608] nichtig war. Das dissimulierte Geschäft hingegen, der Kauf unter aufschiebender Bedingung, war wegen Verstoßes gegen Art. 2744 c. c. nichtig.[609] Bemerkt wurde dazu, dass sich anhand dieser Kriterien weniger die Absicht der Parteien nachweisen lässt einen aufschiebend bedingten Kauf abzuschließen als vielmehr die eines Kaufs zu Sicherungszwecken.[610] Auch sei schon allein in technischer Hinsicht der Rückgriff auf eine Simulation verfehlt, da zwischen dem von den Parteien Erklärten und dem von ihnen Gewollten keinerlei Divergenz besteht; vielmehr soll ja gerade die Rechtsfolge des Kauf-

---

606 Eine solche Vereinbarung widerspricht der Natur des Kaufs mit Wiederkaufsrecht, denn im Rahmen eines solchen muss der Käufer die gezogenen Früchte nicht herausgeben; der Verkäufer hingegen ist nicht verpflichtet, die auf den Kaufpreis entfallenden Zinsen zurückzuerstatten. So Cass., Urt. v. 5.4.1960, n. 776.

607 Übersicht bei *Pisani*, S. 295.

608 Art. 1414 c. c.: "*Il contratto simulato non produce effetto tra le parti.*" Zu Deutsch: „Ein Scheinvertrag erzeugt zwischen den Parteien keine Wirkung." Auch im italienischen Recht ist für die Simulation kennzeichnend, dass eine Divergenz zwischen Gewolltem und Erklärtem vorliegt.

609 Siehe nur Cass., Urt. v. 23.10.1965, n. 2219, Foro it. 1966 I, 1118 (1123): "(...) *il negozio dissimulato (...) é nullo ai sensi dell´art. 2744 cod. civ.*"

610 *Realmonte*, Foro it. 1989, 1440; *Anelli*, S. 32 f.; *Sassi*, S. 180; *Roppo*, Riv. del not. 1981, 398 (408).

vertrags eintreten.[611] Der Beweis, dass die Parteien keinen sofortigen Eigentumsübergang beabsichtigten, beweist eben noch lange nicht eine Simulation des Kaufs, sondern lediglich, dass ein solcher bedingt sein soll.[612] Auf den Punkt gebracht hat es *Anelli*: „(...) die Herangehensweise der Rechtsprechung stellt einen technischen Kniff dar, mit dessen Hilfe sie einerseits die Unterscheidung zwischen aufschiebend und auflösend bedingtem Kauf hinsichtlich des Verbots der Verfallklausel aufrecht erhalten konnte und andererseits - ohne in Widerspruch zu diesem Postulat zu treten - gegen eine Fallgestaltung vorgehen konnte, in der die Unzulässigkeit der Parteienvereinbarung offen zu Tage trat."[613]

bb. *Revirement* der *Corte di Cassazione* 1983

Eine Wende in der Rechtsprechung der *Corte di Cassazione* markiert ein Urteil des III. Senats aus dem Jahr 1983[614]: Neben den aufschiebend bedingten wurden nun auch die auflösend bedingten Sicherungskäufe als mit dem Verbot des *patto commissorio* unvereinbar angesehen. Aufgegeben wird seitens des Gerichts das strukturelle, formalistische[615] Kriterium betreffend den Zeitpunkt des Eigentumsübergangs zugunsten eines funktionalen Kriteriums, das den von den Parteien intendierten Zweck des Kaufgeschäfts betrifft. Sobald ein Garantiezweck ersichtlich ist, sei „die komplexe Vereinbarung von dieser Absicht durchdrungen, (...) der erklärte Wille die Sache verkaufen und kaufen zu wollen erweist sich als untergeordnet, sozusagen als Ersatz oder Instrument für den vorrangigen Garantiezweck."[616] Dies gelte auch für den Kauf, der auflösend bedingt durch die Nichterfüllung des Verkäufer-Schuldners oder mit *patto di riscatto* oder *patto di retrovendita* geschlossen wurde, soweit dies zu

---

611 *Sassi*, S. 180; *Giancipoli*, Riv. not. 1999, 1644 (1651).

612 *Cricenti*, S. 73.

613 *Anelli*, S. 35.

614 Cass. Civ. Sez. III, Urt. v. 3.6.1983, n. 3800, Foro it. 1984 I, 212 ff. = Giur. it. 1984 I 1, 1648 = Giust. civ. 1983 I, 2053.

615 So nennt es *Cubbedu*, Riv. dir. civ. 1990 II, 615 (620).

616 Cass, Urt. v. 3.6.1983, n. 3800, Foro it. 1984 I, 212 (219): *„(...) tutta la complessa convenzione è, in realtà, permeata dall'intento primario delle parti di vincolare il bene a garanzia ed in funzione del rapporto di mutuo, per cui la dichiarata volontà delle stesse di vendere e di acquistare il bene appare (...) subordinata, succedanea e strumentale rispetto all'altra preminente finalità."*

Sicherungszwecken erfolgte, weswegen der *Corte di Cassazione* eine gegenüber dem Kauf unter aufschiebender Bedingung ungleiche Behandlung nicht mehr tragbar anmutete.[617] Weiterhin stellte das Gericht - abweichend von seiner früheren Ansicht - fest, dass der Garantiezweck nicht nur (unbeachtliches) Motiv ist, sondern vielmehr auf die *causa* des Vertrages einwirkt und zwar mit der Folge, dass die *causa* des Kaufvertrags verdrängt wird.[618] Diese Garantie-*Causa* ist laut *Cassazione* widerrechtlich, da sie das Verbot des Art. 2744 c. c. unter Rückgriff auf ein simulatorisches Vorgehen umgeht.[619]

Einigermaßen fragwürdig erscheint hier allerdings der Rückgriff des Gerichts auf ein simulatorisches Vorgehen der Parteien. Erforderlich für ein solches wäre nämlich ein Auseinanderfallen von Erklärtem und Gewolltem. Die Parteien intendieren aber genau die Rechtsfolge, die dem erklärten Geschäft innewohnt, nämlich Übergang des Eigentums.[620] Als nicht widerspruchsfrei gestaltet sich zudem die Konstruktion über die Gesetzesumgehung nach Art. 1344 c. c. Eine solche zeichnet sich dadurch aus, dass gegen ein gesetzlich geregeltes Verbot nicht direkt, sondern mittels eines Geschäfts verstoßen wird, das zwar dem Gesetzeswortlaut Respekt zollt, mit dem aber ähnliche oder dieselben[621] verbotenen Ziele er-

---

[617] Cass, Urt. v. 3.6.1983, n. 3800, Foro it. 1984 I, 212 (219): „*(...) sembra allora ingiustificato sottoporre le diverse fattispecie negoziali a differenti discipline sebbene abbiano in commune l´identica causa e siano strutturate in modo da produrre gli stessi effetti, condizionando in ogni caso il consolidamento del fenomeno traslativo del diritto di proprietà al verificarsi dell´inadempienza del debitore.*"

[618] Dies wurde in der Literatur schon lange Zeit vorher festgestellt, vgl. oben, Zweiter Teil, § 2, A, II, 1 c, aa.

[619] Cass., Urt. v. 3.6.1983, n. 3800, Foro it. 1984 I, 212 (219): „*(...) ed è una causa illecita in quanto volta a frodare il divieto del patto commissorio attraverso il risorso ad un procedimento simulatorio.*" Die *frode alla legge* (Gesetzesumgehung) ist in Art. 1344 c. c. geregelt: "*Si reputa altresì illecita la causa quando il contratto costituisce il mezzo per eludere l´applicazione di una norma imperativa.*"Zu Deutsch: „Eine rechtswidrige *causa* liegt auch dann vor, wenn der Vertrag ein Mittel darstellt um die Anwendung einer zwingenden Norm zu umgehen."

[620] *Pisani*, S. 298; *Cubbedu*, Riv. dir. civ. 1990 II, 615 (623). In hohem Maße kritisch äußert sich *Anelli*, S. 39, der von einem „apodiktischen" Bezug der *Cassazione* auf das simulatorische Vorgehen spricht, der ohne jegliche Feststellung eines tatsächlich vorliegenden Scheingeschäfts ein solches aus dem Garantiezweck folgert.

[621] Nach einer Ansicht ist der Tatbestand einer Gesetzesumgehung nur dann gegeben, wenn durch das an sich zulässige Geschäft dieselben Zwecke wie die gesetzlich verbotenen erreicht werden; das Verfolgen und Erreichen nur ähnlicher Zwecke

reicht werden können.[622] Unabkömmliche Voraussetzung ist folglich ein wirksames Geschäft, das sich durch eine zulässige *causa* auszeichnet. Nun hat die *Corte di Cassazione* aber in demselben Urteil festgestellt, dass der Garantiezweck die *causa* des Kaufvertrags überlagert, womit klargestellt wird, dass mangels *causa* kein wirksames Kaufgeschäft gegeben ist. Es drängt sich dann aber die Frage auf, ob überhaupt ein wirksames Geschäft vorhanden ist, anhand dessen die Gesetzesumgehung bewerkstelligt werden kann.

In der Folge der Entscheidung Nr. 3800 vom 3.6.1983 ergab sich ein sehr uneinheitliches Bild in der Rechtsprechung: Trotz zahlreicher Urteile, die sich der Rechtsprechungsänderung anschlossen[623], blieben auch gegenläufige Entscheidungen nicht aus, die die alte Unterscheidung nach dem Zeitpunkt des Eigentumsübergangs wieder belebten.[624]

cc. Entscheidung der *Sezioni unite* 1989

Einziger Ausweg aus dieser manifestierten Uneinigkeit war eine Entscheidung der *Sezioni unite*, der vereinigten Senate der *Corte di*

---

könne wegen Art. 14 disp. prel. c. c. nicht verboten werden. Wortlaut des Art. 14: „Strafgesetze, so wie solche Gesetze, denen allgemeinen Regeln oder anderen Gesetzen gegenüber Ausnahmecharakter zukommt, dürfen nur in denen in ihnen vorgesehen Fällen und Zeiträumen angewandt werden." Hingegen kann nach der so genannten subjektiven Theorie von einer Gesetzesumgehung nur bei Vorliegen folgender zwei Voraussetzungen gesprochen werden: Einmal müssen ähnliche Zwecke, wie die durch das Gesetz verbotenen, verfolgt und erreicht werden (wenn dieselben erreicht werden, sei das Geschäft sowieso widerrechtlich) und zudem müssen die Parteien beabsichtigen, die Verbotsnorm zu umgehen. Zu diesen Ansichten, auch m. w. Nachw. *Morello*, Dig. IV, voce frode alla legge, S. 501 ff.

[622] *Morello*, Dig. IV, voce frode alla legge, S. 501.

[623] Cass., Urt. v. 6.12.1983, n. 7271, Foro it. 1984 I, 426 = Giur. it. 1984 I 1 c, 1698; Urt. v. 18.5.1988, n. 3462, Nuova giur. civ. comm. 1989 I, 283 und Urt. v. 11.1.1988, n. 46, Foro it. 1988 I, 387, die aber von einem direkten Verstoß gegen Art. 2744 c. c. ausgehen. Cass., Urt. v. 3.11.1984, n. 5569, Riv. it. leasing 1985, 469; Urt. v. 18.5.1985, n. 3061; Urt. v. 9.6.1986, n. 3815; Urt. v. 6.12.1986, n. 7260, Riv. it. leasing 1987, 711; Urt. v. 16.4.1987, n. 3784, Riv. it. leasing 1987, 711.

[624] Cass. Urt. v. 12.12.1986, n. 7385, Foro it. 1987 I, 799 = Corr. giur. 1987, 287. Zustimmend *Sesta*, S. 102. Cass., Urt. v. 8.5.1984, n. 2795; Urt. v. 22.1.1985, n. 242, Riv. not. 1985 II, 1352. So auch noch in jüngerer Zeit Trib. Spoleto, Urt. v. 3.6.1998, Rass. giur. umbra 1998, 402. Diese vom Urteil der *Cassazione* v. 3.6.1983, n. 3800 abweichende Rechtsprechung gründet sich maßgeblich auf die Annahme, Art. 2744 c. c. sei nur einer am Wortlaut ausgerichteten Interpretation zugänglich.

Cassazione, ergangen am 3.4.1989, n. 1611[625], unmittelbar gefolgt von Cass. 21.4.1989, n. 1907[626], weswegen auch von den „Zwillingsentscheidungen"[627] gesprochen wird. Mit diesen Entscheidungen ging eine endgültige Kosolidierung der durch Cass. 3.6.1983, n. 3800 eingeleiteten Rechtsprechungsänderung einher: Ein Kauf zu Sicherungszwecken ist mit dem Verbot aus Art. 2744 c. c. unvereinbar, unabhängig davon, ob er aufschiebend oder auflösend bedingt oder in Form einer *vendita con patto di riscatto* vereinbart wird. Bestätigt wird auch die 1983 bekräftigte Ansicht, dass die *causa* des Kaufvertrags durch eine Garantiecausa verdrängt wird: dies resultiere daraus, dass entweder - im Fall einer schon existierenden Schuldverhältnisses - kein Kaufpreis geleistet wird, oder - im Fall eines zeitgleich abgeschlossen Darlehensvertrags - die Summe als Darlehen und nicht als Kaufpreis fungiert. Auch wird keine endgültige Eigentumsübertragung zu Kaufzwecken vorgenommen, sondern eine nur provisorische - eben bedingt durch (Nicht-)Erfüllung seitens des Schuldners - zu Sicherungszwecken.[628] Wiederum nicht überzeugen kann die Herleitung der Nichtigkeit. Aufgegeben - immerhin - die Berufung auf ein simulatorisches Vorgehen, wird nun die Nichtigkeit allein mit Hilfe des Art. 1344 c. c. begründet: Es läge ein sog. *negozio in frode alla legge*, also ein gesetzumgehendes Geschäft vor. Wie der *Corte di Cassazione* bereits bezüglich ihrer Entscheidung vom 3.6.1983, n. 3800, vorgeworfen wurde, legt sie ein widersprüchliches Verhalten an den Tag, wenn sie einerseits davon ausgeht, dass der Garantiezweck, den die Parteien verfolgen, mit der Austausch-*Causa* des Kaufvertrags unvereinbar ist, dies aber andererseits für die Anwendbarkeit von Art. 1344 c. c. voraussetzt (voraussetzen muss).[629] Ein *negozio in frode alla legge* liegt vor, wenn ein von der Rechtsordnung als zulässig anerkanntes Rechtsgeschäft, das über eine wirksame *causa* verfügt, dazu benutzt wird, einen verbotenen

---

[625] Corr. giur. 1989, 522 = Foro it. 1989 I, 1428 = Riv. not. 1989, 890 = Giust. civ. 1989 I, 1569.

[626] Foro it. 1990 I, 205 = Giust.civ. 1989 I, 1821.

[627] *„Due decisioni gemelle"*, *Anelli*, S. 11.

[628] Cass., Urt. v. 21.4.1989, n. 1907, Foro it. 1990 I, 205 (215): "*(...) il versamento del prezzo non costituisce pagamento del prezzo, ma l´esecuzione di un mutuo, e mentre il trasferimento del bene non integra l´attribuzione al compratore, bensì l´atto costitutivo di una posizione di garanzia innegabilmente* provvisoria (...)."

[629] Vgl. dazu *Pisani*, S. 300 f.; *Sassi*, S. 189 f.

Erfolg zu erreichen. Dieses Verständnis hängt maßgeblich mit der damals herrschenden Auffassung vom Konzept der *causa* zusammen. Wenn die *causa* im Sinne von ökonomisch-sozialer Funktion des Vertrags zu verstehen ist, kann ein typisches, d. h. im Gesetz geregeltes Geschäft nie eine unwirksame *causa* haben, denn seine ökonomisch-soziale Funktion wurde vom Gesetzgeber durch die Typisierung bereits vorab - sozusagen generalisierend - festgestellt. Konsequenz daraus ist aber, dass - in unserem Fall - ein Kaufvertrag immer mit einer wirksamen (Austausch-)*Causa* ausgestattet ist, unabhängig davon, welche Zwecke die Parteien im konkreten Fall verfolgen; diese sind nämlich auf der Ebene der (unbeachtlichen) Motive einzuordnen. So erhellt auch, wann das Institut der Gesetzesumgehung - bezogen auf unseren Fall - zum Einsatz kommen muss: Nach dem herrschenden *Causa*-Verständnis haben die Parteien trotz Garantiezweck einen wirksamen Kaufvertrag geschlossen.[630] Dies allerdings um so dem Verbot aus Art. 2744 c. c. zu entgehen, weswegen gem. Art. 1344 c. c. von einer rechtswidrigen *causa* wegen Gesetzesumgehung auszugehen ist. Das Problem in der Entscheidung der *Corte di Cassazione* liegt nun darin, dass sie mit der Feststellung, dass sich der Garantiezweck auf die *causa* des Kaufvertrags im Sinne einer Unvereinbarkeit mit derselben auswirkt[631], von dem traditionellen *Causa*-Verständnis abweicht und daher die Berufung auf Art. 1344 c. c. überflüssig (und falsch) werden lässt. Nach der Feststellung, dass die Austausch-*Causa* des Kaufvertrags nicht gegeben ist, hätte sich das Gericht mit der Zulässigkeit einer Veräußerung, die auf einer Garantiecausa beruht, auseinandersetzen müs-

---

[630] Nach dem traditionellen *Causa*-Verständnis sind alle Zwecke, welche die Parteien mit dem Geschäft verfolgen, auch die atypischen, mit der typischen *causa* des Geschäfts vereinbar.

[631] Cass., Urt. v. 3.4.1989, n. 1611: „*La garanzia (...), ben lungi dall'essere un motivo della parte, assurge a causa del contratto, in quanto il trasferimento della proprietà trova obiettiva giustificazione nel fine della garanzia, causa peraltro inconciliabile con quella della vendita (...).*" Zu Deutsch: „Der Garantiezweck (...), weit davon entfernt nur Motiv einer Vertragspartei zu sein, wird zur *causa* des Vertrags, da der Eigentumsübergang seine objektive Rechtfertigung in eben diesem Garantiezweck findet; eine *causa*, die im Übrigen mit der des Kaufs unvereinbar ist (...)." Anders *Luminoso*, Il codice civile commentario, Art. 1500, S. 264, der die Garantieabsicht der Parteien nicht für geeignet hält, die Kausalstruktur der *vendita* zu verändern.

sen.[632] Wenn es eine Garantie-*Causa* für nicht geeignet erachtet, einen Eigentumsübergang zu rechtfertigen, wäre eine Veräußerung zu Sicherungszwecken schon aus diesem Grund - keine wirksame *causa* - nichtig. Wenn es hingegen von einer generellen Zulässigkeit solcher Sicherungsveräußerungen ausgeht, könnte man die Nichtigkeit im Einzelfall mit einem direkten Verstoß gegen das Verbot aus Art. 2744 c. c. begründen.[633]

Anders die *Corte di Cassazione*: Zwar erkennt sie die Unvereinbarkeit des Garantiezwecks mit der Austausch-*Causa* des Kaufvertrags, zieht daraus aber keinerlei folgerichtige Konsequenz, sondern geht dennoch von einem wirksamen [sic!] Kaufvertrag aus[634] und greift dann - gezwungenermaßen - um das an sich unerwünschte Ergebnis eines wirksamen Kaufvertrags wieder zu korrigieren, auf das Institut der Gesetzesumgehung zurück.[635] Der wohl einzige Vorteil in dieser verqueren Konstruktion ist darin zu sehen, dass am Ende das gewünschte Ergebnis steht.[636]

Diese Rechtsprechung hat sich nach der Entscheidung der *Sezioni unite* weitgehend durchgesetzt und kann ohne Einschränkung als

---

632 Anders *Amato*, Giust. civ. 1984 III, 1899 (1901), der den Garantiezweck als mit der *causa* des Kaufgeschäfts vereinbar sieht und daher (konsequent) zur Anwendung des Art. 1344 c. c. gelangt. So auch *Mancini*, Foro it. 1966 I, 1118 (1121). Auch für Nichtigkeit aus Art. 1344 c. c. spricht sich *Ragazzini*, Riv. del not. 1991, 133 (140 f.), aus, der zwar bemerkt, dass die *Cassazione* aus bereits genannten Gründen zu Unrecht Art. 1344 c. c. bemüht, dann aber nach der Feststellung, dass die Parteien den Austausch, wenn auch mit anderem Ziel, anstreben, auch auf Art. 1344 c. c. einschwenkt. Er ist wohl so zu verstehen, dass er trotz Garantieabsicht die Austausch-*Causa* nicht betroffen sieht.

633 Die Nichtigkeit folgt dann aus Art. 1343 c. c. Vgl. nur *Cilia*, Contr. 2004, 981 (984); *Giancipoli*, Vit. not. 1999, 1644 (1656).

634 *Giancipoli*, Vit. not. 1999, 1644 (1655), meint, dies sei darauf zurückzuführen, dass die *Corte di Cassazione* möglicherweise noch unter dem Einfluss der Literatur stand, die davon ausging, dass nur anhand typischer, im Gesetz geregelter Verträge wie dem Kaufvertrag ein Eigentumsübergang bewerkstelligt werden kann.

635 Cass., Urt. v. 3.4.1989, n. 1611; Urt. v. 21.4.1989, n. 1907: „ *la vendita in sé lecita (...) costituisce un negozio mezzo, perché tende ad eludere il contenuto di una norma ed assume la figura di contratto in frode alla legge.*" Zu Deutsch: „der an sich zulässige Kauf (...) stellt ein „Mittelsgeschäft" dar, weil er darauf gerichtet ist den Inhalt einer Norm zu umgehen und damit einen gesetzesumgehenden Vertrag verkörpert."

636 Für Nichtigkeit ex Art. 1344 c. c. *Ragazzini*, Riv. del not. 1991, 133 (141), der aber davon ausgeht, dass die Austausch-*Causa* des Kaufvertrags vorhanden ist und somit jedenfalls Konsequenz demonstriert.

die herrschende angesehen werden.[637] Auch neuere Entscheidungen berufen sich zur Begründung der Nichtigkeit mit Regelmäßigkeit auf eine Gesetzesumgehung.

2. *Vendita (rectius alienazione) a scopo di garanzia und negozio fiduciario*

Noch zu klären bleibt, in welchem Verhältnis der Kauf (bzw. die Veräußerung) zu Sicherungszwecken und das *negozio fiduciario* zueinander stehen. Nach der Ansicht, dass das Treuhandgeschäft in der italienischen Rechtsordnung durch Anpassung typischer Geschäfte (mit dinglicher Wirkung) an den treuhänderischen Zweck konstruiert ist[638], stellte der Kauf, angepasst an den Sicherungszweck, ein *negozio fiduciario*, also ein Treuhandgeschäft dar. Die *causa* des Kaufs blieb unberührt, der treuhänderische Zweck, der eigentlich verfolgt wurde, war lediglich auf Motivebene von Relevanz. Diese Auffassung wurde auch lange Zeit von der Rechtsprechung vertreten, was sich schon in der Bezeichnung des Sicherungskaufs als *vendita fiduciaria* äußerte.[639] Die Ansicht hingegen, die im Treuhandgeschäft ein autonomes, auf einer atypischen *causa fiduciae* beruhendes Geschäft erblickt, ging nicht von einer solchen Gleichstellung aus, hielt eben vielmehr den Rückgriff auf das Kaufgeschäft für überflüssig. Mittlerweile ist weitestgehend anerkannt, dass eine Sicherungsabsicht der Parteien mit der *causa* des Kaufvertrags schwerlich in Einklang zu bringen ist, was seine Verwendung für Sicherungsgeschäfte ausschließt.[640] Auch ein Rückgriff auf das Treuhandgeschäft, basierend auf einer *causa fiduciae*, wird für die Sicherungsveräußerungen nun größtenteils abgelehnt, stattdessen

---

[637] Vgl. Cass., Urt v. 6.7.1990, n. 7161, Corr. giur. 1990, 1137; Urt. v. 27.2.1991, n. 2126; Urt. v. 27.9.1994, n. 7878, Contr. 1995, 273; Urt. v. 28.9.1994, n. 7890, Foro it. 1995 I, 1227; Urt. v. 13.12.1994, n. 10648, Rep. Foro it. 1994, voce contratto in genere, n. 421; Urt. v. 16.10.1995, n. 10805, Foro it. 1996 I, 3492; Urt. v. 4.3.1996, n. 1657, Contratti 1996, 442; Urt. v. 11.1996, n. 9540; Urt. v. 9.8.1998, n. 8624, Foro it. 1999 I, 175; Urt. v. 20.7.1999, n. 7740, Rep. Foro it. 1999, voce patto commissorio, n. 9; Urt. v. 11.6.2007, n. 13621, Giust. civ. 2007 I, 2716 ff.; Urt. v. 8.2.2007, n. 2725, Rep. Foro it. 2007, voce contratto in genere, n. 517.

[638] Vgl. nur *Cariota-Ferrara*, S. 131. Siehe oben, Zweiter Teil, § 2 A, I, 3 a (2).

[639] Vgl. Trib. Napoli, Urt. v. 2.5.1945, Giur. it. 1946 I 2, 324: *„Siffatta vendita si inquadra nella categoria dei negozi fiduciari (…).“*

[640] Dies sieht auch die *Corte di Cassazione* so, obgleich sie nicht alle sich daraus ergebenden Konsequenzen erfasst.

von einer Garantie-/Sicherungs-*Causa* ausgegangen.[641] Allerdings lassen sich zwischen einem einheitlichen Treuhandgeschäft mit einer atypischen *causa fiduciae* und einem Sicherungsgeschäft mit einer atypischen *causa di garanzia* m. E. keine signifikanten Unterschiede eruieren.[642]

III. ABGRENZUNG DER VERÄUßERUNG ZU SICHERUNGSZWECKEN ZU ÄHNLICHEN, ABER ZULÄSSIGEN RECHTSFIGUREN

1. *Vendita con patto di riscatto*

Im Rahmen der Darstellung der Rechtsprechung hinsichtlich der Veräußerungen zu Sicherungszwecken wurde bereits darauf hingewiesen, dass die *vendita con patto di riscatto* von den Parteien sehr häufig zu Sicherungszwecken eingesetzt und in einem solchen Fall wegen des Verbots aus Art. 2744 c. c. regelmäßig für nichtig erklärt wird. Allerdings ist die *vendita con patto di riscatto* ein im *Codice Civile* (Artt. 1500-1509 c. c.) verankertes Rechtsgeschäft; es drängt sich somit die Frage auf, in welchen Situationen überhaupt ein wirksamer, das heißt ein nicht am Verbot des Art. 2744 c. c. scheiternder Wiederkauf vereinbart werden kann. Dafür erscheint sinnvoll, zunächst die Funktionsweise des Wiederkaufs zu klären.

a. Die Struktur der *vendita con patto di riscatto*

Strukturell gesehen besteht ein Wiederkauf aus einem Kaufvertrag, der mit einem so genannten „*patto di riscatto*" verbunden wird, der es dem Verkäufer erlaubt, gegen Erstattung des Kaufpreises die veräußerte Sache wieder zurückzuerwerben.
Umstritten ist dabei, wie der „Rückfall" der Sache an den Verkäufer zu konstruieren ist. Nach Ansicht der Rechtsprechung und eines Teils der Literatur handelt es sich um einen auflösend bedingten

---

641 *Cipriani*, S. 68; *Anelli*, S. 178. Vgl. auch *Pisani*, S. 280.

642 Nach *Bianca*, S. 122 f., machen die Treuhandgeschäfte nur einen Teilbereich der Sicherungsveräußerungen aus, da letztere auch aufschiebend oder auflösend bedingt konstruiert werden können und somit die für treuhänderische Geschäfte kennzeichnende obligatorische Sicherungsabrede fehlt.

Kauf; der Eintritt der in der Willensäußerung des Verkäufers bestehenden Bedingung bewirkt die Nichtigkeit des Kaufvertrags *ex tunc*, der verkaufte Gegenstand geht automatisch wieder in das Eigentum des Verkäufers über.[643] Andere gehen von einem einseitigen Gestaltungsrecht des Verkäufers (*diritto potestativo di recesso*) aus, welches eine Rückübertragung des Eigentums erforderlich werden lässt.[644] Die Austausch-*Causa* des Kaufgeschäfts kommt aber auch im Fall des Wiederkaufs zum Tragen, die Rückkaufsmöglichkeit wird nur als ein akzessorisches Element betrachtet.[645]

b. Die Funktion der *vendita con patto di riscatto*

Die *vendita con patto di riscatto* dient hauptsächlich zwei Zwecken: Einmal ermöglicht sie einem Verkäufer, der unsicher ob einer endgültigen Veräußerung der Sache ist, die Sache zurückzuerlangen. Die (wahrscheinlich) wichtigere Funktion ist allerdings die der Finanzierung. Der Verkäufer kann sich durch den Verkauf, ohne einer Darlehensaufnahme zu bedürfen, Liquidität verschaffen und sich dabei zugleich durch den *patto di riscatto* den Rückerwerb der verkauften Sache sichern.[646] Wer anhand eines solchen Wiederkaufs verkauft, hat also meist ein finanzielles Bedürfnis zu befriedigen und hofft darauf, die Sache rechtzeitig wieder auslösen zu können. Die der *vendita con patto di riscatto* von der Rechtsordnung verliehene typische Funktion ist also die des Kredits (*funzione creditizia*). Offensichtlich ist dabei, dass das funktionale Profil auf den ersten Blick identisch mit dem zu sein scheint, das vom Verbot des *patto commissorio* betroffen ist[647]: Daher auch das Problem, die Grenzen

---

643 *Pelosi*, Enc. Dir. XLVI, voce vendita con patto di riscatto, S. 519; *Cian/Trabucchi*, Art. 1500, S. 1594; *Musy*, S. 318.

644 *Cian/Trabucchi*, Art. 1500, S. 1594; *Gazzoni*, S. 1107, der einem solchen dann ausnahmsweise rückwirkenden Charakter zugesteht. Teilweise geht auch die Rechtsprechung von einem Gestaltungsrecht anstelle einer auflösenden Bedingung aus, vgl. nur Cass., Urt. v. 25.1.1992, n. 812: „*Deve considerarsi inesatta l´equiparazione del patto di riscatto alla pattuizione di una condizione risolutiva (…) considera il riscatto un diritto potestativo (...).*"

645 *Bianca*, Vendita, S. 608; *Ragazzini*, Riv. del not. 1991, 133 (137); *Sesta*, S. 100; *Sassi*, S. 147.

646 *Ragazzini*, Riv. del not. 1991, 133 (133); *Licini*, Riv. del not. 1996 II, 1001 (1033).

647 *Sesta*, S. 99, stellt fest, dass „ es fast scheint, dass die Rechtsordnung widersprüchlich ist, wenn sie einerseits das Verbot [des patto commissorio] aufstellt und gleichzeitig

eines zulässigen Wiederkaufs zu ziehen, das - in Anbetracht der Entscheidung des Gesetzgebers für die Zulässigkeit eines Wiederkaufs - jedenfalls nicht dadurch gelöst werden kann, den Anwendungsbereich der Artt. 1500 ff. c. c. auf Null zu reduzieren.[648] Vielmehr ist festzustellen, wann die Parteien eine solche *vendita con patto di riscatto* zu Garantiezwecken eingehen - und damit das Verbot aus Art. 2744 c. c. eingreift - und wann sie sich hingegen der von Gesetzes wegen zulässigen Kreditfunktion des Wiederkaufs bedienen.[649] Von einer Garantiefunktion ist nur dann auszugehen, wenn zwischen den Kaufvertragsparteien ein weiteres Schuldverhältnis, beispielsweise ein Darlehensvertrag, besteht, aus dem der Verkäufer als Schuldner resultiert und dessen Erfüllung mit Hilfe des Kaufvertrags abgesichert werden soll.[650] Wenn ein solches Schuldverhältnis erst parallel zu dem Wiederkauf abgeschlossen wird, ergibt sich - es sei denn, es existieren schriftliche Dokumente - zwangsläufig die Schwierigkeit zu beweisen, dass die Geldzahlung nicht als Kaufpreis, sondern als Gewährung eines Darlehens fungiert und somit nicht nur ein, sondern zwei Verträge geschlossen werden. Die Lehre stützt sich ob dieser Beweisprobleme auf diejenigen „Verdachtsmomente" (*indici presuntivi*), die bis 1983 von der Rechtsprechung dazu verwandt wurden, eine Simulation nachzuweisen.[651] Und doch erweist sich eine Abgrenzung auch anhand dieser „Verdachtsmomente" als heikel: Dem Indiz beispielsweise, dass das Missverhält-

---

einen Vertragstyp regelt, der es zulässt den verbotenen sehr ähnliche Zwecke zu verwirklichen."

648 Dies befürchtete *Bin*, Riv. trim. proc. 1991, 959 (964), der die „substanzielle Auslöschung der Artt. 1500 ff. c. c." für den „wahrscheinlichsten Ausgang der jüngsten Rechtsprechung der Cassazione" hielt.

649 *Cubbedu*, Riv. dir. civ. 1990 II, 615 (626).

650 *Pugliese*, Riv. dir. civ. 1955, 1064 (1070); *Luminoso*, Il codice civile commentario, Art. 1500, S. 249; *Sassi*, S. 145; *Iurilli*, Giur. it. 1999, 1825 (1827); Cass., Urt. v. 19.2.1992, n. 10749, Giust. civ. 1993 I, 3055: *„può ritenersi violato il divieto del patto commissorio in quanto non solo venga dimostrata la ricorrenza del contratto di mutuo, preesistente o coevo al contratto di compravendita, ma venga anche provato il nesso teleologico e strumentale tra i due negozi."* Zu Deutsch: „Das Verbot des *patto commissorio* ist verletzt, wenn einerseits bewiesen wird, dass ein Darlehensvertrag vorliegt, der schon vor Abschluss des Kaufvertrags bestand oder gleichzeitig mit diesem abgeschlossen wurde und andererseits, dass ein teleologischer Zusammenhang zwischen den beiden Geschäften besteht."

651 *Luminoso*, Il codice civile commentario, Art. 1500, S. 251; *Amato*, Giust. civ. 1984 III, 1899 (1902). Siehe dazu oben Zweiter Teil, § 2, II 1 c, aa.

nis zwischen Kaufpreis und Wert der Sache betrifft, kann keine durchschlagende Bedeutung beigemessen werden: Auch bei Abschluss eines Wiederkaufs im Rahmen seiner typischen (Kredit-) Funktion ist ein solches Missverhältnis keineswegs unwahrscheinlich. Indem der Käufer dem Verkäufer die Möglichkeit einräumt den Kaufgegenstand wieder auszulösen, lässt er sich auf eine spekulative Operation ein: Er geht das Risiko ein, dass das Kaufgeschäft keinen Bestand hat, zahlt aber dafür einen niedrigeren Kaufpreis.[652] Dass der Käufer dem Verkäufer ein solches Wiederkaufsrecht unentgeltlich einräumt, ist wohl eher unwahrscheinlich. Trotz der Unsicherheit dieses Kriteriums spricht sich eine in der Literatur vertretene Ansicht dafür aus, dass die *vendita con patto di riscatto* immer dann wegen Verstoßes gegen das Verbot aus Art. 2744 c. c. nichtig sein solle, wenn ein Missverhältnis zwischen Kaufpreis und dem Wert der Sache nachgewiesen werden kann.[653] Dies gründen sie auf die weiter reichenden Folgen, die eine Nichtigerklärung wegen Art. 2744 c. c. im Fall einer *vendita con patto di riscatto* hätte: Im Gegensatz zum gesetzlich geregelten Fall, der nur zur Nichtigkeit der Verfallklausel bei gleichzeitigem Fortbestehen der Garantie aus Hypothek respektive Pfand führt, verliert hier der Gläubiger sein komplettes Sicherungsmittel. Dies sei der Grund, der es dem Gesetzgeber zugesteht im Fall des akzessorischen *patto commissorio* die Missbräuchlichkeit der Klausel zu vermuten, wohingegen im Fall einer *vendita* die Unverhältnismäßigkeit zwischen Kaufpreis und Wert der Sache nachgewiesen werden muss.[654]
Wie bereits erwähnt, besteht bei Einsatz dieses Kriteriums die Gefahr, dass die Vorschriften über die *vendita con patto di riscatto* ins Leere gehen, da auch im Rahmen ihrer typischen Funktion ein gewisses Missverhältnis zwischen Kaufpreis und Wert der Sache meist zugegen sein wird.[655] Ein solches nimmt aber der Gesetzgeber im

---

[652] *Cian/Trabucchi*, Art. 1500, S. 1594; *Bianca*, NDI XII, voce patto commissorio, S. 721.

[653] Diese Ansicht sieht die *Ratio* des Art. 2744 c. c. im Schutz des Schuldners vor einer Unverhältnismäßigkeit, was den Wert der Sache und die Höhe der Schuld betrifft.

[654] *Bin*, Riv. trim. proc. 1991, 959 (965); *Bozzola*, Contratti 1995, 273 (275); *Rogora*, Contratti 1995, 188 (191); *Costanza*, Giust. civ. 1989, 1824 (1825). So auch schon *Pugliese*, Riv. dir. civ. 1955, 1064 (1071).

[655] Unklar bleibt, ob diese Autoren – ausgenommen *Costanza* – zunächst prüfen, ob die Parteien Garantiezwecke verfolgen und dann bezüglich Nichtigkeit aus Art. 2744 c. c. überdies das konkrete Vorliegen eines Missverhältnisses verlangen

Fall von Austauschverträgen grundsätzlich hin. Das Missverhältnis zwischen Kaufpreis und Wert der Sache ist also nur als eines von mehreren Indizien (Verkäufer bleibt im Besitz und somit der Nutzungsmöglichkeit der Sache, zahlt Mietzins, der der Höhe der Zinsen für das Darlehen entspricht, etc.) zu gewichten, das heißt *allein* aus einem solchen Missverhältnis ist noch keine Garantiefunktion und somit auch noch kein Verstoß gegen das Verbot aus Art. 2744 c. c. zu folgern. Wenn eine Garantiefunktion aber nicht nachgewiesen werden kann, ist von einem zulässigen Wiederkauf im Sinne der gesetzlichen Vorschriften auszugehen.

2. *Patto marciano*

a. Voraussetzungen und Konstruktion des *patto marciano*

Eine geradezu geschlossene Haltung nimmt die italienische Rechtsprechung und Literatur hinsichtlich der Zulässigkeit des sog. *patto marciano*[656] ein.[657] Der (einzige) Unterschied zum *patto commissorio* besteht mithin darin, dass der Verfall des Sicherungsguts an den Gläubiger nicht ohne Ausgleich eines gegebenenfalls bestehenden

---

oder ob sie generell davon ausgehen, dass eine *vendita con patto di riscatto* bei Vorliegen eines Missverhältnisses zwischen Wert der Sache und Kaufpreis nichtig ist, wobei zweiteres eben das Leerlaufen der Artt. 1500 ff. c. c. forcieren würde.

[656] Die Bezeichnung geht auf den römischen Juristen Aelius Marcianus zurück. Er erwähnte diese Figur in einer Abhandlung, die Eingang in die Digesten (D. 20, 1, 16, 9) fand: „*Potest ita fieri pignoris datio hypothecaeve, ut, si intra certum tempus non sit soluta pecunia, iure emptoris possideat rem, iusto pretio tunc aestimandam; hoc enim casu videtur quodammodo condicionalis esse venditio.*" Es wird allerdings angenommen, dass der *patto marciano* nicht zu Lebzeiten Marcianus´, sondern erst einige Jahrhunderte später entstanden ist und zwar durch eine Interpolation im Zuge der justinianischen Gesetzgebung, mit der die Worte *iusto pretio tunc aestimandum* hinzugefügt wurden. Es ist also nicht unwahrscheinlich, dass Marcianus in seinem ursprünglichenText von einem *patto commissorio* ausging. Vgl. dazu *Cipriani*, S. 43, Fn. 65; *Lojacono*, S. 75; *Burdese*, Lex commissoria, S. 120.

[657] Cass., Urt. v. 16.10.1995, n. 10805, Contratti 1996, 28 (31);Urt. v. 21.7.1956, n. 2828, Foro it. 1956 I c, 11 ff.; Urt. v. 30.3.1954, n. 988, Foro it. Rep. 1954, voce vendita, n. 99; Urt. v. 27.11.1951, n. 2696, Foro it. 1952 I c, 11 ff.; Urt. v. 21.12.1950, n. 2807, Foro it. 1951 I c, 573 ff.; Urt. v. 21.6.1946, n. 732, Giur. it. 1947 I 1 c, 32 ff.; App. Trento, Urt. v. 18.2.1975, Giur. di merito 1975, 424 ff.; *Bianca*, S. 202 ff.; *Carnevali*, Enc. Dir XXXII, voce patto commissorio, S. 505; *Bussani*, Riv. crit. dir. priv. 1997, 113 (120); *Roppo*, S. 561; *Marrocco*, Il nuovo dir. 1989 II, 977 (980); *Ragazzini*, Riv. del not. 1991, 133 (142); *Morello*, Dig. IV, frode alla legge, S. 514.

Wertüberschusses erfolgt. Der *patto marciano* sieht für den Eintritt des Sicherungsfalles (Nichterfüllung durch den Schuldner als auslösendes Element) vor, dass der Wert des Sicherungsguts von einem unabhängigen Dritten nach der Nichterfüllung durch den Schuldner ermittelt wird.[658] Die Person des Dritten muss dabei entweder durch Konsens der Parteien oder anhand im Voraus festgelegter, objektiver Kriterien bestimmt werden.[659] Sollte der so ermittelte Wert des Sicherungsgegenstands die zu sichernde Forderung übersteigen, hat der Gläubiger dem Schuldner die Differenz zu erstatten. Hier wird also *ab origine* eine Entsprechung der Höhe der zu sichernden Schuld und des Wertes des Sicherungsgutes gewährleistet, woraus sich auch die nahezu einstimmige Äußerung der Jurisprudenz in Bezug auf die Zulässigkeit des *patto marciano* erklärt: Der Schuldnerschutz, den die Rechtsprechung und der Großteil der Literatur als *Ratio* des Verbots aus Art. 2744 c. c. ausgemacht haben, ist in dieser Konstruktion garantiert, eine Übervorteilung des Schuldners in finanzieller Hinsicht ausgeschlossen.[660]
Streit besteht, – wie auch beim *patto commissorio* – hinsichtlich der strukturellen Beschaffenheit des *patto marciano.* Überwiegend wird er als Veräußerung zu Sicherungszwecken qualifiziert. Nach einer (neueren) Ansicht, die man wohl (noch) als Mindermeinung begreifen muss, ist hingegen der *patto marciano,* wie der *patto commissorio,* als eine Verwertungsmodalität der Sicherungsveräußerung zu verstehen – so wie dies auch hinsichtlich der typischen Sicherheiten Pfand und Hypothek vorgesehen ist – , aber nicht mit der Sicherungsveräußerung an sich gleichzusetzen. Dem *patto marciano* kommt nach dieser Auffassung also keine Garantie-, sondern nur

---

[658] *Quartapelle,* Vit. not. 1989, 246 (261); *Licini,* Riv. del not. 1996 II, 1001 (1043 f.); *Lojacono,* S. 75. Den Zeitpunkt der Wertschätzung als für nicht ausschlaggebend erachtend *Breglia,* zitiert bei *Lojacono,* S. 73.

[659] *Lascialfari,* S. 225; App. Trento, Urt. v. 18.2.1975, Giur. di merito 1975, 424 ff.

[660] Nach *Cricenti,* S. 57 f., kann die Zulässigkeit des *patto marciano* nicht aus der *Ratio* des Art. 2744 c. c. geschlossen werden, sondern ergibt sich vielmehr aus einer Analogie zum *pegno irregolare* (dazu gleich). Kritisch *Sassi,* S. 292. Auch wenn die *Ratio* in der Wahrung der *par conditio creditorum* gesehen wird, wird der *patto marciano* für zulässig gehalten: Es wird dem Schuldnervermögen kein überhöhter Wert entzogen. Anders allerdings die, die die *par conditio* nur dann gewahrt sehen, wenn keine atypischen Vorzugsrechte – und ein solches wäre auch ein *patto marciano* – bestehen.

Erfüllungsfunktion zu.[661] Voraussetzung für die eine wie die andere Ansicht ist allerdings, dass man eine Veräußerung zu Sicherungszwecken als solche überhaupt als zulässig erachtet. Denn diejenigen, die der Garantie-*Causa* die Fähigkeit einen Eigentumsübergang zu rechtfertigen absprechen und somit eine Veräußerung zu Sicherungszwecken für nicht realisierbar erachten, stufen konsequenterweise auch die Figur des *patto marciano* als unzulässig ein.[662]

Exkurs: Zulässigkeit einer Garantiecausa

Die italienische Rechtsprechung hat sich dazu bislang explizit noch nicht geäußert, sondern sich - bei Vereinbarung eines *patto commissorio* - pauschal auf das Schema des Kaufs zurückgezogen um dann eine Nichtigkeit wegen Verstoßes gegen Art. 2744 c. c. festzustellen.[663] Eine vorherige Prüfung, ob eine Veräußerung zu Sicherungszwecken überhaupt auf eine zulässige *causa* gestützt werden kann, wird mit Regelmäßigkeit unterlassen. Mit der Anerkennung des *patto marciano* allerdings setzt die Rechtsprechung implizit die Zulässigkeit von Veräußerungen zu Sicherungszwecken voraus. In der Literatur besteht diesbezüglich keine Einigkeit[664], jedoch spricht sich

---

661 So *Cipriani*, S. 63. Dem *patto marciano* auch Garantiefunktion zuschreibend: *Minniti*, Riv. dir. comm. 1997 I, 29 ff.; *Realmonte*, Jus 1986, 16 (22).

662 *Mariconda*, Foro it. 1989 I c, 1428 (1437, Fn. 26); *Morace Pinelli*, Giur. it. 1994, 63 (70 f.); *Minniti*, Riv. dir. comm. 1997 I, 29 (58, 63). Allerdings geht *Minniti* nicht nur von einem unzulänglichen Kausalprofil aus, sondern auch von einem Verstoß des *patto marciano* gegen das Verbot aus Art. 2744 c. c., da sich aus dem Wortlaut des Verbots nicht ergebe, dass es im Falle einer Entsprechung des Werts von gesicherter Forderung und Sicherungsgegenstand nicht greift. Zudem habe der Gesetzgeber ja an anderer Stelle explizit Ausnahmen von diesem Verbot geregelt, namentlich in Form des *pegno irregolare*. Dies lasse darauf schließen, dass der nicht geregelte *patto marciano* trotz Gewährleistung der Wertentsprechung unzulässig ist. Auch sich gegen die Zulässigkeit aussprechend *Barbiera*, in: Codice Civile Commentario, Art. 2744, S. 243, da auch im Fall des *patto marciano* der Gläubiger die *garanzia generica*, also den Zugriff auf das (restliche) Vermögen des Schuldners behält. Nach *Barbiera* ist eine Übertragung zu Sicherungszwecken nur dann zulässig, wenn dem so gesicherten Gläubiger im Gegenzug der Zugriff auf das Schuldnervermögen verwehrt wird, da (seiner Ansicht nach) nur so die *Ratio* des Art. 2744 c. c., die in der Wahrung der *par conditio* zu sehen ist, gewahrt werden kann. Auch *Gigliotti*, S. 133, erachtet den *patto marciano* für unzulässig, da er die *Ratio* des Art. 2744 c. c. in der Bewahrung der typischen Sicherungsmittel erblickt.

663 Dies kritisiert auch *Cipriani*, S. 95.

664 *Cipriani*, S. 65, spricht von einem „*nodo ancora da sciogliere*", also einem noch zu lösenden Problem.

die (wohl) überwiegende Ansicht für die Zulässigkeit von Veräußerungen zu Sicherungszwecken aus.[665] Dabei gilt es zwei Argumente zu entkräften, die von Seiten ihrer Gegner regelmäßig bemüht werden: Die Ungeeignetheit einer Garantie-*Causa* einen Tatbestand mit rechtsübertragender Wirkung zu rechtfertigen und das Argument des *numerus clausus* der dinglichen (Sicherungs-)Rechte. Andere gehen davon aus, dass die italienische Rechtsordnung Übertragungen zu Sicherungszwecken generell ablehnend gegenüberstehe.[666] Ein Verstoß gegen den *numerus clausus* der dinglichen Rechte kann nur angenommen werden, wenn durch eine Übertragung mit Garantiezweck ein neues dingliches Recht geschaffen würde. Davon ist aber keineswegs auszugehen. Es wird die Position Eigentum übertragen, wodurch aber am Inhalt von Eigentum an sich keine Änderung eintritt, außer, dass die Übertragung bedingt (durch die Nichterfüllung des Schuldners) ist, was aber zweifelsfrei zulässig ist.[667] Um den Vorwurf der angeblichen Ungeeignetheit der Garantie-*Causa* zu entkräften, wird maßgeblich mit einem Vergleich in Bezug auf andere Institute argumentiert, die, obwohl ihnen gleichfalls eine Garantiefunktion innewohnt, von der Rechtsordnung anerkannt sind. Zu nennen sind in erster Linie das unregelmäßige Pfand (*pegno irregolare*), Art. 1851 c. c.[668], die Sicherungsabtretung (*cessione a scopo*

---

[665] *Cubbedu*, Riv. dir. civ. 1990 II, 615 (628, 630); *Morello*, Dig. IV, voce frode alla legge, S. 514; *Sassi*, S. 130; *Valentino*, Rass. dir. civ. 2007 I, 511 (540); *Inzitari*, Il fall. 2002, 963 (972).

[666] So beispielsweise *Mariconda*, Foro it. 1989 I, 1429 (1437). *Cipriani*, S. 68, bezeichnet eine solche Ansicht als eine "apodiktische Stellungnahme".

[667] *Sassi*, S. 132. *Anelli*, S. 331 ff., geht zwar nicht von einer Bedingung aus, um zu vermeiden, dass im Falle der Erfüllung der Gläubiger *ex tunc* Nichtberechtigter wäre, sieht aber eine obligatorische Beschränkung des Eigentums durch die Garantie-*Causa* vor, wobei aber auch eine solche das Eigentum an sich nicht verändere.

[668] "*Se, a garanzia di uno o più crediti, sono vincolati depositi di danaro, merci o titoli che non siano stati individuati o per i quali sia stata conferita alla banca la facoltà di disporre, la banca deve restituire solo la somma o la parte delle merci o dei titoli che eccedono l'ammontare dei crediti garantiti. La eccedenza è determinata in relazione al valore delle merci o dei titoli al tempo della scadenza dei crediti.*" Zu Deutsch: „Haften für eine oder mehrere Forderungen hinterlegte Gelder, Waren oder Wertpapiere, die nicht individualisiert wurden oder über die der Bank ein Verfügungsrecht eingeräumt wurde, hat die Bank nur die Summe oder den Teil der Waren oder Wertpapiere zu erstatten, die über den Betrag der gesicherten Forderungen hinausgehen. Der Überschuss bestimmt sich nach dem Wert der Waren oder Wertpapiere zum Zeitpunkt der Fälligkeit der Forderungen." Näher *Cipriani*, S. 89 ff.

di garanzia) [669] und das Reportgeschäft (*contratto di riporto*), Art. 1548 c. c.[670]. Im gleichen Atemzug wird meist auch die allgemeine Anerkanntheit des *patto marciano* angeführt, der ja - jedenfalls nach der herrschenden Ansicht - auch eine Veräußerung zu Sicherungszwecken darstellt.[671]

Eine solche Garantie-*Causa* ist, da nicht im *Codice* vorgesehen, an Art. 1322 II c. c. zu messen: Den Parteien steht es - im Rahmen der Privatautonomie - frei, atypische, nicht im Gesetz vorgesehene Verträge zu schließen, solange sie auf die Verwirklichung gemäß der Rechtsordnung schutzwürdiger Interessen gerichtet sind. Von einer solchen Schutzwürdigkeit sei bei einer Garantieabsicht auszugehen.[672]

Dafür spricht auch die neueste gesetzliche Entwicklung. Mit Umsetzung der Richtlinie 2000/47 EG[673] durch Verordnung vom 21.5.2004, n. 170[674], ist nun die Möglichkeit einer Veräußerung zu Sicherungszwecken erstmals gesetzlich festgeschrieben[675], weswegen man die Gegenansicht nun getrost als definitiv überholt betrachten kann.[676]

---

[669] Nachweise hinsichtlich der Anerkennung der Sicherungsabtretung bei *Cipriani*, S. 75, Fn. 143 f.

[670] "*Il riporto è il contratto per il quale il riportato trasferisce in proprietà al riportatore titoli di credito di una data specie per un determinato prezzo, e il riportatore assume l'obbligo di trasferire al riportato, alla scadenza del termine stabilito, la proprietà di altrettanti titoli della stessa specie, verso rimborso del prezzo, che può essere aumentato o diminuito nella misura convenuta.*" Zu Deutsch: „Das Reportgeschäft ist ein Vertrag, durch den der Reportgeber Wertpapiere einer bestimmten Gattung zu einem festgesetzten Preis in das Eigentum des Reportnehmers überträgt und der Reportnehmer die Verpflichtung übernimmt, nach Ablauf der festgesetzten Frist dem Reportgeber gegen Erstattung des Preises, der in vereinbartem Maße erhöht oder verringert werden kann, das Eigentum an ebenso vielen Wertpapieren der gleichen Gattung zu übertragen." Übersetzung nach *Patti*, S. 397. Näheres zur Figur des *riporto* bei *Bussani*, S. 251, Fn. 77.

[671] Auch nach der Ansicht, die dem *patto marciano* nur Erfüllungs- und keine Garantiefunktion zumisst, ist er jedenfalls Anhängsel einer Sicherungsveräußerung und spricht somit für die Zulässigkeit einer Garantie-*Causa*, *Cipriani*, S. 96.

[672] *Sassi*, S. 134; *Cricenti*, S. 92. Nach *Cipriani*, S. 88, sind *„La rilevanza e meritevolezza della funzione di garanzia (...) fuori discussione."*, stehen Relevanz und Schutzwürdigkeit der Garantiefunktion außer Frage. Für die Gegenansicht vgl. *Minniti*, Riv. dir. comm. 1997 I, 29 (48) und *Sesta*, S. 105.

[673] Richtlinie 2002/47/EG des Europäischen Parlaments und des Rates vom 6. Juni 2002 über Finanzsicherheiten, ABl. Nr. L 168 S. 43.

[674] D. lg. n. 170/2004, veröffentlicht in Gazzetta ufficiale n. 164 vom 15.7.2004.

[675] Art. 6, Nr. 1 d. lg. 21.5.2004, n. 170: "*I contratti di garanzia finanziaria che prevedono il trasferimento della proprietà con funzione di garanzia, compresi i contratti di pronti contro*

b. Der *patto marciano* und das Verbot aus Art. 2744 c. c.

Eine Veräußerung zu Sicherungszwecken als zulässig anerkennend, bleibt nur die Frage, ob ein *patto marciano* nicht gegen das Verbot der Verfallklausel aus Art. 2744 c. c. verstößt. Zwar ist im Bezug auf die *Ratio* des Verbots - Schuldnerschutz - von einem Konflikt nicht auszugehen. Andererseits ist eine Verfallklausel ja aber auch dann nichtig, wenn im konkreten Fall kein Nachteil für den Schuldner ersichtlich ist, ja sie ist es sogar dann, wenn sich der Verfall für den Schuldner als finanzieller Vorteil entpuppt. Hier darf allerdings m. E. nicht übersehen werden, dass die Wertentsprechung von Sicherungsgut und zu sicherndem Darlehen im Rahmen einer Verfallklausel ein reines Zufallsergebnis darstellt, wohingegen sie im Rahmen des *patto marciano* abgesichert ist.[677] Das Verbot der Verfallklausel schützt den Schuldner vor der *potentiellen* Missbrauchsgefahr.[678]

Ratlos zeigen sich die Stimmen in der Literatur, die sich zumindest etwas eingehender mit dem Phänomen des *patto marciano* befassen[679], allerdings ob der geringen Anzahl diesbezüglich ergangener Gerichtsentscheidungen. Nach *Bussani* kann dies nur an einem der folgenden Gründe liegen: Entweder ist die Kenntnis der Modalitäten für einen *patto marciano* nicht weit verbreitet oder das Streitpotential ist angesichts der Wertausgeglichenheit gering oder das Misstrauen der Unternehmer gegenüber den restriktiven Tendenzen der Rechtsprechung hinsichtlich jeglicher Art von Veräußerungen zu Sicherungszwecken groß.[680] Es muss wohl vor allem letzterer These große Bedeutung zugemessen werden. Auch *Sassi* führt den (wohl) geringen Verbreitungsgrad des *patto marciano* auf die Unsicherheit bezüglich seiner effektiven Wirksamkeit zurück.[681]

---

termine, hanno effetto in conformità ai termini in essi stabiliti, indipendentemente dalla loro qualificazione."

[676] So *Sassi*, Contratti di garanzia, S. 469. Dort auch zu dem in persönlicher Hinsicht eingeschränkten Anwendungsbereich.

[677] So auch *Rocco*, Riv. dir. comm. 1997 II, 160 (162).

[678] *Sassi*, S. 290 f.

[679] Meist erfolgt nur eine sehr restriktive Darstellung, die die Voraussetzungen des *patto marciano* nennt und seine Zulässigkeit feststellt.

[680] *Bussani*, S. 260, Fn. 98.

[681] *Sassi*, S. 293.

Wünschenswert wäre also insgesamt eine klarere Linie der Rechtsprechung hinsichtlich Veräußerungen zu Sicherungszwecken.

c. Konstruktion einer wirksamen Veräußerung zu Sicherungszwecken mit Hilfe der Figur des *patto marciano*

Es wurde aufgezeigt, dass eine Garantie-*Causa* von einem Großteil der Literatur - mit ansprechender Argumentation - als zulässig angesehen wird. Der Rechtsprechung ist dies, ausgehend von ihrer einhelligen Billigung des *patto marciano,* jedenfalls zu unterstellen. Als Hauptproblem in der Praxis erweist sich bei Sicherungsveräußerungen die Tatsache, dass die Parteien in den meisten Fällen keinerlei Erstattung der (möglicherweise auftretenden) Wertdifferenz vereinbaren und daher das Sicherungsgeschäft wegen Art. 2744 c. c. zum Scheitern verurteilt ist. Als besonders unangenehm erweist sich hierbei die Tatsache, dass wegen der herrschender Meinung entsprechender Einstufung des *patto commissorio* als einer Sicherungsveräußerung[682] das komplette Sicherungsgeschäft von der Nichtigkeit betroffen ist, also der Gläubiger letztendlich bar jeder Sicherheit dasteht. Teilweise wird sogar angenommen, dass wegen Art. 1419 I c. c. auch das Geschäft nichtig ist, dem die zu sichernde Forderung entstammt.[683] Wenn das Schuldverhältnis schon vor Vereinbarung der Veräußerung zu Sicherungszwecken bestand, wird eine Ausweitung der Nichtigkeit auf dasselbe teilweise abgelehnt[684], teilweise eine Anwendbarkeit des Art. 1419 c. c. über das *collegamento negoziale* (miteinander verknüpfte Verträge) angenommen.[685] Dies, weil der Gläubiger den Kredit ohne die Sicherheit

---

682 Vgl. oben, Zweiter Teil, § 2 A, II, 1 b, dd (1). Nachweise bei *Cipriani,* S. 62, Fn. 120.

683 *Roppo,* S. 573; *D`Ercole,* Contr. e impr. 1995 I, 228 (249). Dieser Autor schlägt vor, eine Umdeutung (Art. 1424 c. c.) der Veräußerung zu Sicherungszwecken in ein typisches dingliches Sicherungsgeschäft vorzunehmen; denn so wäre das Sicherungsgeschäft vor der Nichtigkeit bewahrt und folglich auch Art. 1419 c. c. nicht einschlägig. In diese Richtung auch Realmonte, Foro it. 1989, 1440 (1446). Unklar bleibt allerdings, warum der A. davon ausgeht, dass die formellen Voraussetzungen eines dinglichen Sicherungsgeschäfts in der (nichtigen) Veräußerung zu Sicherungszwecken enthalten sind. Die Rechtsprechung hingegen hält eine Umdeutung bei Verträgen, die einen von der Rechtsordnung verbotenen Zweck verwirklichen sollen, für nicht vertretbar, vgl. dazu *Di Marzio,* S. 921 ff.

684 *Realmonte,* Foro it. 1989, 1440, (1446).

685 *Roppo,* Riv. del not. 1981, 398 (411).

wohl nicht gegeben hätte. Im Endeffekt steht er also schlechter als ein ungesicherter Gläubiger, da ihm nicht einmal mehr eine vertragliche Forderung zusteht, er sich vielmehr auf einen Kondiktionsanspruch (Art. 2033 c. c.)[686] stützen muss. Überzeugender erscheint m. E., sowohl den *patto commissorio* als auch den *patto marciano* als Verwertungsmodalitäten zu begreifen, die bezüglich der Sicherungsveräußerung alternativ vereinbart werden können.[687] So wäre im Fall der Vereinbarung eines *patto commissorio* nicht die gesamte Veräußerung zu Sicherungszwecken nichtig, sondern eben nur die Verfallklausel als solche.[688] Wenn die Parteien sich nicht explizit für eine der beiden Varianten, *patto commissorio* oder *patto marciano*, entscheiden[689], ist im Wege der Auslegung darauf zu schließen, dass ein finanzieller Ausgleich, und damit ein *patto marciano*, gewollt ist. Nach *Anelli* und *Cipriani* ist eine solche Interpretation naheliegend, da in der italienischen Rechtsordnung eine generelle Tendenz dahingehend auszumachen ist - die man wie *Anelli* wohl auch als einen generellen Grundsatz ansehen kann - , ein eventuell auftretendes Missverhältnis in der Exekutivphase eines Rechtsgeschäfts auszugleichen.[690] Zudem entspreche eine solche Auslegung den Auslegungsregeln des *Codice Civile*, die fordern einen Vertrag nach Treu und Glauben (Art. 1366 c. c.) und im Zweifel zugunsten seiner Wirksamkeit (Art. 1367 c. c.) auszulegen.[691] *Sassi* hingegen ist der

---

686 Sog. *ripetizione dell´indebito*, also Rückforderung des Nichtgeschuldeten.

687 *Anelli*, S. 429 ff.

688 *Cipriani*, S. 126.

689 Nach *Cipriani*, S. 126, 159, ist dieser Fall häufig anzutreffen. Die Parteien, gerade wenn sie beispielsweise eine auflösend bedingte Veräußerung zu Sicherungszwecken vereinbaren und somit das Eigentum am Sicherungsgut sofort übergeht, regeln meist nicht, was genau im Fall der Nichterfüllung seitens des Schuldners geschehen soll.

690 *Anelli*, S. 453, nennt die Verfahrensregeln für die Realisierung der typischen Sicherheiten, die gesetzlich geregelten Sicherungsübertragungen und die *cessione dei crediti a scopo di garanzia*, bei der - obwohl auch atypische Sicherheit - eine Erstattung des Wertüberschusses als *„effetto naturale"* betrachtet wird. *Cipriani*, S. 153. Vgl. auch *Baralis*, Riv. del not. 2009, 317 (321); *Fiorentini*, Riv. dir. civ. 2000 II, 253 (276).

691 *Cipriani*, S. 165. *"Infatti, appare contrario ai precetti dettati da tali disposizioni [Artt. 1366 f. c. c.] riscostruire in via interpretativa un regolamento negoziale nullo, sanzionandolo cosí nella sua interezza, in virtú di una pretesa volontà tacita delle parti di frodare la legge, quando vi sia la possibilità di ricostruire il regolamento stesso facendo ricorso a canoni interpretativi che, in conformità alla buona fede e ai princípi (...) che governano il sistema, consentano un´interpretazione in base alla quale fare salvi gli effetti che le parti hanno voluto e che l´ordinamento considera accettabili."* Auch für den Fall,

Auffassung, dass diesbezüglich eine Intervention des Gesetzgebers erforderlich ist. Man könne einen Wertausgleich anhand des Modells des *patto marciano* nicht schon als dem Garantiezweck als solchem innewohnend ansehen[692], sondern müsse einen solchen - für die Zulässigkeit einer Sicherungsveräußerung zwingend erforderlichen - Schutzmechanismus einer gesetzlichen Regelung zuführen.[693] Somit würde die Veräußerung zu Sicherungszwecken allgemeiner Verwendung zugänglich[694], der Schuldnerschutz gesetzlich verankert und ein Verbot abgeschafft, das „in der heutigen Wirtschaftswelt keinerlei Existenzberechtigung mehr genießt." [695] Der erste Schritt zur Abschaffung des Verbots des *patto commissorio* ist laut Sassi mit Art. 6 Nr. 2 des d. lg. 2004/170[696] bereits getan.[697] Dieser regelt die Nichtanwendbarkeit des Art. 2744 c. c. auf die von dieser Verordnung betroffenen Finanzsicherheiten, die zur Sicherheit veräußert werden. Nicht außer Acht gelassen werden darf aber, dass der Anwendungsbereich der Richtlinie und somit auch ihrer natio-

---

dass die Parteien ausdrücklich einen *patto commissorio* vereinbaren, plädiert *Cipriani*, Rass. dir. civ. 2002 I, 414 (431 f.), für eine Anwendung des *patto marciano*. Im Endeffekt läuft dies auf eine Art geltungserhaltende Reduktion hinaus, die m. E. in einem solchen Fall abzulehnen ist. So auch *Dolmetta*, Giur. comm. 2002 I, 306 (314).

692 So aber *Anelli*, S. 462: „ *Obbligazione [avente per oggetto la restituzione dell´eccedenza del valore della cosa trasferita rispetto al credito garantito] che deriva direttamente dalla funzione di garanzia (...) anche in essenza di esplicita convenzione.*" Ihm folgend *Dolmetta*, Giur. comm. 2002 I, 306 (313).

693 *Sassi*, Contratti di garanzia, S. 471. Auch von der Möglichkeit ausgehend, anhand eines *patto marciano* die Zulässigkeit der Sicherungsveräußerung erreichen zu können, *Bussani*, S. 269, Fn. 115. *Valentino*, Rass. dir. civ. 2007 I, 511 (549), ist der Ansicht, dass der Gesetzgeber den Art. 2744 c. c. auf solche Fälle beschränken sollte, in denen tatsächlich eine Wertdifferenz besteht. Praktikabler erscheint da allerdings der Vorschlag von *Sassi*.

694 Nicht nur den in d. lg. 21.5.2004, n. 170 genannten Rechtssubjekten.

695 *Sassi*, Contratti di garanzia, S. 474: „*(...) abrogando così un divieto che (...) non ha più alcuna ragione di esistere nell´odierna realtà economico-commerciale*".

696 "*Ai contratti di garanzia finanziaria che prevedono il trasferimento della proprietà con funzione di garanzia, compresi i contratti di pronti contro termine, non si applica l´articolo 2744 del codice civile.* "

697 *Sassi*, Contratti di garanzia, S. 470. *Cipriani*, zitiert bei *Verdi*, Riv. dir. civ. 2006 II, 509 (522, Fn. 37), entnimmt dieser Vorschrift die Veranlassung die Artt. 2744, 1963 c. c. restriktiv zu handhaben, das heißt auf ihren originären Anwendungsbereich zurückzuführen. Dagegen *Verdi*, ebd., der Art. 6 d. lg. 2004/170 als Spezialnorm für Finanzsicherheiten begreift und daher eine Auswirkung auf das Verhältnis von Verbot des *patto commissorio* und Veräußerungen zu Sicherungszwecken im Allgemeinen ablehnt.

nalen Umsetzung in persönlicher Hinsicht beschränkt ist: Sie gilt ausweislich ihres Art. 1 u. a. für öffentlich- rechtliche Körperschaften, Zentralbanken und beaufsichtigte Kreditinstitute. Diese verkörpern aber gerade nicht den schwachen, oft unzulässigem Druck seitens des Gläubigers ausgesetzten Vertragspartner, dessen Schutz durch das Verbot des Art. 2744 c. c. gewährleistet werden soll.[698] Zudem ist eine Entsprechung des Wertes von Sicherheit und zu sichernder Forderung durch das in Art. 8 d. lg. 2004/170 verankerte Prinzip der *ragionevolezza* verankert, die Konditionen der Realisierung der Sicherheit müssen unter wirtschaftlichen Gesichtspunkten vernünftig sein.[699]

Gerade dies entspricht aber im Endeffekt wieder der Wirkweise des *patto marciano*. Auch *Macario* erkennt eine so ausgestaltete Verhältnismäßigkeitskontrolle als Ersatz für ein noch abzuschaffendes Verbot des *patto commissorio* an.[700]

Als - soweit ersichtlich - einzige verweist *Fiorentini* unter Berufung auf die Rechtslage in Deutschland auf die Möglichkeit, die Vorschriften des allgemeinen Schuldrechts für Sicherungsveräußerungen nutzbar zu machen. Dies gelte insbesondere für die Regelungen betreffend die Verpflichtung zu Beachtung der *buona fede*[701] bei der Vertragsdurchführung, Artt. 1175, 1375, 1358 c. c., die eine flexible Handhabung des potentiellen Wucherproblems bei Sicherungsgeschäften ermöglichen.[702]

---

[698] *Marino*, Rass. dir. civ. 2005 II, 1166 (1197); *Gabrielli*, Dig. IV, Agg., voce contratti di garanzia finanziaria, S. 306.

[699] Art. 8 d. lg. 2004/170: "*Le condizioni di realizzo delle attività finanziarie ed i criteri di valutazione delle stesse e delle obbligazioni finanziarie garantite devono essere ragionevoli sotto il profilo commerciale (...)*".

[700] *Macario*, Riv. dir. civ., Convegno 2006, 361 (408). Ähnlich auch *Fiorentini*, Riv. dir. civ. 2000 II, 253 (276), die unter Zuhilfenahme des *patto marciano* die Zulässigkeit von Sicherungsveräußerungen erreichen will.

[701] Entspricht in etwa dem deutschen „Treu und Glauben".

[702] *Fiorentini*, Riv. dir. civ. 2000 II, 253 (276 f.). In diese Richtung, aber nicht klar von der Verwendung des *patto marciano* abgrenzend *Bussani* S. 268 f.

3. *Sale and lease back*

a. Konstruktion des *sale and lease back*

Als eine weitere Spielart der Eigentumsübertragung zu Sicherungszwecken hat sich in Italien in den letzten Jahrzehnten das so bezeichnete *sale and lease back*[703] eingebürgert. Dabei verkauft ein Unternehmer einen Gegenstand aus seinem Vermögen an eine Finanzierungsgesellschaft, die den Kaufpreis entrichtet und gleichzeitig den veräußerten Gegenstand wieder gegen Zahlung eines Mietzinses an das Verkäuferunternehmen zurückleast. Nach Ablauf der Leasingzeit besteht für das Verkäuferunternehmen eine Rückkaufsoption.[704] Hierbei handelt es sich insoweit um eine Abwandlung des Finanzierungsleasings, als die typische Dreiseitigkeit des Geschäfts auf eine bloße Bilateralität reduziert wird. Der Leasingeber erwirbt das Leasinggut statt von einem dritten Unternehmer vom Leasingnehmer selbst. Unter Zuhilfenahme dieser juristischen Konstruktion eröffnet sich der Unternehmer die Möglichkeit einer unverzüglichen Liquiditätsbeschaffung, ohne dabei die Disponibilität hinsichtlich seiner (Produktions-) Güter aufgeben zu müssen. So kann bereits investiertes Kapital wieder flüssig gemacht werden, beispielsweise um Neuanschaffungen zu finanzieren; es handelt sich also um eine Form der Eigenfinanzierung.[705] Die dem *lease back* eigene *causa,* im Sinne von ökonomischer Funktion, ist somit eine der Finanzierung, die hier sogar noch deutlicher zum Vorschein kommt als im Fall

---

[703] Auch bezeichnet als *lease back, locazione finanziaria di ritorno* oder *leasing di ritorno.*

[704] Cass., Urt. v. 14.3.2006, n. 5438, Contr. 2007, 522 (524): "*(...) la complessa operazione di sale and lease back dà luogo a un contratto sinallagmatico con cui un impresa vende un bene strumentale di sua proprietà ad una società finanziaria (concedente), la quale ne paga il prezzo e contestualmente lo concede in locazione finanziaria alla stessa impresa venditrice, verso il pagamento di un canone periodico e con la possibilità di riaquisto del bene al termine del contratto (...).*"

[705] Weitere - wenn auch unbedeutendere - Funktionen des *sale and lease back* zeigt *Bussani,* Contr. e impr. 1986, 558 (561), auf: So eröffnet das *lease back* dem Unternehmer die Möglichkeit nachträglich einen Leasingvertrag bezüglich einer Sache abzuschließen, die er unter Zeitdruck selbst kaufen musste; des weiteren bietet sich das *lease back* in Fällen an, in denen der Unternehmer Produktionsgüter im Ausland aus zolltechnischen Gründen oder aufgrund schon bestehender Handelsbeziehungen in eigener Person erwirbt.

eines „normalen" *leasing finanziario* (Finanzierungsleasing), da die Auszahlung einer Geldsumme erfolgt.[706]

b. *Sale and lease back* und das Verbot aus Art. 2744 c. c.

Problematisch erweist sich allerdings in Anbetracht einer nicht verkennbaren Ähnlichkeit zu Sicherungsveräußerungen (wieder einmal) die Frage nach der Vereinbarkeit mit dem Verbot der Verfallklausel aus Art. 2744 c. c. Auch im Rahmen des *sale and lease back* erlangt ein Unternehmer eine durch Übertragung des Eigentums an einer Sache gesicherte Finanzierung, wobei er die Sache weiterhin nutzen und nach vollständiger Rückzahlung der Finanzierungssumme in Form von Leasingraten mittels der Kaufoption zurückerlangen kann bzw. im Fall des Ausfalls mit der Rückzahlung verliert. Die höchstrichterliche Rechtsprechung betont die generelle Zulässigkeit dieser Konstruktion:[707] Es handele sich hierbei um einen nicht im Gesetz geregelten, also atypischen Vertrag, der sich daher an den Anforderungen des Art. 1322 II c. c. messen lassen muss. Das *sale und lease back* hat also auf Verwirklichung von nach der Rechtsordnung als schutzwürdig eingestufter Interessen gerichtet zu sein. Das Bedürfnis eines Unternehmers nach sofortiger Liquidität unter

---

[706] *De Nictolis*, S. 448.

[707] Grundlegend Cass., Urt. v. 16.10.1995, n. 10805, Corr. giur. 1995, 1360 = Foro it. 1996 I 2, 3492 = Giust. civ. 1996 I, 1739. Die Instanzgerichte entschieden bis zur Rechtsprechungsänderung der *Corte di Cassazione* 1983 im Sinne einer Zulässigkeit des *lease back*, da hier die Eigentumsübertragung nicht aufschiebend bedingt erfolgte, vgl. nur Trib. Roma, Urt. v. 22.3.1979, Banche e banchieri 1982, 467. Nach Aufgabe des temporalen Differenzierungskriteriums bestand allerdings keine Einigkeit mehr: Eine Reihe von Instanzgerichten versagte dem *lease back* - mit unterschiedlicher Motivation - die Anerkennung, so Trib. Milano, Urt. v. 19.6.1986, Riv. it. leasing 1986, 786; App. Cagliari, Urt. v. 3.3.1993, Riv. giur. sarda 1994, 301; Trib. Genova, Urt. v. 30.1.1992, Giur. comm. 1993 II, 427; Trib. Vicenza, Urt. v. 12.7.1988, Foro it. 1989 I, 1250; Trib. Verona, Urt. v. 15.12.1988, Foro it. 1989 I, 1250; Trib. Cosenza, Urt. v. 14.2.1994. Andere sprachen sich für seine (generelle) Zulässigkeit aus: Trib. Milano, Urt. v. 3.3.1988, Riv. it. leasing 1988, 445; Trib. Milano, Urt. v. 13.6.1985, Riv. it. leasing 1986, 172; Trib. Pavia, Urt. v. 1.4.1988, Giust. civ. 1988 I, 716; Trib.Pavia, Urt. v. 16.6.1988, Riv. it. leasing 1988, 438; Trib. Alba, Urt. v. 6.3.1995, Notariato 1995, 581; Trib. Venezia, Urt. v. 12.11.1994, Nuova giur. civ. comm. 1995 I, 904; Trib. Torino, Urt. v. 29.3.1988, Giur. piem. 1988, 679; Collegio arbitrale Palermo, 14.12.1990, Riv. arb. 1991, 601; Trib. Roma, Urt. v. 22.5.1996, Arch. civ. 1997, 44. Einen kurzen Überblick zum Inhalt einzelner, hier aufgeführter Entscheidungen bietet *De Nova*, Nuovi contratti, S. 302 ff.

Erhaltung der Nutzungsmöglichkeit seiner zur Finanzierung eingesetzten Güter verkörpert nach der Rechtsprechung ein solches Interesse, wobei das *lease back* aber mittlerweile ohnehin angesichts seiner Verbreitung - sowohl im In- als auch im Ausland - als ein sozial typischer Unternehmensvertrag anzusehen sei, an dessen Schutzwürdigkeit i. S. v. Art. 1322 c. c. daher nicht mehr zu zweifeln ist.

aa. *Sale and lease back* normale

Das Verbot der Verfallklausel steht nach verbreiteter Ansicht einer abstrakt-generellen Zulässigkeit des *lease back* nicht entgegen, da die Übertragung des Eigentums (durch den Kaufvertrag) nicht zu Sicherungszwecken (*a scopo di garanzia*), sondern zu Leasingzwecken (*a scopo di leasing*) erfolge, denn das Kaufgeschäft ist zwingend notwendige Voraussetzung für das nachfolgende Leasinggeschäft.[708] Des Weiteren wurde gegen die Annahme eines Sicherungszwecks hervorgebracht, dass der Kauf im Rahmen des *sale and lease back* „*vera e reale*" sei, weil er weder aufschiebend noch auflösend bedingt abgeschlossen wurde, der Eigentumserwerb somit nicht unter der Bedingung der Nichterfüllung des Leasingnehmers erfolgt.[709] Die Vereinbarung der Rückkaufsoption betreffe nicht den Kauf, sondern das nachfolgende Leasing, denn eine Rückkaufsoption ist typisches Kennzeichen eines Leasingvertrags.[710]. Zudem fehle die für eine Veräußerung zu Sicherungszwecken erforderliche, zu sichernde Forderung aus einem anderen, vorher abgeschlossenen Schuldverhältnis (meist Darlehen).[711] Zuletzt genannte Argumente haben sich allerdings als wenig konsistent erwiesen: (Wohl) einhellig anerkannt ist, dass die zu sichernde Forderung auch erst im Rahmen des *sale and lease back* zur Entstehung gelangen kann, sie muss also nicht

---

[708] *Bussani*, Contr. e impr. 1986, 558 (605); Cass., Urt. v. 16.10.1995, n. 10805, in Corr. giur. 1995, 1360 (1363): "*(...) la vendita all'impresa di leasing non risulta quindi piegata a scopo di garanzia (...) ma costituisce necessario presupposto per la concessione del bene in leasing: non è quindi (...) una vendita a scopo di garanzia, bensì una vendita a scopo di leasing.*" So auch Cass., Urt. v. 15.4.1998, n. 4095; Urt v. 19.7.1997, n. 6663.

[709] *Bussani*, Contr. e impr. 1986, 558 (607).

[710] *De Nova*, Riv. it. leasing 1985, 307 (308).

[711] *De Nova*, Riv. it. leasing 1985, 307 (308); *De Rosa*, Riv. it. leasing 1989, 213 (218).

zwingend praeexistent sein.[712] Auch die Feststellung, dass das Kaufgeschäft unbedingt sei, verfängt gegen die Annahme eines Garantiezwecks nicht, da der Rückerwerb der als Sicherheit gestellten Sache auch in anderer Weise erfolgen kann; maßgeblich ist hierbei allein die Verknüpfung zwischen Verbleib des Eigentums und Schicksal der gesicherten Forderung.[713] Ausschlaggebend für die Ablehnung einer Einordnung des *lease back* als Veräußerung zu Sicherungszwecken bleibt also offensichtlich die Tatsache, dass ein *lease back* ohne die vorhergehende Veräußerung durch den Kauf nicht möglich ist und daher der Kauf ausschließlich dem Zwecke dient, das nachfolgende Leasing zu ermöglichen.[714]

Für ein zulässiges *lease back* sind gewisse Vorgaben zu einzuhalten, bei deren Fehlen sich die typische, schutzwürdige Funktion des *sale and lease back* nicht entfalten kann:

Dem Käufer-Leasinggeber muss die Qualität einer Leasinggesellschaft zukommen; dem Verkäufer-Leasingnehmer die eines Unternehmers (*imprenditore*) oder Selbstständigen (*lavoratore autonomo*); die veräußerten Gegenstände müssen für den Betrieb des Unternehmens erforderlich sein (also beispielsweise keine zum Verkauf bestimmte Ware); die Güter müssen effektiv in das Eigentum des Käufer-Leasinggeber übergehen; die Gegenleistung in Form der Leasingraten muss das Verhältnis von Kaufpreis und Wert der Kaufsache berücksichtigen; der Kaufvertrag darf bezüglich des Kaufpreises keine Teil- oder Ratenzahlungen vorsehen, die die Funktion der sofortigen Liquiditätsverschaffung beeinträchtigen;

---

[712] Vgl. Cass., Urt. v. 16.10.1995, n. 10805, Corr. giur. 1995, 1360 (1363); Urt. v. 1.8.2002, n. 11419, Not. 2004, 492 (493); *Anelli*, S. 470. Unklar *Rocco*, Riv. dir. comm. 1997 II, 160 (163), die mit der Begründung, dass nur ein Leasingverhältnis entstehe, verneint, dass eine zu sichernde Forderung im Rahmen des *lease back* zur Entstehung gelangen kann.

[713] Cass., Urt. v. 1.8.2002, n. 11419, Not. 2004, 492 (493); *Anelli*, S. 471.

[714] Dieser Auffassung tritt *Anelli*, S. 470 ff., entgegen: Es sei nicht zu leugnen, dass dem *lease back* ein Garantiezweck innewohnt: Der Leasingnehmer ist Schuldner des Leasinggebers (wobei das Geschuldete eben durchaus der in Form der Leasingraten zurückzuzahlende Kaufpreis sein kann); die verkaufte Sache bleibt im Besitz des Verkäufers, der sie weiterhin nutzen kann; auch ein Vergleich mit der *vendita con patto di riscatto*, bei der im Gegensatz zum *lease back* keine Verpflichtung zur Rückzahlung besteht, verdeutliche die vorhandene Garantiefunktion. *Carimini*, S. 352, bemerkt, dass schon die Tatsache, dass der Leasinggeber-Käufer zwar kein Interesse an der Nutzung des Gutes, aber an seinem ökonomischen Wert hat, für die Annahme eines Sicherungsgeschäfts spricht.

die Konditionen der Gebrauchsüberlassung müssen solchen des *leasing* entsprechen; die Leasingdauer muss den üblichen Gepflogenheiten entsprechen; es muss die Option des Rückkaufs bestehen, wobei ein Preis bestimmt werden muss, der den voraussichtlichen Marktwert der Sache im Zeitpunkt des Rückkaufs berücksichtigt.[715]

bb. *Sale and lease back* anomalo

Sobald allerdings die Zielsetzung der Parteien nicht mehr eine solche des *Leasing* ist, sondern eine Garantie-/Sicherungsfunktion erkennen lässt, hat nach Ansicht der Rechtsprechung und der herrschenden Meinung eine Einstufung des *lease back* als eine das Verbot der Verfallklausel umgehende Konstruktion zu erfolgen. Das *sale and lease back* ist also zwar grundsätzlich zulässig, kann aber im konkreten Fall von den Parteien zu einem Umgehungstatbestand hinsichtlich des Verbots der Verfallklausel umfunktioniert werden.[716]

Ob die Parteien einen Garantiezweck oder den dem Geschäft immanenten Leasing-Zweck verfolgen, sei - seitens des Richters - anhand gewisser objektiver und subjektiver Kriterien festzustellen, deren Vorhandensein auf eine Garantieabsicht schließen lässt. [717]

Indiz für eine Garantieabsicht der Parteien und somit für das Vorliegen eines so genannten *„lease back anomalo"* ist zum einen das Fehlen einer der für die Sozialtypizität des *lease back* erforderlichen Voraussetzungen. [718] Zum anderen lassen eine wirtschaftlich

---

[715] Vgl. dazu *Toschi Vespasiani,* Contratti 2007, 526 (530); Cass., Urt. v. 16.10.1995, n. 10805, Corr. giur. 1995, 1360.

[716] So schon in den 80er Jahren Trib. Torino, Urt. v. 29.3.1988, Riv. it. leasing 1989, 213: *„Il lease-back non è di per sé illecito perché non dissimula sempre l'esistenza di un patto commissorio vietato (...). Tuttavia esso può configurare un'ipotesi di negozio in frode alla legge, per le concrete circostanze di fatto (...)."* Treffend tituliert *Simone,* Giur. comm. 1997 II, 671, "*Dr. Jekill e Mr. Hide, ovvero la doppia vita del sale and lease back.*", also Dr. Jekill und Mr. Hide, oder das Doppelleben des *sale and lease back.*

[717] Cass., Urt. v. 16.10.1995, n. 10805, Corr. giur. 1995, 1360 (1364).

[718] In Cass., Urt. v. 16.10.1995, n. 10805 wurde ein *lease back* Geschäft als mit dem Verbot der Verfallklausel unvereinbar erklärt, weil der Leasinggeber lediglich die Hälfte des Kaufpreises an das Unternehmen ausgezahlt hatte, die andere Hälfte aber als Sicherheit für die Leasingraten bei einer Bank hinterlegte. Somit war die Funktion des *lease back,* dem Verkäufer- Leasingnehmer Liquidität zu verschaffen, beeinträchtigt zugunsten einer Garantiefunktion. In Trib. Lecce, Urt. v. 10.10.2000, Rep. Foro it. 2001, voce contratto in genere, n. 293, wurde ein unzulässiges *lease back* angenom-

schlechte Lage des Veräußerer-Leasingnehmer-Unternehmens und ein beträchtliches Missverhältnis zwischen Wert der veräußerten Sache und vereinbartem Kaufpreis auf eine Situation schließen, die derjenigen entspricht, die das Verbot aus Art. 2744 c. c. verhindern will.[719] Als weiteres Indiz für eine Garantieabsicht gilt ein für die Rückkaufsoption vereinbarter Preis, der weit unter dem Wert der Sache liegt: Dies sei ein untrügliches Zeichen dafür, dass die Leasingraten nicht als Gegenleistung für die Nutzung der Sache fungierten, sondern vielmehr eine Rückzahlung des Kaufpreises darstellten.[720]

Die Mehrheit in der Literatur[721] teilt diese Auffassung der *Corte di Cassazione*[722], wobei nicht unterschlagen werden soll, dass die Rechtsprechung hierbei maßgeblich auf eine schon vorher in Literatur[723] und Instanzrechtsprechung[724] propagierte Ansicht zurückgreift.

---

men, weil das Leasinggut nicht für den Unternehmensbetrieb erforderlich war und der Kaufpreis nicht in die Steigerung der Produktivität investiert wurde.

719 *Sassi*, S. 391; Cass., Urt. v. 16.10.1995, n. 10805, Corr. giur. 1995, 1360; Urt. v. 1.8.2002, n. 11419, Not. 2004, 492; Urt. v. 21.7.2004, n. 13580, Giur. comm. 2005 II, 585; Urt. v. 14.3.2006, n. 5438, Contratti 2007, 522; Urt. v. 22.3.2007, n. 6969, Contr. 2008, 33; Trib. Roma, Urt. v. 22.5.1996, n. 7905, Arch. civ. 1997, 44; Trib. Milano, Urt. v. 24.6.2010.

720 Cass., Urt. v. 11.6.2003, n. 9324, Contr. 2003, 1145, unter Berufung auf Trib. Vicenza, Urt. v. 12.7.1988, Foro it. 1989 I, 1251.

721 Eine Minderheit hält hingegen das *sale and lease back* für generell immer unzulässig, da unvereinbar mit dem Verbot der Verfallklausel, so hauptsächlich *Oberto*, Quadrim. 1984, 347 (347 ff.) und *Ferrarini*, S. 17. Ihm folgend *Monticelli*, S. 178.

722 Die *Corte di Cassazione* hat seit der grundlegenden Entscheidung vom 16.10.1995, n. 10805 ihre Rechtsprechung mehrfach bestätigt, so mit Urteilen vom: 4.3.1996, n. 1657; 19.7.1997, n. 6663; 15.4.1998, n. 4095; 7.5.1998, n. 4612; 1.8.2002, n. 11419; 11.6.2003, n. 9324; 21.7.2004, n. 13580; 6.8.2004, n. 15178; 21.1.2005, n. 1273; 14.3.2006, n. 5438; 22.3.2007, n. 6969; 9.3.2011, n. 5583. Wie die *Cassazione* auch die Instanzrechtsprechung, vgl. nur Trib. Piacenza, Urt. v. 12.2.2002, Giur. it. 2002, 1877; Corte di App. Napoli, Urt. v. 15.6.2000, Banca, Borsa 2002 I, 298.

723 *De Nova*, Riv. it. leasing 1985, 307 (309); *Pelosi*, Riv. it. leasing 1988, 445 (446); *De Rosa*, Riv. It. Leasing 1989, 213 (221); *De Nictolis*, Quaderni giuridici dell´impresa, 1989, 102; *Fantauzzi*, Giust. civ. 1992, 485 (497); *Gitti*, Riv. trim. dir. proc. civ. 1993, 457, (490); *D´Ercole*, Contr. e impr. 1995 I, 228 (255).

724 Trib. Milano, Urt v. 13.6.1985, Foro pad. 1986 I, 105 (wird in dieser Hinsicht als *leading case* gesehen); Trib. Milano, Urt. v. 3.3.1988, Riv. it. leasing 1988, 445; Trib. Pavia, Urt. v. 1.4.1988, Giust. civ. 1988 I, 716.

cc. Kritik

Vereinzelt ist allerdings ob der Differenzierung zwischen normalem und anormalem Leasing auch Kritik verlautet: Die zum Einsatz kommenden Kriterien seien zwar geeignet einen gegebenenfalls wucherischen Charakter einer *Sale-and-lease-back*-Operation zu enthüllen, sagten aber nichts über deren Funktion - Finanzierung oder Garantie - aus.[725] Die Situation, dass ein sich in finanzieller Not befindliches Unternehmen, sich eines *lease back* bedient, kann nicht entscheidend dafür sein, ob ein solches Unterfangen mit Art. 2744 c. c. vereinbar ist. Das Verbot der Verfallklausel will zwar (den oft) schwächeren Schuldner schützen, setzt aber keine finanzielle Not desselben voraus. Plädiert wird dafür, den Sicherungscharakter des *sale and lease back* anzuerkennen[726]; und dies zuvörderst in Anbetracht der Tatsache, dass ein *sale and lease back* auch in diesem Fall nicht pauschal nichtig sein muss, da anstelle einer Verfallklausel (*patto commissorio*) auch ein so genannter *patto marciano* vereinbart werden kann.[727] Im Endeffekt ergibt sich aus dieser „Alternativlösung" nichts wesentlich anderes, als wenn man der herrschenden Meinung in Rechtsprechung und Literatur Gefolgschaft leistet: Das *sale and lease back* ist zulässig, wenn eine wucherische,

---

[725] *Anelli*, S. 478, 483 f. So auch *Di Marzio*, S. 698.

[726] *Anelli*, S. 485, geht davon aus, dass ein *sale and lease back* (unter anderem) Garantiefunktion hat, auch wenn darüber hinaus weiteren Bedürfnissen der Parteien (in finanztechnischer oder steuerlicher Hinsicht) entsprochen wird. So auch *Carimini*, S. 375; *Di Marzio*, S. 689 f. Dagegen *Sassi*, S. 402, der dem *lease back* eine Sicherungsfunktion im technischen Sinne abspricht, aber zugesteht, dass sich aus der Struktur der Operation aber sehr wohl ein gewisser „Sicherungseffekt" ergibt.

[727] *Anelli*, S. 487 f.; *Claris Appiani*, Giur. comm. 2005 II; 589 (593); *Dolmetta*, Giur. comm. 2002 I, 306 (313); *Lascialfari*, Giur. it. 2007 III, 1956 (1962); *Santarsiere*, Arch. civ. 1997, 47 (50); *Clarizia*, S. 449 f.; *Riva*, Contr. e impr. 2001 I, 300 (323 f.). In der Rechtsprechung soweit ersichtlich nur Trib. Monza, Urt. v. 24.5.1988, Foro it. 1989 I c, 1271 ("*si tratta di verificare, caso per caso, se sussista una qualche clausola accessoria (...) una clausola di salvezza [che] potrebbe essere conformata sullo schema del c. d. patto marciano.*"). Ähnlich *Gitti*, Riv. trim. dir. proc. civ. 1993, 457 (486), der eine Anwendung des Prinzips der *reductio ad aequitatem*, das sich in Art. 1526 c. c. findet, aber von allgemeiner Natur ist, auf das *lease back* befürwortet. *Sassi*, S. 406, hält in dieser Hinsicht ein Intervenieren des Gesetzgebers für zwingend. Ein solches forderte auch schon *Simone*, Foro it.1989 I, 1251 (1254). Für den Fall, dass die Parteien einen *patto marciano* nicht explizit vereinbart haben, vgl. die oben hinsichtlich der gewöhnlichen Sicherungsveräußerung vorgestellte Lösung, Zweiter Teil, § 2, A, III, 2 c.

den Verkäufer-Leasingnehmer benachteiligende Situation vermieden wird. Konsistenter ist aber in jedem Fall die Lösung über den *patto marciano*; die Garantiefunktion des *lease back* generell zu verneinen und im Einzelfall anhand von Kriterien, die nichts über die Struktur des Geschäfts an sich aussagen, zu bejahen, erscheint gekünstelt und wird nur vor dem Hintergrund verständlich, dass man der Wirtschaft ein so bedeutsames Instrument wie das des *lease back* nicht nehmen will.[728]

Das *lease back* erweist sich ob dieser extrem einzelfallorientierten Rechtsprechung als eine äußerst heikle Angelegenheit[729], verbunden mit großer Unsicherheit im unternehmerischen Verkehr. Dringend anzuraten ist daher eine den Voraussetzungen des *patto marciano* entsprechende Klausel in den Vertragstext aufzunehmen, um eine Nichtigkeit des Geschäfts mit (an) Sicherheit (grenzender Wahrscheinlichkeit) vermeiden zu können.

IV. ZUSAMMENFASSUNG DER AKTUELLEN SITUATION BEZÜGLICH SICHERUNGSVERÄUßERUNGEN IN ITALIEN

In Italien erfolgen Veräußerungen zu Sicherungszwecken entweder als Sicherungskauf oder mit Hilfe der Figur des *sale and lease back*. Der Sicherungskauf wird, ganz gleich wie er im Einzelfall konstruiert wird, als mit dem Verbot der Verfallklausel aus Art. 2744 c. c. unvereinbar angesehen. Wird seitens der Parteien vereinbart, dass ein eventueller Wertüberschuss des Sicherungsguts im Sicherungsfall erstattet werden muss, spricht man von einem *patto marciano*, der für zulässig gehalten wird.

Die in Italien verbreitete Differenzierung zwischen normalem und anormalem *sale and lease back* läuft im Endeffekt darauf hinaus, dass ein solches Geschäft, wenn es keine wucherischen Ausmaße annimmt, zulässig ist, und zwar auch dann, wenn mit ihm eine Garantiefunktion verfolgt wird.

---

[728] Vor dem Hintergrund der ökonomischen Bedeutung des *lease back* hält *Claris Appiani*, Giur. comm 2005 II, 589 (592), die Lösung der Rechsprechung für „vertretbar".

[729] So *De Meo*, Contratti 1996, 34 (36): „(...) *un delicatissimo strumento contrattuale*." Nach *Clericò*, Riv. del not. 2006 II, 1575 (1580), ist hinsichtlich des *lease back* das für die Praxis so wichtige Prinzip der Rechtssicherheit nicht ansatzweise gewährleistet.

Die wenigen Autoren, die sich kritisch mit dem *status quo* auseinandersetzen, kommen einmal zu dem Ergebnis, dass die italienische höchstrichterliche Rechtsprechung - wenn auch nicht explizit - von der Zulässigkeit einer Garantie-*Causa* ausgeht und man daher auf den Rückgriff auf ein Kaufgeschäft oder eine *Sale-and-lease-back*-Konstruktion verzichten kann. Zudem kritisieren sie zu Recht, dass sobald eine konkrete Parteivereinbarung fehlt, der Wille zu einer Verfallklausel (*patto commissorio*) unterstellt wird anstatt generell den Willen zu einem *patto marciano* anzunehmen.
Überzeugender nächster Zug der *Corte di Cassazione* wäre die Klarstellung, dass sie eine Garantie-*Causa* (*causa di garanzia*) und somit Eigentumsübertragungen zu Sicherungszwecken generell als zulässig erachtet, jedenfalls solange eine Abrechnungspflicht bezüglich eines potentiellen Wertüberschusses besteht. Wünschenswert wäre zudem, dass eine solche Abrechnungspflicht im Sinne des *patto marciano* vermutet wird, soweit nichts Gegenteiliges vereinbart wurde. Ein solcher Schritt in Richtung Rechtssicherheit kann nur dringlich gewünscht werden.

B. Besitzlose Pfandrechte und *privilegi*

Rechtsvergleichung soll funktional sein. Vergleichbar sind demnach nur Rechtsinstitute, denen in verschiedenen Rechtsordnungen die gleiche Funktion beigemessen wird. Es können folglich auch solche Institute erfasst sein, die sich begrifflich und konstruktiv voneinander unterscheiden. In vorliegender Arbeit bedingt eine solche funktionale Betrachtungsweise eine Einbeziehung besitzloser Pfandrechte und Privilegien an Mobilien. Diese besitzlosen Mobiliarsicherheiten erfüllen die gleiche Funktion wie eine Sicherungsübereignung, nämlich Verwendung einer Mobilie zur Kreditsicherung, ohne sich dabei des physischen Besitzes an ihr entäußern zu müssen.

I. PEGNO SUI PROSCIUTTI - SCHINKENPFANDRECHT

1. *Entstehung*

Durch Gesetz vom 24.7.1985, n. 401[730] hat der italienische Gesetzgeber ein spezielles, von den Vorgaben des *Codice Civile* abweichendes besitzloses Pfandrecht[731] für Produzenten hochwertiger Schinkenarten geschaffen. Motivation hierfür war insbesondere die zur damaligen Zeit sich abzeichnende Ausweitung der Geschäftstätigkeit der Schinkenproduzenten auf den nordamerikanischen Markt und der damit einhergehende erhöhte (Investitions-)Kapitalbedarf dieser Unternehmer.[732] Die traditionellen Möglichkeiten der Kreditsicherung erwiesen sich für diesen Produzentenkreis als unzulänglich: ein Großteil seines Kapitals ist in den Schweinekeulen gebunden, die sich während des Herstellungsprozesses in der Obhut des Produzenten befinden müssen[733], was den Weg einer traditionelle Verpfändung, die Aufgabe des Besitzes erfordert, ungangbar macht. Mittlerweile wurde auch für bestimmte Käsearten ein solches besitzloses Pfandrecht geschaffen, Art. 7 I l. 2001/122[734], anwendbar sind

---

[730] Legge 24. luglio 1985, n. 401, *Norme sulla costituzione di pegno sui prosciutti a denominazione d´origine tutelata*, Gesetz über die Bestellung eines Pfandrechts an Schinken mit geschützter Herkunft, veröffentlicht in der Gazzetta Ufficiale n. 187 vom 9.8.1985, abgedruckt in Le Nuove leggi civili commentate 1986, S. 540-563.

[731] Auch wenn das Gesetz von *pegno* (Pfand) spricht, wird auch eine Einordnung des Instituts in die Kategorie der Mobiliarhypothek erwogen. *Costantino/Jannarelli*, Nuove leggi 1986, 540 (543), gehen von einer Einordnung „auf halbem Weg zwischen Pfandrecht und Mobiliarhypothek" aus. Für eine Einordnung als Pfandrecht *Fontana*, Quadrim. 1991, 60 (94 f.) und *Capaldo*, Dir. banc. 1987, 455 (462).

[732] Vgl. *Costantino/Jannarelli*, Nuove leggi 1986, 540 (542). Auch heutzutage hat dieses Pfandrecht nichts an Relevanz eingebüßt: Im Oktober 2010 trafen die *Banca di Cividale* und die Genossenschaft der Schinkenproduzenten von *San Daniele* ein Abkommen über die Bereitstellung von Krediten in Höhe von 30 Millionen Euro, gesichert durch Pfandrechte an den DOP(*Denominazione di origine protetta* = geschützte Herkunftsbezeichnung) Schinken, vgl. http://www.prosciuttosandaniele.it/home_prosciuttosandaniele.php?n=187&l=it vom 18.08.2011.

[733] Dies ist durch die Vorschriften zur Produktion des Schinkens vorgeschrieben, vgl. Fontana, Quadrim. 1991, 60 (70).

[734] Legge 27.3.2001, n. 122, *Disposizioni modificative e integrative alla normativa che disciplina il settore agricolo e forestale*, veröffentlicht in der Gazzetta ufficiale n. 89 vom 17.4.2001.

ausweislich der Verweisung in Art. 7 die Vorschriften über das Schinkenpfandrecht (l. 1985/401).

2. Parteien, Begründung des Pfandrechts

Das sog. Schinkenpfandrecht steht allerdings nur einem sehr exklusiven Kreis zur Verfügung: Gem. Art. 1 der l. 1985/401 gilt es nur für solche Unternehmer, die einen Schinken mit geschützter Herkunftsbezeichnung herstellen, namentlich für die Produzenten des *Prosciutto di Parma*, des *Prosciutto di San Daniele* und des *Prosciutto Veneto Berico-Euganeo*. Zudem muss der Produzent selbst auch zugleich der Schuldner sein, eine Verpfändung durch Dritte kommt nicht in Betracht.[735] Es entspricht dies dem Gesetzeszweck, der darin besteht, den Produzenten den Zugang zu Finanzierungskapital zu ermöglichen.[736] Aus dem Gesetzeszweck ergibt sich weiterhin, dass ein Schinkenpfandrecht nicht von Gesetzes wegen oder durch gerichtliche Anordnung entstehen kann - es sollen nicht die Möglichkeiten der Zwangsvollstreckung erweitert werden - sondern lediglich aufgrund vertraglicher Vereinbarung.[737]
Die Bestellung eines solchen Pfandrechts erfolgt gem. Art. 1 l. 1985/401 durch die Kennzeichnung des zu verpfändenden Schinkens und Eintragung des Pfändungsvorgangs in ein Register.[738] Ein solches ist für jeden einzelnen Gläubiger anzulegen. Zusätzlich muss eine Eintragung in ein offen zugängliches Gesamtverzeichnis, das sich bei der jeweiligen Niederlassung des Schinkenproduzenten befindet, erfolgen, aus dem dann alle pfandrechtlichen

---

735 Anderer Ansicht ist *Fontana*, Quadrim. 1991, 60 (75), der die Sicherung einer Drittschuld wegen des Verweises in Art. 7 l. 1985/401 auf die Pfandrechtsvorschriften des *Codice Civile* für zulässig hält; dort sei die Sicherung einer Drittschuld gängig, was sich insbesondere aus Art. 2784 c. c. ergebe: *„Il pegno è costituito a garanzia dell´obbligazione dal debitore o da un terzo per il debitore."* [Zu Deutsch: Das Pfand wird zur Sicherung einer Verbindlichkeit vom Schuldner oder von einem Dritten für den Schuldner bestellt.] Gegenteiliges sei dem Gesetz über das Schinkenpfandrecht nicht zu entnehmen.

736 *Guarneri*, Corr. giur. 1985, 904 (904).

737 *Costantino/Jannarelli*, Nuove leggi 1986, 540 (546).

738 Konkretisierung erfahren diese Vorgaben durch Ministerialdekrete, deren Erlass Art. 1 l. 401/1985 vorschreibt, vgl. dazu *Costantino/Jannarelli*, Nuove leggi 1986, 540 (545).

Belastungen der Schinkenkeulen ersichtlich werden.[739] Der Schuldner ist nach Art. 3 l. 401/1985 zum Verkauf der Pfandsache berechtigt, allerdings nicht zu deren Übergabe, es sei denn der Pfandgläubiger ist vorher befriedigt worden oder stimmt der Besitzübertragung zu.[740]

3. Verhältnis zu anderen Gläubigern und Verwertung

Im Verhältnis zu Zwangsvollstreckungsmaßnahmen anderer (gesicherter) Gläubiger gilt die allgemeine Vorschrift des Art. 2916 c. c: Das Sicherungsrecht ist in der Verteilung des Erlöses aus der Versteigerung der Sache nur dann von Relevanz, wenn die Pfandrechtsbestellung zeitlich vor der Pfändung im Rahmen der Zwangsvollstreckung erfolgte.[741] Zu beachten ist hierbei Art. 2704 c. c., nach dem ein sog. sicheres Datum (*data certa*), das auch Dritten entgegengehalten werden kann, in Privaturkunden nur dann vorliegt, wenn weitere Umstände hinzutreten. Art. 2704 c. c. lässt allerdings jede Tatsache ausreichen, aus der sich die zeitlich frühere Errichtung der Urkunde sicher ergibt (*altro fatto che stabilisca in modo egualmente certo l´anteriorità della formazione del documento*). Eine solche stellt die auf den Schinkenkeulen aufgebrachte Kennzeichnung dar, die nach Art. 1 l. 401/1985 für die Bestellung des Pfandrechts erforderlich war.[742] Interessant erscheint auch die Frage, ob der Schinkenpfandrechtsinhaber die Vollstreckung anderer Gläubiger verhindern kann. Möglicherweise steht ihm der Rechtsbehelf aus

---

[739] Vgl. Artt. 10 der Präsidialerlasse Nr. 83 vom 3.1.1978 und Nr. 207 vom 23.2.1982.

[740] Im italienischen Recht ist die Besitzverschaffung keine Voraussetzung für den Eigentumserwerb, vgl. Art. 1376 c. c. Ein gutgläubiger Wegerwerb des Pfandrechts nach Art. 1153 II c. c. scheidet wegen des Kennzeichens auf den Schinkenkeulen und der Eintragung im Register aus, *Costantino/Jannarelli*, Nuove leggi 1986, 540 (548). Vgl. zu den Rechtsfolgen eines Verstoßes gegen Art. 3 *Costantino/Jannarelli*, Nuove leggi 1986, 540 (548).

[741] Die Pfändung ist in Art. 2916 c. c. nicht erwähnt, obwohl auch sie in der Zwangsvollstreckung eine bevorzugte Befriedigung gewährt. Dies ist dadurch bedingt, dass im Rahmen des konventionellen Pfands, das einen Besitzübergang erfordert, eine Begründung nach Vollstreckungspfändung schwer realisierbar ist, da der Schuldner durch diese den Besitz verliert, *Soldi*, S. 292.

[742] So überzeugend *Costantino/Jannarelli*, Nuove leggi 1986, 540 (550). *Guarneri*, Corr. giur. 1985, 904 (904), hält dies für nicht ausreichend und hat daher vorgeschlagen, eine Kopie der Pfandregister bei den Handelskammern oder Gemeinden zu hinterlegen.

Art. 619 c. p. c.[743] zur Seite, das italienische Pendant zur Drittwiderspruchsklage nach § 771 ZPO. Im Gegensatz zum deutschen Recht muss kein „die Veräußerung hinderndes Recht" geltend gemacht werden, sondern „Eigentum oder ein anderes dingliches Recht". Ein dingliches, auf der Sache lastendes Recht stellt auch das Pfand dar, womit man zu dem Schluss kommen kann, der Inhaber eines solchen könne dies der Vollstreckung entgegenhalten.[744] Die Mehrheit in Italien hält das nicht für überzeugend: Dem Inhaber eines dinglichen Sicherungsrechts soll eine vorzugsweise Befriedigung aus dem Vollstreckungserlös gewährleistet werden, nicht aber soll die Sache gänzlich der Zwangsvollstreckung entzogen werden.[745] Vielmehr hat der Pfandgläubiger die Möglichkeit einer Zwangsvollstreckung nach Art. 499 c. p. c. beizutreten, womit er nach Art. 500 c. p. c. an der Verteilung des Vollstreckungserlöses nach den allgemeinen Regeln teilnimmt. Die Reihenfolge der Befriedigung richtet sich nach den allgemeinen Vorschriften. Die Pfandgläubiger nehmen gegenüber den einfachen, ungesicherten Gläubigern den Vorrang ein. Für das Verhältnis mehrerer Pfandgläubiger bietet sich aufgrund der vergleichbaren Situation die Regelung des Art. 2852 c. c. aus dem Hypothekenrecht an, die, dem Grundsatz *prior in tempore potior in iure* folgend, den Vorrang des zuerst Eingetragenen bestimmt.[746] Betreffend die Verwertung der Pfandsache kann der Gläubiger wählen zwischen Zuweisung der Sache an Zahlung statt

---

743 *"Il terzo che pretende avere la proprietà o altro diritto reale sui beni pignorati può proporre opposizione con ricorso al giudice dell'esecuzione, prima che sia disposta la vendita o l'assegnazione dei beni. (...)"*. Zu Deutsch: „Der Dritte, der behauptet Eigentum oder ein anderes dingliches Recht an den gepfändeten Sachen zu haben, kann Widerspruch beim Vollstreckungsgericht erheben, solange der Verkauf oder die Zuweisung der Sachen noch nicht erfolgt ist."

744 So beispielsweise Cass., Urt. v. 29.4.1969, n. 1382, Foro it. 1969 I, 2229, für einen vergleichbaren Fall: Hier ging es um ein Vorzugsrecht an Bodenerträgen zur Sicherung eines landwirtschaftlichen Darlehens nach dem mittlerweile aufgehobenen Art. 2766 c. c. Weitere Nachweise bei *Rotmann*, S. 62, Fn. 390.

745 So *Andrioli*, Riv. dir. proc. 1975, 678 ff., für das Vorzugsrecht an Bodenerträgen und *Costantino/Jannarelli*, Nuove leggi 1986, 540 (551), für das Schinkenpfandrecht.

746 So *Costantino/Jannarelli*, Nuove leggi 1986, 540 (551); trotz des Verweises in Art. 7 l. 401/1985 auf die Pfandrechtsvorschriften ist eine Anwendung derselben in diesem Fall nicht praktikabel.

durch Richterspruch [747] oder Verkauf der Pfandsache, Artt. 2796 f. c. c.[748]

II. IPOTECA MOBILIARE - MOBILIARHYPOTHEK

1. *Sicherungsgegenstand, Begründung*

Im Gegensatz zum deutschen Recht können in Italien nicht nur Immobilien, sondern auch registrierpflichtige Mobilien zur Forderungssicherung mit einer Hypothek belastet werden.[749] Kriterium für die Differenzierung von Pfandrecht und Hypothek ist somit nicht der Charakter des Sicherungsgegenstands (bewegliche oder unbewegliche Sache), sondern vielmehr der Bestellungsvorgang der Sicherheit. Insbesondere die *ipoteca automobilistica* (sog. Kraftfahrzeughypothek) ist hier von einiger Relevanz. Insoweit verweist Art. 2810 c. c. auf das die Kraftfahrzeughypothek regelnde Spezialgesetz *Regio decreto-legge* 15.3.1927, n. 436.[750] In dessen Art. 2 ist eine von Gesetzes wegen entstehende Kraftfahrzeughypothek zugunsten des Verkäufers zur Sicherung seines Kaufpreisanspruches vorgesehen; zudem auch eine Hypothek für den Dritten, der den Kaufpreis (oder einen Teil desselben) beglichen hat, um dessen Anspruch auf

---

[747] Art. 3 l. 401/1985 i. V. mit Art. 2798 c. c.: "*Il creditore può sempre domandare al giudice che la cosa gli venga assegnata in pagamento fino alla concorrenza del debito, secondo la stima da farsi con perizia o secondo il prezzo corrente, se la cosa ha un prezzo di mercato.*" Die Vereinbarung, dass im Sicherungsfall das Eigentum an der Sache automatisch auf den Gläubiger übergeht, würde einen Verstoß gegen das Verbot der Verfallabrede aus Art. 2744 c. c. bedeuten.

[748] Diese Möglichkeit stellt eine sog. Privatvollstreckung dar. Möglich ist auch der Zugriff des Gläubigers auf das allgemeine Zwangsvollstreckungsverfahren, Art. 2910 c. c., wofür aber u. a. ein Vollstreckungstitel erforderlich wäre.

[749] Art. 2810 II c. c. "*Sono anche capaci d´ipoteca le rendite dello Stato nel modo determinato dalle leggi relative al debito pubblico, e inoltre le navi, gli aeromobili e gli autoveicoli, secondo le leggi che li riguardano*". Zu Deutsch: „Hypothekarisch belastbar sind auch Staatsrenten in der von den Gesetzen über die Staatsschuld bestimmten Weise sowie, gemäß den einschlägigen Gesetzen, Schiffe, Luft- und Kraftfahrzeuge". Übersetzung nach *Patti*, S. 841.

[750] Veröffentlicht in Gazzetta ufficiale vom 11.4. 1927, n. 84. Obwohl in diesem Gesetz das Sicherungsrecht an Kraftfahrzeugen als „*privilegio*" betitelt wird, bestand bald Einigkeit darüber, dass hinsichtlich seiner inhaltlichen Ausgestaltung vielmehr von einer Einordnung als Hypothek ausgegangen werden muss. Bestätigt wurde diese Auffassung mit Inkrafttreten des neuen *Codice Civile* und dessen Art. 2810 II im Jahr 1942.

Rückzahlung zu sichern. Rechtfertigung erfährt die Einbeziehung der Kraftfahrzeughypothek in den Rechtsvergleich mit der deutschen Sicherungsübereignung durch die Tatsache, dass Art. 2 III auch ihre rechtsgeschäftliche Bestellung erlaubt, und zwar für die Sicherung jeglicher Forderung.[751] Allerdings muss für die Drittwirksamkeit nach Art. 6 eine ordnungsgemäße Eintragung der Hypothek in das zuständige öffentliche Automobilregister (*pubblico registro automobilistico*)[752] erfolgen. Nach herrschender Meinung ist diese konstitutiv.[753]

2. *Verwertung*

Auch eine Regelung bezüglich der Verwertung einer Kraftfahrzeughypothek fand Eingang in r. d. l. 436/1927: Art. 7 II sieht vor, dass im Falle der Nichterfüllung der fälligen gesicherten Forderung der zuständige Amtsrichter auf Antrag des Gläubigers eine Beschlagnahme des Kraftfahrzeugs veranlasst und zugleich einen Verkaufstermin festlegt. Dem Schuldner verbleibt eine zehntägige Einspruchsfrist, um eine (gegebenenfalls noch) vorgenommene Zahlung nachzuweisen, andernfalls ordnet der Richter die Vollstreckung des Verkaufs an. Der Verkauf kann - je nach Anordnung des Richters - entweder im Rahmen einer Versteigerung (*incanto*) nach den Regeln des *Codice di procedura civile* oder durch private Verhandlungen (*trattative private*) erfolgen.[754]

3. *Zwangsvollstreckung und Konkurs*

Gesetzt dem Fall, ein Dritter betreibt die Zwangsvollstreckung in das Kraftfahrzeug, kann der Mobiliarhypothekengläubiger gem. Art. 499 c. p. c. intervenieren.[755] Durch den Beitritt zum Verfahren

---

751 Allerdings begrenzt Art. 2 V die Dauer einer solchen Hypothek auf fünf Jahre, mit einmaliger Möglichkeit zur Verlängerung um weitere fünf Jahre.

752 Ein solches ist gem. Art. 11 r. d. l. 436/1927 an jedem Provinzsitz des A. C. I. (*Automobile Club d´Italia*) zu führen.

753 Vgl. nur *Ferrara*, Noviss. Dig. It., voce autoveicoli, S. 1600; *Merz*, S. 210.

754 Im Fall des Privatverkaufs wird im Dekret des Richters ein Sachverständiger bestimmt, der den Wert des Kraftfahrzeugs schätzt, vgl. *Campeis/De Pauli*, S. 628.

755 *Soldi*, S. 321. Kenntnis von der bevorstehenden Zwangsvollstreckung erlangt der Gläubiger durch Benachrichtigung seitens des vollstreckenden Gläubigers nach

erwirbt der Hypothekengläubiger das Recht, an der Erlösverteilung zu partizipieren, Art. 500 c. p. c.
Im Konkurs des Schuldners ist der durch Mobiliarhypothek gesicherte Gläubiger nicht wie der Pfandgläubiger vom Verbot der Einzelvollstreckungshandlungen (Art. 51 l. fall.) [756] gem. Art. 53 l. fall. befreit. Allerdings kann er seine Bevorrechtigung aus der Hypothek auf den mit dem gesicherten Gegenstand erzielten Preis geltend machen, Art. 54 l. fall.; bezüglich einer eventuellen Differenz ist er auf die Verteilung der verbleibenden Konkursmasse (an die ungesicherten Gläubiger) zu verweisen.

III. PRIVILEGI - PRIVILEGIEN/VORZUGSRECHTE

1. *Begriff und Definition*

Eine genaue juristische Entsprechung des italienischen *privilegio* ist dem deutschen Recht fremd, woraus die Schwierigkeit einer passenden deutschen Bezeichnung resultiert. Eine Übersetzung mit Vorzugsrecht erweist sich ob der Tatsache, dass auch Vorzugsrechte existieren, die keine *privilegi* darstellen[757], als nicht treffend. Vielmehr liegt es wohl am nächsten - auch um Missverständnisse zu vermeiden - entweder von *privilegio* oder eingedeutscht von Privileg zu sprechen.
Der *Codice Civile* regelt in seinem Art. 2745, dass ein Privileg vom Gesetz in Anbetracht der *causa* einer Forderung gewährt wird.[758] Art. 2741 ist die Einordnung des Privilegs als Vorzugsrecht in Ausnahme zum Grundsatz der *par conditio creditorum* zu entnehmen. In der Zusammenschau erschließt sich die Natur des Privilegs: eine sich *ex lege* konstituierende Sicherung bestimmter Forderungen, die

---

Art. 498 c. p. c. Wenn dieser die erforderliche Benachrichtigung nicht nachweisen kann, darf der Richter nicht zu Zuweisung oder Verkauf schreiten.

[756] *Legge fallimentare, Regio decreto* 16. 3 1942, n. 267, veröffentlicht in Gazzetta ufficiale vom 6.4.1942, n. 81.

[757] So beispielsweise Pfand und Hypothek.

[758] "*Il privilegio è accordato dalla legge in considerazione della causa del credito.*" Zu Deutsch: „Das Privileg wird vom Gesetz in Hinblick auf die *causa* der Forderung gewährt." Hingegen Art. 1952 c. c. (1865): "*Il privilegio è un diritto di prelazione che la legge accorda al riguardo alla causa del credito.*" Zu Deutsch: „Das Privileg ist ein Vorzugsrecht, das das Gesetz mit Hinblick auf die *causa* der Forderung gewährt."

dem Gesetzgeber aufgrund ihrer *causa* besonders schutzwürdig (oder -bedürftig) erschienen.[759] Der Gesetzgeber versteht hier unter *causa* das „praktische Ziel oder die ökonomische Rechtfertigung"[760] der Forderung, er bezieht sich also nicht auf ihren Stand als zwingender Bestandteil eines jeden Vertrages i. S. v. Art. 1325 c. c.

2. *Allgemeine und besondere Privilegien*

Zu unterscheiden sind allgemeine und besondere Privilegien (Art. 2746 c. c.), wobei die allgemeinen sich auf das gesamte Mobiliarvermögen des Schuldners, die besonderen nur auf bestimmte Mobilien oder Immobilien erstrecken. Ein allgemeines Privileg ist beispielsweise für Bestattungskosten, Art. 2751.1 c. c., und die Forderungen des Handwerksunternehmens, Art. 2751 bis Nr. 5 c. c.[761], vorgesehen. Konkret bedeutet dies für den Gläubiger der Bestattungskosten, dass er im Falle einer Zwangsvollstreckung in Gegenstände des beweglichen Schuldnervermögens den ungesicherten Gläubigern gegenüber vorrangige Befriedigung erfährt. Unter die Kategorie der dinglichen Sicherungsmittel ist das allgemeine Privileg allerdings nicht zu fassen:[762] es verleiht dem Gläubiger kein Recht an bestimmten Gegenständen, vielmehr gewährt es lediglich eine Sicherung am (aktuell bestehenden) allgemeinen Mobiliarvermögen des Schuldners. Die Veränderung der Vermögensverhältnisse bringt das allgemeine Privileg nicht zum Erlöschen.[763] Weder ist aber der Schuldner gehindert, sein (gesamtes) Vermögen zu veräußern, noch kann die Vereinbarung dinglicher Sicherheiten durch andere Gläubiger verhindert werden, Art. 2747 c. c. Ein spezielles Privileg wird beispielsweise dem Gastwirt an den einge-

---

759 *Cendon*, Art. 2745, S. 140. Kritisch ob der Anzahl der Privilegien *Pajardi/Paluchowski*, S. 345: "(...) *se quasi tutti sono privilegiati e come se di fatto, non lo fossero.*"

760 *Andrioli*, in: Commentario del Codice civile, Art. 2745, S. 59. So auch *Ravazzoni*, Dig. IV, XIV, voce privilegi, S. 375.

761 Diese Forderung erschien auch dem deutschen Gesetzgeber schutzwürdig, vgl. das Werkunternehmerpfandrecht aus § 647 BGB. Allerdings wird dem Werkunternehmer ein gesetzliches Pfandrecht gewährt, dessen Schutz über den des allgemeinen Privilegs in Italien hinausgeht.

762 *Cendon*, Art. 2746, S. 154.

763 *Cendon*, Art. 2746, S. 161.

brachten Sachen des Gastes gewährt, Art. 2760 c. c.[764] Aufgrund der Bestimmtheit des Sicherungsobjekts erfolgt eine Qualifizierung des speziellen Privilegs als dingliches Sicherungsmittel.[765]

3. *Entstehen des Privilegs*

Ein Privileg entsteht *ex lege*, in den gesetzlich vorgesehenen Fällen. Es ist weder eine privatautonome Vereinbarung eines atypischen Privilegs möglich, noch können die Parteien ein gesetzlich geregeltes modifizieren.[766] Ein besonderer Publizitätsakt ist grundsätzlich nicht erforderlich.[767] Dieser Konzeption scheint allerdings Art. 2745 c. c. in seinem zweiten Satz zu widersprechen: „Das Gesetz kann die Begründung des Privilegs jedoch von einer Vereinbarung der Parteien abhängig machen; sie kann auch von bestimmten Publizitätserfordernissen abhängig gemacht werden."[768] Derart ausgestaltete Privilegien werden in Italien zwar als *privilegi convenzionali*, also vertragliche Privilegien bezeichnet. Einmütig wird aber betont, dass es auch bei einem solchen vertraglichen Privileg das Gesetz ist, das seinen Entstehungsgrund und Umfang vorgibt.[769] Die Parteienvereinbarung entscheidet lediglich darüber, ob die gesetzlich vorgesehene Möglichkeit genutzt wird, sie sei sozusagen lediglich Entstehungsbedingung.[770]

---

[764] Auch der deutsche Gesetzgeber gewährt hier eine gesetzliche Sicherung, vgl. § 704 BGB.

[765] *Cian/Trabucchi*, Art. 2746, S. 3491; *Miglietta/Prandi*, S. 25; *Di Sabato*, S. 41; *Torrente/Schlesinger*, § 237, S. 424; *Ravazzoni*, Dig. IV, XIV, voce privilegi, S. 377 f., spricht von einer "*figura anomala di diritto reale di garanzia*".

[766] *Cian/Trabucchi*, Art. 2745, S. 3489.

[767] *Cendon*, Art. 2745, S. 147: "*causa di prelazione occulta*".

[768] "*La costituzione del privilegio può tuttavia dalla legge essere subordinata alla convenzione delle parti; può anche essere subordinata a particolari forme di pubblicità.*"

[769] Cass., Urt. 80/1584; *Di Sabato*, S. 43, 234; *Cendon*, Art. 2745, S. 147. Bezweifelt wird dies für das Privileg aus Art. 46 t. u. (dazu ausführlich gleich), welches einer kreditgewährenden Bank am Mobiliarvermögen des kreditempfangenden Unternehmers zusteht, soweit dies seitens der Parteien vereinbart wurde: Hier nenne das Gesetz keine spezifische *causa*, die ein solches Privileg rechtfertigt, vgl. *Costantino*; Riv. trim. dir. proc. 1995 II; 1313 (1321). Dagegen *Di Sabato*, S. 234.

[770] Cass., Urt. v. 24.6.1959, n. 1986, Rep. Giust. civ., voce privilegi, n. 1; Cass., Urt. 60/1398; *Cian/Trabucchi*, Art. 2745, S. 3490; *Miglietta/Prandi*, S. 17.

4. Erlöschen des Privilegs

Bedingt durch die strenge Akzessorietät erlischt das Privileg im Falle der Erfüllung[771] oder des sonstigen Untergangs der zu sichernden Forderung. Auch infolge einer Novation erlöschen die Privilegien, die für die ursprüngliche Forderung bestanden, es sei denn, die Parteien vereinbaren ausdrücklich ihre Aufrechterhaltung, Art. 1232 c. c. Weiterer Erlöschensgrund für ein besonderes Privileg ist der Untergang der Sache, an der das Privileg besteht. Für diesen Fall oder den der Verschlechterung der Sache sieht Art. 2742 c. c. allerdings eine gesetzlich angeordnete Surrogation dahingehend vor, dass das Privileg an einer eventuell auszuzahlenden Versicherungssumme fortbesteht.

5. Privilegien und der Unterschied zu den anderen dinglichen Sicherungsrechten

Privilegien haben wie auch die anderen dinglichen Sicherungsrechte die Funktion dem Gläubiger in Ausnahme zum Grundsatz der *par conditio* ein Vorzugsrecht zu verschaffen. Maßgeblich unterscheiden sie sich durch die Art und Weise ihrer Entstehung: Während eine Sicherung mittels Hypothek oder Pfand privatautonom für jegliche Forderung vereinbart werden kann, entsteht das Privileg kraft Gesetzes und ist der Disposition der Parteien entzogen. Zudem unterliegen Privilegien grundsätzlich keinem Publizitätsregime. An Schärfe verliert dieses Differenzierungskriterium allerdings, wenn die Konstituierung der Privilegien, wie von Art. 2745 S. 2 c. c. zugelassen, eine Registereintragung erfordert. Problematisch erscheint dann vor allem die Abgrenzung zur *ipoteca legale*, der von Gesetzes wegen zur Entstehung gelangenden Hypothek. Auch diese wird nicht privatautonom vereinbart und verlangt nach einer Eintragung.[772]

---

[771] *Gazzoni*, S. 661. Vgl. Art. 1200 c. c.: "Der Gläubiger, der die Zahlung empfangen hat, muss der Befreiung der Gegenstände von den dinglichen Sicherheiten, die für die Forderung bestellt wurden und von jeder Verfügungsbeschränkung zustimmen."

[772] Eine Ansicht sieht den Unterschied zwischen Legalhypothek und Privileg darin, dass bei erster der rechtsgeschäftliche Wille nicht fehle, sondern vom Gesetz vermutet werde, vgl. nur *Di Sabato*, S. 52. *Ravazzoni*, Dig. IV, XIV, voce privilegi, S. 374, hält diese These für untragbar, er sieht den einzigen Unterschied in der Möglichkeit des

6. Rangfolge der Privilegien

a. Rangfolge der Privilegien untereinander

Aus der Systematik ergibt sich im Konfliktfall der Vorrang der speziellen gegenüber den allgemeinen Privilegien.[773] Die Rangfragen der speziellen Privilegien untereinander regelt der *Codice Civile* in seinen Artt. 2777-2783 bis. Absoluten Vorrang genießt hierbei das Privileg für die Justizkosten aus Art. 2755 c. c. Es gilt also folglich der Grundsatz *prior tempore potior iure* für Privilegien nicht, da die Privilegien nicht *ex tempore aestimantur, sed ex causa.*

b. Privilegien und andere dingliche Sicherungsrechte

Von Bedeutung ist auch das Verhältnis, insbesondere Rangfragen betreffend, der Privilegien zu den übrigen dinglichen Sicherungsrechten. Ein Privileg hindert eine Belastung der Sache mit dinglichen Rechten nicht, und auch an einem mit dinglichen Rechten bereits belasteten Gegenstand können ohne Probleme Privilegien zur Entstehung gelangen. Generelle Privilegien können dinglichen Sicherungsrechten, egal ob sie zeitlich vor oder nach dem Privileg zur Entstehung gelangen, nicht entgegengehalten werden, d. h. das Privileg steht immer hinten an. Welches Recht im Verhältnis von speziellen Privilegien und anderen Sicherungsrechten bevorzugt wird, ist Gegenstand der Regelung in Art. 2748 c. c.: Ein Pfandrecht geht dem Privileg grundsätzlich vor, die Hypothek hingegen ist nachrangig, wobei dies unabhängig vom Zeitpunkt der Bestellung gilt. Die generelle Vorrangigkeit des Pfandrechts scheint unvereinbar mit Art. 2747 c. c., der den Nachrang des Pfands bestimmt, wenn es zeitlich nach dem Privileg entstanden ist. Nach der wohl überwiegenden Ansicht lässt sich der Widerspruch mit Blick auf Art. 1153 c. c., der den Gutgläubigen vom Nichtberechtigten erwerben lässt, auflösen: Wenn also der Gläubiger, der sich ein Pfand bestellen lässt, im Hinblick auf das schon existierende spezielle

---

Gläubigers die Legalhypothek zu verhindern, vgl. Art. 2834 c. c., wohingegen die Entstehung des Privilegs nicht verhindert werden kann.

[773] *Ravazzoni*, Dig. IV, XIV, voce privilegi, S. 377 f..; *Ciccarello*, Enc. dir. XXXV, voce Privilegio (dir. priv.), S. 741, dort auch zu den Ausnahmen.

Privileg bösgläubig ist, gilt Vorrang des Privilegs gemäß der zeitlichen Reihenfolge, im Falle des guten Glaubens hingegen Vorrang des Pfandes.[774]

Weniger einleuchtend erscheint vielen die Regelung, dass ein Privileg einer Hypothek stets vorgeht. Ein Erklärungsansatz ergibt sich aus der Tatsache, dass das Privileg an Immobilien in der Regel Forderungen sichert, die die Wertsteigerung der Sache betreffen, wohingegen die Hypothek sich negativ auf den Wert des Grundstücks auswirkt.[775] Das Verhältnis von Privileg und Kraftfahrzeughypothek bestimmt sich nach Art. 2279 c. c.

Die Einzelheiten der Rangfolge, die sich aus dem *Codice Civile* und den sämtlichen Spezialgesetzen ergeben, gestalten sich als sehr komplex und sollen hier - um den Umfang der Arbeit nicht zu sprengen - nicht näher dargestellt werden.[776]

7. *Zwangsvollstreckung*

Wird in einen Gegenstand, an dem ein aus einem öffentlichen Register resultierendes Privileg besteht, die Zwangsvollstreckung betrieben, muss der privilegierte Gläubiger gem. Art. 498 c. p. c. benachrichtigt werden. Er hat dann gem. Art. 499 c. p. c. die Möglichkeit dem Verfahren beizutreten[777] und an der Verteilung des Versteigerungserlöses teilzunehmen, Art. 500 c. p. c. Kritisiert wird diese Vorschrift hinsichtlich des Ausschlusses der Privilegien, die aus keinerlei Register resultieren: Diese erlöschen, ohne dass die Mög-

---

[774] *Ciccarello,* Enc. dir. XXXV, voce privilegio (dir. priv.), S. 727; *ders.* Privilegio del credito, S. 35. I. E. so auch *Ravazzoni,* Dig. IV, XIV, voce privilegi, S. 378, der zwar Art. 1153 c. c. als eine Ausnahme zu dem in Art. 2747 c. c. Geregelten begreift, der aber den Bezug zu dem Widerspruch zwischen Art. 2747 c. c. und Art. 2748 c. c. nicht herstellt.

[775] So *Andrioli,* zitiert bei *Ciccarello,* Enc. dir. XXXV, voce privilegi (dir. priv.), S. 728. Ihm folgend *Ravazzoni,* Dig. IV, XIV, voce privilegi, S. 378; *Gazzoni,* S. 660. *Ciccarello* lehnt diesen Begründungsversuch ab und schlägt vor die Unangemessenheit dieser Vorschrift einfach zu bestätigen, anstatt den erfolglosen Versuch unternehmen sie mit dem System in Einklang zu bringen.

[776] Vgl. dazu *Merz,* Manuale pratico dei privilegi, delle prelazioni e delle garanzie, Padova 1995.

[777] Es wird die Ansicht vertreten, dass wegen ihrer Ähnlichkeit zum Pfandrecht auch die Privilegien aus Artt. 2756, 2761 c. c. von Art. 499 c. p c. umfasst sein sollten, vgl. Carpi/Taruffo/*Canella,* Art. 499, S. 1620.

lichkeit einer Teilnahme an der Versteigerung bestanden hätte.[778] Dies sei „eine wesentliche Abschaffung der Privilegien in der Einzelzwangsvollstreckung."[779]
Für einen privilegierten Gläubiger gelten auch nicht die Möglichkeiten zur Realisierung der Sicherheit, wie sie dem Pfandgläubiger nach Artt. 2796 f., 2798 c. c. zustehen, er kann also nicht Verkauf der Sache oder Zuweisung derselben an Zahlung statt verlangen.

8. Konkurs des Schuldners

Im Konkurs des Schuldners gilt für die Inhaber eines Privilegs grundsätzlich nach Art. 51 l. fall. das Verbot von Einzelvollstreckungsmaßnahmen. Einzig den gemäß Artt. 2756 und 2761 c. c. Privilegierten ist es nach Art. 53 l. fall. erlaubt Zulassung des Zwangsverkaufs zu beantragen und den Erlös zur Befriedigung einzubehalten. Ist wie in allen anderen Fällen eine Einzelverwertung nicht zulässig, erfolgt nach Art. 54 l. fall. eine bevorzugte Befriedigung aus dem Erlös der durch das Privileg gebundenen Sache. Sollte der Verwertungserlös nicht ausreichen, wird der Inhaber des Privilegs hinsichtlich seiner Restforderung - den ungesicherten Gläubigern gleichgestellt - auf die Masseverteilung verwiesen.

9. Insbesondere: Das Bankenprivileg aus Art. 46 t. u.[780]

Der *Testo unico* wurde im Jahre 1993 erlassen, um die vorbestehende, äußerst fragmentarisch anmutende Gesetzeslage hinsichtlich spezieller Privilegien abzulösen.[781] Art. 46 t. u. sieht ein spezielles Privileg am Mobiliarvermögen des Unternehmers zugunsten derjenigen Banken vor, die einen lang- oder mittelfristigen Kredit gewäh-

---

[778] Vgl. Consolo/*Piccininni*, C. p. c., Art. 499, S. 3695.

[779] *„Sostanziale soppressione dei privilegi nella espropriazione singolare."* So *Proto Pisani*, zitiert in Consolo/*Piccininni*, C. p. c., Art. 499, S. 3695.

[780] T. u. = *Testo unico bancario*, soviel wie einheitliches Bankengeschäft, D. lg. v. 1.9.1993, Nr. 385, veröffentlicht in Gazzetta ufficiale, 30.9.1993, Nr. 230.

[781] *Di Sabato*, S. 231; *Bonfatti*, Il fall. 2002, 987 (987); Capriglione/*Tucci*, Art. 46, S. 342 f.; *Veneziano*, Dir. comm. int. 1996, 921 (923). Die aufgehobenen Normen sind aus Art. 161 t. u. ersichtlich. Falsches Normzitat bei Capriglione/*Tucci*, Art. 46, S. 343: Art. 261 t. u.

ren.[782] Dieses Privileg[783] soll der Sicherung all derjenigen Finanzierungen ermöglichen, für die die konventionellen Sicherungsrechte und Privilegien nicht ausreichen. Es gilt für jegliche Art von Forderung, als zu sichernde Gläubiger kommen allerdings nur Banken in Frage.[784] So kann ein Großteil der Mobilien, die als Sicherungsgrundlage bisher wegen des Besitzaufgabeerfordernisses ausschieden, für Kreditbeschaffung nutzbar gemacht werden.

a. Sicherungsgegenstand

Welche Mobilien als Sicherungsgegenstand fungieren können, wird in Art. 46 I t. u. abschließend festgelegt, darunter bestehende und künftige Anlagen und Werke, Produktionsgüter, Rohstoffe, in Verarbeitung befindliche Güter, Güter, die mit Mitteln aus dem Kredit beschafft wurden[785], und Forderungen, die aus dem Verkauf der vorgenannten Güter erwachsen. Aus der Auflistung in Art. 46 t. u. ergibt sich, dass es sich bei den möglichen Sicherungsgegenständen keineswegs nur um Mobilien handelt, sondern auch Forderungen umfasst sind. Der Wortlaut der Norm (*privilegio speciale su beni mobili*) erweist sich insoweit als widersprüchlich.

---

[782] Art. 46 t. u.: "*La concessione di finanziamenti a medio e lungo termine da parte di banche alle imprese può essere garantita da privilegio speciale su beni mobili non iscritti nei pubblici registri.* (...)". Zu Deutsch: „Die Gewährung von lang- und mittelfristigen Krediten von Banken an Unternehmen kann durch ein spezielles Privileg an den nicht in öffentlichen Registern eingetragenen beweglichen Gegenständen gesichert werden." Die Mindestlaufzeit eines mit diesem Privileg besicherbaren Kredits beträgt 18 Monate, *Bonfatti*, Giur. comm. 1994 I, 1010 (1048); *Rescigno*, Banca, borsa, 1999 I, 583 (591).

[783] Nicht unumstritten ist die Einordnung als Privileg. *Tucci*, Banca, Impresa, Società 1993, 303 (320) und Capriglione/*Tucci*, Art. 46, S. 46, beispielsweise plädiert für eine Einordnung als Mobiliarhypothek. In diese Richtung auch *Costantino*, Riv. trim. dir. proc. 1995 II, 1313 (1321). Dagegen, mit m. E. überzeugenden Argumenten, *Presti*, Banca borsa 1995 I, 594 (627 f.). Für eine Einordnung als *„privilegio anomalo" Di Sabato*, S. 236.

[784] Die Beschränkung auf Banken ist nach überwiegender Meinung verfassungskonform, vgl. Capriglione/*Tucci*, Art. 46, S. 343.

[785] Zur Frage, ob damit nur aus lit. a und b resultierende Güter gemeint sind, vgl. *Presti*, Banca borsa 1995 I, 594 (615).

b. Formerfordernisse

Die Vereinbarung des Privilegs[786] erfordert Schriftform, andernfalls wird mit Nichtigkeit sanktioniert, Art. 46 II t. u. In diesem Schriftstück hat unter anderem auch eine genaue Beschreibung der Sicherungsgegenstände zu erfolgen (*devono essere esattamente descritti i beni e i crediti*).
Art. 46 III t. u. bestimmt, dass das Privileg um Drittwirksamkeit zu erlangen der (deklaratorischen[787]) Eintragung in das Register aus Art. 1524 c. c. bedarf.[788]
Keine allzu großen Schwierigkeiten ergeben sich in dieser Hinsicht für bereits im Vermögen des Unternehmens vorhandene Güter, wohingegen sich eine „genaue Beschreibung" der zukünftigen, noch zu erwerbenden Güter und vor allem derjenigen, die verarbeitet werden, als durchaus problematisch erweist. Nicht überzeugen kann die Ansicht, die aus dem Erfordernis der „genauen Beschreibung" auf die Unzulässigkeit der „Verlängerung" des Privilegs schließt, also davon ausgeht, dass verarbeitete Güter aus der Sicherung herausfallen und eine Ersetzung des Bestands eines Warenlagers ohne erneute schriftliche Vereinbarung nicht möglich ist. So würde der Anwendungsbereich des Privilegs drastisch reduziert, ja die Aufnahme von Rohstoffen und Gütern, die der Verarbeitung unterliegen, und Waren in den Kreis der besicherbaren Mobilien, Art. 46 I lit. b t. u., wäre aufgrund der mindestens 18 Monate währenden Sicherungsdauer gänzlich unverständlich. Zustimmungswürdig erscheint daher, das Erfordernis der „genauen Beschreibung" aus Art. 46 III t. u. den Charakteristika der Sicherungsgüter

---

786 Die Vereinbarung eines Privilegs durch die Parteien ermöglicht Art. 2745 c. c.

787 So die herrschende Meinung, die die deklaratorische Wirkung aus dem Wortlaut von Art. 46 t. u. (Eintragung erforderlich nur für Drittwirkung des Privilegs) und der Bezeichnung „*trascrizione*" statt „*iscrizione*" (die bei der Hypothek verwendet wird) schließt. Vgl. dazu nur *Presti*, Banca Borsa 1995 I, 594 (621).

788 Die Eintragung ins Register kann gem. Art. 2657 c. c. nur aufgrund eines Urteils, einer öffentlichen Urkunde (Art. 2699 c. c.) oder einer privaten Urkunde mit beglaubigter (Art. 2703 c. c.) oder gerichtlich festgestellter Unterschrift erfolgen. Aus diesem Erfordernis resultiert der 1999 (Art. 8 d. lg. 4.8.1999, n. 342) eingeführte Abs. VI des Art. 46 t. u., der die Notarkosten auf die Hälfte reduziert. Hintergrund war, dass die hohen Kosten sich negativ auf die Attraktivität der Sicherheit auswirkten.

aus Abs. 1 anzupassen.[789] Offen bleibt damit allerdings noch immer die Frage, ob eine Ersetzung der Sicherungsgegenstände, beispielsweise in einem Warenlager mit wechselndem Bestand, ohne erneute schriftliche Vereinbarung wirksam ist. Dies sollte jedenfalls bei einem Austausch gleichwertiger Sachen bejaht werden[790], da ein solcher ohnehin schwerlich nachzuweisen sein wird. Mit Blick auf die *Ratio* des Gesetzes und den ansonsten zur Bedeutungslosigkeit degradierten Art. 46 I lit. b ist das Fortbestehen der Sicherheit auch trotz einer Verarbeitung, Umwandlung oder eines Austausches der ursprünglichen Sicherungsgegenstände zu bejahen.[791]

c. Konfliktsituationen

Dem Privileg aus Art. 46 t. u. gehen lediglich die aus Art. 2777 c. c. resultierenden Privilegien vor, Art. 46 IV t. u. Das Bankenprivileg tritt also nur hinter das Privileg betreffend die Kosten der Justiz und die so genannten Superprivilegien aus Art. 2751 bis c. c. zurück.[792] Das Bankenprivileg steht auch gleichrangigen Bankprivilegien nach, die ein vor dem Eintragungszeitpunkt liegendes sicheres Datum aufweisen können, Art. 46 IV t. u. Der Gläubiger des Bankenprivilegs erhält zudem gegenüber jedem Dritten, der nach Eintragung ein Recht an der Sache erworben hat, den Vorzug bei der Verwertung - ausgenommen die Fälle, in denen der besagte Dritte gutgläubig hinsichtlich des Bestehens eines Privilegs war,

---

[789] So *Rescigno*, Banca borsa 1999 I, 583 (597 f.), und *Presti*, Banca Borsa 1995 I, 594 (610), der aber letztendlich die *„rotatività"*, also einen revolvierenden Charakter des Privilegs, ablehnt, S. 614.

[790] *Bonfatti*, Il fall. 2002, 987 (993); *Veneziano*, Dir. comm. int. 1996, 921 (939).

[791] So *Bonfatti*, Il fall. 2002, 987 (992); *Rescigno*, Banca borsa 1999 I, 583 (597); *Veneziano*, Dir. comm. int. 1996, 921 (939). Gegen diese Annahme spricht, dass man einer solchen „Verlängerung" in Italien eher zurückhaltend begegnet: Für den Eigentumsvorbehalt werden beispielsweise keine Verlängerungsformen zugelassen.

[792] Die Privilegien aus Art. 2751 bis c. c. betreffen Forderungen für Löhne und Gehälter sowie Provisionen, Forderungen von Direkterzeugern, von Gesellschaften oder genossenschaftlichen Körperschaften sowie von Handwerksbetrieben. *Presti*, Banca, borsa 1995 I, 594 (624), kritisiert die Bevorzugung der Privilegien aus Art. 2751 bis c. c., die oft die gesamte den Gläubigern zur Verfügung stehende Vermögensmasse beanspruchen. Dies vor allem vor dem Hintergrund, dass der Inhaber des Bankenprivilegs weder Verkauf noch Zuweisung an Zahlung statt ohne vorherige Pfändung beantragen kann. Dieser Kritik zustimmend *Rescigno*, Banca borsa 1999 I, 583 (605 f.).

Artt. 46 V t. u. i. V. m. 1153 c. c.[793] Eine Kollision mit einem Eigentumsvorbehalt kann sich ergeben, wenn das Privileg aus Art. 46 t. u. sich auf eine Sache erstreckt, die erst nach Vereinbarung des Privilegs durch einen Kauf in das Vermögen des Schuldners gelangt. Die Vorrangfrage ist bei eintragbaren Eigentumsvorbehalten[794] zugunsten des gesicherten Gläubigers zu entscheiden, der zuerst eingetragen wurde, ansonsten dann zugunsten des Privilegs, wenn es zu einem früheren Zeitpunkt ins Register eingetragen wurde als der Eigentumsvorbehalt mit sicherem Datum resultiert.[795]

d. Verwertung

Kritisiert wird, dass eine nötige Angleichung der prozessualen Vorschriften nicht erfolgte.[796] So bleibt auch den Inhabern des Privilegs aus Art. 46 t. u. der Rückgriff auf die Ausnahme von dem Verbot der Einzelzwangsvollstreckung aus Art. 53 l. fall. verwehrt. In der Zwangsvollstreckung besteht, da es sich um ein eintragungspflichtiges Privileg handelt, die Möglichkeit des Beitritts nach Art. 499 c. p. c.[797] Die Realisierungsmöglichkeiten des Pfandgläubigers nach Artt. 2796 f., 2798 c. c., 502 c. p. c. (Verkauf, Zuweisung an Zahlung statt) stehen dem nach Art. 46 privilegierten Gläubiger nicht zu.

---

[793] Art. 1153 II c. c.: „*La proprietà si aquista libera da diritti altrui sulla cosa, se questi non risultano dal titolo e vi è buona fede dell´acquirente.*" Zu Deutsch: "Das Eigentum wird frei von fremden Rechten an der Sache erworben, soweit sich diese nicht aus dem Rechtstitel ergeben und der Erwerber gutgläubig ist."

[794] Gem. Art. 1524 c. c. der Eigentumsvorbehalt betreffend Maschinen mit einem Wert über 15,49 €. Es handelt sich dabei um dasselbe Register, in das auch das Privileg aus Art. 46 t. u. eingetragen werden muss.

[795] *Veneziano*, Dir. comm. int. 1996, 921 (946); *Rescigno*, Banca borsa 1999 I, 583 (602 f.). Die Anforderungen an den Nachweis eines so genannten „sicheren Datums" ergeben sich aus Art. 2704 c. c.: Das Datum privatschriftlicher Urkunden (deren Unterschrift nicht beglaubigt wurde), kann Dritten als sicher entgegengehalten werden: Ab Registrierung (zu steuerlichen Zwecken), ab Tod oder physischer Unfähigkeit des Unterzeichners, ab Wiedergabe des Inhalts in einer öffentlichen Urkunde oder ab Eintritt einer anderen Tatsache, aus der sich mit gleicher Sicherheit die frühere Errichtung der Urkunde ergibt. Dazu zählen beispielsweise ein auf der Urkunde selbst angebrachter Poststempel oder die Kenntnis des Dritten, dem man das Datum entgegenhalten will, vom Inhalt des Dokuments, vgl. dazu *Cian/Trabucchi*, Art. 2704.

[796] *Costantino*, Riv. trim. dir. proc. 1995 II, 1313 (1317, 1321), spricht von "*occasione perduta*".

[797] *Soldi*, S. 321.

e. Fazit

Der italienische Gesetzgeber hat mit dem Privileg aus Art. 46 t. u. eine besitzlose Mobiliarsicherheit geschaffen, die den Bedürfnissen der Unternehmer gerecht wird: Bisher waren bewegliche Sachwerte, auf deren physische Verfügbarkeit der Unternehmer im Rahmen seiner Produktions- oder Geschäftstätigkeit nicht verzichten kann, der Kreditsicherung weitgehend entzogen. Allerdings sind gewisse Schwächen zu verzeichnen: einmal der Vorrang der Privilegien aus Art. 2751 bis c. c., die nicht selten einen Großteil des Unternehmervermögens aufzehren. Zum anderen lässt der Gesetzgeber eine (notwendige) Anpassung der Zwangsrealisierungsmöglichkeiten vermissen: Ohne Pfändung kann der Privilegsinhaber die Sache weder verkaufen noch sich an Zahlungs statt zuweisen lassen, eine rasche Verwertung ist also nicht möglich. Im Konkurs des Schuldners bleibt ihm - anders als dem Pfandgläubiger - die Möglichkeit einer Einzelzwangsvollstreckungsmaßnahme verwehrt. Um die Attraktivität des Sicherungsmittels zu steigern, besteht also noch einiger Reformbedarf.

Dritter Teil - Kollisionsrecht

§ 1. Die Regelungen des Internationalen Privatrechts betreffend Mobiliarsicherheiten

A. Das Sachstatut in der Geschichte des IPR

I. DEUTSCHES RECHT - VON DER LEX DOMICILII ZUR LEX REI SITAE

Haftet einer rechtlich relevanten Begebenheit ein irgendwie gearteter Bezug zum Ausland an, ist zunächst festzustellen, welche Rechtsordnung zur Sachentscheidung berufen ist. In sachenrechtlich zu qualifizierenden Sachverhalten kommt dabei der *Situs*-Regel quasi universelle Bedeutung zu.[798] Maßgeblich ist demnach das Recht des Belegenheitsorts einer Sache. Während für Immobilien der Grundsatz der *lex rei sitae* seit jeher galt[799], war er hinsichtlich beweglicher Sachen in Deutschland keineswegs unumstritten: In der älteren Lehre wurde an den Wohnsitz des Eigentümers oder Besitzers der Sache (*lex domicilii*) angeknüpft, somit an das Personalstatut (*mobilia sequuntur personam*).[800] Erst unter

---

[798] Vgl. *Kreuzer*, AcP 65 (2001), 383 (439 ff.). *Kropholler*, S. 554, spricht von „seltener Einmütigkeit."

[799] Nämlich seit dem Mittelalter, welches durch die Statutentheorie geprägt war, *Kropholler*, S. 554. Zur Statutenlehre *v. Hoffmann/Thorn*, S. 47 ff. In der Antike hingegen war ein Kollisionsrecht heutigen Zuschnitts unbekannt. Die Römer wandten für Ausländer das *ius gentium* an, das nach ihren Vorstellungen für alle Völker galt. (Das *ius civile* hingegen war ausschließlich für Römer mit Bürgerrecht reserviert). Vgl. *Honsell*, § 4, S. 20. Im altgermanischen Recht hingegen galt das Personalitätsprinzip; jeder war gemäß seinem Stammesrecht zu beurteilen, vgl. *Hübner*, S. 33. Die Fragestellung des IPR erfasste als erster der Glossator *Aldricus*: *„Quaeritur, si homines diversarum provinciarum, quae diversas habent consuetudines, sub uno eodemque iudice litigant, utram earum (...) iudex sequi debeat."* Zitat bei *Schilling*, S. 1.

[800] Vgl. Staudinger/*Stoll*, IntSachenR, Rn. 126. Die Anknüpfung an das Personalstatut fand sich noch im Preußischen ALR (Einleitung § 28) und im österreichischen ABGB (§ 300). Für Anwendung der *Situs*-Regel auf Mobilien aber schon 1756 der *Codex*

dem entscheidenden Einfluss Wächters[801] und Savignys etablierte sich die *Situs*-Regel auch für Mobilien: „Denn da ihr Gegenstand sinnlich wahrnehmbar ist, also einen bestimmten Raum erfüllt, so ist der Ort im Raum, an welchem sie sich befinden, zugleich der Sitz des Rechtsverhältnisses, dessen Gegenstand sie seyn sollen."[802]
Vor der Kodifikation des Internationalen Sachenrechts im Jahre 1999[803], in deren Zuge die *Situs*-Regel in Art. 43 EGBGB festgeschrieben wurde, galt sie, die auch schon in den Partikularrechten niedergelegt war, in Deutschland gewohnheitsrechtlich.[804] Für die Anknüpfung an den Belegenheitsort sprechen insbesondere die Anknüpfungsmaximen der Verkehrssicherheit, der Vollstreckbarkeit [805] und des äußeren (internationalen) Entscheidungseinklangs.[806]

II. ITALIENISCHES RECHT

Unter der Herrschaft der Statutenlehre beanspruchten auch in Italien die bekannten Regeln *immobilia reguntur lege loci* und *mobilia sequuntur personam* Geltung. Von dem Grundsatz der *lex domicilii* für Mobilien wurde allerdings schon zur damaligen Zeit oft zugunsten desjenigen der *lex rei sitae* abgewichen.[807] Während sich

---

Maximilianeus Bavaricus in seinem § 17 (Erster Theil, Cap. 2): „ (...) so soll (...) in realibus vel mixtis auf die Rechten in loco rei sitae ohne Unterschied der Sachen, ob sie beweglich oder unbeweglich (...) seynd, gesehen und erkannt werden."

801 *Wächter*, AcP 25 (1842), 161 (199 f.), 361 (385 ff.).

802 *Savigny*, System, Bd. VIII, S. 169. Als besonders problematisch erwies sich laut Savigny die Bestimmung des maßgeblichen Wohnsitzrechts, denn die Anknüpfung an den Wohnsitz der Person ließ offen, ob auf den Eigentümer oder Besitzer oder auf wen im Fall nicht nur eines Einzelnen Berechtigten abgestellt werden sollte, ebd. S. 176 f. Ist das Eigentum an einer Sache zwischen zwei Personen unterschiedlicher Herkunft streitig, versagt die Anknüpfung an das Wohnsitzrecht, *Ernst*, S. 21.

803 Gesetz vom 21.5.1999, BGBl. I, S. 1026. In Kraft getreten am 1.6.1999.

804 BGH, Urt. v. 12.2.1998 - I ZR 5/96, NJW 1998, 3205 (3205); MünchKomm/*Wendehorst*, Art. 43 EGBGB, Rn. 3; Bamberger/Roth/*Spickhoff*, Art. 43 EGBGB, Rn. 1; Staudinger/*Stoll*, IntSachenR, Rn. 123, dort auch m. w. Nachw. zur Rechtsprechung.

805 Kritisch *Kropholler*, S. 555.

806 MünchKomm/*Wendehorst*, Art. 43 EGBGB, Rn. 3; MünchKomm/*Kreuzer*, 3. Aufl., Nach Art. 38 EGBGB Anh. I, Rn. 14. So auch die Motive für das IPRG vom 21.5.1999, BT-Drucks. 14/343, S. 15.

807 *Anzilotti*, S. 315.

in Deutschland unter dem Einfluss von Wächter und Savigny allmählich die Geltung der *Situs*-Regel auch für Mobilien durchsetzte, sprach sich die italienische Rechtswissenschaft für die Anwendung der heimischen Rechtsordnung aus (*applicazione della legge nazionale*).[808] In Italien wurde die Behandlung sachenrechtlicher Vorgänge als Teil des Personalstatuts aufgefasst.

In Art. 7 disp. prel. zum *Codice Civile* von 1865[809] wurden dementsprechend nur Immobilien der *lex rei sitae* unterstellt, für Mobilien galt das Heimatrecht ihres Eigentümers. Aus dem Wortlaut des Art. 7 ergibt sich, dass sein Anwendungsbereich ein extrem weiter war: Die Rede war nämlich nicht von „Rechten an Sachen" sondern von „Mobilien und Immobilien" generell. Dies impliziert, dass Art. 7 nicht nur genuin sachenrechtliche Tatbestände erfassen wollte, sondern vielmehr alle Rechtsverhältnisse, die einen körperlichen Gegenstand in irgendeiner Hinsicht betreffen.[810] Die Einschränkung, die sich aus Art. 7 S. 1 HS. 2 ergab, nämlich dass im Bezug auf Mobilien die widersprechenden Bestimmungen der Belegenheitsrechtsordnung unberührt bleiben, müsse dahingehend interpretiert werden, dass für die Beurteilung genuin sachenrechtlicher Fragestellungen auf die *lex rei sitae* zurückzugreifen sei. [811] Im Endeffekt galt also unter der Herrschaft des Art. 7 disp. prel. 1865 die *Situs*-Regel sowohl für Mobilien als auch für Immobilien.[812] Mit Inkrafttreten des neuen *Codice Civile* 1942 wurde diese bis dato faktisch geltende Regel Gesetz:

---

[808] *Anzilotti*, S. 317.

[809] Die *Disposizioni sulla pubblicazione, interpretazione ed applicazione delle leggi in generale*, vorangestellt dem *Codice Civile* von 1865, bestanden aus 12 Artikeln, wobei die Art. 6-12 das Internationale Privatrecht betrafen. Art. 7: "*I beni mobili sono soggetti alla legge della nazione del proprietario, salve le contrarie disposizioni della legge del paese nel quale si trovano. I beni immobili sono soggetti alle leggi del luogo dove sono situati.*" Zu Deutsch: „Die beweglichen Gegenstände unterliegen dem Gesetz des Landes, dessen Staatsangehöriger der Eigentümer ist, wobei die widersprechenden Bestimmungen des Belegenheitsortes unberührt bleiben. Unbewegliche Gegenstände unterliegen dem Gesetz am Belegenheitsort."

[810] Beispielsweise müsste Art. 7 disp. prel. - ausgehend von seinem Wortlaut - auch erbrechtliche oder familienrechtliche Fallgestaltungen umfassen, sobald eine Sache involviert ist. Dies widerspricht aber den in Artt. 6, 8 disp. prel. getroffenen Regelungen, weswegen Art. 7 letztendlich einschränkend ausgelegt wurde.

[811] *Anzilotti*, S. 323; *Ballarino*, S. 572; *Pacchioni*, S. 298 f.

[812] *Venturini*, Enc. dir. XII, voce diritti reali (Dir. intern. priv.), S. 777; *Ronzitti*, Riv. dir. int. 1967, 33 (47).

Art. 22 disp. prel. besagte: *„Il possesso, la proprietà e gli altri diritti sulle cose mobili e immobili sono regolati dalla legge del luogo nel quale le cose si trovano."*[813] Zudem wurde der Kritik an der bisherigen Gesetzeslage Rechnung getragen, indem man den Anwendungsbereich des Art. 22 auf die Regelung von Rechten an Sachen beschränkte. Seit der IPR-Reform im Jahre 1995 finden sich die italienischen Kollisionsnormen in einem eigens für sie geschaffenen Gesetz, l. 31.5.1995, n. 218.[814] Art. 51 I dieses Gesetzes entspricht inhaltlich seiner Vorgängerregelung, unterwirft also die Regelung der Rechte an beweglichen und unbeweglichen Sachen der *lex rei sitae*.

B. Grenzüberschreitende Sachverhalte - Statutenwechsel[815]

Mobilien haben es allerdings - im Gegensatz zu Immobilien - an sich, dass sie jederzeit ihren Lageort wechseln können, was zur Folge hat, dass sich (wegen der Änderung des Anknüpfungspunktes) die auf sie anwendbare Rechtsordnung ändert, also ein sog. Statutenwechsel (*conflit mobile, conflitto mobile*) eintritt.[816] Das

---

813 „Besitz, Eigentum und sonstige Rechte an beweglichen oder unbeweglichen Sachen bestimmen sich nach dem Recht des Ortes, an dem sie sich befinden."

814 Legge 31 maggio 1995, n. 218, *Riforma del sistema italiano di diritto internazionale privato*. Veröffentlicht in Gazzetta ufficiale, n. 128 v. 3.6.1995. Deutsche Übersetzung in IPRax 1996, 356 ff.

815 Gegenstand dieser Arbeit sollen nur Fragen des sog. einfachen Statutenwechsels sein, nicht hingegen solche eines qualifizierten Statutenwechsels. Ein schlichter Statutenwechsel liegt vor, wenn der sachenrechtliche Vorgang unter Zugrundelegung des alten Sachstatuts als abgeschlossen betrachtet werden muss, ein qualifizierter hingegen, wenn unter dem vorhergehenden Sachstatut erst eine teilweise Verwirklichung vorlag, sog. gestreckter Tatbestand, vgl. *Kropholler*, S. 559 ff. Eine in Deutschland nicht abgeschlossene Sicherungsübereignung ist eigentlich kaum denkbar; eine Einigung über den Eigentumsübergang wird stets vorliegen, die überdies erforderliche Übergabe der Sache wird regelmäßig durch ein Besitzkonstitut nach § 930 BGB ersetzt werden, welches mit dem Abschluss der Sicherungsabrede vorliegt.

816 Der Frage, ob die Sache dabei rechtmäßig oder unrechtmäßig in den Geltungsbereich der neuen Rechtsordnung verbracht wurde, ist keine Relevanz zuzumessen,

neue Sachstatut sieht sich in einem solchen Fall mit einem Gegenstand konfrontiert, der seine Prägung in sachenrechtlicher Hinsicht[817] bereits unter der Herrschaft einer fremden Rechtsordnung erfahren hat. Dass dies Konfliktpotential birgt, ist schwerlich verkennbar: Die sachenrechtliche Vorbelastung des Gegenstands wird oft mit den Vorstellungen der aufnehmenden nationalen Rechtsordnung nicht in Einklang zu bringen sein. Besondere Brisanz wird einem solchen Statutenwechsel im Hinblick auf dingliche Sicherungsrechte an Mobiliar zuteil: Zu denken sei dabei nur an den *numerus clausus* der Sachenrechte oder an die nicht geringe Wahrscheinlichkeit, dass seitens der sukzessiv anzuwendenden Rechtsordnungen für solche Sicherungsrechte unterschiedliche Wirksamkeitsvoraussetzungen normiert sind oder gar der nachfolgenden Rechtsordnung ein anderweit begründetes Sicherungsrecht gänzlich unbekannt ist. Die Entscheidung, ob das fremde Sicherungsrecht auch nach dem Statutenwechsel Wirkungen (und wenn ja, welche) hervorrufen kann, trifft letztendlich das neue Sachstatut. Begründungsstatut und Wirkungsstatut fallen folglich auseinander.[818]

---

vgl. *Kreuzer*, AcP 65 (2001), 383 (444); MünchKomm/*Wendehorst*, Art. 43 EGBGB, Rn. 119.

[817] Der Terminus der „Prägung“ fand erstmals Verwendung durch *Lewald*, S. 184. Die Rechtsprechung hat ihn übernommen, vgl. nur BGH, Urt. v. 20.3.1963 - VIII ZR 130/61, BGHZ 39, 173 (174) = NJW 1963, 1200 (1200); OLG Brandenburg, Urt. v. 12.2.2000 - 11 U 14/00, NJW-RR 2001, 597 (597).

[818] *Rakob*, S. 18. So schon *Wächter*, AcP 24 (1841), 230 ff., AcP 25 (1842), 1 ff., 151 ff., 361 ff., 385 ff.: „Kommen Mobilien, welche auswärts sich befanden und an welchen auswärts nach den Gesetzen des Ortes, wo sie lagen, Rechte erworben wurden, in unser Land: so ist die Natur, Ausdehnung und Verfolgbarkeit dieser Rechte von unserem Richter nach unseren Gesetzen zu beurteilen (...). Was über die Beurteilung der früher im Auslande geschehenen Erwerbung des Rechts selbst betrifft: so kann unser Gesetz (...) nur die Erwerbung der bei uns befindlichen, nicht der im Auslande liegenden Mobilien im Auge haben. Deshalb hat unser Richter den früheren Act der Rechtserwerbung nach dem ausländischen Rechte zu beurteilen.“, op. ult. cit. S. 387 f.

C. Das Sachstatut und die Behandlung des Statutenwechsels in Deutschland und Italien

I. DEUTSCHLAND

1. Sachstatut

Das Sachstatut, also diejenige Rechtsordnung, die grundsätzlich über die Rechte an einer Sache entscheidet, wird in Deutschland geregelt durch die Art. 43-46 EGBGB. Vorrangig zu berücksichtigendes europäisches oder staatsvertragliches Kollisionsrecht (Art. 3 EGBGB) trifft man auf dem Gebiet des internationalen Sachenrechts nur vereinzelt an: Zu nennen ist beispielsweise das Genfer Abkommen über die internationale Anerkennung von Rechten an Luftfahrzeugen.[819]

a. Anwendungsbereich

aa. Rechte an einer Sache, Art. 43 EGBGB

Art. 43 EGBGB spricht davon, dass Rechte an einer Sache dem Recht des Staates unterliegen, in dem sich die Sache befindet. Ob es sich im zu entscheidenden Fall um ein Recht an einer Sache (und überhaupt um eine Sache[820]) handelt, ist eine Frage der Qualifikation.[821] Diese erfolgt in Deutschland grundsätzlich nach der *lex fori*[822], wobei es zu beachten gilt, dass die Rechtsbegriffe in den deutschen Kollisionsnormen nicht zwingend mit denen des deutschen materiellen

---

[819] Das Abkommen datiert vom 19.6.1948; der Beitritt der BRD erfolgte im Jahre 1959, BGBl. 1959 II, S. 129. Umsetzung durch § 103 LuftRG. Näher hierzu *v. Bodungen*, Mobiliarsicherungsrecht an Luftfahrzeugen und Eisenbahnrollmaterial, S. 62 ff.

[820] Eingehend zur Qualifikation als Sache i. S. d. Art. 43 I EGBGB *Wendehorst*, FS Sonnenberger, S. 753 ff.

[821] Qualifikation meint die Subsumtion des Qualifikationsgegenstands unter eine Kollisionsnorm der *lex fori*, vgl. *Wendehorst*, FS Sonnenberger, S. 743.

[822] H. M, vgl. nur BGH, Urt. v. 19.12.1958 - IV ZR 87/58, BGHZ 29, 137 ff. = NJW 1959, 717 (718); Beschl. v. 4.10.2005 - VII ZB 9/05, NJW- RR 2006, 198 (199); *Kropholler*, S. 121; *Wilhelm*, Rn. 395; *Wendehorst*, FS Sonnenberger, S. 751. A. A. *Wolff*, S. 54 ff.: Qualifikation nach der *lex causae* und *Rabel*, RabelsZ 5 (1931), 241, 287: rechtsvergleichender Ansatz.

Rechts übereinstimmen müssen.[823] Als durch das Sachstatut umfasst gelten alle sachenrechtlichen Tatbestände, folglich das „gesamte Schicksal dinglicher Rechte und Pflichten." [824] Insbesondere entscheidet es über Voraussetzungen, Entstehung, Untergang, Änderung, Übertragung und Akzessorietät[825] dinglicher Rechte.[826] Auch Ansprüche aus Eigentum und anderen dinglichen Rechten[827] sowie der Besitz einschließlich der Besitzschutzansprüche unterliegen dem Sachstatut.[828] Zudem ist aufgrund der *lex rei sitae* zu beurteilen, ob eine dingliche Verfügung abstrakt oder kausal ist.[829] Die Erforderlichkeit eines wirksamen Verpflichtungsgeschäfts für den Eigentumsübergang - wie dies in vom Konsensualprinzip beherrschten Rechtsordnungen der Fall verlangt wird - ist demnach nach dem Recht des Belegenheitsortes zu beurteilen.[830]

bb. Wesentlich engere Verbindung, Art. 46 EGBGB

Eine kollisionsrechtliche Ausweichklausel hält Art. 46 EGBGB für diejenigen Fälle bereit, in denen die anhand von Art. 43 und 45 EGBGB gefundenen Anknüpfungsergebnisse dazu führen, dass es „ausnahmsweise zur Anwendung extrem sachferner Rechtsord-

---

[823] Palandt/*Thorn*, Einl. v. EGBGB 3, Rn. 27. Vielmehr ist eine sog. funktionelle Qualifikation vorzunehmen, die allein in der Lage ist auch dem deutschen Recht unbekannte Institute aufzunehmen. Die *lex fori* ist also Ausgangspunkt der Qualifikation, es entscheidet das deutsche Recht „mit seiner Begriffswelt, aber mit begrifflicher Großzügigkeit", Erman/*Hohloch*, Art. 43 EGBGB, Rn. 10.

[824] *Kegel/Schurig*, S. 767.

[825] Die Entstehung der gesicherten Forderung wird allerdings als Vorfrage gesondert (nach dem Forderungsstatut) angeknüpft, MünchKomm/*Wendehorst*, Art. 43 EGBGB, Rn. 84.

[826] Palandt/*Thorn*, Art. 43 EGBGB, Rn. 11; *Kreuzer*, AcP 65 (2001), 383 (442); *Rauscher*, Rn. 1407.

[827] Beispielsweise die auf Eigentum gestützten Herausgabeansprüche und die aus dem Eigentümer-Besitzer-Verhältnis herrührenden Ansprüche, vgl. BGH, Urt. v. 10.6.2009 - VIII ZR 108/07, NJW 2009, 2824 (2825). Dies wurde ob der Formulierung „Rechte an einer Sache" schon bezweifelt: Etwas spitzfindig wurde angemerkt, es müsste dann die Formulierung Rechte „auf" eine Sache gewählt werden.

[828] Bamberger/Roth/*Spickhoff*, Art. 43 EGBGB, Rn. 8; Palandt/*Thorn*, Art. 43 EGBGB, Rn. 15.

[829] *Kropholler*, S. 556.

[830] *Kienle*, Rn. 244. Das Kausalgeschäft ist aber dennoch gesondert anzuknüpfen, nämlich nach dem Vertragsstatut, vgl. *Kropholler*, S. 556.

nungen" kommt.[831] Allerdings ermöglicht Art. 46 EGBGB keine Rechtswahl, sondern soll lediglich die nötige Flexibilität in eher atypisch anmutenden Fallgestaltungen gewährleisten.[832] Dies ergibt sich einerseits aus einem Gegenschluss zu Art. 42 EGBGB, der für außervertragliche Schuldverhältnisse ein solches Wahlrecht ausdrücklich vorsieht. Zum anderen wird eine Rechtswahl im Sachenrecht in der Begründung des Gesetzesentwurfs ausgeschlossen.[833] In der Literatur wird überwiegend für eine restriktive Anwendung plädiert.[834] Teilweise wird eine Sonderanknüpfung für die sog. *res in transitu* mit Art. 46 EGBGB gerechtfertigt, da das Recht des Belegenheitsortes hinsichtlich dieser Gegenstände - da rein vom Zufall abhängig - als unangemessen empfunden wird.[835]

b. Anknüpfungszeitpunkt

Relevant ist generell der Zeitpunkt, in dem der in Frage stehende sachenrechtlich zu qualifizierende Vorgang, soweit es sich um eine Zuordnungsänderung handelt, seine Vollendung erfährt.[836] Die Wirkungen dinglicher Rechte an Fahrnis sind nach dem Recht des Staates zu beurteilen, in dem sich die Sache im Augenblick der Geltendmachung des Rechts befindet.[837]

2. Behandlung des Statutenwechsels

Ein Wechsel des maßgeblichen Sachstatuts verursacht grundsätzlich keinen Eingriff in bestehende Rechte: Soweit diese der neuen Rechtsordnung keine unbekannten sind - in erster Linie gilt das für

---

831 BegrRegE, BT-Drs. 14/343, S. 18 f.

832 MünchKomm/*Wendehorst*, Art. 46, Rn. 1.

833 BegrRegE, Bt-Drs. 14/343, S. 16.

834 Vgl. nur MünchKomm/*Wendehorst*, Art. 46, Rn. 2; Palandt/*Thorn*, Art. 46, Rn. 2; Bamberger/Roth/*Spickhoff*, Art. 46, Rn. 2. Anders *Stoll*, IPRax 2000, 259 (269), der auf Grundlage des Art. 46 EGBGB eine „Fortentwicklung des internationalen Sachenrechts durch Herausbildung von Ausnahmetatbeständen" propagiert.

835 Bamberger/Roth/*Spickhoff*, Art. 46, Rn. 7; *Kreuzer*, AcP 65 (2001), 383 (456); *Junker*, RIW 2000, 241 (255).

836 Staudinger/*Stoll*, IntSachenR, Rn. 161; MünchKomm/*Kreuzer*, Nach Art. 38 Anh. I, Rn. 54; BGH, Urt. v. 20.3.1963 - VIII ZR 130/61, BGHZ 39, 173 (174).

837 *Kaufhold*, S. 56.

das Eigentum - bleiben sie in jedem Fall bestehen.[838] Dieser Grundsatz des Fortbestands der wohlerworbenen Rechte lässt sich (nun) auch Art. 43 II EGBGB entnehmen.[839] Dort steht allerdings auch seine Einschränkung niedergeschrieben: Diese Rechte können nicht im Widerspruch zu der Rechtsordnung des aktuell zuständigen Staates ausgeübt werden.[840]
Nicht abschließend geklärt ist, nach welcher Methode die Integration solcher fremder Rechte in die heimische Rechtsordnung vonstatten gehen soll. Im Folgenden soll daher ein Überblick über den Meinungsstand gegeben werden.

a. Standpunkte in der Literatur

aa. Die Lehre von der Transposition

Wohl herrschend in der Frage der Integration ist die so genannte Transpositionslehre, die ihre Begründung durch *Lewald* erfahren hat.[841] Seiner Ansicht nach müssen die fremden sachenrechtlichen Institute in (funktional) äquivalente Rechtstypen der nun berufenen Rechtsordnung übergeleitet werden.[842] Dies kann auch zur Folge haben, dass einem ausländischen Rechtsinstitut im Geltungsbereich des Wirkungsstatuts weiter reichende Wirkungen zugemessen werden als dies in seinem Begründungsstatut der Fall wäre. Emblematisch ist hier der vom *Bundesgerichtshof* 1991 entschiedene sog. „Fer-

---

838 *Rauscher*, Rn. 1427; *Lewald*, S. 184.; *Schurig*, FS Stoll, S. 580.

839 Bamberger/Roth/*Spickhoff*, Art. 43 EGBGB, Rn. 12; MünchKomm/*Wendehorst*, Art. 43 EGBGB, Rn. 139. Anders Staudinger/*Stoll*, IntSachenR, Rn. 354, nach dem der Verweis auf den Grundsatz des Fortbestands wohlerworbener Rechte fehlgeht.

840 Diese Formulierung spricht für die schon vorher herrschende Ansicht, nach der auch, gesetzt den Fall, dass einem fremden Rechtsinstitut keine Wirkung zukommt, dieses nicht erlischt, sondern vielmehr nur ruht und bei Verbringung in den Entstehungsstaat oder einen anderen anerkennungsfreundlicheren Staat wieder auflebt. Dies gilt natürlich nicht, wenn das Recht nach der zwischenzeitlich geltenden *lex rei sitae* erloschen ist. Vgl. nur *Kropholler*, S. 561 f.; Palandt/*Thorn*, Art. 43 EGBGB, Rn. 5. A. A. allerdings *Kegel/Schurig*, S. 772 f., die von einem so bezeichneten „Reinigungseffekt" der vormaligen *lex rei sitae* ausgehen. Der Begriff *„effet de purge"* geht dabei auf *Batiffol/Lagarde*, S. 171 f., Fn. 4, zurück. Differenzierend *Bierle*, S. 164.

841 *Lewald*, S. 184.

842 Dagegen *Rauscher*, Rn. 1450: „Deformierung dessen (...), was die Parteien bei der Bestellung des Rechts gewollt haben (...)."

rari- Fall"[843]: Eine dem deutschen Recht unbekannte italienische Autohypothek wurde in das deutsche Rechtsinstitut der Sicherungsübereignung übergeleitet, woraufhin dem Sicherungsnehmer ein Herausgabeanspruch aus Eigentum zugesprochen wurde, der ihm nach italienischem Recht nicht zugestanden hätte.[844]
Allerdings ist heutzutage keine einheitliche Äußerung mehr dahingehend auszumachen, ob für eine Transposition tatsächlich eine Umwandlung in ein deutsches Rechtsinstitut erforderlich ist, oder ob vielmehr nur die Vorschriften das inländische, funktional vergleichbare Institut betreffend entsprechend auf das ausländische angewendet werden, welches aber selbst in seiner ihm durch das Begründungsstatut verliehenen Form verbleibt.[845] Teilweise erweisen sich sogar Ausführungen einer einzigen Person in dieser Hinsicht als doppeldeutig, wie man beispielsweise bei *Kreuzer* in seiner Kommentierung im Münchener Kommentar erfahren kann: Einerseits ist die Rede davon, dass „fremde dingliche Rechte nur in „nostrifizierter" Form ausgeübt werden können" und eine „Überleitung in die inländischen Sachenrechtstypen" erforderlich sei[846], andererseits stellt er fest, dass es „für die Ausübung der anzuerkennenden ausländischen Sicherheit der Bestimmung entsprechender inländischer Vorschriften bedarf."[847] Die Aussagen lassen sich einmal in Richtung strenger Umwandlung in einen inländischen Sicherungstyp und dann wieder in Richtung bloßer Anwendbarkeit entsprechender inländischer Regelungen interpretieren.[848] Die Ansicht, die eine Umwandlung in ein inländisches Pendant explizit ablehnt

---

843 BGH, Urt. v. 11.3.1991 - II ZR 88/90, NJW 1991, 1415 ff. = IPRax 1993, 176 ff.

844 Vgl. dazu unten Dritter Teil, § 1, C, I 2 c (4).

845 Für Umwandlung: *Wenckstern*, RabelsZ 56 (1992), 624 (658); *Schilling*, S. 73; *Drobnig*, FS Kegel, S. 144.; *Kreuzer*, AcP 65 (2001), 383 (445); *Junker*, RIW 2000, 241 (254); OLG Karlsruhe, Urt. v. 6.7.2000 - 9 U 159/99, WM 2003, 584 (585); MünchKomm/*Oechsler*, Anh. §§ 929-936, Rn. 58; *Schlüter*, IHR 2001, 141 (143); *Bierle*, S. 159. Wollen der Umwandlung nur die Rechtsinstitute Besitz und Eigentum unterwerfen, dingliche Sicherungsrechte aber als solche in ihrer ursprünglichen Form bestehen lassen: Erman/*Hohloch*, Art. 43 EGBGB, Rn. 21, *Schurig*, FS Stoll, S. 580 f. und Staudinger/*Stoll*, IntSachenR, Rn. 358 ff. Gegen Umwandlung (aber dennoch Bezeichnung als Transposition): *Kropholler*, S. 561; Bamberger/Roth/*Spickhoff*, Art. 43 EGBGB, Rn. 12; *Pfeiffer*, IPRax 2000, 270 (273); Soergel/*Henssler*, Anh. § 930, Rn. 125; jurisPK-BGB/*Kieninger*, Art. 43 EGBGB, Rn. 22; *v. Bar*, Rn. 763, Fn. 91.

846 MünchKomm/*Kreuzer*, Nach Art. 38 Anh. I, Rn. 62.

847 MünchKomm/*Kreuzer*, Nach Art. 38 Anh. I, Rn. 86.

848 Dies stellt auch *Rakob*, S. 33, fest und spricht diesbezüglich von Ambivalenz.

und vielmehr von einer Ausübung nach Maßgabe des funktionsäquivalenten deutschen Rechtsinstituts ausgeht, sollte allerdings - schon um eine begriffliche Gemengelage zu vermeiden - diesen Vorgang nicht als Transposition qualifizieren.[849]

bb. Die Lehre von der „Selektiven Transposition" [850]

Nach anderer Ansicht wird zwar eine Transposition weiterhin für erforderlich gehalten, allerdings in modifizierter Form: Sie soll nicht einheitlich-abstrakt für alle in Betracht kommenden Fragestellungen vorgenommen werden, sondern für jede Rechtsfrage, jeden Anspruch gesondert erfolgen.[851]
Diese Ansicht kann sich auf die Entscheidung des *BGH* im Ferrari-Fall berufen: Zwar stützt er sich in dieser Entscheidung auf die Transpositionslehre, ordnet aber die italienische Autohypothek einmal - hinsichtlich der Verwertung - als Sicherungseigentum und einmal - hinsichtlich des gutgläubigen Wegerwerbs - als beschränktes dingliches Recht ein. Ob er diese „selektive" Transposition jedoch bewusst oder unbewusst vorgenommen hat, wird nicht aufzuklären sein.

cc. Die Anerkennungs- oder Hinnahmetheorie

Mittlerweile haben sich zahlreiche Autoren nicht nur unter inhaltlichen Gesichtspunkten, sondern auch unter Aufgabe der Begrifflichkeit selbst von der Transpositionslehre Lewaldscher Prägung abgewandt. Sie wollen die ausländischen Institute in ihrer nach dem Begründungsstatut erlangten Form erhalten und anerkennen.[852]

---

849 Auch *Rakob*, S. 34, zweifelt an der Berechtigung dieser Meinung, sich noch auf die Transpositionsmaxime berufen zu dürfen.

850 Begriff von *Wendehorst* in MünchKomm, Art. 43 EGBGB, Rn. 150.

851 Zu diesem Ansatz *Kaufhold*, S. 278.

852 So *Flessner*, in: Party autonomy, S. 25: *„the foreign right, in order to find application, must only be „tolerable" in the domestic surrounding."* Der Begriff „Anerkennung" ist, wie *Kreuzer*, IPRax 1993, 157 (159), feststellt, „zwar üblich, gleichwohl nicht exakt." Er wird im Zusammenhang mit dem Statutenwechsel nämlich *nicht* in seiner eigentlichen Bedeutung - Erstreckung der Wirkungen eines im Ausland ergangenen Urteils auf den Anerkennungsstaat - verwendet. Vielmehr wird so versucht auszudrücken, dass die sukzessiv anwendbare *lex rei sitae* das unter ausländischem Recht be-

Lediglich (nach der neuen *lex rei sitae*) erforderliche Anpassungen sind vorzunehmen, d. h. die Regeln eines funktionsverwandten inländischen Instituts sind anzuwenden.[853] Für jede einzelne Wirkung des ausländischen dinglichen Rechts gilt es ein funktionales Äquivalent in der sukzessiv geltenden Rechtsordnung zu ermitteln. Eine (abstrakt-generelle) Umwandlung in ein deutsches Sachenrechtsinstitut wird demgegegenüber strikt abgelehnt.[854] *v. Hoffmann/Thorn* und *Sonnenberger* geben dieser Vorgehensweise den Namen „Hinnahmetheorie".[855] Noch weiter geht *Ernst*: Er will auch nach einem Statutenwechsel die Vorschriften auf das Rechtsinstitut anwenden, die das Begründungsstatut für es bereithält, und nennt dies Anerkennung.[856] Eine Grenze zieht auch hier Art. 43 II EGBGB: Sobald durch die Anwendung ausländischer Normen eine Störung der inländischen Rechtsordnung auszumachen ist, müssen (funktional äquivalente) inländische Vorschriften zur Anwendung gelangen.[857] Einen weiteren Fall des zwingenden Einsatzes inländischer Rechtsnormen stellt das Eingreifen eines besonderen kollisionsrechtlichen Statuts dar, wie zum Beispiel der *lex fori* für Verfahrensfragen im Rahmen einer Zwangsvollstreckung.[858]

dd. Die Lehre von der Substitution

Eine weitere Ansicht hingegen fasst die Integration der ausländischen Sachenrechte unter das Phänomen der Substitution.[859]

---

gründete Rechtsinstitut als solches akzeptiert, das heißt seinen Fortbestand als mit dem inländischen Normen-Reigen vereinbar ansieht.

853 *Rauscher*, Rn. 1452; *v. Hoffmann/Thorn*, S. 526; *Brinkmann*, S. 324, Fn. 6.

854 So *Koch/Magnus/Winkler von Mohrenfels*, S. 207; *Pfeiffer*, IPRax 2000, 270 (273).

855 *v. Hoffmann/Thorn*, S. 526; MünchKomm/*Sonnenberger*, Einl. IPR, Rn. 670. Abweichende Verwendung des Begriffs der Hinnahmetheorie bei *Junker*, RIW 2000, 241 (254).

856 *Ernst*, S. 283. Dagegen *Kreuzer*, IPRax 1993, 157 (159): „widerspräche dem Lageortsprinzip."

857 *Ernst*, S. 279.

858 So auch *Ernst*, S. 282.

859 *Rakob*, S. 34 f., *Kaufhold*, S. 270 ff., *Looschelders*, Art. 43 EGBGB, Rn. 51. Auch *Fritzemeyer* spricht in ihrer Dissertation aus den 80er Jahren hinsichtlich der Integration ausländischer dinglicher Sicherheiten von Substitution, allerdings ohne dabei klarzustellen, was genau sie unter diesem Begriff versteht. Zudem verwendet sie den Terminus der Anerkennung wohl synonym, schon der Titel ihrer Arbeit spricht von „Anerkennungs- und Substitutionsproblemen." Den Begriff Substitution verwendet

(1) Begriff

Mit Hilfe des in Deutschland gemeinhin als Substitution[860] bezeichneten Vorgangs lässt sich die Frage klären, ob eine rechtlich geprägte Tatbestandsvoraussetzung (Systembegriff) einer Norm auch dann als erfüllt anzusehen ist, wenn die ihr zugrunde liegenden Umstände im Ausland, also unter fremdem Recht, verwirklicht wurden.[861] Es geht also um die Ersetzung eines Rechtsinstituts der *lex causae* durch ein Institut einer ausländischen Rechtsordnung.[862] Anlass für einen solchen Substitutionsvorgang ist, dass der (nationale) Gesetzgeber der Sachnormen meist dem Denken im geschlossenen nationalen System verhaftet ist, also den Fall der Auslandsberührung gar nicht in seine Überlegungen einbezieht.[863]

(2) Voraussetzungen für eine erfolgreiche Substitution

Voraussetzung für eine erfolgreiche Substitution ist einmal, dass keine „geschlossene Sachnorm" vorliegt.[864] Dies bedeutet, dass es grundsätzlich möglich sein muss, die Tatbestandsvoraussetzungen der inländischen Norm durch ausländische Rechtserscheinungen zu erfüllen. Ob dem so ist, lässt sich durch Auslegung der fraglichen Norm klären; regelmäßig ist die Ersetzungsmöglichkeit allerdings zu bejahen.[865]
Standardmäßig zitiertes Gegenbeispiel im deutschen Recht ist § 925 BGB, der für eine wirksame Auflassung zwingend die Beteiligung eines deutschen Notars verlangt.[866]

---

auch *Hübner*, in: FS Pleyer, S. 50 f., offensichtlich meint er damit aber (inhaltlich gesehen) Transposition.

860 Begriff von *Lewald*, Règles générales, S. 132 f., der als Beispiel für eine Substitution eine Entscheidung des Reichsgerichts aus dem Jahre 1905 (RG, Urt. v. 20.10.1905 - II 14/05, RGZ 61, 390 ff.) anführt, in der es im Rahmen des § 209 BGB a. F eine *demande en garantie* des holländischen Rechts als funktional äquivalent zu einer deutschen Streitverkündung angesehen hat (wobei das RG weder den Begriff Substitution noch den der funktionalen Äquivalenz verwandte).

861 *Mansel*, FS Lorenz, S. 689; *Hug*, S. 1.

862 *Rauscher*, Rn. 525.

863 *Schurig*, FS Kegel, S. 568 f. Zu vereinzelten Ausnahmen *Mansel*, FS Lorenz, S. 690.

864 *Mansel*, FS Lorenz, S. 689

865 *Kropholler*, S. 231.

866 BGH, Urt. v. 10.6.1968 - III ZR 15/66, WM 1968, 1170 (1171); OLG Köln, Urt. v. 29.11.1971 - 2 Wx 78/71, OLGZ 1972, 321 (322). Zu den Gründen vgl. nur Staudin-

Des Weiteren muss zwischen dem Systembegriff und der ausländischen Rechtserscheinung ein Verhältnis funktionaler Äquivalenz herrschen.[867] Funktionale Äquivalenz meint, dass eine Entsprechung im Hinblick auf die Funktion eines Rechtsinstituts gegeben ist. Vorzugehen ist mittels eines Rechtsvergleichs, der die Stellung der Rechtserscheinungen im Gesamtgefüge der jeweiligen Rechtsordnung beleuchtet.[868] Lediglich Indizwirkung kommt dabei der Bezeichnung der vergleichenden Institute zu: Zwar versprechen gleiche oder zumindest ähnlich Bezeichnungen bisweilen einen übereinstimmenden Inhalt; oft genug erweist sich das jedoch als Trugschluss. Ein Abstellen auf die Bezeichnung ist für einen Vergleich allenfalls ein Punkt, an dem für eine weitere Untersuchung angesetzt werden kann. Zu vergleichen sind vielmehr die tatbestandlichen Voraussetzungen und, unter Einschluss der *ratio legis*, die Rechtswirkungen der zu vergleichenden Institute.[869] Der Schwerpunkt ist auf den Wirkungsvergleich zu legen. Hierbei genügt eine weitgehende Entsprechung der Wirkungen, insbesondere im Hinblick auf das Regelungsziel, da nur so der Internationalität des Sachverhalts ausreichend Rechnung getragen wird.[870]

(3) Substitution und Integration ausländischer dinglicher Rechte

Nach *Rakob* ist auch die Integration ausländischer dinglicher Rechte in die inländische Rechtsordnung eine Frage, in deren Hinsicht nach den Grundsätzen der Substitution zu verfahren ist. Je nach Anliegen der Partei ist im Rahmen der maßgeblichen inländischen Normen wie beispielsweise § 50 InsO oder § 771 ZPO zu prüfen, ob die von diesen tatbestandlich vorausgesetzten Institute „Pfandrecht" oder „Veräußerung hinderndes Recht" auch durch die fremden Rechte

---

ger/*Winkler v. Mohrenfels*, Art. 11, Rn. 323, der allerdings selbst die Gegenauffassung vertritt.

[867] BGH, Beschl. v. 4.10.1989 - IV b ZB 9/88, NJW 1990, 634 (635) = IPRax 1990, 120 (121); BGH, Beschl. v. 16.2.1981 - II ZB 8/80, NJW 1981, 1160: „entsprechende Funktion"; *Mansel*, FS Lorenz, S 697 ff.; *Hug*, S. 127 ff.; *Lewald*, Règles générales, S. 135; MünchKomm/*Sonnenberger*, Einl.IPR, Rn. 602.

[868] *Hug*, S. 131.

[869] *Mansel*, FS Lorenz, S. 697. Weder die alleinige Betrachtung der Voraussetzungen noch die der Rechtsfolgen vermag im Hinblick auf die Ermittlung der funktionalen Äquivalenz zu überzeugen, vgl dazu *Rakob*, S. 47 f.

[870] *Mansel*, FS Lorenz, S. 699.

verwirklicht werden können.[871] Funktionale Äquivalenz ist hierfür Voraussetzung.

Allerdings sollte von Substitution nur insoweit gesprochen werden, als sich die Partei zwecks Verwirklichung ihres Vorhabens auf inländische Normen beruft, nicht hingegen, wenn Wirkungen des ausländischen Instituts mit Verweis auf Normen der ausländischen Rechtsordnung in Rede stehen.[872]

Ob die eine oder andere Situation vorliegt, hängt davon ab, wie der konkret in Frage stehende Anspruch hinsichtlich der Sache zu qualifizieren ist: Geht es um spezifisch dingliche Wirkungen und ist der geltend gemachte Anspruch daher als ein sachenrechtlicher zu qualifizieren, gilt die *Situs*-Regel. Vertritt man hier die Ansicht, dass auch die Wirkungen eines ausländischen Rechtsinstituts - solange nicht im Widerspruch zur Rechtsordnung des aktuellen Belegenheitsstaates - nach den Normen des Begründungsstatuts beurteilt werden, handelt es sich dogmatisch gesehen nicht um eine Substitution. Geht man davon aus, dass hinsichtlich der dinglichen Wirkungen Normen der Belegenheitsrechtsordnung zum Zug kommen, kann man durchaus von Substitution sprechen.[873]

Ist der Anspruch hingegen als ein vollstreckungs- oder insolvenzrechtlicher einzuordnen, gilt das Recht des Forumstaats (*lex fori* respektive *lex fori concursus*). Nachdem also zwingend nur inländische Normen zur Anwendung gelangen, ist zu überprüfen, ob die ausländische Rechtserscheinung die inländische substituieren kann.[874]

---

[871] So *Rakob*, S. 35.

[872] MünchKomm/*Wendehorst*, Art. 43 EGBGB, Rn. 151. Nach *Ernst*, S. 282 f., ist es generell verfehlt in Fällen des Art. 43 II EGBGB von Substitution zu sprechen. Eine Differenzierung zwischen spezifisch sachenrechtlichen Wirkungen und solchen im Zwangsvollstreckungs- und Insolvenzrecht erfolgt seinerseits nicht.

[873] So *Rakob*, S. 35. Anders *Ernst*, S. 282 f., der die Einordnung des Vorgangs als Substitution pauschal ablehnt, weil die Inlandswirkungen fremder dinglicher Rechte in Rede stehen und somit keine „Auslandssachverhalte" vorliegen.

[874] Vgl. *Kaufhold*, S. 270 f. Wenn überwiegend pauschal davon gesprochen wird, dass sich die Wirkungen und die Rechtsausübung nach einem Statutenwechsel nach der aktuellen *lex rei sitae* richten, versucht man die Vorfragen- und Substitutionsproblematik zu umgehen, indem man die Frage umkehrt und ausgehend vom präjudiziellen Rechtsverhältnis fragt, welches Recht berufen ist seine Wirkungen zu regeln, MünchKomm/*Sonnenberger*, Einl. IPR, Rn. 533.

ee. Resümee

Nicht zu übersehen ist, dass die Grenzen der Theorien der selektiven Transposition, Substitution und Hinnahme/Anerkennung, wie *Wendehorst* treffend formuliert, „fließend" sind.[875] Allen gemeinsam ist die Ablehnung sowohl einer strengen Transposition im Sinne einer „Verwandlung" in ein funktional äquivalentes inländisches Rechtsinstitut als auch der Transposition im Sinne einer Ausübung des ausländischen Instituts in den Bahnen seines inländischen Funktionsäquivalents.

(1) Kritik an der Transpositionslehre

Zwar kommt der Transposition der Vorteil einer problemlosen Rechtsausübung im neuen Statut zu, zudem gelten so die Interessen Dritter im neuen Belegenheitsstaat als gewahrt. Allerdings ist der Eingriff in die Vorstellungen der Parteien von dem zwischen ihnen vereinbarten Recht zu einschneidend: Es können infolge der Transposition Rechtsfolgen eintreten, die den Parteien völlig neu sind.[876] Möglich ist auch, dass der Rechtsinhaber durch die Transposition mehr Rechtsmacht erhält, als ihm im Altstatut zustand. Dies wird (zu Recht) als unangemessen empfunden.[877] Zu befürchten sind zudem Übermaßreaktionen in Fällen äquivalentloser Institute.[878] Es sind möglicherweise Rechte im neuen Belegenheitsstaat nicht ausübbar, obwohl Verkehrsinteressen im Einzelfall überhaupt nicht tangiert werden. Auch die Ansicht, die zwar eine „Verwandlung" nicht verlangt, aber den ausländischen Rechtsinstituten das „Bündel an Rechtswirkungen"[879] ihres funktionsäquivalenten inlän-

---

[875] MünchKomm/*Wendehorst*, Art. 43 EGBGB, Rn. 152. Noch weiter geht *v. Plehwe*, der die dogmatischen Wirrungen um die richtige Methode im Anwaltskommentar, Art. 43 EGBGB, Rn. 31, aus der Sicht eines Praktikers beurteilt: „Ob Transposition im engeren oder weiteren Sinne, Substitution oder die schlichte Hinnahme des nach dem Erststatut begründeten dinglichen Rechts (…) den Vorgang richtig erfassen, ist für die Praxis weitgehend bedeutungslos."

[876] *Rakob*, S. 42.

[877] Staudinger/*Stoll*, IntSachenR, Rn. 356.

[878] MünchKomm/*Wendehorst*, Art. 43 EGBGB, Rn. 149.

[879] Von Bündelung der Rechtsfolgen spricht *Rakob*, S. 36 f.: Jeder Entstehungstatbestand eines dinglichen Rechts ist mit einem Bündel an bestimmten Rechtsfolgen fest verknüpft.

dischen Instituts zuweist, muss sich von dieser Kritik angesprochen fühlen. Nicht einmal das Hauptargument für die Lehre von der Transposition, die Wahrung des *numerus clausus* der Sachenrechte, hat sich als stichhaltig erwiesen. Zum einen gelingt es auch der Lehre von der Transposition nicht dessen vollständige Integrität aufrecht zu erhalten, da sie zugesteht, dass ein dingliches Recht durch den ausländischen Entstehungstatbestand seines funktionalen Äquivalents verwirklicht werden kann. Zum anderen ergeben sich aus der Substitutionsmethode keine weiterreichenden Beeinträchtigungen des *Numerus-Clausus*-Grundsatzes: Auch hier können nur Rechtswirkungen eintreten, die dem inländischen Recht bekannt sind.[880] Eine gewisse Beeinträchtigung der inländischen Gläubigerordnung lässt sich bei der Integration fremder (Sicherungs-)Rechte ohnehin nicht vermeiden; zu suchen ist immer nach dem bestmöglichen Ausgleich der widerstreitenden Interessen.[881]
Auch in praktischer Hinsicht ist eine Transposition dinglicher (Sicherungs-)Rechte nicht einfach handzuhaben: Um das äquivalente Institut zu ermitteln, müsste jede einzelne Wirkung des ausländischen Instituts mit denen der inländischen potenziellen Kandidaten verglichen werden. Dies würde umfassende und fundierte rechtsvergleichende Studien erfordern; eine Arbeit, die wohl schwerlich zu leisten ist.[882]

(2) Bevorzugung einer flexiblen Lösung

Zu bevorzugen ist daher die weitaus flexiblere Lösung, die die o. g. Theorien versprechen. Zunächst ist das Recht in seiner ihm durch das Begründungsstatut verliehenen Form anzuerkennen. Erst wenn konkrete Rechtsfragen auftreten, soll im Einzelfall entschieden werden, inwieweit sich nach ausländischem Recht bestehende Wirkungen auch nach dem Statutenwechsel im Inland entfalten können. Ob man nun hierfür direkt die ausländischen Vorschriften, soweit sie

---

[880] Im Unterschied zur Transposition kann allerdings im Rahmen der Substitution ein ausländisches Rechtsinstitut Rechtsfolgen verschiedener inländischer Institute auf sich vereinigen. So kann es beispielsweise in der Zwangsvollstreckung wie Sicherungseigentum zu behandeln sein, bezüglich des gutgläubigen Erwerbs aber wie ein beschränkt dingliches Recht.
[881] Ausführliche und überzeugende Darstellung bei *Rakob*, S. 36 ff. und 51 ff.
[882] Vgl. *Ernst*, S. 278.

zu den Regeln des aktuellen Statuts nicht in Widerspruch stehen, gelten lässt, oder man nach äquivalenten Vorschriften in der neuen Rechtsordnung sucht, erzeugt im Endergebnis keinerlei signifikante Unterschiede. Um sich in bekannten dogmatischen Kategorien zu bewegen - was durchaus auch der Übersichtlichkeit der Methodik im IPR zu Gute kommt - ist aber die Anwendung der Substitutionsgrundsätze zu bevorzugen.
Dreh- und Angelpunkt jeglicher Integrationsentscheidung bleibt jedenfalls - und das betrifft alle vertretenen Theorien - die funktionale Äquivalenz der Rechtsinstitute in Begründungs- und Wirkungsstatut. Wie schon *Lewald* richtig bemerkte: *„Le sort de ces droits est moins un problème de conflit de lois qu´une question de droit comparé."*[883]

b. Art. 43 II EGBGB

Aus der seit der Kodifikation des Internationalen Sachenrechts im Jahre 1999 existierenden Vorschrift des Art. 43 II EGBGB, die den Fall des Statutenwechsels meint, lässt sich eine eindeutige Entscheidung zugunsten der einen oder anderen Ansicht kaum entnehmen. Der Wortlaut lässt vermuten, dass die schon an der Sache begründeten Rechte fortbestehen sollen, schließt aber keineswegs aus, dass sie dies in umgewandelter Form tun.[884] Auch die Gesetzesbegründung lässt eine richtungweisende Aussage vermissen[885]: Sie spricht davon, die Rechtsinstitute zu „übernehmen und mit den Wirkungen entsprechender dinglicher Rechte des Empfangsstaats auszustatten." Die Rechte bestünden fort, „müssen sich aber inhaltlich an verwandte Sachenrechtstypen des neuen Statuts anpassen."[886] Der Wortlaut dieser Gesetzesbegründung scheint eine Absage an die (strenge) Transposition eher nicht nahezulegen.[887] Die genaue dog-

---

[883] *Lewald*, Règles générales, S. 131.

[884] Von einer Absage an die Transposition geht *Pfeiffer*, IPRax 2000, 270 (273), aus. Auch nach MünchKomm/*Sonnenberger*, Einl. IPR, Rn. 670, ist „die Vorschrift im Geist der Hinnahmetheorie formuliert" und somit als Absage an die Lehre von der Transposition zu verstehen.

[885] Auch MünchKomm/*Wendehorst*, Art. 43 EGBGB, Rn. 152 f., bezeichnet die Gesetzesmaterialien als „eher mehrdeutig".

[886] BT-Dr. 14/343, S. 16.

[887] So auch *Stoll*, IPRax 2000, 259 (260).

matische Einordnung sollte aber wohl Rechtsprechung und Lehre überlassen werden.

c. Die Vorgehensweise der Rechtsprechung

Deutsche Gerichte hatten mehrmals die Gelegenheit sich mit einem Statutenwechsel dinglicher Rechte an Sachen zu befassen. Gleichwohl sollen nicht alle diesbezüglichen Entscheidungen beleuchtet werden, sondern vielmehr nur diejenigen, die zum einen eine problematische Integrationsentscheidung ausländischer Mobiliarsicherheiten betreffen und zum anderen auch brauchbare Aussagen in dogmatisch-methodischer Hinsicht nicht vermissen lassen.

(1) Französisches Registerpfand - BGH, Urt. v. 20.3.1963 - VIII ZR 130/61[888]

In dieser Entscheidung hat der *Bundesgerichtshof* dem Kläger, einem französischen Kreditinstitut, das Inhaber eines an einem Lastkraftwagen wirksam bestellten französischen Registerpfandrechts war, einen Anspruch auf vorzugsweise Befriedigung aus § 805 ZPO zugesprochen. Der mit dem Registerpfandrecht belastete LKW wurde vom Sicherungsgeber nach Deutschland verbracht, wo die beklagte Partei im Rahmen einer Zwangsvollstreckung auf ihn zugegriffen hat. Der *BGH* stellte fest, dass durch die Verbringung des LKW nach Deutschland ein Statutenwechsel eingetreten ist. Das Neustatut übernehme die Sache aber „mit der sachenrechtlichen Prägung, die ihr das bisherige Statut verliehen hat." Ein dingliches Recht zeitigt im Neustatut nur dann keine Wirkungen, wenn international zwingendes Recht dies vorsieht oder wenn der *Ordre-Public*-Einwand greift, weil „wesentliche Grundsätze des inländischen Rechts" verletzt sind. Dem Faustpfandprinzip könne jedenfalls eine anerkennungshindernde Wirkung nicht beigemessen werden, da es im deutschen Recht selbst allzu oft aufgegeben wurde, insbesondere was die Zulassung einer Sicherungsübereignung durch Besitzkonstitut angeht. Somit könne der Kläger bevorzugte Befriedigung verlangen. Offengelassen wird vom *BGH* der methodische Vorgang der Integration des französischen Registerpfandrechts in die deut-

[888] BGHZ 39, 173 ff.

sche Rechtsordnung. Ob er eine strenge Transposition im Sinne einer Umwandlung des Registerpfands in ein deutsches Rechtsinstitut fordert, bleibt im Verborgenen. Die Tatsache, dass der *BGH* lediglich Überlegungen anstellt, ob zwingende Prinzipien des deutschen Rechts eine Geltung verhindern müssen, legt nahe, dass er von dem Fortbestand des französischen Rechts ausgeht. Der *BGH* schweigt überdies zu der Frage, ob das französische Registerpfandrecht ein Pfandrecht i. S. d. angewandten § 805 ZPO darstellt, was im Rahmen einer Substitutionsentscheidung hätte geprüft werden müssen. Rakob vermutet zu Recht, dass eine solche wegen der offensichtlichen Ähnlichkeit der Rechtsinstitute wohl implizit und unbewusst getroffen wurde.

(2) Strickmaschinenfall, BGH, Urt. v. 2.2.1966 - VIII ZR 153/64[889]

Verfahrensgegenstand waren Strickmaschinen, die unter mündlicher Vereinbarung eines Eigentumsvorbehalts von Italien nach Deutschland geliefert wurden. Da der Eigentumsvorbehalt nur mündlich vereinbart worden war, aber Sachstatut für die Begründung der Sicherheit das italienische Recht war, welches für die Drittwirksamkeit eines solchen eine schriftliche Vereinbarung verlangt, haben die Strickmaschinen mit einem lediglich *inter partes* wirkenden Eigentumsvorbehalt belastet die Grenze passiert. Laut *BGH* wäre eine Anerkennung eines solchen relativen Eigentumsvorbehalts in Deutschland möglich, da auch hier relativ wirkende Geschäfte durchaus bekannt seien. Mit dieser Feststellung lässt es der *BGH* aber nicht bewenden: Ein nur relativ wirkender Eigentumsvorbehalt sei kein großer Gewinn, da derselbe seine „Bewährungsprobe erst bestehe", wenn andere Gläubiger des Käufers auf die Sache zugreifen. Sinn und Zweck der Vereinbarung sei es gewesen, dem Verkäufer gerade ab dem Zeitpunkt Sicherheit zu gewähren, ab dem sich die Maschinen in den Händen des Käufers in Deutschland befinden. Daher seien die Erklärungen der Parteien laut *BGH* so auszulegen, dass der Käufer bei Eintreffen der Strickmaschinen sein (*inter omnes* wirkendes) Eigentum nach §§ 929,

[889] BGHZ 45, 95 ff.

930 BGB an den Verkäufer überträgt[890]: Ergebnis der Konstruktion: ein absolut wirkender Eigentumsvorbehalt.[891] Kritik an dieser Entscheidung üben *Siehr* und *v. Plehwe*: Ihrer Auffassung nach hat der *BGH* seiner Entscheidung eine falsche Auffassung des italienischen materiellen Rechts zugrunde gelegt. „Die verfahrensorientierte Sachnorm" in Form des Art. 1524 c. c. diene nicht der Publizität des Eigentumsvorbehalts, sondern nur der Verhinderung von Manipulationen im italienischen Vollstreckungsverfahren und sei daher nur an die inländische Gläubigerordnung gerichtet. Der Eigentumsvorbehalt ist somit in Italien zwar entstanden, aber in seiner Wirksamkeit eingeschränkt. Infolge des Statutenwechsels beansprucht diese Einschränkung keinen Geltungsanspruch mehr, der Eigentumsvorbehalt gilt somit absolut.[892]

(3) Venezolanisches Schiffspfand, BGH, Urt. v. 21.1.1991 - II ZR 50/90[893]

Im Rahmen einer Klage nach §§ 115 I 2 ZVG, 878 ZPO (Widerspruch im Verteilungsverfahren) hat der *BGH* entschieden, dass ein in Venezuela wirksam begründetes Pfandrecht an einem Schiff in Deutschland anzuerkennen ist. Weder die mangelnde Publizität noch die Ranglosigkeit solcher Rechte begründeten einen Verstoß gegen den *ordre public*.

---

890 Dies als „konstruktive Annahmen" ablehnend *Wilhelm*, Rn. 413. Ein Zugriff der Gläubiger des Käufers bleibt bei dieser Konstruktion allerdings in der Zeit, bevor der Käufer Besitz an den Maschinen erlangt, möglich.

891 *Kegel*, JuS 1968, 162 (164, 166), spricht hier vom „Griff in die Zukunft": Noch unter der Herrschaft des Ausgangsstatuts wird vereinbart, was erst nach der neuen *lex rei sitae* gelten soll. Nach *v. Bar*, Rn. 765, war dieser „Umweg" des BGH unnötig, da der italienische Verkäufer aus deutscher Sicht Eigentümer geblieben war und sich daher der Inhalt dieses Eigentumsrechts nach Verbringung nach Deutschland schon *ipso iure* nach deutschem Recht richtet.

892 *v. Plehwe*, S. 116; *Siehr*, AWD 1971, 10, 21 f. *Bonomi*, S. 197 f., gelangt aufgrund der Feststellung, dass Art. 1524 c. c. keine Voraussetzungen für die Begründung aufstellt, sondern nur den Umfang der dinglichen Wirkungen regelt, zu dem Ergebnis, dass Art. 1524 c. c. somit auch nur dann anwendbar ist, wenn das italienische Recht (noch) *lex rei sitae* ist, da andernfalls für die Wirkungen der dinglichen Rechte nun das aktuelle Belegenheitsrecht gilt.

893 NJW 1991, 1418 ff.

(4) Italienische Autohypothek, BGH, Urt. v. 11.3.1991 - II ZR 88/90[894]

In einem Urteil, das aus dem Jahr 1991 datiert und als „Ferrari-Fall" in die IPR-Geschichte einging, hat der *BGH* der Klägerin einen Anspruch auf Herausgabe des Sicherungsguts zwecks Verwertung zugesprochen. Die Klägerin war Inhaberin einer wirksam an einem Ferrari bestellten italienischen Automobilhypothek. Zu prüfen war, wie sich der durch Verbringung des PKW nach Deutschland ausgelöste Statutenwechsel auf das Sicherungsrecht auswirkte und ob die Klägerin in Deutschland zur Verwertung des Sicherungsguts schreiten konnte. Der *BGH* beruft sich in dieser Entscheidung explizit auf die „herrschende Transpositionslehre" und stellt fest, dass die Autohypothek „ihrer Funktion nach (...) dem deutschen Sicherungseigentum [entspricht]." Zwingende, einer Anerkennung entgegenstehende Prinzipien seien - wie auch in der Entscheidung hinsichtlich des französischen Registerpfandrechts - nicht ersichtlich.
Dementsprechend könne die Klägerin den Ferrari zum Zwecke der (freihändigen) Verwertung herausverlangen.
Bemerkenswert ist, dass der *BGH* den gutgläubigen (Weg-)Erwerb allerdings anhand von § 936 BGB (und nicht nach § 932 BGB) beurteilte, er ging also diesbezüglich von einer Einordnung der Autohypothek als beschränkt dingliches Recht aus, wie sie auch vom italienischen Recht vorgegeben war. Diese Tatsache spricht jedenfalls eindeutig gegen eine strenge Auffassung von der Transpositionlehre, denn ansonsten hätte man es im vorliegenden Fall mit einem hybriden Sicherungsrecht, einer Mischung aus Sicherungseigentum und Pfandrecht, zu tun, welches in Deutschland rechtlich gesehen nicht existiert.
Eher schwer nachvollziehbar bleibt, weshalb der *BGH* der Klägerin einen Herausgabeanspruch zur freihändigen Verwertung zugestand, wo doch im Hinblick auf die in Italien geltenden Verwertungsvorschriften - gerichtlich kontrollierter Verkauf - die Anwendung der deutschen Pfandverkaufsvorschriften, §§ 1228 ff. BGB, nähergelegen hätte.[895] Nach Ansicht von *Kaufhold* intendierte der

---

[894] NJW 1991, 1415 ff. = IPRax 1993, 176 ff.

[895] Dem BGH zustimmend *Kreuzer*, IPRax 1993, 157 (160). Die Lösung des BGH sei „zwingende Konsequenz des Statutenwechsels und der daraus folgenden Transposition des fremdrechtlichen Sicherungsrechts in den funktionsäquivalenten deut-

BGH hiermit die Fortführung seiner anerkennungsfreundlichen Rechtsprechung.[896]

(5) *Mortgage* an Flugzeug, BGH, Urt. v. 7.10.1991 - II ZR 252/90[897]

In diesem Fall hatte der *BGH* zu entscheiden, ob ein in den USA wirksam entstandenes *mortgage* an einer Cessna das Tatbestandsmerkmal Pfandrecht im Rahmen von § 439 II BGB a. F.[898] ausfüllen kann. Für ein deutsches Registerpfandrecht an Flugzeugen ordnete § 98 II LuftfahrzeugRG a. F. explizit die Anwendung von § 439 II BGB a. F. an. Der *BGH* hätte hier also eine Substitutionsentscheidung treffen müssen, das heißt nach der funktionalen Äquivalenz von US-amerikanischer *mortgage* und deutschem Pfandrecht fragen müssen. Der *BGH* hingegen fühlte sich zur Anerkennung der *mortgage* aus dem Genfer Abkommen über die internationale Anerkennung von Rechten an Luftfahrzeugen[899] völkerrechtlich verpflichtet und verzichtet demgemäß auf eine Prüfung der funktionalen Äquivalenz. Verkannt hat er, dass dieses Abkommen nur zur dinglichen Anerkennung verpflichtet, worum es im vorliegenden (auf der schuldrechtlichen Ebene anzusiedelnden) Fall aber nicht geht.[900]

---

schen Sachenrechtstyp." Selbst wenn man eine solche Umwandlung fordert, ist aber das Sicherungseigentum nicht das einzig funktionsäquivalente deutsche Sicherungsrecht. Im Hinblick auf die Rechtsnatur der Autohypothek als beschränkt dingliches Recht, das gerichtlich kontrollierte Verwertungsverfahren und die Funktion der Anspruchssicherung kann durchaus auch das deutsche Pfandrecht als Äquivalent gesehen werden. Der BGH legt das Gewicht wohl eher auf die Besitzlosigkeit, so auch die Vermutung *Kaufholds*, S. 98.

896 *Kaufhold*, S. 98.

897 NJW 1992, 362 ff. = IPRax 1993, 178 ff.

898 § 439 BGB a. F.: I. „Der Verkäufer hat einen Mangel im Rechte nicht zu vertreten, wenn der Käufer den Mangel bei Abschluss des Vertrages kennt." II. „Eine Hypothek (...) oder ein Pfandrecht hat der Verkäufer zu beseitigen, auch wenn der Käufer die Belastung kennt (...)." Diese Vorschrift ist im Rahmen der Schuldrechtsreform aufgegangen in § 442 BGB.

899 BGBl. 1959 II, S. 129, 130. Zwischen Deutschland und den USA gilt dieses Abkommen seit dem 5.10.1959.

900 *Kreuzer*, IPRax 1993, 157 (161).

(6) US-amerikanisches *security interest* an Fahrzeug, OLG Karlsruhe, Urt. v. 6.7.2000 - 9 U 159/99[901]

In einem 2000 entschiedenen Fall hat das *OLG* dem Kläger, einem US-amerikanischen Kreditinstitut, einen Anspruch aus § 816 BGB auf den Erlös aus dem Verkauf eines Fahrzeugs zugesprochen. Der Kläger war Inhaber eines in den USA wirksam an diesem Fahrzeug bestellten *security interest* gem. Art. 9 UCC. Durch Verbringung desselben nach Deutschland ist ein Statutenwechsel eingetreten, was laut *OLG* zur Folge hatte, dass das *security interest* in deutsches Sicherungseigentum überging. Die beklagte Partei hat folglich als Nichtberechtigte über das Fahrzeug verfügt, wobei diese Verfügung wegen der Gutgläubigkeit des Erwerbers dem Kläger gegenüber auch wirksam war. Das *OLG* geht in vorliegender Entscheidung hinsichtlich der Integration des *security interest* wohl von der Transpositionslehre aus, lässt dieselbe allerdings unerwähnt. Die Formulierung „übergehen" und die Berufung auf den Ferrari-Fall des *BGH*, in dem dieser sich ausdrücklich zur Transpositionslehre bekannte, sprechen jedenfalls für diese These.
Die Transpositionsentscheidung, das *security interest* in deutsches Sicherungseigentum übergehen zu lassen, ist hier nicht zu kritisieren: Beide dienen der Kreditsicherung, sind nicht besitzgebunden und die Parteien können sowohl im Rahmen der Sicherungsübereignung als auch im Rahmen eines *security interest* die Verwertungsmodalitäten weitestgehend autonom bestimmen.[902] Einzig ist das *security interest* in seiner dogmatischen Struktur eher als beschränkt dingliches Recht denn als *title* einzuordnen.[903]
Wenn man der Ansicht folgt, dass das funktionale Äquivalent nicht einmalig und abstrakt-generell für alle Wirkungen ermittelt werden soll, sondern im Sinne der Lehre von der Substitution in jeder sich stellenden konkreten Situation, würde man in diesem Fall zu dem Ergebnis kommen, dass einer solchen Entscheidung gar keine Relevanz zukommt: Klar ist, dass das *security interest* als solches in Deutschland fortbesteht. Ob bezüglich des gutgläubigen (Weg-)Erwerbs, der sich nach der *lex rei sitae* beurteilt, § 932 oder § 936 BGB

---

901 OLGR Karlsruhe 2000, 434 ff. = WM 2003, 584 ff.
902 Ausführlich zum *security interest Rakob*, S. 81 ff.
903 *Rakob*, S. 308.

eingreift, ändert weder für den Sicherungsinhaber noch für den gutgläubigen Erwerber etwas: Ist der Erwerber gutgläubig, erlischt das *security interest* in beiden Fällen. Auch im Rahmen des Umfangs des Anspruchs nach § 816 I 1 BGB ändert sich im Ergebnis nichts: Zwar kann der Inhaber des UCC-Sicherungsrechts, wenn man es eher dem Sicherungseigentum zuordnet, den kompletten Veräußerungserlös fordern (wie dies im vom OLG Karlsruhe zu entscheidenden Fall geschehen ist), wenn man es hingegen als eine Belastung nach § 936 BGB empfindet, nur den Betrag des Veräußerungserlöses, um den dieser bei Fortbestand des Rechts geringer ausgefallen wäre.[904] Allerdings ist der Sicherungscharakter auch im ersten Fall nicht zu vernachlässigen: Den Veräußerungserlös darf der Sicherungsnehmer nur für den Verwertungsfall verwenden und auch dann ist der Übererlös an den Sicherungsgeber herauszugeben.

(7) Resümee

Eine klare Linie fährt der *Bundesgerichtshof* im Hinblick auf seine äußerst anerkennungsfreundliche Rechtsprechung. Hintergrund ist die in Deutschland eher laxe Auffassung bezüglich der Publizität von Kreditsicherheiten. Mit der Zulassung von publizitätsfreier Sicherungsübereignung und formlosem Eigentumsvorbehalt samt all ihrer Verlängerungs- und Erweiterungsformen erweist sich Deutschland so großzügig, dass (jedenfalls bisher) keiner ausländische Mobiliarkreditsicherheit die Anerkennung verweigert wurde (oder werden musste).[905] *Kreuzer* stellt insofern lapidar fest: „Der Möglichkeit der „Nichtanerkennung" (...) fremder Mobiliarsicherungsrechte hat die deutsche Rechtsprechung sich mit der „Anerkennung" der publizitätslosen deutschen Mobiliarsicherheiten begeben."[906]

---

904 Bamberger/Roth/*Wendehorst*, § 816, Rn. 17. Anders nicht im Ergebnis, aber in der Konstruktion MünchKomm/*Schwab*, § 816, Rn. 57, der das Erlangte in der Befreiung von der Belastung sieht (und nicht im höheren Erlös).

905 Solange das Sicherungseigentum in Deutschland noch nicht als Kreditsicherheit zugelassen war, lehnte die deutsche Rechtsprechung die Anerkennung im Ausland begründeter besitzloser Pfandrechte oder Mobiliarhypotheken allerdings ab. Vgl. MünchKomm/*Kreuzer*, Nach Art. 38 EGBGB Anh. I, Rn. 97, Fn. 424. (2. Aufl.) m. w. Nachw.; *v. Plehwe*, S. 81 ff.

906 *Kreuzer*, IPRax 1993, 157 (160).

Weniger klar bis gänzlich unklar erscheint hingegen die dogmatische Untermauerung dieser Entscheidungen: Während der *BGH* in den früheren Entscheidungen vor allem prüfte, ob eine Anerkennung am *ordre public* scheitern muss und eher der Substitution zugeneigt erschien, berief er sich im Ferrari-Fall explizit auf die Transpositionslehre. Dieser Entscheidung hat sich das *OLG Karlsruhe* angeschlossen. Nachdem die Entscheidungen jedenfalls im Ergebnis überzeugen, kann man die eher pragmatische Haltungsweise der Gerichte leichter hinnehmen, zumal zwischen den heutzutage in der Literatur vertretenen Auffassungen zur Integration ausländischer Mobiliarsicherheiten auch nur marginale Unterschiede bestehen, die sich im Ergebnis oft nicht einmal auswirken.

II. ITALIENISCHES RECHT - IPRG V. 31.5.1995, N. 218

1. *Sachstatut*

Das Sachstatut, also diejenige Rechtsordnung, die grundsätzlich über die Rechte an einer Sache entscheidet, wird in Italien geregelt durch die Art. 51-55 IPRG.

a. Anwendungsbereich

aa. *Possesso e diritti reali*, Art. 51 I IPRG

Im Mittelpunkt des italienischen internationalen Sachenrechts steht Art. 51 I IPRG, der die Regelung von Besitz, Eigentum und sonstigen Rechten an Sachen der Belegenheitsrechtsordnung unterstellt.[907] Die herrschende Meinung in Italien spricht sich bezüglich seiner normativ geprägten Tatbestandsmerkmale für eine *Lege-Fori*-Qualifikation aus.[908] Wie auch in Deutschland sind indes die Begriff-

---

[907] Vorrangiges Recht ergibt sich auch in Italien aus dem Genfer Abkommen über die internationale Anerkennung von Rechten an Luftfahrzeugen vom 19.6.1948. Italien ist dem Abkommen durch Gesetz vom 1.5.1952, n. 545 beigetreten.

[908] Vgl. nur *Barsotti*, Dig. IV, voce diritti reali nel diritto internazionale privato, S. 421; *Frigo*, voce diritti reali, Enc. Dir. Agg. III, S. 513; Cian/Trabucchi/*Armellini*, Art. 51, S. 3992; *Raggi*, voce diritti reali, Nov. dig. it., V, S. 754; *Morelli*, S. 153. A. A. *Venturini*, voce diritti reali (Dir. intern. priv.), Enc. Dir. XII, S. 777, der eine *Lege-Fori*-Qualifikation für mit dem Grundsatz des *numerus clausus* unvereinbar hält und da-

lichkeiten in den Kollisionsnormen weiter zu verstehen als dies das Verständnis vom Inhalt der materiellen Normen des italienischen Rechts nahelegt. Ginge man nämlich von einer streng am inländischen Sachrecht orientierten Auslegung des Kollisionsrechts aus, wäre die Subsumtion jeglichen ausländischen Rechtsinstituts unter die Kollisionsnormen unmöglich.

Von der Anknüpfung an den Belegenheitsort umfasst sind ausweislich des Art. 51 I IPRG also Besitz, Eigentum und sonstige Rechte an Sachen, wobei unter den sonstigen Rechten insbesondere die dinglichen Nutzungs- und Sicherungsrechte (*diritti reali di godimento e diritti reali di garanzia*) zu verstehen sind.[909] Dingliche Nutzungsrechte stellen beispielsweise die Dienstbarkeiten (*servitù prediali e personali*) oder das Erbbaurecht (*diritto di superficie*, Artt. 952 ff. c. c.) dar, dingliche Sicherungsrechte die Hypothek, das Pfandrecht und die Vorzugsrechte.[910] Aber auch ausländische Institute sind unter Art. 51 I IPRG zu subsumieren, insofern sie sich wegen ihrer *Erga-Omnes*-Wirkung als dingliche Rechte auszeichnen.[911]

Die Zuständigkeit der *lex rei sitae* erstreckt sich sowohl auf den Inhalt und den Schutz dinglicher Rechte, als auch auf ihren Erwerb oder Verlust. Für eine gewisse Perplexität sorgt der zweite Absatz des besagten Art. 51 IPRG, der die Anwendbarkeit des ersten Absatzes für diejenigen Fälle ausschließt, in denen sich die Rechtsänderung auf einen erb- oder familienrechtlichen Vorgang oder einen Vertrag zurückführen lässt.[912] Man könnte also geneigt sein anzunehmen, dass im Fall eines Eigentumserwerbs aufgrund beispielsweise eines Kaufvertrags[913] nicht die *lex rei sitae*, sondern vielmehr

---

her eine *Lege-Causae*-Qualifikation anstrebt. Weitere Vertreter dieser Auffassung bei *Vitta*, Dir. int. priv. III, S. 28, Fn. 71.

[909] *Raggi*, voce diritti reali, Nov. dig. it., V, S. 755.

[910] Es gelten nur die sog. *privilegi speciali* als von Art. 51 I IPRG umfasst, nicht hingegen die sog. *privilegi generali*, Cian/Trabucchi/*Armellini*, Art. 51 S. 3993; *Ballarino*, S. 570. Zur Unterscheidung zwischen allgemeinen und besonderen Vorzugsrechten oben Zweiter Teil, § 2, B III, 2.

[911] *Frigo*, voce diritti reali, Enc. Dir. Agg. III, S. 513 f.; *Benvenuti*, Le nuove leggi, Art. 51, S. 1327; *Vitta*, Dir. int. priv. III, S. 29.

[912] Art. 51 II IPRG: „*La stessa legge ne regola l´acquisto e la perdita, salvo che in materia successoria e nei casi in cui l´attribuzione di un diritto reale dipenda da un rapporto di famiglia o da un contratto.*"

[913] In Italien tritt ja der Eigentumserwerb mit Vertragsabschluss ein, eine gesonderte dingliche Einigung und eine Übergabe der Sache sind nicht erforderlich, sog. Konsensualprinzip.

das Vertragsstatut zum Tragen kommt. Indes ist man überwiegend der Auffassung, dass ein totaler Ausschluss der *lex rei sitae* keineswegs intendiert war. Gemäß der überkommenen Trennung von *titulus* und *modus adquirendi*[914] soll vielmehr nur klargestellt werden, dass der *titulus adquirendi,* also der vertragliche Erwerbstitel, dem Vertragsstatut zuzuordnen ist, während der *modus adquirendi,* also die Modalitäten des Rechtserwerbs, von der *lex rei sitae* geregelt wird.[915] Das einheitliche Geschäft, aus dem sowohl die obligatorischen als auch die dinglichen Wirkungen resultieren, ist demnach aufzuspalten: Das Vorhandensein und die Wirksamkeit der Willenserklärungen der Parteien, gerichtet auf den Vertragsschluss, beurteilen sich nach der *lex contractus,* das Entstehen des dinglichen Rechts (im Falle eines Kaufvertrags Eigentum) nach der *lex rei sitae,* die hierfür entweder den bloßen Konsens ausreichen lässt oder nach einem (oder mehreren) weitergehenden Akt(en) verlangt.[916] Diese separate Betrachtung von *titulus und modus adquirendi* beansprucht auch für die dinglichen Sicherungsrechte Geltung.[917]

bb. *Pubblicità degli atti relativi ai diritti reali,* Art. 55 IPRG

Mit Art. 55 IPRG[918] hat der italienische Reformgesetzgeber eigens eine Norm die Publizität von Rechtsakten bezüglich dinglicher Rechte betreffend geschaffen.[919] Diese besagt, dass die Vorschriften hinsichtlich der Publizität der Begründungs-, Übertragungs- oder Erlöschensakte dinglicher Rechte dem Recht des Ortes zu entnehmen sind, an welchem sich die Sache zum Zeitpunkt des fraglichen

---

[914] Vgl. nur Cass., Urt. v. 1.10.1980, n. 5338, Riv. dir. int. priv. proc. 1981, 928 (928 f.).

[915] Cian/Trabucchi/*Armellini,* Art. 51, S. 3993; *Barel/Armellini,* S. 188 f.; *Ballarino,* S. 567.

[916] *Ballarino,* S. 568 f.; *Mosconi/Campiglio,* S. 171.

[917] *Ballarino,* S. 570.

[918] *„La pubblicità degli atti di costituzione, trasferimento ed estinzione dei diritti reali è regolata dalla legge dello Stato in cui il bene si trova al momento dell´atto."* Zu Deutsch: „Die Publizität der Begründungs-, Übertragungs- und Erlöschenstatbestände hinsichtlich dinglicher Rechte untersteht dem Recht des Staates, in dem sich der Gegenstand im Zeitpunkt der Verwirklichung des Tatbestands befindet."

[919] Eine solche Regelung existierte auch bereits vor Inkrafttreten des IPR-Gesetzes in Form des Art. 26 II disp. prel. c. c. 1942, der allerdings vornehmlich kritisch betrachtet wurde: Insbesondere wurde eine Vermengung der unterschiedlichen Konzepte von Form und Publizität beklagt, die daraus resultierte, dass von *„forme di pubblicità"* die Rede war und zudem im ersten Absatz der Norm das Formstatut seine Regelung fand. Vgl. zu dieser Kritik *Frigo,* voce diritti reali, Enc. Dir. Agg. III, S. 528.

Rechtsaktes befand. Dies bedeutet wohl eine Entscheidung zugunsten des Ausgangssitus: Wenn dort ein dingliches Recht gemäß den dortigen Publizitätsanforderungen drittwirksam bestellt wurde, muss es nicht (zusätzlich) den Publizitätsanforderungen des italienischen Rechts als neuer *lex rei sitae* genügen.[920] *Ballarino* will Art. 55 IPRG auch für den Fall des *Data-Certa*-Erfordernisses aus Art. 1524 c. c. anwenden.[921] Dies wird allerdings von zahlreichen anderen Autoren abgelehnt: Umfasst von Art. 55 IPRG seien ausweislich seines Wortlauts nur Publizitätserfordernisse, die für den in Frage stehenden Rechtsakt konstitutiven Charakter aufweisen. Publizitätsvorschriften, die nur im Hinblick auf die Drittwirksamkeit von Belang sind, wie beispielsweise Art. 1524 c. c., sollen, da sie dingliche Wirkungen des Rechts darstellen, unter die Herrschaft der *lex rei sitae* (Art. 51 IPRG) fallen.[922]

Art. 55 IPRG wird, Schiffe und Luftfahrzeuge betreffend, von dem spezielleren Art. 6 cod. nav. verdrängt. Die Publizität der Rechtsakte, Kraftfahrzeuge betreffend, richtet sich nach Art. 6 r. d. l. 15.3.1927, n. 436[923], der für die Drittwirksamkeit nach

---

[920] *Ballarino*, S. 583. Allerdings gibt er einschränkend zu bedenken, dass aufgrund des zwingenden Charakters der Norm möglicherweise von einer *„applicazione necessaria"* im Sinne des Art. 17 IPRG ausgegangen werden muss. Art. 17 schreibt die vorrangige Anwendbarkeit der italienischen Eingriffsnormen vor, die dann als solche qualifiziert werden, wenn sie in Anbetracht ihres Gegenstandes und ihres Zwecks trotz der Verweisung auf ausländisches Recht angewandt werden müssen. Art. 17 operiert also im Gegensatz zum *ordre public ex ante*. In der Literatur wird befürchtet, dass mit Hilfe des Art. 17 der restriktivere Art. 16 (*ordre public*) umgangen wird, um zu einer Anwendung der *lex fori* zu gelangen, *Maglio/Thorn*, ZVglRWiss 96 (1997), 347 (353). Plädiert wird daher für eine enge Auslegung, Pocar/*Treves*, Art. 17, S. 87 f. Es ist also einigermaßen fraglich, ob Art. 17 im vorliegenden Fall - die Richtigkeit der Annahme Ballarinos unterstellt - einschlägig ist. Jedenfalls würde eine Anwendung des Art. 17 IPRG die (von Ballarino angenommene) Neuregelung hinfällig machen - letztendlich, nur über den Umweg des Art. 17 IPRG, entscheidet doch die (aktuelle) *lex rei sitae*.

[921] So auch *Kindler*, RabelsZ 61 (1997), 227 (276).

[922] Vgl. nur *Frigo*, voce diritti reali, Enc. Dir. Agg. III, S. 529, 535. So auch die herrschende Meinung zur alten Rechtslage (Art. 26 II disp. prel. c. c.), vgl. Corte d'Appello di Milano, Urt. v. 6.4.1956, Foro it. 1957 I, 1856 = RabelsZ 31 (1967), 485, Nr. 89; Cass., Urt. v. 21.6.1974 n. 1860, Riv. dir. int. priv. proc. 1975, 335; *Vitta*, II, S. 161 f. Auch die *Relazione* (Begründung des Gesetzesentwurfs) geht mit keinem Wort darauf ein, dass eine Änderung im Vergleich zur alten Rechtslage erfolgen sollte, *Gaja*, La riforma, S. 431 f.

[923] Königliches Dekret Nr. 436 vom 15.3.1927, Gazzetta Ufficiale n. 84 v. 11.4.1927; umgewandelt in Gesetz vom 19.2.1928, n. 510, Gazzetta Ufficiale. n. 75 v. 29.3.1928.

einer Eintragung in das öffentliche Automobilregister (*pubblico registro automobilistico*) verlangt.[924]

b. Sonderanknüpfungen

aa. *Diritti reali sui beni in transito*, Art. 52 IPRG

Art. 52 IPRG[925] hält eine Sonderanknüpfung für die sog. *res in transitu* bereit: In Abweichung von Art. 51 I IPRG soll hier das Recht des Bestimmungsorts (Zielorts), die sog. *lex loci futuri*, gelten.[926] Ihre Rechtfertigung findet diese Anknüpfung in der Tatsache, dass die *res in transitu* jedenfalls am Ende ihrer Reise dieser Rechtsordnung unterworfen sein werden.[927] Stellte man hingegen auf den Belegenheitsort ab, hinge es nur vom Zufall ab, welche Rechtsordnung zuständig ist. Die engere Verknüpfung bestehe also zum Zielort. Nicht zweifelsfrei auszumachen ist ausweislich des Wortlauts der Anwendungsbereich dieser Norm. Die Mehrheit in der Literatur spricht sich für eine restriktive Handhabung aus: Von Art. 52 soll nur der rechtsgeschäftlicher Erwerb oder Verlust dinglicher Rechte erfasst sein, nicht hingegen der Inhalt dieser Rechte oder mögliche gesetzliche Erwerbstatbestände.[928] Eine andere Ansicht will Art. 52 nur dann angewendet sehen, wenn sich die *res in transitu* nicht in der tatsächlichen Verfügungsgewalt des Inhabers befinden.[929] Ob (registrierungspflichtige) Transportmittel - wobei Schiffe und Luftfahrzeuge ausgeschlossen sind; siehe dazu gleich unten - als *res in*

---

[924] Dies gilt für alle in Italien registrierten Kraftfahrzeuge, gleich ob sich im Zeitpunkt der Vornahme des Rechtsakts auf italienischem Territorium befinden oder nicht, vgl. auch *Frigo*, voce diritti reali, Enc. Dir. Agg. III, S. 529, Fn. 44.

[925] "*I diritti reali su beni in transito sono regolati dalla legge del luogo della destinazione.*" Zu Deutsch: „Die dinglichen Rechte an sich auf dem Transport befindlichen Sachen unterstehen dem Gesetz des Bestimmungsortes."

[926] Unter Geltung des Art. 22 disp. prel. 1942 war umstritten, ob für die *res in transitu* das Recht des Bestimmungslandes (*Fedozzi*, S. 665), das des Ausgangslandes (*Balladore Pallieri*, S. 241) oder das des jeweiligen Belegenheitsstaates (gemäß der gesetzlichen Regelung, so *Morelli*, S. 155) anwendbar sein sollte.

[927] *Ballarino*, S. 585.

[928] *Ballarino*, S. 586; Cian/Trabucchi/*Armellini*, Art. 52, S. 3995.

[929] *Benvenuti*, Le nuove leggi, Art. 52, S. 1335.

transitu aufzufassen sind, wird ebenfalls nicht einheitlich behandelt.[930]

bb. Art. 6 disp. prel. cod. nav.

Art. 6 cod. nav.[931] statuiert eine Sonderanknüpfung für Schiffe und Luftfahrzeuge: Besitz, Eigentum, sonstige dingliche Rechte und Sicherungsrechte an solchen werden von dem Gesetz des Flaggenstaats (*legge della bandiera*) geregelt. Für andere registrierungspflichtige Transportmittel gilt hingegen die allgemeine *Situs*-Regel.[932]

c. Anknüpfungszeitpunkt

Bezüglich der Frage nach dem Anknüpfungszeitpunkt verhält es sich wie im deutschen Recht. Für zuordnungsändernde Tatbestände ist der Zeitpunkt ihrer Vollendung ausschlaggebend. Hinsichtlich der Wirkungen dinglicher Rechte ist auf den Zeitpunkt ihrer Geltendmachung abzustellen.[933]

2. Behandlung des Statutenwechsels

a. Gesetzliche Regelung

In Italien existiert bezüglich der Frage, ob und inwieweit ausländische Rechte auch im Inland Geltung beanspruchen können, keine explizite Regelung. Im Gesetzgebungsverfahren für den *Codice Civile*

---

[930] Bejahend *Frigo*, voce diritti reali, Enc. Dir. Agg. III, S. 520, der allerdings *de lege ferenda* für eine Anknüpfung an den Registrierungsort eintritt. Verneinend *Benvenuti*, Le nuove leggi, Art. 52, S. 1335; Pocar/*Luzzato*, Art. 52, S. 255, die auch für eine Anknüpfung an den Registrierungsort plädieren.

[931] „*La proprietà, gli altri diritti reali e diritti di garanzia sulle navi e sugli aeromobili, nonché le forme di pubblicità degli atti di costituzione, trasmissione ed estinzione di tali diritti, sono regolati dalla legge nazionale della nave o dell´aeromobile.*" Zu Deutsch: „Das Eigentum, die sonstigen dinglichen Rechte und die Sicherungsrechte an Schiffen und Luftfahrzeugen sowie die Formen der Publizität der Begründungs-, Übertragungs- und Erlöschenstatbestände bezüglich solcher Rechte werden von dem Recht des Flaggenstaats des Schiffs oder des Luftfahrzeugs geregelt."

[932] *Ballarino*, S. 588.

[933] *Ballarino*, S. 574; Cian/Trabucchi/*Armellini*, Art. 51, S. 3994; Cass., Urt. v. 21.6.1974, n. 1860, Giur. it. 1975, 335 ff. = Riv. dir. int. priv. proc. 1975, 335.

von 1942, dessen *disposizioni preliminari* (einleitende Bestimmungen) auch die Regelungen zum internationalen Privatrecht umfassten, war zwar eine Regelung erwogen, letztendlich aber doch verworfen worden: Vorgeschlagen war, dem späteren Art. 22 disp. prel. einen zweiten Satz mit folgendem Inhalt anzufügen:

"Il fatto che le cose mobili siano trasportate in altro luogo non infirma l´acquisto fattone, né i diritti acquistati su di esse dai terzi, conformemente alla legge del luogo ove le cose si trovano al momento dell´acquisto."[934]

Auf Betreiben des Justizministers wurde dieser Satz jedoch im endgültigen Kommissionsentwurf gestrichen. Dass einmal wirksam begründete Rechte in Folge eines Statutenwechsels nicht untergehen, bedürfe keiner expliziten Erwähnung. Der vorgeschlagene Zusatz sei zudem insofern ungenau, als er unberücksichtigt lässt, dass die bestehenden Rechte nicht *in jedem Fall* gegen Änderungen oder sogar Nichtgeltung gefeit sind. Vielmehr können nur solche ausländischen Rechte Fortgeltung beanspruchen, die sich mit der neuen *lex rei sitae* vereinbaren lassen.[935]

b. Standpunkte in der Literatur

Es entsprach und entspricht auch ohne gesetzliche Regelung herrschender Auffassung in Italien, dass ein Statutenwechsel grundsätzlich nicht den Untergang unter dem Ausgangsstatut erworbenener Rechte nach sich zieht. Es gilt vielmehr der Grundsatz des *rispetto dei diritti quesiti* (Schutz der wohlerworbenen Rechte).[936] Es bleibt diesbezüglich allerdings zu beachten, dass im Bezug auf Begründungsakt und Inhalt der Rechte differenziert werden muss. Dementsprechend soll für die Begründung von Rechten an Sachen das

---

[934] Art. 10 des vorläufigen Kommissionsentwurfs von 1931, abgedruckt bei *Vitta*, Dir. int. priv. III, S. 540. Zu Deutsch: „Die Tatsache, dass Mobilien an einen anderen Ort verbracht werden, beeinträchtigt weder den Eigentumserwerb noch die von Dritten gemäß dem am jeweils aktuellen Belegenheitsort geltenden Recht an der Sache erworbenen Rechte."

[935] Die *Relazione del Ministro al Re* ist wiedergegeben bei *Pandolfelli/Scarpello/Stella-Richter/Dallari*, Codice Civile, I, S. 37.

[936] Wobei dieser Begriff sich als zu ungenau erweist, indem er impliziert, die erworbenen Rechte bestünden nach dem Statutenwechsel immer und unverändert fort, vgl. *Vitta*, Dir. int. priv. III, S. 19.

Recht des ursprünglichen *Situs* auch nach dem Statutenwechsel weiterhin Geltung beanspruchen; mit der Folge, dass einmal wirksam entstandene Rechte fortbestehen.[937] Der Inhalt und die Ausübung besagter Rechte, somit deren Drittwirksamkeit, soll hingegen dem Recht des neuen Lageorts entnommen werden.[938] Die Ansätze zur Begründung dieser Vorgehensweise divergieren: Zahlreiche Stimmen berufen sich auf die Grundsätze des intertemporalen Privatrechts, die sie wegen der ihrer Ansicht nach vergleichbaren Problematik (jedenfalls analog) anwenden wollen: Beide Fallgestaltungen betreffen die sukzessive Anwendbarkeit zweier Rechtsordnungen.[939] Ein Autor wollte gar in Art. 22 disp. prel. zwei Normen enthalten wissen, von denen eine den Zustand der Sache als Objekt von Rechten und die andere den Inhalt und die Ausübungsmodalitäten regelt.[940] Das Anknüpfungsmoment der *rei sitae* greift dabei für jede der beiden Normen zu einem unterschiedlichen Zeitpunkt. Die herrschende Ansicht, die im Falle eines Statutenwechsels ein Auseinanderfallen des Rechtsbegründungs- und des Rechtswirkungsstatuts annimmt, müsste nach seiner Auffassung, da auch sie eine zeitliche Zäsur in Bezug auf das Anknüpfungsmoment annimmt, zu dem logischen Schluss der Zweiteilung der Norm gelangen.[941] Wieder andere Autoren sehen in der Vorgehensweise der herrschenden Meinung das Resultat eines Interessenausgleichs: Einerseits werde dem Interesse des Rechtsinhabers am Fortbestand seines wirksam begründeten Rechts Rechnung getragen, andererseits aber würden

---

[937] Plastisch *Balladore Pallieri*, S. 242 f.: "*Come le persone si presentano in Italia investite di una cittadinanza, della qualità di coniugi (...) così le cose si presentano come soggette a un diritto di proprietà o altro.*"

[938] H. M. vgl. nur *Ronzitti*, Riv. dir. int. 1967, 33 (60); *Frigo*, voce diritti reali, Enc. Dir. Agg. III, S. 516; *Venturini*, Enc. Dir. XII, voce diritti reali (Dir. intern. priv.), S. 779; *Balladore Pallieri*, S. 243; *Luzzatto*, S. 113 ff.; *Vitta*, Riv. dir. int. priv. proc. 1974, 217 (221); *Barsotti*, voce diritti reali nel diritto internazionale, Dig. IV, S. 435. Anders noch *Diena*, Riv. dir. comm. 1911 I, 508 (526): Grundsätzlich regelt das Ausgangsstatut alle Fragen, auch die inhaltsbezogenen, hinsichtlich des unter ihm zur Entstehung gelangten Rechts. Ausnahmen sind allerdings dann zuzulassen, wenn *ordre public* oder drittschützende Normen am neuen Belegenheitsort dies erforderlich machen.

[939] *Vitta*, Riv. dir. int. priv. proc. 1974, 217 (222 f.); ders., Dir. int. priv. III, S. 19 ff.; *Morelli*, S. 154. Darstellung der Einwände bei *Ronzitti*, Riv. dir. int. 1967, 33 (53).

[940] *Luzzatto*, S. 113 f.: „*(...) l'art. 22 disp. prel. appare comprensivo di due distinte norme (...).*" *Vitta*, Dir. int. priv. III, S. 18, bezeichnet diese Zweiteilung als „obskur."

[941] *Luzzatto*, S. 114.

auch die berechtigten Interessen des Rechtsverkehrs am neuen Belegenheitsort nicht übergangen.[942]
Auch nach Ablösung des Art. 22 disp. prel. durch den - inhaltlich identischen - Art. 51 IPRG entspricht diese Differenzierung weiterhin herrschender Auffassung.[943]
Nachdem auch die nach ausländischem Recht begründeten Rechtsinstitute bezüglich ihres Umfangs und Inhalts dem italienischen Recht als neuer Belegenheitsrechtsordnung unterliegen, muss geklärt werden, wie ihre Integration in dieselbe praktisch zu bewerkstelligen ist. Keine größeren Schwierigkeiten treten auf, wenn in Italien ein dem im Ausland begründeten entsprechendes Recht vorhanden ist.[944] Paradigmatisch ist hier das Eigentum als umfassendes Recht an einer Sache: Soweit es im Ausland (nach den dortigen Vorschriften) wirksam begründet wurde, kann es nach dem Statutenwechsel in Italien mit dem Inhalt geltend gemacht werden, den ihm das italienische Recht als neue *lex rei sitae* verleiht.[945] Dies kann zur Folge haben, dass die Wirkungen weiterreichend als im Begründungsstatut ausfallen, aber auch, dass Einbußen hinzunehmen sind (*mutamento qualitativo*).[946] Als problematisch erweisen sich demgegenüber solche Fälle, in denen sich die Regelungen hinsichtlich italienischen Rechtsinhalts in wesentlichem Maße anders gestalten oder ein entsprechendes Recht gar nicht bekannt ist.
Auch in Italien entspricht es der herrschenden Auffassung im Schrifttum, in einer solchen Situation den rechtlichen Rahmen eines funktionalen Äquivalents der *lex fori* für das unbekannte ausländische Recht fruchtbar zu machen.[947] Die (wenigen) Autoren, die sich explizit mit dieser Problematik auseinandersetzen, geben ausweislich ihrer Formulierungen Anlass zu der Vermutung, dass sie eher dem Erfordernis einer strengen Transposition zugeneigt sind.[948]

---

942 *Bonomi*, Riv. dir. int. priv. proc. 1992, 777 (787 f.).

943 *Ballarino*, S. 574; Cian/Trabucchi/*Armellini*, Art. 51, S. 3994; *Benvenuti*, Le nuove leggi, Art. 51, S. 1334; Pocar/*Luzzatto*, Art. 51, S. 253 f.; *Mosconi/Campiglio*, S. 171.

944 *Ballarino*, S. 580.

945 *Bonomi*, Riv. dir. int. priv. proc. 1992, 777 (791).

946 *Barsotti*, Dig. IV, voce diritti reali nel diritto internazionale privato, S. 435; *Vitta*, Dir. int. priv. III, S. 19; *Vitta/Mosconi*, S. 259.

947 *Ballarino*, S. 580; Cian/Trabucchi/*Armellini*, Art. 51, S. 3992; *Venturini*, S. 530.

948 Bestätigung erfährt diese Vermutung auch durch explizite Verweise auf die Ausführungen Lewalds, vgl. *Crespi Reghizzi*, S. 52, Fn. 19.

Nach *Ballarino* und *Bonomi* muss versucht werden, das fremde Rechtsinstitut in entsprechende juristische Gebilde der inländischen Rechtsordnung zu überführen.[949] *Armellini* spricht vom Erfordernis einer „Anpassung“ des ausländischen Rechtsinstituts „mittels einer Art Umsetzung“ (Transposition) in ein entsprechendes Rechtsinstitut der *lex fori*.[950] Auch *Gardella* sowie *Barsotti* und *Venturini* fordern die Umsetzung in bekannte Rechtsgebilde.[951] Eher nebulös mutet dagegen die Äußerung von *Benvenuti* an, der eine „Koordinierung“ (*coordinamento*) von Begründungsstatut und neuer *lex situs* fordert.[952] Auch von einer einheitlichen Begrifflichkeit ist man in der italienischen Lehre weit entfernt: Teils wird von Anpassung (*adattamento*[953]) und (oder) Umsetzung (*trasposizione*[954]) gesprochen, teilweise auch von Koordinierung (*coordinamento*[955]). Letztendlich bestehen aber jedenfalls in inhaltlicher Hinsicht keine Unterschiede, was auch aus der Tatsache erhellt, dass manche Autoren (*Ballarino, Armellini*) mehrere Begrifflichkeiten parallel verwenden.

Einig ist man sich hinsichtlich der Konsequenz für den Fall, dass im aktuellen Sachstatut kein funktional äquivalentes Rechtsinstitut auffindbar ist: Das ausländische Recht bleibt dann zwar als solches bestehen, ist aber inhaltsleer (da sein Inhaber keinerlei Rechtsmacht aus ihm ableiten kann) und damit jedenfalls faktisch nicht existent.[956]

---

[949] *Ballarino*, S. 580: *„ricondurre il diritto straniero negli schemi di una corrispondente situazione giuridica propria del diritto interno.“* Ihm folgend *Bonomi*, Riv. dir. int. priv. proc. 1992, 777 (791).

[950] Cian/Trabucchi/*Armellini*, Art. 51, S. 3992: *"trasposizione in un corrispondente istiuto della lex fori."*

[951] *Gardella*, Banca, Borsa 2005, 583 (599): *"trasformata in garanzia diversa"*; *Barsotti*, Dig. IV, voce diritti reali nel diritto internazionale private, S. 435: *"trasformandosi nella titolarità di diritti equivalenti riconosciuti dall´ordinamento del nuovo situs rei"*; *Venturini*, S. 530: *"inserire i diritti reali nelle figure corrispondenti della nuova legge."*

[952] *Benvenuti*, Le nuove leggi, Art. 51, S. 1334.

[953] *Ballarino*, S. 580; Cian/Trabucchi/*Armellini*, Art. 51, S. 3992; *Venturini*, S. 530.

[954] *Ballarino*, S. 580; Cian/Trabucchi/*Armellini*, Art. 51, S. 3992; *Bonomi*, Riv. dir. int. priv. proc. 1992, 777 (792); *Gardella*, Banca, Borsa 2005, 583 (599); *Barsotti*, Dig. IV, voce diritti reali nel diritto internazionale private, S. 435.

[955] *Benvenuti*, Le nuove leggi, Art. 51, S. 1334.

[956] *Ballarino*, S. 580; *Benvenuti*, Le nuove leggi, Art. 51, S. 1334; *Vitta*, Dir. int. priv. III, S. 18. Einen Untergang des Rechts (*"effet de purge"*) nimmt, soweit ersichtlich, niemand an.

c. Vorgehensweise der Rechtsprechung

Auch in der Rechtsprechung wird bei Vorliegen eines Statutenwechsels das Auseinanderfallen von Rechtsbegründungs- und Rechtswirkungsstatut angenommen.[957] Für den Inhalt des ausländischen Rechtsinstituts ist folglich das italienische Recht als aktuelle *lex rei sitae* zuständig. Einigermaßen umfangreiche Ausführungen zum Statutenwechsel bietet eine Entscheidung des *Tribunale di Torino* aus dem Jahre 1982[958] (und folglich noch zu Art. 22 disp. prel.): Von einem Fortbestand des Rechts wird ausgegangen, insoweit es auch im neuen Statut bekannt ist, wobei sich der Inhalt nach dem entsprechenden inländischen Institut richtet; folglich kann es auch zu einer Erweiterung oder Beschränkung des Inhalts kommen. Ist das Recht dem Neustatut unbekannt, ist es *de facto* nicht existent. Das *Tribunale Oristano* hat in einer Entscheidung aus dem Jahr 1956 die Anerkennung eines englischen *trust* abgelehnt.[959] Begründet wurde dies seitens des Gerichts mit den wesentlichen Grundsätzen des *ordre public*, die durch eine solche Anerkennung verletzt würden. In Italien gelte bezüglich dinglicher Rechte das *Numerus-Clausus*-Prinzip; somit könne ein gespaltenes Eigentum wie es dem *trust* zugrunde liegt, in Italien, da gänzlich unbekannt, keine Anerkennung finden.[960] Die weiteren, einen Statutenwechsel betreffenden Entscheidungen italienischer Gerichte sind bezüglich im Aus-

---

[957] Cass., Urt. v. 12.7.1952, n. 2169, Giur. compl. Cass. civ. 31 (1952 III), 177: *„È infatti comunemente riconosciuto che il principio della lex rei sitae deve essere applicato con l´osservanza dell´altro principio generale del rispetto dei diritti quesiti."* Mit dieser Entscheidung hob die *Cassazione* ein Urteil der *Corte d´Appello di Bologna* (11.1.1951, Giur. it. 1951 II, 369) auf, in welchem das Recht am neuen Belegenheitsort der Sache auch für den Erwerb von Rechten am alten Belegenheitsort als maßgeblich angesehen wurde. Cass., sez. un., Urt. v. 18.9.1970, n. 1553, Foro it. 1970 I, 2361 = Riv. dir. int. priv. proc. 1970, 890 (zu Art. 6 cod. nav.); Trib. Torino, Urt. v. 25.3.1982, Riv. dir. int. priv. proc. 1982, 625 ff.; Trib. Oristano, Urt. v. 15.3.1956, Foro it. 1956, 1020 ff.; Cass., Urt. v. 21.6.1974, n. 1860, Riv. dir. int. priv. proc. 1975, 335 ff.

[958] Tribunale di Torino, Urt. v. 25.3.1982, Riv. dir. int. priv. proc. 1982, 625 (631).

[959] Tribunale di Oristano, Urt. v. 15.3.1956, Foro it. 1956, 1020 ff.

[960] Seit dem 1.1.1992 gilt in Italien das Haager Trust-Übereinkommen vom 1.7.1985, in dem Statut und Anerkennung des anglo-amerikanischen *trust* geregelt werden. Die Entscheidung des *Tribunale Oristano* ist nun insoweit als überholt anzusehen, als eine Anerkennung eines *trust* in Italien nunmehr gesetzlich vorgegeben ist. Näher dazu *Ballarino,* S. 589 ff. Seitens der Bundesrepublik Deutschland wurde dieses Übereinkommen nicht ratifiziert.

land vereinbarter Eigentumsvorbehalte ergangen. Ein Eigentumsvorbehalt fällt auch in Italien nicht unter das Vertragsstatut, sondern wird als dinglicher Tatbestand nach Art. 51 IPRG angeknüpft. Somit richtet sich sein Zustandekommen nach dem ursprünglichen Sachstatut, sein Inhalt, also die Ausübung und Durchsetzung gegenüber Dritten, hingegen nach dem Recht des aktuellen Belegenheitsorts. Da der (einfache) Eigentumsvorbehalt auch im italienischen Recht bekannt ist, besteht hinsichtlich der Anerkennung grundsätzlich kein Problem. Allerdings ist in Italien auch ein importierter Eigentumsvorbehalt Drittgläubigern gegenüber nur dann durchsetzbar, wenn seine Vereinbarung anhand eines Schriftstücks mit sicherem Datum (*data certa*), welches vor der Pfändung liegt, nachgewiesen werden kann, Art. 1524 c. c.[961] Die formellen Voraussetzungen der Drittwirksamkeit werden also - als Regelung der Durchsetzung des dinglichen Rechts - unter das Sachstatut gefasst.[962] In ihrer Entscheidung vom 21.6.1974 hat daher die *Cassazione* die Durchsetzbarkeit eines formlosen österreichischen Eigentumsvorbehalts mangels eines Art. 1524 c. c. entsprechenden Nachweises verneint.[963] Gleichsam hilfsweise beruft sich das Gericht auf den *Ordre-Public*-Charakter des *Data-Certa*-Erfordernisses.[964]

Ebenso hat bereits die *Corte d'Appello di Milano* 1956 entschieden[965]: Hier war ein formlos in Deutschland vereinbarter Eigentumsvorbehalt betroffen, dem der Vorbehaltsverkäufer in Italien im Konkurs des Vorbehaltskäufers Geltung verschaffen wollte. Auch hier scheiterte der ausländische Sicherungsnehmer am *Data-Certa*-Erfordernis des Art. 1524 c. c.

---

961 "*La riserva della proprietà è opponibile ai creditori del compratore, solo se risulta da atto scritto avente data certa anteriore al pignoramento.*" Wann eine *data certa* vorliegt, ergibt sich aus Art. 2704 c. c.

962 Zur Frage, ob das Publizitätserfordernis aus Art. 1524 c. c. möglicherweise nun unter Art. 55 IPRG zu fassen ist, vgl. oben Dritter Teil, § 1, C, II, 1 a, bb.

963 Cass., Urt. v. 21.6.1974, n. 1860, Riv. dir. int. priv. proc. 1975, 335.

964 Cass., Urt. v. 21.6.1974, n. 1860, Riv. dir. int. priv. proc. 1974, 335 (339).

965 Corte d'Appello di Milano, Urt. v. 6.4.1956, Foro it. 1957 I, 1856 = RabelsZ 31 (1967), 485, Nr. 89.

d. Resümee

Hinreichend geklärt ist in Italien, dass unter anderer Rechtsordnung begründete dingliche Rechte an einer beweglichen Sache nicht infolge eines Statutenwechsels untergehen, sondern vielmehr generell Anerkennung finden. Ausgeübt werden können solche Rechte allerdings nur gemäß den Vorschriften eines inländischen Äquivalents. Mangelt es an einem solchen, ist das Recht - solange sich die Sache in Italien befindet - praktisch wertlos. Genauere dogmatische Ausführungen hinsichtlich der von der italienischen Literatur propagierten Umsetzung respektive Anpassung der ausländischen Rechtsinstitute fehlen. M. E. geht die herrschende Meinung von einer Transposition aus, wobei verbreiteter die Auffassung erscheint, die nicht eine Umwandlung in ein inländisches Institut fordert, sondern das ausländische Institut in den Bahnen seiner inländischen Entsprechung ausgeübt sehen will. Aus der zum Statutenwechsel ergangenen Rechtsprechung ist eine explizite Aussage diesbezüglich nicht zu entnehmen.

§ 2. Schicksal der deutschen Sicherungsübereignung in Italien

A. Statut der Sicherungsabrede

Schuldvertragliche Wirkungen wie diejenigen der *inter partes* wirkenden Sicherungsabrede unterliegen, auch wenn es sich *in toto* betrachtet um eine dingliche Sicherheit handelt, dem Vertragsstatut.[966] Im europäischen grenzüberschreitenden Verkehr ist seit 2009 die sog. Rom I-VO einschlägig.[967] In Deutschland und Italien gelten in Bezug auf vertragliche Schuldverhältnisse mithin die gleichen kollisionsrechtlichen Regelungen. Grundsätzlich ist den Parteien gem. Art. 3 Rom I-VO die Wahl des auf die Sicherungsabrede anwendbaren Rechts anheim gestellt (Grundsatz der Parteiautonomie). Ist eine Rechtswahl seitens der Parteien nicht erfolgt, kommen die subsidiären objektiven Anknüpfungsbestimmungen aus Art. 4 Rom I-VO zum Einsatz.[968] Als Vertragsstatut gilt dann das Recht des gewöhnlichen Aufenthalts des Sicherungsgebers, als demjenigen, der die für den Vertrag charakteristische Leistung zu erbringen hat[969], Art. 4 II Rom I-VO. Wiederum gesondert anzuknüpfen ist natürlich die gesicherte Forderung, die insoweit von der Sicherungsabrede zu unterscheiden ist. Das Statut der Sicherungsabrede ist unwandelbar, unterliegt mithin - im Gegensatz zum

---

[966] Staudinger/*Stoll*, IntSachenR, Rn. 345.

[967] Verordnung (EG) Nr. 593/2008 des Europäischen Parlaments und des Rates vom 17.6.2008 über das auf vertragliche Schuldverhältnisse anzuwendende Recht (Rom I, ABl. EU Nr. L 177, S. 6). Die Rom I-VO gilt, mit Ausnahme ihres Art. 26, der seit dem 17.6.2009 gilt, für alle seit dem 17.12.2009 geschlossenen Verträge, vgl. Art. 29 Rom I-VO. Vorher war das Römische EWG-Übereinkommen über das auf vertragliche Schuldverhältnisse anzuwendende Recht vom 19.6.1980, sog. EVÜ, umgesetzt in Art. 27 ff. EGBGB, anzuwenden.

[968] Gem. Art. 20 Rom I-VO sind die Normen als Sachnormverweisungen zu verstehen; es wird also direkt auf das Sachrecht der einschlägigen Rechtsordnung verwiesen, nicht auf deren Kollisionsrecht, was einen *renvoi* ausschließt. Die Rechtswahl der Parteien soll nicht durch das IPR des gewählten Rechts konterkariert werden, vgl. MünchKomm/*Martiny*, Art. 20 Rom I-VO, Rn. 2.

[969] Vgl., allerdings noch zu Art. 28 EGBGB, Staudinger/*Magnus*, Art. 28 EGBGB, Rn. 493; Staudinger/*Stoll*, IntSachenR, Rn. 345.

Sachstatut - keinem Statutenwechsel. Für ein in Deutschland vereinbartes Sicherungsgeschäft gilt im Regelfall deutsches Schuldrecht, da der Sicherungsgeber dann meist auch seinen gewöhnlichen Aufenthalt in Deutschland hat oder die Parteien ohnehin die Geltung deutschen Rechts vereinbaren. Gelangt das Sicherungsgut über die deutschen Grenzen, ist dennoch weiterhin das deutsche Vertragsrecht anwendbar.

B. Statut der Begründung des Sicherungseigentums

Für die Begründung des Sicherungseigentums gilt nach dem auch in Italien geltenden *Situs*-Grundsatz (Art. 51 IPRG) das Recht des Belegenheitsortes im Zeitpunkt der Rechtsbestellung. Befand sich das Sicherungsgut in Deutschland, gilt deutsches Sachenrecht: Erforderlich ist eine wirksame Übereignung nach § 929 BGB, welche eine dingliche Einigung der Parteien sowie die Übergabe der Sache voraussetzt. Im Regelfall wird allerdings die Übergabe durch die Vereinbarung eines Besitzkonstituts nach § 930 BGB ersetzt. Theoretisch wäre in dem Falle, dass das Sicherungsgut anschließend nach Italien gelangt, auch allein die dingliche Einigung ausreichend, da dort für eine wirksame Eigentumsübertragung eine Übergabe (oder ein Übergabesurrogat) nicht gefordert wird. Praktisch wird dieser Fall allerdings kaum eintreten, da in Deutschland dingliche Einigung und Vereinbarung eines Besitzkonstituts (in Form der Sicherungsabrede) regelmäßig gleichzeitig erfolgen.[970] Die Wirksamkeit der Sicherungsabrede ist nach deutschem Sachstatut für eine wirksame Übereignung ohne Belang.[971]

---

[970] *Ernst*, S. 305.

[971] Anders im vom Konsensualprinzip beherrschten italienischen Recht.

C. Ausübung der deutschen Mobiliarsicherheit Sicherungsübereignung in Italien - Verwertung im einfachen Sicherungsfall, Insolvenz und Zwangsvollstreckung nach der Methode der Substitution

Nachdem das Sicherungsgut über die Grenze nach Italien verbracht wurde, ist Rechtswirkungsstatut das italienische Recht als neue *lex rei sitae*.
Wie bereits dargestellt, ist den Äußerungen in italienischer Rechtsprechung und Literatur zu entnehmen, dass für die Integration ausländischer Mobiliarsicherheiten die Methode der Transposition die vorherrschende (besser wohl alleinherrschende) darstellt.
Es ist also davon auszugehen, dass die italienischen Gerichte den Versuch unternehmen würden ein Äquivalent in der italienischen Rechtsordnung auszumachen, gemäß dessen Vorschriften der deutsche Sicherungsnehmer sein Recht dann ausüben könnte - oder besser müsste. Meiner Meinung nach überzeugender ist hingegen die als Substitution bezeichnete Vorgehensweise, die - wie oben gesehen - den entscheidenden Vorteil einer flexiblen Lösung aufweist. Daher soll im Folgenden, neben der in Italien bevorzugten Lösung der Transposition, auch im italienischen Forum die Methode der Substitution dargestellt werden.

I. VERWERTUNG DES SICHERUNGSGUTS IM EINFACHEN SICHERUNGSFALL

1. *Verwertungsmodalitäten - Typisierung und Parteiautonomie - Sach- und Schuldstatut*

Die Verwertungsmodalitäten sind im deutschen Recht der Sicherungsabrede zu entnehmen, unterfallen also eigentlich dem Vertragstatut. Andererseits muss man die (außergerichtliche) Verwertung auch als eine Form der Ausübung des dinglichen Rechts begreifen, was eine Berufung des Sachstatuts mit sich brächte. Da das Sicherungsgut mittlerweile nach Italien gelangt ist, hätte dies zur Folge, dass für die Ausübung italienisches Recht als *lex rei sitae* einschlägig wäre.

Nach *Ernst* hat das jeweilige Sachstatut keine Auswirkung auf die außergerichtlichen Verwertungsmöglichkeiten der Sicherungsübereignung.[972] Demnach würde sich die außergerichtliche Verwertung des Sicherungsguts in Italien, da das Schuldstatut unwandelbar ist, nach den Vereinbarungen der deutschen Sicherungsabrede richten. Ein Statutenwechsel bezüglich des Sachstatuts hätte insoweit keine Auswirkungen. Verbreiteter scheint indes die Ansicht, die die Verwertungsmodalitäten dem Sachstatut zurechnet.[973] Dies ist zwingend in all denjenigen Fällen, in denen die Verwertungsregeln durch das Gesetz vorgegeben sind.[974] Im Fall der parteiautonomen Vereinbarung, also vorwiegend im Rahmen von kautelarischen Sicherheiten wie der Sicherungsübereignung, erscheint dagegen eine Regelung durch das Schuldstatut sachgerechter: Die zwischen den Parteien vereinbarten Verwertungsregeln zeitigen (auch im Sicherungsfall) Dritten gegenüber keine Wirkung.[975] Wird das Sicherungsgut (abredewidrig) an einen Dritten übereignet, erlangt dieser „normales" Eigentum, die Vereinbarungen der Sicherungsabrede wirken ja nur *inter partes*.[976] Interessen Dritter sind folglich nie betroffen. Es ist daher naheliegend den Parteiinteressen Priorität einzuräumen und dementsprechend die parteiautonomen Verwertungsregeln dem eine Rechtswahl ermöglichenden, unwandelbaren Schuldstatut zu unterzustellen.[977] Ist eine ausländische Mobiliarsicherheit mit parteiautonom vereinbarten Verwertungsregeln also im

---

[972] *Ernst*, S. 294, unter Berufung auf Staudinger/*Stoll*, IntSachenR, Rn. 345.

[973] So beispielsweise *Rakob*, S. 298.

[974] Das sehen auch *Ernst*, S. 295, und Staudinger/*Stoll*, IntSachenR, Rn. 316, für den Fall des Pfandrechts so.

[975] Dies hält auch MünchKomm/*Wendehorst*, Art. 43 EGBGB, Rn. 95, bei der Abgrenzung von Schuld- und Sachstatut für wesentlich.

[976] *Rakob*, S. 300, die aus diesen Überlegungen die Forderung nach einer „akzessorischen Anknüpfung der *Inter-Partes*-Wirkungen an das Begründungsstatut" entwickelt, ebd. S. 299. Geht man davon aus, dass bei einer in Deutschland erfolgten Bestellung des Sicherungseigentums meist auch deutsches Recht Vertragsstatut ist, besteht im Ergebnis kein Unterschied zu der Lösung, die die Verwertungsregeln dem Schuldstatut unterstellt.

[977] Anders offensichtlich *Lipsky*, S. 243 ff., der auf diese Möglichkeit nicht eingeht, sondern vielmehr eine Substitution bezüglich der italienischen Pfandrechtsverwertungsvorschriften prüft und befürwortet, wobei er unterstellt, dass in der Sicherungsabrede keine Vereinbarungen hinsichtlich der Verwertung getroffen wurden – was m. E. keinesfalls den Regelfall, eher die Ausnahme darstellt.

Neustatut anerkannt, kann sie dort im Sicherungsfall den Vorstellungen der Parteien gemäß verwertet werden.
Für diese Lösung spricht zudem, dass auch in Italien parteiautonome Verwertungsregeln durchaus Anerkennung finden, so beispielsweise im Fall des überwiegend für zulässig gehaltenen *patto marciano*: Hier erfolgt die Verwertung dem Willen der Parteien gemäß regelmäßig in Form eines abrechnungspflichtigen Verfalls.
Gelangt also eine in Deutschland sicherungsübereignete Sache nach Italien und tritt dort der Sicherungsfall ein, kann der Sicherungsnehmer sie genauso verwerten, wie er dies in Deutschland tun würde, also regelmäßig mittels freihändigem Verkauf.[978] Auch im Fall, dass in der Sicherungsabrede keine Vereinbarungen hinsichtlich der Art und Weise der Verwertung getroffen wurden, ist als Ergebnis des mutmaßlichen Parteiwillens regelmäßig davon auszugehen, dass ein freihändiger Verkauf gewollt ist.[979]

2. Grenzen der Parteiautonomie

a. Abweichende Vorschriften im italienischen Sachrecht

Zu überprüfen bleibt, ob nicht Maximen des italienischen Rechts Einschränkungen hinsichtlich der parteiautonomen Verwertung gebieten. Zu denken ist hierbei insbesondere an das Verbot der Verfallklausel (*divieto del patto commisorio*).
Das italienische Recht untersagt *expressis verbis* die Vereinbarung einer Verfallklausel im Rahmen einer Pfandrechts-, Hypotheken- oder Nutzpfandrechtsbestellung, Artt. 1963, 2744 c. c. Es entspricht jedoch gängiger Auffassung, dass dieses Verbot ausweislich seiner *Ratio* auch auf kautelarische Sicherheiten Anwendung finden muss. Differenziert wird - wie in Deutschland - zwischen einem abrechnungsfreien und einem abrechnungspflichtigen Verfall, wobei sich die Mehrheit einschließlich der Rechtsprechung für die Zulässigkeit

---

978 Jedenfalls hat der Sicherungsnehmer im Sicherungsfall einen Anspruch auf Herausgabe der Sache aus der Sicherungsabrede, der ihn wohl auch dazu berechtigt eine Rückführung der Sache nach Deutschland zu verlangen, um sie dort zu verwerten. Dies vor dem Hintergrund, dass es dem Sicherungsnehmer kaum zumutbar erscheint, die vereinbarte Verwertung durch freihändigen Verkauf im Ausland vorzunehmen.

979 Vgl. Zweiter Teil, § 1, B, VII, 4 a.

nur des letzteren ausspricht.[980] Wird von den Parteien im Rahmen der Sicherungsabrede, wie dies üblich ist, vereinbart, dass ein etwaiger (Wert-)Überschuss an den Sicherungsgeber abzuführen ist, bestehen hinsichtlich des Verfallklauselverbots in Italien keine Schwierigkeiten. Allerdings stellen die Italiener an einen wirksamen abrechnungspflichtigen Verfall (*patto marciano*) gewisse Anforderungen: Die Wertschätzung des Sicherungsguts darf erst bei Eintritt des Sicherungsfalls und nicht schon bei Vereinbarung der Sicherungsveräußerung erfolgen; zudem muss sie von einem Dritten durchgeführt werden, der entweder durch eine konsensuale Entscheidung der Parteien oder anhand objektiver, im Voraus festgelegter Kriterien bestimmt wird.[981]
Im deutschen Rechtsraum ist die Anwendung des Verfallklauselverbots auf die Sicherungsübereignung zwar nicht unumstritten, jedenfalls aber ist davon auszugehen, dass ein abrechnungsfreier Verfall zumindest an § 138 BGB scheitern würde.[982] Konkrete Vorgaben hinsichtlich der Zulässigkeit eines abrechnungspflichtigen Verfalls existieren im deutschen Recht, soweit ersichtlich, nicht. Dass die Wertschätzung erst bei Eintreten des Sicherungsfalls und seitens einer unparteilichen Person erfolgt, wird man aber auch in Deutschland verlangen.
Grundsätzlich liegt die Vermutung nahe, dass eine Entscheidung, sei es unter deutschem oder italienischem Vertragstatut, ähnlich ausfällt.

b. Sonderanknüpfung international zwingender Vorschriften/*ordre public*

Dennoch stellt sich für einen Italiener die Frage, ob er seine Rechtsvorstellungen für den Fall, dass in Deutschland eine abrechnungsfreie Verfallklausel als zulässig eingestuft wird, durchsetzen kann, obwohl eigentlich deutsches Recht berufen ist. Dies ist nur möglich, wenn man das Verbot der Verfallklausel als Eingriffsnorm i. S. d.

---

980 Vgl. nur Cass., Urt. v. 16.10.1995, n. 10805, Contr. 1996, 28 (31).

981 Cass., Urt. v. 16.10.1995, Contr. 1996, 28 (31): *"al termine del rapporto si procede alla stima"*; Cass., Urt. v. 21.7.1956, n. 2828: *"l'apprezzamento che il terzo compie intorno al giusto prezzo"*; App. Trento, Urt. v. 18.2.1975, Giur. di merito 1975, 425: *"giudizio (di stima) proveniente bensì da un terzo estraneo dalle parti, ma nominato da entrambe di esse."*

982 Vgl. zum Meinungsstand Zweiter Teil, § 1, B, VII, 4 b.

Art. 9 Rom I-VO qualifiziert oder den *Ordre-Public*-Vorbehalt eingreifen lässt, Art. 21 Rom I-VO.

aa. Eingriffsnormen (*overriding mandatory provisions, lois de police*), Art. 9 Rom I-VO

Die hier interessierende Konstellation ist die zwingender Vorschriften der *lex fori* (*in casu* italienisches Recht), die ausländischem Recht (hier deutsches Vertragsstatut) entgegenstehen. Ausweislich Art. 9 der Verordnung ist eine Eingriffsnorm eine „zwingende Vorschrift, deren Einhaltung von einem Staat als so entscheidend für die Wahrung seines öffentlichen Interesses, insbesondere seiner politischen, sozialen oder wirtschaftlichen Organisation angesehen wird, dass sie ungeachtet des nach Maßgabe dieser Verordnung auf den Vertrag anzuwendenden Rechts auf alle Sachverhalte anzuwenden ist, die in ihren Anwendungsbereich fallen."[983] Für eine Einordnung als international zwingende Norm[984] spricht, wenn sie (überwiegend) öffentliche Interessen verfolgt.[985] Zwingende Vorschriften, die hauptsächlich den Ausgleich gegenläufiger Interessen in vertraglichen Verbindungen bezwecken, sind hingegen keine Eingriffsnormen.[986] Das Verbot der Verfallklausel im italienischen Recht dient

---

983 Der Verordnungsgeber hat sich an der *Arblade*-Entscheidung des EuGH (v. 23.11.1999-verb. Rs. C-369/96 und 376/96, Slg. 1999, I-8453 Rn. 30) orientiert, vgl. Palandt/*Thorn*, Art. 9 Rom I-VO, Rn. 5; *Bonomi*, in: La nuova disciplina, S. 175; *Leible*, S. 61.

984 Im Gegensatz zu einer Einordnung als einfach zwingende Norm, die zwar innerhalb der eigenen Rechtsordnung *ius cogens* verkörpert, aber durch Parteivereinbarung mitsamt der ganzen sie enthaltenden Rechtsordnung abgewählt werden kann. Vgl. dazu MünchKomm/*Martiny*, Art. 9 Rom I-VO, Rn. 7.

985 MünchKomm/*Martiny*, Art. 9 Rom I-VO, Rn. 13. So schon zur Vorgängernorm Art. 34 EGBGB BGH, Urt. v. 13.12.2005- XI ZR 82/05, BGHZ 165, 248 ff. = NJW 2006, 762 (763 f.). Unschädlich ist, wenn die Norm daneben auch privaten Interessen dient, vgl. EuGH v. 9.11.2000-C.-381/98, Slg. 2000, I-9305 – *Ingmar*. Für eine Auflistung von Anwendungsfällen, allerdings noch zu Art. 34 EGBGB, Bamberger/Roth/*Spickhoff*, Art. 34 EGBGB, Rn. 19.

986 MünchKomm/*Martiny*, Art. 9 Rom I-VO, Rn. 13; Palandt/*Thorn*, Art. 9 Rom I-VO, Rn. 5; *Biagioni*, S. 101. Wie *Thorn*, Internationales Vertragsrecht, S. 133 f., richtig bemerkt ist wohl jede Regelung die Individualinteressen schützt "auch sozialstaatlich bzw. ordnungspoltisch motiviert" und könnte daher unter Art. 9 Rom I-VO subsumiert werden. Als ausschlaggebend ist wohl anzusehen, dass die Eingriffsnorm nach Art. 9 "entscheidend für die Wahrung des öffentlichen Interesses" sein muss, d. h. es werden "qualifizierte Interessen der Allgemeinheit gefordert", *Thorn*, ebd.

maßgeblich Individualinteressen: Es soll den in der Regel schwächer positionierten Schuldner-Sicherungsgeber schützen.[987] Ordnungspolitische Interessen, die eine Sonderanknüpfung erfordern, sind hier nicht ersichtlich - umso mehr als Art. 9, der der vereinheitlichenden Grundausrichtung der Verordnung[988] zuwiderläuft, eher eine restriktive Handhabung erfahren sollte.[989]

bb. *Ordre public*, Art. 21 Rom I-VO

Als Rettungsanker kann also höchstens noch der *Ordre-Public*-Einwand fungieren.[990] Demnach kann einer Vorschrift, die mit der öffentlichen Ordnung, d. h. den wesentlichen Grundsätzen und grundlegenden Wert- und Gerechtigkeitsvorstellungen[991] des Rechts des Forumstaates, offensichtlich unvereinbar ist, die Anwendung versagt werden, Art. 21 Rom I-VO.[992] Dies allerdings nur in dem Fall, dass die in Frage stehende, konkrete Anwendung der Norm unhaltbare Ergebnisse produziert[993]; es steht also keinesfalls der Inhalt als solcher der ausländischen Norm zur Debatte. Art. 21 Rom I-VO verkörpert damit die negative Funktion des *ordre public*, die in der Abwehr fremder Normen besteht; die Regelung des Art. 9 beherbergt hingegen eine positive Funktion.[994]

---

[987] Die Argumente derjenigen, die die *Ratio* des Verbots nicht im Schuldnerschutz erblicken, erwiesen sich als wenig konsistent, vgl. Zweiter Teil, § 2, A II, 1 b, bb.

[988] So Palandt/*Thorn*, Art. 9 Rom I-VO, Rn. 5.

[989] BGH, Urt. v. 13.12.2005 - XI ZR 82/05, BGHZ 165, 248 ff. = NJW 2006, 762 (763 f.), das allerdings noch Art. 34 EGBGB zum Gegenstand hatte. So auch Staudinger/*Magnus*, Art. 34 EGBGB, Rn. 23; Palandt/*Thorn*, Art. 9 Rom I-VO, Rn. 5.

[990] Art. 21 Rom I-VO kommt nur dann zum Zuge, wenn es um die Durchsetzung zwingender Normen der *lex fori* geht, die nicht schon nach Art. 9 Rom I-VO gelten, MünchKomm/*Martiny*, Art. 9 Rom I-VO, Rn. 111; jurisPK-BGB/*Ringe*, Art. 21 Rom I-VO, Rn. 2. Zu der Frage, ob nicht innerhalb der EU-Mitgliedstaaten auf einen *Ordre-public*-Vorbehalt verzichtet werden könnte, ablehnend *Leible*, S. 68 ff.

[991] MünchKomm/*Martiny*, Art. 21 Rom I-VO, Rn. 1.

[992] Die Prüfung erfolgt von Amts wegen, vgl. nur Palandt/*Thorn*, Art. 21 Rom I-VO, Rn. 2. Maßgeblich ist die *Ordre-public*-Bewertung im Zeitpunkt der gerichtlichen Entscheidung, Gebauer/Wiedmann/*Nordmeier*, Kap. 37, Rn. 138. Dort auch zum ersatzweise anzuwendenden Recht im Falle des Eingreifens des *Ordre-public*-Vorbehalts.

[993] Statt aller Palandt/*Thorn*, Art. 6 EGBGB, Rn. 5; *Kropholler*, S. 245: „Ergebniskontrolle".

[994] Bamberger/Roth/*Lorenz*, Einl. IPR, Rn. 49; *Boschiero*, in: La nuova disciplina, S. 128 f.

Zu fragen bleibt, ob das Verbot der Verfallklausel Teil des italienischen *ordre public* (*ordine pubblico*) ist. Dafür müsste das Verbot einen wesentlichen Grundsatz des italienischen Rechts darstellen. Ob dem so ist, lässt sich maßgeblich daran erkennen, ob die italienische Rechtsordnung dieses Verbot konsequent durchhält. Erlaubt sie Durchbrechungen, scheidet eine Einordnung unter die wesentlichen Grundsätze und Gerechtigkeitsvorstellungen aus. Wie bereits gesehen, ist in Italien mit der Figur des sog. *patto marciano* ein abrechnungspflichtiger Verfall - unter dem Vorbehalt des Einhaltens gewisser Voraussetzungen - durchaus zulässig. Ein Eingreifen des *Ordre-Public*-Vorbehalts kann demnach höchstens der abrechnungsfreie Verfall auslösen. Da aber auch unter Geltung deutschen Rechts als Vertragsstatut ein abrechnungsfreier Verfall entweder generell als unzulässig eingestuft wird, oder jedenfalls ansonsten regelmäßig an § 138 BGB scheitert, wird sich die *Ordre-Public*-Frage selten stellen. Sollte dies doch geschehen, muss man sich vor Augen halten, dass die Rom I-VO gerade im Interesse der schwächeren Vertragspartei mit den Rechtswahlbeschränkungen und der Regelung der Eingriffsnormen bereits Schutzmechanismen vorsieht.[995] Ein Rückgriff auf Art. 21 Rom I-VO, der zudem den Charakter einer absoluten Ausnahmevorschrift aufweist, erscheint vor diesem Hintergrund nicht gerechtfertigt.

II. GUTGLÄUBIGER ERWERB - ACQUISTO A NON DOMINO

Ob das Eigentum am Sicherungsgut gutgläubig wegerworben werden kann, richtet sich nach dem Sachstatut, also gemäß Art. 51 IPRG nach italienischem Recht als dem Recht des aktuellen Belegenheitsortes der streitbefangenen Sache. Die Regelungen den gutgläubigen Erwerb in Italien betreffend finden sich in den Artt. 1153 ff. c. c. Als Voraussetzung statuiert Art. 1153 I c. c.[996] Besitz[997] der zu erwerben-

---

[995] So auch Gebauer/Wiedmann/*Nordmeier*, Kap. 37, Rn. 137: „ (...) der praktische Anwendungsbereich von Art. 21 Rom I-VO [dürfte] sehr gering bleiben, weil das von der Verordnung bereitgestellte Anknüpfungssystem tatsächlichen oder potentiellen Vertragsdisparitäten in aller Regel Rechnung trägt."

[996] *"Colui al quale sono alienati beni mobili da parte di chi non ne é proprietario, ne acquista la proprietà mediante il possesso, purché sia in buona fede al momento della consegna e sussista un titolo idoneo al trasferimento della proprietà."*

den Sache (*possesso vale titolo*), Gutgläubigkeit des Erwerbers im Zeitpunkt der Besitzerlangung[998] und einen zur Eigentumsübertragung (abstrakt gesehen) geeigneten, im konkreten Fall wirksamen Rechtstitel. Wann ein Erwerber als gutgläubig i. S. d. Art. 1153 c. c. anzusehen ist, regelt Art. 1147 c. c.: Der Besitzer darf nicht positiv wissen, dass er das Recht eines anderen verletzt. Wenn diese Unwissenheit allerdings auf grobe Fahrlässigkeit zurückzuführen ist, ist der gute Glaube ausgeschlossen, Art. 1147 II c. c.[999] Eine solche grobe Fahrlässigkeit seitens des Erwerbers wird angenommen, wenn der Irrtum (über die Eigentümereigenschaft des Veräußerers) unentschuldbar ist, der Erwerber also nicht die geringste Sorgfalt hat walten lassen, die es ihm erlaubt hätte zu erkennen, dass der Veräußerer nicht Eigentümer ist.[1000] Dafür müssen im Einzelfall konkrete Umstände vorliegen, aus denen sich der eindeutigeVerdacht ergibt, dass der Veräußerer nicht Eigentümer der Sache ist.
Der gute Glaube des Erwerbers wird vermutet, Art. 1147 III c. c.[1001] Es ist also Sache des ursprünglichen Eigentümers die Bösgläubigkeit des Erwerbers zu beweisen. Gelingt ihm dies nicht, soll nach dem Willen des Gesetzgebers der Verkehrsschutz das Bestandsinteresse überwiegen.
Hat der Nichtberechtigte die Sache an mehr als einen Erwerber veräußert, erwirbt derjenige gutgläubig, der als Erster den Besitz erlangt[1002], auch wenn sein Erwerbstitel jüngeren Datums ist, Art. 1155 c. c.

---

997 Ein *constitutum possessorium* oder eine symbolische Übergabe (wie beispielsweise Auto- oder Wohnungsschlüssel anstelle von Auto oder Wohnung) wird als nicht ausreichend erachtet, vgl. nur Cian/Trabucchi/*Trabucchi*, Art. 1153, S. 1010.

998 Nachträgliche Bösgläubigkeit schadet nicht (*mala fides superveniens non nocet),* Art. 1147 III c. c.: *„La buona fede (…) basta che vi sia stata al tempo dell´acquisto"*. Vgl. Cendon/*Valazzi*, Art. 1153, S. 85.

999 *"La buona fede non giova se l´ignoranza dipende da colpa grave"*.

1000 Cendon/*Valazzi*, Art. 1153, S. 86; *Torrente/Schlesinger*, § 183, S. 333; Cass., Urt. v. 14.9.1999, n. 9782: *"(...) perchè non intelligere quod omnes intelligunt costituisce errore inescusabile che esclude la buona fede."*

1001 *„La buona fede è presunta (…)."* *Torrente/Schlesinger*, § 177, S. 325; Cass., Urt. v. 14.9.1999 n. 9782.

1002 Wobei mit Besitz die physische Verfügbarkeit gemeint ist, *Cendon*, Art. 1155, S. 118.

Ein gutgläubiger Erwerb von Sachgesamtheiten (*universalità di mobili*, Art. 816 c. c.) oder Mobilien, die aus öffentlichen Registern resultieren, ist ausgeschlossen, Art. 1156 c. c. [1003]
Befindet sich also eine in Deutschland sicherungsübereignete Sache in Italien und wird dort vom Sicherungsgeber weiterveräußert, muss der Sicherungsnehmer beweisen, dass der Erwerber in Italien bösgläubig war, andernfalls verliert er sein Sicherungseigentum.

III. INSOLVENZ

1. *Insolvenzstatut: EuInsVO*

Seit Inkrafttreten der Europäischen Insolvenzverordnung im Jahre 2002 [1004] gelten innerhalb der Europäischen Union einheitliche Regelungen betreffend die internationale Zuständigkeit für Insolvenzverfahren und das in der Sache anwendbare Recht.[1005]

a. Internationale Zuständigkeit

Gem. Art. 3 EuInsVO sind die Gerichte des Mitgliedstaats für das Insolvenzverfahren zuständig, in dessen Gebiet der Schuldner den Mittelpunkt seiner hauptsächlichen Interessen hat.[1006] Eine Legaldefinition stellt die Verordnung allerdings nicht bereit.[1007] In der

---

[1003] Es genügt nicht, dass es sich um eintragungspflichtige Sachen handelt, sondern sie müssen, um einen gutgläubigen Erwerb an ihnen auszuschließen, auch tatsächlich eingetragen sein. Vgl. Cian/Trabucchi/*Trabucchi*, Art. 1156, S. 1013; Cass., Urt. v. 11.11.2002, n. 15810, Foro it. 2004 I, 857; Urt. v. 17.4.2001, n. 5600, Giur. it. 2001, 2020; Urt. v. 6.10.1997, n. 9714.

[1004] VO (EG) Nr. 1346/2000 des Rates vom 29.5.2000 über das Insolvenzverfahren, Abl. Nr. L 160, S. 1. In Kraft getreten am 31.5.2002, Art. 47 EuInsVO. Zur Entstehungsgeschichte MünchKommInsO/*Reinhart*, Vor Art. 1 EuInsVO, Rn. 3 ff.

[1005] Die Verordnung gilt nicht im Verhältnis zu Drittstaaten, *Paulus*, EuInsVo, Art. 3, Rn. 7. Differenzierend MünchKomm.InsO/*Reinhart*, Art. 1 EuInsVO, Rn. 15 ff.

[1006] Auch bezeichnet als *centre of main interests* „COMI". Liegt der Mittelpunkt der Interessen nicht in einem Mitgliedsstaat, sondern in einem Drittstaat, ist eine Geltung der Verordnung abzulehnen, MünchKomm.InsO/*Reinhart*, Art. 3 EuInsVO, Rn. 38.

[1007] Erwägungsgrund 13 der Verordnung spricht davon, dass „als Mittelpunkt der hauptsächlichen Interessen (...) der Ort gelten [sollte], an dem der Schuldner gewöhnlich der Verwaltung seiner Interessen nachgeht und damit für Dritte feststell-

Folge war die Vorgehensweise für die Bestimmung des Interessenmittelpunktes bis zur *Eurofood*-Entscheidung des *EuGH*[1008], die „lange und sehnsüchtig erwartet wurde"[1009], von Unsicherheit geprägt - jedenfalls was Gesellschaften und juristische Personen angeht. Einig war man sich nur, dass der Begriff autonom auszulegen ist.[1010] Die kontinentaleuropäischen Gerichte plädierten bezüglich der Mittelpunktsbestimmung für einen Ansatz, der als *Business-Activity*-Theorie bezeichnet wurde,[1011] die englischen Gerichte tendierten zur sog. *Mind-of-Managment*-Theorie.[1012] Erstere stellt maßgeblich auf den Ort des operativen Geschäfts ab[1013], wohingegen letztere den Mittelpunkt dort sieht, wo die strategischen, unternehmensleitenden Entscheidungen getroffen werden.[1014] Der *EuGH* hat 2006 die *Mind-of-Managment*-Theorie verworfen: Der *centre of main interests* ist nach objektiven und für Dritte feststellbaren Kriterien zu bestimmen.[1015] Diese Entscheidung wurde gemeinhin begrüßt, insbesondere weil sie Rechtssicherheit schafft und kalkulierbar macht, an welchem Ort das Hauptinsolvenzverfahren eröffnet wird.[1016]

Bei natürlichen Personen ist der Mittelpunkt in der Regel der Ort des gewöhnlichen Aufenthalts[1017], bei Einzelunternehmern wie Selbstständigen, Freiberuflern oder Kaufleuten der Ort der Nie-

---

bar ist." Hieraus lässt sich außer dem Kriterium der Erkennbarkeit für Dritte allerdings kein Erkenntnisfortschritt gewinnen.

1008 EuGH, Urt. v. 2.5.2006 - Rs. C-341/04.

1009 So *Mankowski*, BB 2006, 1753 (1753).

1010 Das Erfordernis der autonomen Auslegung betont auch EuGH, Urt. v. 2.5.2006 - Rs. C-341/04 (Eurofood IFSC Ltd), NZI 2006, 360 (361).

1011 AG Mönchengladbach, Beschl. v. 27.4.2004 - 19 IN 54/04, NZI 2004, 383 ff.

1012 High Court of Justice Leeds, Urt. v.16.5.2003 (Re Daisytek-ISA Limited &Ors), NZI 2004, 219 ff; High Court of Justice Birmingham, Beschl. v. 18.4.2005 - 2375 bis 2382/05, NZI 2005, 467 ff. Zu diesen und weiteren Entscheidungen MünchKomm.InsO/*Reinhart*, Art. 3 EuInsVO, Rn. 8 ff.

1013 *Schwemmer*, NZI 2009, 355 (356).

1014 MünchKomm.InsO/*Reinhart*, Art. 3 EuInsVO, Rn. 8.

1015 EuGH, Urt. v. 2.5.2006 - Rs. C-341/04 (Eurofood IFSC Ltd), NZI 2006, 360 (361).

1016 *Mankowski*, BB 2006, 1753 (1754); MünchKomm.InsO/*Reinhart*, Art. 3 EuInsVO, Rn. 30.

1017 *Paulus*, EuInsVO, Art. 3, Rn. 24; *Mankowski*, NZI 2005, 368 (369), dort auch m. w. Nachw. Für den Wohnsitz als Mittelpunkt *Fritz/Bähr*, DZWir 2001, 221 (224); AG Celle, Beschl. v. 18.4.2005 - 29 IN 11/05, NZI 2005, 410 (411). MünchKomm.InsO/*Reinhart*, Art. 3 EuInsVO, Rn. 41 ff., will hingegen auf den „Lebensmittelpunkt" der Person abstellen.

derlassung bzw. der wirtschaftlichen und gewerblichen Tätigkeit.[1018]

Maßgeblich ist der Zeitpunkt der Antragstellung[1019]; daher bewirkt auch eine Verlegung des Mittelpunkts der Interessen nach Antrag, aber vor Eröffnung des Insolvenzverfahrens keine Änderung des zuständigen Gerichts.[1020]

b. Örtliche Zuständigkeit

Die EuInsVO regelt nur die internationale Zuständigkeit, die örtliche Zuständigkeit ergibt sich hingegen aus dem nationalen Recht der Mitgliedstaaten[1021], also beispielsweise aus § 3 InsO[1022] oder Art. 9 l. fall.[1023]

c. Das anwendbare Recht

Anwendbar ist das Insolvenzrecht des Eröffnungsstaats (*lex fori concursus*), Art. 4 EuInsVO.[1024] Ist das Verfahren in einem Mit-

---

1018 *Paulus*, EuInsVO, Art. 3, Rn. 25; MünchKomm.InsO/*Reinhart*, Art. 3 EuInsVO, Rn. 44; BGH, Beschl. v. 22.3.2007 - IX ZB 164/06, NZI 2007, 344 (345); Beschl. v. 13.6.2006 - IX ZA 8/06.

1019 *Mankowski*, NZI 2005, 368 (369); MünchKomm.InsO/*Reinhart*, Art. 3 EuInsVO, Rn. 48.

1020 EuGH, Urt. v. 17.1.2006 - Rs. C -1/04 *Staubitz-Schreiber*, WM 2006, 485 (487 f.). Ausführungen zu der Konstellation einer Sitzverlegung vor Antragstellung bei MünchKomm.InsO/*Reinhart*, Art. 3 EuInsVO, Rn. 52 ff.

1021 Vgl. nur Pannen/*Pannen*, Art. 3, Rn. 1.

1022 Ist nach § 3 InsO, der das Insolvenzgericht am Ort des allgemeinen Gerichtsstands des Gläubigers für ausschließlich zuständig erklärt, in einem solchen Fall kein inländischer Gerichtsstand begründet, ist gem. Art. 102 § 1 I EGInsO das Insolvenzgericht zuständig, in dessen Bezirk der Schuldner den Mittelpunkt seiner hauptsächlichen Interessen hat.

1023 *Legge fallimentare, Regio decreto* v. 16.3.1942, n. 267, Gazzetta Ufficiale v. 6.4.1942, n. 81. In Italien ist das Landgericht am Hauptsitz des Unternehmens zuständig (*„tribunale del luogo dove l´imprenditore ha la sede principale dell´impresa.“*). Eine Sitzverlegung, die bei Antragstellung nicht länger als ein Jahr zurückliegt, hat keinen Einfluss auf die Zuständigkeit des Insolvenzgerichts, Art. 9 II l. f.

1024 Bei Art. 4 EuInsVO handelt es sich um eine Sachnormverweisung, vgl. nur MünchKomm.InsO/*Reinhart*, Art. 4 EuInsVO, Rn. 1. Welche Normen von der *lex concursus* umfasst sind, ist verordnungsautonom festzulegen, MünchKomm.InsO/*Reinhart*, Art. 4 EuInsVO, Rn. 2; *Mankowski*, RIW 2004, 481 (486); *Paulus*, EuInsVO, Art. 4, Rn. 2 ff. Orientierte man sich nämlich nur daran, was das jeweilige nationale Recht als insolvenzrechtliche Norm ansieht, würden die nationalen Wertungen einfließen, gliedsstaat eröffnet, wird es in allen übrigen Mitgliedsstaaten anerkannt, Art. 16 EuInsVO, sog. Universalitätsprinzip. Eines *Exequatur* bedarf es nicht: Die Aufnahme der Insolvenzverfahren der Mitgliedsstaaten in den Anhang A der Verordnung verkörpert vielmehr ein „*Ex-Ante-Exequatur*".[1025] Hat der Schuldner in einem anderen als dem Eröffnungsstaat eine Niederlassung, kann auch dort ein Verfahren eröffnet werden.[1026] Die Wirkungen eines solchen Partikularverfahrens erstrecken sich aber lediglich auf das in diesem (Mitglieds)staat belegene Vermögen, Art. 3 II, 27 EuInsVO, das sog. Territorialitätsprinzip. Anwendbar ist das Recht des Sekundärverfahrenstaats, Art. 28 EuInsVO (*lex fori concursus secundaria*). Möglich ist ein solches neben dem Hauptverfahren, dann wird es als Sekundärinsolvenzverfahren bezeichnet (Art. 3 III EuInsVO), aber auch wenn ein Hauptverfahren - beispielsweise mangels Insolvenzfähigkeit - gar nicht durchgeführt wird oder werden kann, Art 3 IV EuInsVO.[1027]

2. *Insolvenzstatut und Mobiliarsicherheiten*

Abzugrenzen ist das Insolvenzstatut vom Sachstatut: Im Grundsatz bestimmt sich der Inhalt eines dinglichen Rechts und somit auch einer dinglichen Mobiliarsicherheit nach der *lex rei sitae*. Die durch das Insolvenzverfahren bedingten Modifikationen, beispielsweise hinsichtlich der Verwertung der Sicherheit, unterliegen hingegen dem Insolvenzstatut.[1028] Ob die Sicherheit wirksam enstanden ist, ist demgemäß als Vorfrage an die (vormalige) *lex rei*

---

eine einheitliche Auslegung wäre nicht gewährleistet. Auch die Möglichkeit des *forum shopping*, deren Verhinderung erklärtes Ziel der EuInsVO ist (vgl. Erwägungsgrund 4 der EuInsVO), wäre so weiterhin gegeben. Einen Anhaltspunkt für die Reichweite des Insolvenzstatuts bietet die Aufzählung in Art. 4 II EuInsVO.

1025 *Paulus*, EuInsVO, Art. 16, Rn. 3. Eine Nichtanerkennung ist nur im Rahmen einer *Ordre-public*-Entscheidung möglich, Art. 26 EuInsVO. Vgl. dazu MünchKomm.InsO/*Reinhart*, Art. 26 EuInsVO, Rn. 1.

1026 Die einfache Belegenheit von Vermögen des Schuldners in einem anderen Mitgliedstaat ist folglich nicht ausreichend.

1027 Partikularverfahren ist somit der Oberbegriff, vgl. Art. 3 IV EuInsVO.

1028 MünchKomm.InsO/*Reinhart*, Art. 4 EuInsVO, Rn. 12.; *Ernst/Guski*, RIW 2009, 451 (457); *Ernst*, S. 322; *Hanisch*, FS Lalive, S. 66, 69.

sitae anzuknüpfen.[1029] Das für die Insolvenzwirkungen maßgebliche Insolvenzstatut ist im deutsch-italienischen Rechtsverkehr nach der EuInsVO zu ermitteln.
Befindet sich die Sache, an der ein dingliches Recht besteht, in einem *anderen* Mitgliedstaat als dem Eröffnungsstaat, wird dieses Recht durch das Insolvenzverfahren nicht berührt, Art. 5 EuInsVO.[1030] Wird also in Italien ein Insolvenzverfahren über das Vermögen des Sicherungsnehmers eröffnet und befindet sich das Sicherungsgut aber in Deutschland, findet das Universalitätsprinzip in Art. 5 seine Grenzen.[1031] Jedenfalls ist umstritten, ob in einem solchen Fall jedenfalls die Wirkungen des Insolvenzrechts des Belegenheitsstaates oder diejenigen des Eröffnungsstaates, die auch das Belegenheitsrecht kennt, Geltung beanspruchen.[1032] Hier soll aber die Situation eingehendere Betrachtung erfahren, in der das Sicherungsgut nach seiner Begründung nach Italien gelangt und dort ein Insolvenzverfahren über das Vermögen des Schuldners eröffnet wurde. In einem solchen Fall ist Art. 5 EuInsVO mangels Belegenheit in einem *anderen* Mitgliedsstaat nicht anwendbar. Vielmehr ist auf das deutsche Sicherungsrecht hinsichtlich seiner Verwertung in der Insolvenz italienisches Insolvenzrecht anzuwenden; es muss also eine Substitutionsentscheidung ergehen, d. h. die einschlägigen Regelungen im italienischen Recht müssen daraufhin untersucht werden, ob ihre Voraussetzungen auch durch ein deutsches Sicherungsrecht substituiert werden können.

1029 MünchKomm.InsO/*Reinhart,* Art. 4 EuInsVO, Rn. 12; Art. 5, Rn. 6; *Hanisch,* FS Lalive, S. 63; *Favoccia,* S. 48.

1030 Ob ein Recht als ein dingliches einzustufen ist, will eine Ansicht verordnungsautonom bestimmen, was von der Gegenansicht als „gravierender Einschnitt in die Sachenrechte der Mitgliedstaaten" abgelehnt wird, *Paulus,* EuInsVO, Art. 5, Rn. 7. Sie plädiert diesbezüglich für eine Anwendung des Kollisionsrechts des Eröffnungsstaats.

1031 Kritisch zu Art. 5 EuInsVO MünchKomm.InsO/*Reinhart,* Art. 5 EuInsVO, Rn. 14; *Liersch,* NZI 2002, 15 (16). Auch der Verweis auf die Möglichkeit eines Sekundärverfahrens im Belegenheitsstaat verfängt nur bedingt: Der Schuldner muss in diesem Fall am Belegenheitsort eine Niederlassung unterhalten, vgl. Art. 3 II EuInsVO.

1032 Vgl. dazu die Darstellung bei *Schmitz,* S. 75 ff.

3. In Italien eröffnetes Insolvenzverfahren gegen den Sicherungsgeber

Ob das Sicherungseigentum wirksam begründet wurde, richtet sich nach dem deutschen Begründungsstatut. Die insolvenzrechtlichen Bestimmungen richten sich gem. Art. 4 EuInsVO nach italienischem Recht. In Anbetracht der Tatsache, dass die dortige Rechtsprechung und Literatur eine Übertragung zu Sicherungszwecken für unzulässig erachten, hat bisher eine Auseinandersetzung damit, wie ein solches Sicherungsrecht in der Insolvenz zu behandeln ist, nicht stattgefunden. Dies auch nicht hinsichtlich der fast ausnahmslos anerkannten Variante des sog. *patto marciano.* Insofern sind zunächst die im italienischen Insolvenzrecht vorhandenen Vorschriften zu betrachten.

a. Aussonderung, Art. 93 l. fall.

Gem. Art 93 l. fall. sind Anträge auf Herausgabe oder Rückerstattung von beweglichen und unbeweglichen Sachen mindestens 30 Tage vor der Verhandlung zu stellen, die für die Prüfung des Schuldenstands festgesetzt wurde. Art. 93 l. fall. entspricht also § 47 InsO, der im deutschen Recht die Aussonderung nicht der Insolvenzmasse zugehöriger Gegenstände regelt. [1033] Auch im italienischen Recht kann die Berechtigung zur Aussonderung auf einem dinglichen oder persönlichen Recht beruhen.[1034] Resultiert das Recht zur Aussonderung aus der Eigentümerstellung des Dritten, befindet sich also eine schuldnerfremde Sache in der Insolvenzmasse, kann die Herausgabe mit einer sog. *domanda di rivendicazione*[1035] geltend gemacht werden. Die *domanda di restituzione* hingegen kann erheben, wer aufgrund eines dinglichen (Eigentum) oder obligatorischen Rechts geltend machen kann, dass ein Gegenstand nicht zur Insolvenzmasse gehört, wie beispiels-

---

1033 Nach Art. 93 VII l. fall. kann der Dritte die Aussetzung von Verwertungsmaßnahmen bezüglich der von ihm herausverlangten Gegenstände fordern.

1034 Ambrosini/Cavalli/Jorio/*Cavalli,* S. 561; Panzani/Fauceglia/*Dimundo*/*Quatraro,* S. 1071.

1035 Sog. Vindikationsklage. Auch im deutschen Recht richtet sich der Anspruch auf Aussonderung nach den Gesetzen außerhalb des Insolvenzverfahrens, § 47 InsO. Der Eigentümer macht seinen Anspruch auf Herausgabe demzufolge mit einer Vindikationsklage aus § 985 BGB geltend, vgl. Uhlenbruck/*Brinkmann,* § 47, Rn. 98.

weise der Vermieter oder der Verleihende.[1036] Eine Erleichterung der Prozedur sieht Art. 87 bis l. fall.[1037] für den Fall vor, dass das dingliche oder obligatorische Recht des Dritten deutlich erkennbar (*chiaramente riconoscibile*) ist. Die Beweislast hinsichtlich Eigentümerstellung oder möglichem schuldrechtlichen Anspruch trägt der Antragsteller.[1038]

b. Abgesonderte Befriedigung, Art. 54 l. fall.

Gem. Art. 54 l. fall. steht den Inhabern einer Hypothek, eines Pfandrechts oder eines Privilegs ein Recht auf vorzugsweise Befriedigung in Höhe ihrer Forderung zuzüglich der Zinsen und Kosten aus dem Erlös der Verwertung der Sicherungsgegenstände zu.[1039] Erfahren diese Gläubiger keine vollständige Befriedigung, partizipieren sie mit den übrigen nicht gesicherten Gläubigern an der Verteilung der Konkursmasse.[1040]

[1036] Panzani/Fauceglia/*Dimundo/Quatraro*, S. 1071. Auch in Deutschland kann der Vermieter, der nicht Eigentümer ist, die Mietsache aufgrund seines Anspruchs aus § 546 I BGB aus der Insolvenzmasse aussondern, vgl. Uhlenbruck/*Brinkmann*, § 47, Rn. 75.

[1037] Dieser Artikel wurde durch Art. 73 des d. lgs. 9.1.2006 n. 5 in die *Legge fallimentare* eingefügt und gilt seit dem 16.7.2006.

[1038] Panzani/Fauceglia/*Dimundo/Quatraro*, S. 1071. Gem. Art. 103 l. fall. findet zudem auch Art. 621 c. p. c. Anwendung, der den Zeugenbeweis ausschließt und somit einen beweisrechtlichen Gleichlauf mit dem zwangsvollstreckungsrechtlichen Äquivalent *opposizione di terzo* (Drittwiderspruchsklage) herstellt. Normalerweise ist also ein Urkundsbeweis erforderlich, der ein vor der Eröffnung des Insolvenzverfahrens liegendes sicheres Datum enthält, vgl. Ambrosini/Cavalli/Jorio/*Cavalli*, S. 563; Cass., Urt. v. 20.7.2007, n. 16158, Fall. 2007, 1482. Sinn und Zweck des Ausschlusses des Zeugenbeweises ist zu verhindern, dass der Schuldner und ein Dritter kollusiv zum Schaden des Gläubigers zusammenwirken, vgl. Trib. Venezia, Urt. v. 16.2.2009.

[1039] "*I creditori garantiti da ipoteca, pegno o privilegio fanno valere il loro diritto di prelazione sul prezzo dei beni vincolati per il capitale, gli interessi e le spese (…)*".

[1040] Zwar sind nach Art. 111 l. fall. die bevorrechtigten Forderungen erst nach Deckung der Masseverbindlichkeiten (*crediti prededucibili*, darunter fallen auch die Verfahrenskosten vgl. *Celentano/Forgillo*, S. 957) zu erfüllen, allerdings stellt Art. 111 bis II l. fall. klar, dass der Verwertungserlös, der den Hypotheken- und Pfandgläubigern zusteht, ausgenommen ist. Auch im deutschen Insolvenzverfahren sind die Verfahrenskosten und Masseverbindlichkeiten vorweg zu befriedigen, § 53 InsO, wobei allerdings die Aus- und Absonderungsberechtigten und die zur Aufrechnung Berechtigten vorgehen, vgl. Uhlenbruck/*Sinz*, § 53, Rn. 3. Im Unterschied zu Italien, wo auch hinsichtlich dieser Forderungen das Einzelzwangsvoll-

Die Pfandrechtsgläubiger und die Inhaber eines *privilegio speciale* müssen allerdings hinnehmen, dass der Inhaber eines vorrangigen *privilegio generale,* welches am gesamten Mobiliarvermögen des Schuldners besteht, nach Art. 111 l. fall., eine quotale Beteiligung auch am Verwertungserlös dieser Gegestände erfährt.[1041]

c. Abgesonderte Befriedigung mit Verwertung durch den Gläubiger selbst, Art. 53 l. fall.

Nach Eröffnung des Konkursverfahrens gilt grundsätzlich das Einzelzwangsvollstreckungsverbot, Art. 51 l. fall. [1042], das eine Gleichbehandlung aller Gläubiger (*par conditio creditorum*) gewährleisten soll.[1043] Werden solche Handlungen dennoch vorgenommen, sind sie als nichtig anzusehen.[1044] Eine Ausnahme von besagtem Verbot statuiert Art. 53 l. fall. für die Pfandgläubiger und die Inhaber der Privilegien aus Art. 2756 und Art. 2761 c. c.[1045] Da es sich um eine Ausnahmeregelung handelt, ist eine restriktive Auslegung angezeigt; eine Ausweitung des Kreises der gesicherten Gläubiger über den Wortlaut hinaus ist abzulehnen.[1046] Voraussetzung für die Verwertung seitens der von Art. 53 l. fall. erfassten Gläubiger ist einmal die Bewilligung durch den *giudice delegato* (Konkursrichter), zudem die Zulassung ihrer Forderun-

---

streckungsverbot gilt und sie innerhalb des Insolvenzverfahrens befriedigt werden, werden Masseverbindlichkeiten in Deutschland außerhalb des Insolvenzverfahrens berichtigt und unterliegen einem Vollstreckungsverbot nur in den ersten sechs Monaten des Verfahrens und auch nur wenn es sich um sog. „oktroyierte" Verbindlichkeiten handelt, § 90 InsO.

1041 *Celentano/Forgillo,* S. 961 f.

1042 *„Salvo diversa disposizione della legge, dal giorno della dichiarazione di fallimento nessuna azione individuale esecutiva o cautelare (…) può essere iniziata o proseguita sui beni compresi nel fallimento."*

1043 Ambrosini/Cavalli/Jorio/*Jorio,* S. 359 f. Im deutschen Recht ist das Verbot der Einzelzwangsvollstreckung nach Eröffnung des Insolvenzverfahrens in § 89 InsO geregelt.

1044 Ambrosini/Cavalli/Jorio/*Jorio,* S. 360.

1045 Art. 2756 c. c. beinhaltet das Privileg für Leistungen und Aufwendungen zur Erhaltung und Verbesserung an den beweglichen Sachen, denen die Aufwendungen zugute kommen, Art. 2761 c. c. das Privileg des Frachtführers, des Beauftragten, des Verwahrers und des Sequesters. Diese Privilegien werden auch als *„privilegio possesuale"*, also besitzgebundenes Privileg, bezeichnet, *Ferro,* Art. 53, S. 131.

1046 Ambrosini/Cavalli/Jorio/*Jorio,* S. 366 f.

gen als bevorrechtigte nach Art. 92 ff. l. fall. Der Konkursrichter legt - nach Anhörung des Insolvenzverwalters und des Gläubigerausschusses - durch Beschluss den Termin für den Verkauf und die Modalitäten unter Beachtung der Vorgaben des Art. 107 l. fall.[1047] fest, also beispielsweise ob die Verwertung durch Versteigerung oder freihändigen Verkauf zu erfolgen hat.[1048] Er kann allerdings auch entscheiden, dass der Insolvenzverwalter das Sicherungsgut durch Befriedigung des Gläubigers auszulösen hat (sog. *riscatto*)[1049] oder den Verkauf vornimmt.[1050]

d. Zusammenfassung

Die Lage im italienischen Insolvenzrecht ist der im deutschen Recht vergleichbar: Die Inhaber persönlicher oder dinglicher Rechte sind aussonderungsberechtigt; die dinglich gesicherten Gläubiger erfahren im Gegensatz zu den gemeinen Insolvenzgläubigern eine bevorzugte Befriedigung. In Ausnahme zum Verbot der Einzelzwangsvollstreckung können die Inhaber von Pfandrechten und Privilegien aus Art. 2756 und 2761 c. c. das Sicherungsgut selbst der Verwertung zuführen. Dies gilt in Deutschland gem. §§ 166, 173 InsO für die gesicherten Gläubiger, die den Besitz am Sicherungsgut innehaben. Auch die in Art. 53 l. fall. aufgezählten Sicherungsrechte sind solche, bei denen der Sicherungsnehmer sich im Besitz des Sicherungsguts befindet. Allerdings kann in Italien der Konkursrichter

---

[1047] Hier sind gewisse Mindestvoraussetzungen normiert, die bei der Verwertung zu beachten sind um einen angemessen Erlös zu erzielen. So beispielsweise die Wertschätzung durch Sachverständige und eine angemessene Form der Bekanntmachung, die einen hohen Grad an Information und Beteiligung zu gewährleisten vermag.

[1048] Ambrosini/Cavalli/Jorio/*Jorio*, S. 367.

[1049] Ambrosini/Cavalli/Jorio/*Jorio*, S. 367. Der Konkursrichter wird sich beispielsweise dann für einen *riscatto* entscheiden, wenn der verpfändete oder mit einem Privileg belastete Gegenstand nützlich für die Fortführung eines Unternehmens erscheint, vgl. Ambrosini/Cavalli/Jorio/*Jorio*, ebd. Auch ein Verkauf der Insolvenzmasse *en bloc* zwecks höheren Erlöses kann eine solche Entscheidung gebieten, vgl. *Pajardi/Paluchowski*, S. 320.

[1050] Ob der Richter sich für einen Verkauf durch den Insolvenzverwalter oder durch einen Verkauf seitens des Sicherungsnehmers entscheidet, hängt davon ab, wer seiner Ansicht nach das Sicherungsgut erfolgreicher verwerten kann, *Pajardi/Paluchowski*, S. 320.

anordnen, dass auch in einem solchen Fall die Verwertung durch den Konkursverwalter erfolgt.
Im italienischen Recht existiert - wie bereits angedeutet - hingegen keine dem § 51 Nr. 1 InsO entsprechende Regelung über die Behandlung einer Übertragung von Gegenständen zu Sicherungszwecken. Zu fragen ist daher, ob die deutsche Sicherungsübereignung die Voraussetzungen dingliches oder persönliches Recht in Art. 93 l. fall., Pfand oder besitzgebundenes Privileg in Art. 53 l. fall. oder Pfand/Hypothek/Privileg in Art. 54 l. fall. substituieren kann.

4. *Substitutionsentscheidung*

a. Art. 93 l. fall.

Zu fragen ist zunächst, ob der Sicherungseigentümer das Sicherungsgut aus der Haftungsmasse nach Art. 93 l. fall. aussondern kann. Generell ist Eigentum das Paradebeispiel einer Aussonderung. Im deutschen Recht ist allerdings seit langem anerkannt und mittlerweile auch kodifiziert (§ 51 Nr. 1 InsO), dass der Sicherungseigentümer - trotz seiner formalen Volleigentümerstellung - nicht Aussonderung verlangen kann, sondern vielmehr nur absonderungsberechtigt ist.[1051] In Anbetracht dieser Tatsache und der Tatsache, dass Gegenstand der Untersuchung deutsches Sicherungseigentum (in Italien) ist, ist eine Substitution im Rahmen des Art. 93 l. fall. abzulehnen: Das deutsche Sicherungseigentum soll nicht durch seine Verbringung ins Ausland eine (insolvenzrechtliche) Aufwertung erfahren, die sich für den Sicherungseigentümer als ein Geschenk des Himmels darstellt;[1052] vielmehr ist nach der insolvenzrechtlichen Vorschrift Ausschau zu halten, die eine dem deutschen Recht möglichst nahekommende Verwertung vorsieht.

Exkurs: Hypothese einer Einordnung des zu Sicherungszwecken übertragenen Eigentums in die Vorschriften des italienischen Konkursrechts

---

[1051] Zu den Gründen vgl. oben, Zweiter Teil, § 1, B, IX, 1 a.

[1052] Diesbezüglich berechtigte Kritik an der Ferrari-Entscheidung des BGH von *Jayme*, FS Serick, S. 245.

In Anbetracht der Tatsache, dass im italienischen Recht dem Inhaber einer sicherungszedierten Forderung[1053] ein Aussonderungsrecht gewährt wird[1054], liegt die Vermutung nahe, dass bei näherer (oder vielmehr erstmaliger) Auseinandersetzung mit der Materie die italienische Rechtsprechung auch bei Übertragung von Eigentum zu Sicherungszwecken ein Aussonderungsrecht zugestehen würde. Hauptargument im Rahmen der Sicherungszession ist die Nichtzugehörigkeit der Forderung zum Gemeinschuldnervermögen, (d. h. zur Insolvenzmasse), was aus der Übertragung der Forderung an den Zessionar folgt.[1055] Dieses Argument müsste in der Konsequenz auch für eine Übertragung von Mobilien zu Sicherungszwecken gelten.[1056]

b. Art. 53 l. fall.

Möglicherweise kann die deutsche Sicherungsübereignung aber die in Art. 53 l. fall. aufgeführten italienischen Sicherungsinstrumente substituieren. Dafür müsste sich das deutsche Sicherungseigentum als ein funktionales Äquivalent derselben erweisen. Zu vergleichen

---

1053 Im Allgemeinen zur Sicherungszession im italienischen Recht vgl. *Greving*, S. 112 ff.; *Dolmetta/Portale*, S. 339 ff.

1054 Bezüglich der Behandlung der Sicherungszession in der Insolvenz kann der Feststellung von *Greving*, S. 131, nur beigepflichtet werden: „So wie sich die Literatur bei der dogmatischen Grundlage des Geschäfts relativ gleichgültig gezeigt (...) hat, bestätigt sich dieser Eindruck auch bei Fragen der Insolvenz." Aus den vorhandenen Quellen lässt sich jedenfalls schließen, dass der Konkurs des Zedenten „keine Auswirkungen auf die Stellung des Sicherungszessionars (...) zeigt" und er „auch nach der Konkurserklärung über das Vermögen des Zedenten (...) Leistung vom Schuldner verlangen (...) [und] die eingezogenen Beträge (vorbehaltlich des Restbetrags) einbehalten [kann]." So *Dolmetta/Portale*, S. 386; *Bove*, Inn. e dir. 2005, n. 45. *Inzitari*, Il fall. 2002, 963 (978), hingegen plädiert für die Erlösherausgabepflicht des Zessionars an den Insolvenzverwalter. Vgl. auch Cass., Urt. v. 9.1.1997, n. 123.

1055 *Dolmetta/Portale*, S. 386; *Inzitari*, S. 414; *Greving*, S. 133.

1056 Auch im deutschen Recht besteht hinsichtlich der insolvenzrechtlichen Behandlung von Sicherungsübereignung und Sicherungszession Gleichlauf: § 51 Nr.1 InsO behandelt die jeweiligen Sicherungsnehmer als Absonderungberechtigte, gewährt also auch dem Inhaber einer sicherungszedierten Forderung kein Recht zur Aussonderung. Das Verwertungsrecht liegt nach § 166 II InsO in den Händen des Insolvenzverwalters. Einschränkend im Falle einer offengelegten Sicherungszession *Mitlehner*, ZIP 2001, 677 (679 f.); Nerlich/Römermann/*Andres*, InsO, § 166, Rn. 40. Anders freilich (Aussonderung) in sonstigen Abtretungsfällen, vgl. Nerlich/Römermann/*Andres*, InsO, § 47, Rn. 30; *Mitlehner*, ZIP 2001. 677 (677).

sind dabei tatbestandliche Voraussetzungen und Rechtswirkungen der in Rede stehenden Institute. Gemeinsames Tatbestandsmerkmal der in Art. 53 l. fall. erwähnten Sicherungsrechte ist das Besitzerfordernis aufseiten des Sicherungsnehmers. Ob dieser tatsächlichen Sachherrschaft hat es der italienische Konkursgesetzgeber als sinnvoll erachtet, dass der Gläubiger selbst zur Verwertung der Sicherheit schreitet. Auch unter der Geltung deutschen Rechts stellt der Besitz des Sicherungsnehmers das Kriterium dar, anhand dessen die Entscheidung zwischen Verwertung durch den Gläubiger selbst oder aber durch den Insolvenzverwalter getroffen wird, vgl. §§ 166 I, 173 I InsO. Somit ist offensichtlich, dass eine Einordnung des Sicherungseigentums unter Art. 53 l. fall. einmal eine Aufwertung der insolvenzrechtlichen Stellung des Sicherungsnehmers im Vergleich zu seiner Lage in Deutschland bedeutet - dort wird, da in der Regel der Sicherungsgeber Besitzer ist, der Insolvenzverwalter verwerten - und zum zweiten auch die Vorstellungen des italienischen Gesetzgebers konterkarieren würde. Eine Ausnahme vom Verbot der Einzelzwangsvollstreckung (Art. 51 l. fall.) nach Art. 53 l. fall. ist für den Inhaber von Sicherungseigentum also abzulehnen.

c. Art. 54 l. fall.

Somit bleibt zu prüfen, ob die deutsche Sicherungsübereignung die in Art. 54 l. fall. angeführten Kreditsicherheiten substituieren und somit dem Sicherungsnehmer in einem italienischen Konkursverfahren ein Recht auf vorzugsweise Befriedigung gewähren kann. Der Erlös aus dem - vom Konkursverwalter verwerteten - Sicherungsgut fließt dann an den Sicherungsnehmer. Insoweit er die Höhe der gesicherten Forderung übersteigt, ist er an die Konkursmasse abzuführen[1057]; im umgekehrten Fall, nämlich dass der Erlös nicht ausreicht, konkurriert der Sicherungsinhaber hinsichtlich des Restbetrags seiner Forderung mit den Gemeingläubigern im Verteilungsverfahren, Art. 54 I 2. Hs. l. fall.[1058]

[1057] *Pajardi/Paluchowski*, S. 321; Cass. v. 2.2.1989, n. 651, Nuova giur. civ. comm. 1989 I, 784.

[1058] *"(...) se non sono soddisfatti integralmente, concorrono, per quanto é ancora loro dovuto, con i creditori chirografari nelle ripartizioni del resto dell'attivo."*

Umfasst von dieser bevorzugten Stellung im italienischen Konkursverfahren sind die Hypotheken- und Pfandgläubiger sowie die Inhaber von Privilegien. Maßgeblich für die Substitutionsentscheidung ist die funktionale Äquivalenz zwischen dem ausländischen Rechtsinstitut und den von Art. 54 l. fall. erfassten Sicherungsrechten.[1059] In einen solchen Vergleich werden die tatbstandlichen Voraussetzungen und die Rechtswirkungen einbezogen; an Bezeichnungen und dogmatischen Einordnungen ist dabei nicht zu haften.

aa. Vergleich der Rechtswirkungen

Die Rechtswirkungen der verschiedenen Sicherungsrechte aus Art. 54 l. fall. sind diesselben: Es besteht eine - privatautonom vereinbarte - dingliche Sicherung an einem oder mehreren Gegenständen, die zwar der Insolvenzmasse zuzurechnen sind, aber den Gläubigern eine bevorzugte Befriedigung ermöglichen. Die Verwertung erfolgt durch den Konkursverwalter. Die deutsche Sicherungsübereignung ist - was die Rechtswirkungen betrifft - funktional äquivalent: Auch sie ermöglicht eine Sicherung an einem oder mehreren Gegenständen und gewährt in der Insolvenz des Sicherungsgebers ein Recht auf bevorzugte Befriedigung. Die Verwertung erfolgt im Regelfall (Sicherungsgeber ist im Besitz des Sicherungsguts) durch den Insolvenzverwalter. Dogmatische Unterschiede, wie beispielsweise die Tatsache, dass die Sicherung hier durch Übertragung des Vollrechts (Sicherungsübereignung) und dort mittels Einräumung eines beschränkt dinglichen Rechts an einer Sache (Hypothek, Pfandrecht, *privilegio speciale*)[1060] erfolgt, spielen für einen funktionalen Vergleich keine Rolle.
Legt man den Schwerpunkt auf den Vergleich der Rechtswirkungen, kommt man vor allem dem Bestandsinteresse des ausländischen Sicherungsnehmers entgegen.[1061] Für die Prüfung der funktionalen Äquivalenz sind aber auch die tatbestandlichen Voraussetzungen der Vergleichsobjekte in Augenschein zu nehmen; eine möglichst hohe Entsprechung diesbezüglich gewährleistet den

[1059] Vgl. nur *Rakob*, S. 273 f.

[1060] Das *privilegio generale* kann hingegen nicht als dingliches Sicherungsrecht eingestuft werden, vgl. oben, Zweiter Teil, § 2, B, III, 2.

[1061] *Rakob*, S. 275.

Schutz der inländischen Gläubiger, die mit den ihnen fremden Sicherungsrechten im Regelfall nicht rechnen.[1062] Um eine möglichst erfolgreiche Integration einer ausländischen Kreditsicherheit in das Verwertungsgefüge eines Staates zu erreichen, ist den Interessen des Sicherungsnehmers so weit Rechnung zu tragen, als die schutzbedürftigen Belange der übrigen Gläubiger im Inland nicht über die Maßen leiden.[1063] Grundsätzlich meint das, dass Wirksamkeitsvoraussetzungen, die die Publizität einer Kreditsicherheit im Blick haben, besondere Beachtung erfahren müssen.

bb. Vergleich der tatbestandlichen Voraussetzungen

Die Übertragung von Eigentum zu Sicherungszwecken ist in Deutschland an keinerlei Formerfordernisse gebunden; auch eine Besitzübertragung an den Sicherungsnehmer kann unterbleiben; man spricht insoweit von einer publizitätslosen oder geheimen Sicherung. Auch die Insolvenzfestigkeit der Sicherungsübereignung hängt nicht von bestimmten Formalitäten ab.[1064]
Anders stellt sich die Begründungssituation der in Art. 54 l. fall. aufgezählten Sicherungsrechte in Italien dar: Das Pfandrecht (*pegno*) erfordert die Übergabe des Besitzes an der Pfandsache an den Sicherungsnehmer, Art. 2786 c. c., zudem muss für die Drittwirksamkeit der Verpfändungsvorgang aus einem Schriftstück mit sicherem Datum (*data certa*) resultieren, soweit die gesicherte Forderung den Betrag von 2,58 € übersteigt, Art. 2787 III c. c. Eine Hypothek muss zu ihrer wirksamen Entstehung in ein entsprechendes Register eingetragen werden, Art. 2808 II, 2827 ff. c. c. Der Großteil der *privilegi* entsteht zwar kraft Gesetzes und daher ohne Formerfordernisse; das in funktioneller Hinsicht mit der Sicherungsübereignung am ehesten vergleichbare Privileg aus Art. 46 t. u. verlangt allerdings für seine Drittwirksamkeit nach einer Eintragung in ein entsprechendes Register, Art. 46 III t. u.

1062 *Rakob*, S. 275.

1063 So auch *Rakob*, S. 275: „ (…) die Parteierwartungen [dürfen] nur frustriert werden (…), soweit dies zur Erreichung dieses Schutzes [der einheimischen Gläubigerordnung] notwendig ist."

1064 So aber beim Sicherungseigentum in Polen: Hier existiert eine insolvenzrechtliche Vorschrift (Art. 101 II KSRG), die für die Insolvenzfestigkeit dieser Kreditsicherheit die Wahrung der Schriftform mit sicherem Datum verlangt.

Art. 45 l. fall. regelt allgemein, dass die für die Drittwirksamkeit bestimmter Rechtsakte erforderlichen Formalitäten, welche sich aus dem *Codice Civile* oder anderen Gesetzen ergeben, vor Eröffnung des Konkursverfahrens erfüllt sein müssen um diese Rechtsakte den Gläubigern entgegengehalten zu können.[1065]
Das Publizitätsgefälle zwischen der deutschen Sicherungsübereignung und den von Art. 54 l. fall. umfassten Kreditsicherheiten ist also offensichtlich. Eine Anwendung italienischer Form- und Publizitätsvorschriften verbietet sich zwar aus der Tatsache heraus, dass die Begründung des Sicherungseigentums sich - dem *Situs*-Grundsatz gemäß - nach deutschem Recht vollzieht.

(1) Relevanz der Publizität von Sicherungsrechten in Italien

Zu prüfen bleibt allerdings, ob das Kriterium der Publizität von Rechten, die eine bevorzugte Befriedigung (oder gar eine Aussonderung) ermöglichen, in einem italienischen Konkursverfahren als so wesentlich angesehen wird, dass eine Substitutionsentscheidung die deutsche Sicherungsübereignung betreffend mangels funktionaler Äquivalenz negativ ausfallen muss. Entscheidend ist, wie sehr die italienischen Gläubiger darauf vertrauen dürfen, dass publizitätsfreie Instrumente keine vorrangige Befriedigung gewähren. Zwar sind - wie gesehen - die in Art. 54 l. fall. aufgelisteten Sicherungsinstitute allesamt gewissen Form- und Publizitätserfordernissen unterworfen. Zu untersuchen ist aber weiterhin, ob dies auch für alle anderen in Italien zulässigen Aus- und Absonderungsrechte ausnahmslos gilt.

(a) Sicherungszession (*cessione del credito a scopo di garanzia*)

Zu betrachten ist zunächst die Sicherungszession, die im italienischen Konkursrecht zur Aussonderung der zedierten Forderung seitens des Zessionars berechtigt. Hier wird für die Drittwirksamkeit[1066] eine Mitteilung[1067] an den Drittschuldner oder eine An-

---

[1065] *„Le formalità necessarie per rendere opponibili gli atti ai terzi, se compiute dopo la data della dichiarazione di fallimento sono senza effetto rispetto ai creditori."*

[1066] *Inter partes* geht die Forderung mit Abschluss des Abtretungsvertrags auf den Zessionar über, Art. 1376 c. c. Vgl. *Bove,* Inn. e Dir. 2005, n. 45;

nahmeerklärung seitens desselben verlangt, die eine *data certa* aufweisen müssen, Art. 1265 c. c.[1068]

(b) Eigentumsvorbehalt (*Riserva di proprietà)*

Auch die Drittwirksamkeit eines Eigentumsvorbehalts im Konkursverfahren[1069] hängt davon ab, dass die Vereinbarung desselben aus einem Schriftstück mit sicherem Datum (*data certa*) resultiert, Art. 1524 c. c.[1070]

(c) *Patto marciano; Sale and lease back*

Was die Behandlung des *patto marciano* betrifft, lassen sich nur Mutmaßungen anstellen: Mangels gesetzlicher Regelung müsste man eigentlich von Formfreiheit ausgehen dürfen; betrachtet man hingegen andere Sicherungsmittel, insbesondere die vergleichbare

---

Cian/Trabucchi/*Zaccaria*, Art. 1260, S. 1152; App. Brescia, Urt. v. 15.5.2002: „ *(...) produce l'effetto traslativo in conseguenza del solo consenso dei contraenti, essendo irrilevante, ai fini della validità il consenso del, o la notifica al, debitore ceduto.*"

1067 Früher wurde für die Mitteilung eine Übermittlung durch den Gerichtsvollzieher verlangt, „*(...) la notificazione dovrà avvenire secondo le forme giudiziali.*", vgl. *Alessi/Mannino*, S. 481. Mittlerweile wird davon abgewichen, vgl. dazu die Ausführungen von *Greving*, S. 120 f.; Cass., Urt. v. 21.12.2005, n. 28300; Trib. Nola, Urt. v. 5.1.2009: „*non è necessario che la notifica venga eseguita a mezzo di ufficiale giudiziario (...) la notificazione costituisce un atto a forma libera* (...)"; Cass., Urt. v. 14.3.2006, n. 5516.

1068 Überschrieben ist Art. 1265 c. c. zwar mit „Drittwirksamkeit" („*efficacia della cessione riguardo ai terzi*"), regelt dann aber doch explizit nur den Fall mehrfacher Forderungsabtretung. Nach nahezu einhelliger Meinung wird hier dennoch die generelle Drittwirksamkeit - auch im Konkursverfahren - geregelt, vgl. *Alessi/Manino*, S. 480; *Stefini*, Obbl. e contr., 2005, 155. In diesem Zusammenhang wird auch Art. 2914 c. c. genannt. Einige Urteile stellen für das *Data-Certa*-Erfordernis auf den Zeitpunkt der Abtretung selbst ab, Trib. Milano, Urt. v. 29.9.1952, Dir. fall. 1952 II, 611 ff; App. Perugia, Urt. v. 18.1.1956, Rep. Foro it. 1956, voce cessione dei crediti, n. 9, 10. Eine Sonderregel normiert Art. 5 legge v. 21.2.1991, n. 52, für die entgeltliche Abtretung von Unternehmensforderungen: Demnach genügt für die Drittwirksamkeit das Bewirken der Gegenleistung mit sicherem Datum (*data certa*).

1069 Im Konkurs des Vorbehaltskäufers kann der Vorbehaltsverkäufer, wie auch im deutschen Recht, Aussonderung (*domanda di rivendicazione*) verlangen, sobald der Konkursverwalter entschieden hat, den Vertrag nicht zu erfüllen, d. h. den (noch) ausstehenden Kaufpreis nicht zu begleichen, Art. 73 l. fall.

1070 *Lo Cascio*, S. 496; *Giorgetti*, S. 18; *Panzani/Fauceglia*, S. 755; Cass., Urt. v. 5.5.1993, n. 5213; Urt. v. 13.5.1991, n. 5324; Urt. v. 17.12.1991, n. 11960.

Zession zu Sicherungszwecken, ist es auch nicht allzu fernliegend anzunehmen, dass die Rechtsprechung jedenfalls für die Wirksamkeit im Konkurs ein *Data-Certa*-Erfordernis aufstellen könnte. Bestätigung erfährt diese Vermutung, durch die Tatsache, dass für die Wirksamkeit des *leasing* im Konkursverfahren das *Data-Certa*-Erfordernis postuliert wird[1071], ohne dass ein solches generell für seine Drittwirksamkeit erforderlich gehalten wird.[1072]

(2) Zwischenergebnis

Zusammenfassend lässt sich festhalten, dass in Italien für jegliches dingliche Sicherungsmittel, soll es im Konkurs des Schuldners wirksam sein, eine sog. *data certa,* die vor der Eröffnung des Verfahrens liegt, erforderlich ist. Dieses Erfordernis dient zwar nicht dem Zweck der Publizität der Sicherungsmittel, da ein solches Schriftstück nicht wie beispielsweise ein Register der Öffentlichkeit zugänglich ist, schützt jedoch die Gläubiger im Konkursverfahren, da so sichergestellt wird, dass nur zeitlich *vor* dem Konkurs vereinbarte Sicherungen gültig sind.
Soll also die deutsche Sicherungsübereignung zur bevorzugten Befriedigung in einem italienischen Konkursverfahren berechtigen, kann im Sinne einer funktionalen Äquivalenz der tatbestandlichen Voraussetzungen nicht darauf verzichtet werden, dass sich die vor der Konkurseröffnung liegende Vereinbarung aus einem Schriftstück mit *data certa* ergibt. Da eine Sicherungsübereignung in Deutschland regelmäßig schriftlich vereinbart wird, muss lediglich seitens der Parteien darauf geachtet werden, dass den Erfordernissen an eine *data certa* im Sinne des Art. 2704 c. c. entsprochen wird. Aus den Artt. 2703 f. c. c. ergibt sich bezüglich der *data certa* folgendes Bild: Das Datum ist nach Art. 2703 c. c. dann sicher, wenn die Unterschrift einer privatschriftlichen Urkunde von einem Notar oder einer anderen dazu ermächtigten Amtsperson beglaubigt wurde, Art. 2703 c. c. Weitere Fälle, in denen das Datum

---

1071 Wobei dies auch für die Konstruktion des *sale and lease back* Geltung beansprucht.

1072 *Panzani/Fauceglia,* S. 763; App. Milano, Urt. v. 11.3.1980; Cass., Urt. v. 9.5.2001, n. 6465, Foro it. 2001 I, 3542: "*Nel procedimento di accertamento del passivo fallimentare, il curatore assume una posizione di terzietà rispetto ai creditori concorsuali e rispetto al fallito e non gli possono quindi essere opposte le scritture private prive di data certa anteriore al fallimento.*"

der Unterschrift als sicher angesehen wird, sind Art. 2704 c. c. zu entnehmen: Diese sind: Registrierung des Vertrags aus steuerlichen Gründen; Tod oder nachträglich eingetretene physische Unmöglichkeit des Unterzeichners und jede andere Tatsache, die, wie die vorher genannten, sicherstellt, dass das Dokument zeitlich vor Verfahrenseröffnung entstanden ist. Das kann beispielsweise ein Poststempel sein.[1073] Den Vertragsparteien in Deutschland ist also zu empfehlen eine notarielle Beglaubigung vornehmen zu lassen.[1074]

d. Ergebnis der Substitution

Die funktionale Äquivalenz der Rechtswirkungen der in Art. 54 l. fall. aufgezählten Sicherungsrechte und der deutschen Sicherungsübereignung ist unproblematisch zu bejahen. Hinsichtlich der Tatbestandsvoraussetzungen kann auf das in Italien bestehende *Data-Certa*-Erfordernis nicht verzichtet werden. Insoweit die in Deutschland erfolgte Vereinbarung das berücksichtigt, kann die funktionale Äquivalenz auch auf Tatbestandsseite bejaht werden. Folglich fällt die Substitutionsentscheidung hinsichtlich der Sicherungsübereignung positiv aus; ihr Schicksal in einem italienischen Konkursverfahren kann also gem. Art. 54 l. fall. geregelt werden: Der Sicherungsnehmer ist aus dem Erlös des Sicherungsguts (welches durch den Konkursverwalter einer Verwertung zugeführt wird) vorrangig zu befriedigen; übersteigt der Erlös die gesicherte Forderung, fällt er insoweit in die Insolvenzmasse; reicht er zur Befriedigung des Sicherungsnehmers nicht aus, kann er für seine Restforderung quotale Befriedigung aus der Konkursmasse beanspruchen.

Der Sicherungsnehmer steht, soweit dem *Data-Certa*-Erfordernis Rechnung getragen wird, also nicht schlechter als in einem deutschen Insolvenzverfahren.

[1073] *Grasselli*, S. 203 f.; Cass., Urt. v. 19.3.2004, n. 5561. Weitere Beispiele bei *Comoglio*, S. 466, Fn. 63.

[1074] Anders *Kieninger*, S. 189, nach deren Auffassung kein zwingender Grund ersichtlich ist, aufgrund dessen der Beweis des „früheren Datums“ nicht auch mittels Zeugenaussagen oder durch andere als die im Gesetz vorgesehenen Dokumente in gleicher Weise geführt werden kann. Dies zuzulassen ist ihrer Ansicht nach von europarechtlicher Warte betrachtet sogar zwingend.

IV. ZWANGSVOLLSTRECKUNG

1. *Prozessstatut*

In Italien, wie auch in Deutschland, gilt für die Ermittlung der hinsichtlich Verfahren und Vollstreckung anwendbaren Normen das Prinzip des *forum regit processum*, d. h. jeder Staat bringt in den in seinem Hoheitsgebiet eröffneten gerichtlichen Verfahren sein eigenes Prozessrecht zur Anwendung.[1075] Allerdings hat dieser Grundsatz im italienischen IPR-Gesetz eine Normierung erfahren, Art. 12 IPRG[1076], während er in Deutschland lediglich gewohnheitsrechtlich gilt. Wird also in Italien deutsches Sicherungsgut zugunsten eines Sicherungsgeber-Gläubigers gepfändet, richtet sich die Vorgehensweise nach dem italienischen *Codice processuale civile* (C. p. c).[1077]

2. *Pfändung des Sicherungsguts durch Gläubiger des Sicherungsgebers in Italien*

Will der deutsche Sicherungsnehmer in einem solchen Fall sein Eigentumsrecht am Sicherungsgut gegen die (drohende) Zwangsvollstreckung in Italien einwenden, kann er sich nicht auf die Drittwiderspruchsklage aus § 771 ZPO berufen,[1078] sondern - im Falle einer positiven Substitutionsentscheidung - nur auf entsprechende Rechtsbehelfe des italienischen Zwangsvollstreckungsrechts. Die italienische Entsprechung der deutschen Drittwiderspruchsklage verkörpert die sog. *opposizione di terzo* aus Art. 619 c. p. c. Ähnlich der Klage auf vorzugsweise Befriedigung aus § 805 ZPO besteht in Italien die Möglichkeit eines Beitritts zur Zwangsvollstreckung nach Art. 499 c. p. c. (ein sog. *intervento*),

---

1075 Vgl. für Deutschland: BGH, Urt. v. 27.4.1977, VIII ZR - 184/75, WM 1977, S. 793 ff; Urt. v. 27.6.1984, IV b ZR 2/83, NJW 1985, 552 (553); *Nagel/Gottwald*, § 1, Rn. 41. Ausführlich *Jaeckel*, S. 24 ff. Für Italien: *Galatro*, S. 30.

1076 *„Il processo civile che si svolge in Italia è regolato dalla legge italiana"*.

1077 *Regio Decreto* v. 28.10.1940, n. 1443. Ob der Vollstreckung ein inländischer Titel oder die inländische Entscheidung, die einen ausländischen Titel für vollstreckbar erklärt (Art. 38 EuGVVO), zugrunde liegt, spielt dabei keine Rolle, *Rakob*, S. 286.

1078 Zum Streit, ob dem Sicherungsnehmer die Drittwiderspruchsklage aus § 771 ZPO oder lediglich die Klage auf bevorzugte Befriedigung aus § 805 ZPO zusteht, vgl. oben, Zweiter Teil, § 1, B, VIII, 1 a.

der in eine Beteiligung am Vollstreckungserlös mündet, Art. 500 c. p. c. Die bestehenden (dinglichen) Vorzugsrechte erfahren dabei im Rahmen der Erlösverteilung Berücksichtigung. Da - gemäß herrschender Meinung - im deutschen Recht der Sicherungsnehmer die Zwangsvollstreckung in das Sicherungsgut mit Hilfe einer Drittwiderspruchsklage aus § 771 ZPO verhindern kann, ist - aufgrund der gleichen Rechtsfolge - zu prüfen, ob die deutsche Rechtserscheinung die von Art. 619 c. p. c. umfassten italienischen substituieren kann. Dazu ist zunächst die *opposizione di terzo* als das Äquivalent der deutschen Drittwiderspruchsklage etwas eingehender zu betrachten.

a. Mögliche Rechtsbehelfe

aa. *Opposizione di terzo*, Art. 619 c. p. c.[1079]

Ein am Zwangsvollstreckungsverfahren Unbeteiligter, ein sog. „Dritter"[1080], kann die Einstellung des Verfahrens hinsichtlich eines solchen Gegenstandes verlangen, an dem er Eigentum[1081] oder ein anderes dingliches Recht innehat.[1082] Diese *opposizione* eröffnet ein vom Zwangsvollstreckungsverfahren unabhängiges Erkenntnisverfahren, welches darauf gerichtet ist, das Eigentum oder ein anderes dingliches Recht des Dritten festzustellen[1083], wobei von Teilen der Rechtsprechung und der Literatur der An-

---

1079 Art. 619 I c. p. c.: "*Il terzo che pretende avere la proprietà o altro diritto reale sui beni pignorati può proporre opposizione con ricorso al giudice dell´esecuzione, prima che sia disposta la vendita o l´assegnazione dei beni.*"

1080 Carpi/Taruffo/*Caprini*, Art. 619, S. 2020; *Miccolis*, Riv. esecuzione forzata 2000, 177 (188 f.); *Soldi*, S. 1188.

1081 Auch der Vorbehaltseigentümer kann in einem Vollstreckungsverfahren gegen den Vorbehaltskäufer die *opposizione di terzi* geltend machen, *Battglini/Petitti/Novelli, T./Novelli, G.*, C. p. c., Art. 619, S. 2481.

1082 Möglich ist die Pfändung schuldnerfremder Sachen in der italienischen Zwangsvollstreckung deswegen, weil - wie auch im deutschen Recht - der Gerichtsvollzieher nicht die Eigentumsverhältnisse prüft, sondern einzig dem Kriterium des Gewahrsams (*appartenenza*) zu folgen hat, Art. 513 c. p. c. Vgl. Consolo/*Onniboni*, C. p. c., Art. 619, Rn. 1; *Soldi*, S. 1204; *Miccolis*, Foro it. 1995 I, 1691 (1692); *Luiso*, Bd. 3, S. 76 f. Der Dritte kann allerdings weder Mängel im Vollstreckungsverfahren noch die Ungültigkeit des Vollstreckungstitels rügen, vgl. Cass., Urt. v. 12.8.2000, n. 10810.

1083 Consolo/*Onniboni*, C. p. c., Art. 619, Rn. 2.

wendungsbereich des Art. 619 c. p. c. über seinen Wortlaut hinaus eine Ausdehnung auch auf obligatorische Rechte eines Dritten erfährt.[1084] Statthaft ist die *opposizione* ab dem Zeitpunkt der Pfändung der Sache bis zur derjenigen Verhandlung, in der der Richter den Verkauf oder die Zuweisung der gepfändeten Sache verfügt[1085]; über den Wortlaut der Norm hinausgehend entspricht es allerdings allgemeiner Auffassung, dass erst das Ende der Vollstreckungsmaßnahmen, also der tatsächliche Vollzug des Zwangsverkaufs, als letztmöglicher Zeitpunkt für ein Erheben der *opposizione* gilt.[1086]

Eine Besonderheit stellt die Beschränkung des Opponenten aus Art. 621 c. p. c. dar: Seine ihm am Vollstreckungsobjekt zustehenden Rechte kann er dann nicht mittels Zeugen beweisen, wenn die Pfändung des Vollstreckungsobjekts im Haus oder im Betrieb des Vollstreckungsschuldners erfolgte[1087], es sei denn, dass sich sein Recht entweder aufgrund seines eigenen Berufs oder des von ihm betriebenen Handels oder dem des Schuldners als wahrscheinlich darstellt. Er muss also sein Recht mittels Urkundsbeweis darlegen, wobei es das *Data-Certa*-Erfordernis zu achten gilt.[1088]

Auf Antrag des Opponenten kann der Richter die Aussetzung des Vollstreckungsvorgangs hinsichtlich der streitbefangenen Sache gegen oder ohne Sicherheitsleistung verfügen, Art. 624c. p. c. Wird die Zwangsvollstreckung nicht ausgesetzt, oder die *opposizione*

[1084] Consolo/*Onniboni*, C. p. c., Art. 619, Rn. 5; *Battaglini/Petitti/Novelli, T/Novelli, G.*, C. p. c., Art. 619, S. 2481. Kritisch Carpi/Taruffo/*Caprini*, Art. 619, S. 2025. Die Aufzählung in Art. 619 c. p. c. habe lediglich beispielhaften Charakter, Cass., Urt. v.1972 n. 1918, Rep. Foro it. 1972, 1015, Nr. 75. Entscheidendes Kriterium für die Frage, ob ein Recht i. S. d. Art. 619 c. p. c. vorliegt, ist die sog. *prevalenza*: Es ist im Einzelfall zu prüfen, ob der Dritte ein Recht geltend macht, das gegenüber dem des Vollstreckungsgläubigers als vorherrschend anzusehen ist, Consolo/*Onniboni*, C. p. c., Art. 619, Rn. 8; Carpi/Taruffo/*Caprini*, Art. 619, S. 2025; *Proto Pisani*, S. 730.

[1085] *Soldi*, S. 1197 f.

[1086] Carpi/Taruffo/*Caprini*, Art. 619, S. 2026.

[1087] Zu den Begriffen Haus und Betrieb des Vollstreckungsschuldners siehe *Soldi*, S. 1204 und Cass., Urt. v. 14.6.1982, n. 3626: "*luogo che inerisce ad un semplice rapporto di fatto, che abbia però una certa stabilità e non sia di temporanea ospitalità in casa altrui.*" Derjenige, der die *opposizione* erhebt und einen Zeugenbeweis antreten will, muss beweisen, dass die Pfändung nicht in Haus oder Betrieb des Schuldners erfolgte, Cass., Urt. v. 12.3.2005, n. 5467.

[1088] Cass., Urt. v. 4.5.2006, n. 10287; Urt. v. 16.6.2003, n. 9627; Urt. v. 16.11.2000, n. 14873; Trib. Benevento, Urt. v. 26.3.2008; *Soldi*, S. 1206.

überhaupt erst nach dem Zwangsverkauf erhoben, kann der Dritte seine Rechte nur noch am Verkaufserlös geltend machen, sog. *opposizione tardiva*, Art. 620 c. p. c.[1089] Ist der Erwerber bösgläubig, kann der Dritte aber auch die Sache selbst herausverlangen, Art. 2920 c. c.[1090] Zu beachten gilt, dass die *opposizione tardiva* nur bis zur Verteilung des Erlöses an die Gläubiger gilt; danach bleibt dem Opponenten nur der Schadensersatzanspruch gegen den bösgläubigen Vollstreckungsgläubiger, Art. 2920 c. c.[1091]

bb. *Intervento dei creditori*, Art. 499 c. p. c.

Die Gläubiger des Vollstreckungsschuldners, die über einen Vollstreckungstitel[1092] verfügen, die einen dinglichen Arrest der gepfändeten Sache erwirkt[1093] oder ein Pfandrecht oder ein aus einem Register ersichtliches Vorzugsrecht[1094] innehaben sowie diejenigen, die Inhaber einer Forderung sind, die sich aus der Buch-

---

[1089] *„Se in seguito all´opposizione il giudice non sospende la vendita dei beni mobili o se l´opposizione è proposta dopo la vendita stessa, i diritti si fanno valere sulla somma ricavata".*

[1090] Die Vorschriften des *Codice di procedura civile* müssen im Zusammenhang mit denjenigen des *Codice Civile* gelesen werden, die die Folgen des Verkaufs im Rahmen einer Zwangsvollstreckung regeln (Art. 2919 ff. c. c.). Will der Dritte die Sache vom bösgläubigen Erwerber herausverlangen, kann er sich allerdings nicht auf Art. 620 c. p. c. berufen, sondern muss eine gesonderte Klage (Vindikationsklage, Art. 948 c. c.) anstrengen, *Soldi*, S. 1199.

[1091] Ein Anspruch aus ungerechtfertigter Bereicherung gegen den (die) Gläubiger steht dem Dritten nicht zu, *Caponi/Proto Pisani*, S. 365. Hintergrund ist Rechtssicherheit im Bezug auf die Erlösverteilung. Anders in Deutschland, hier kann der Dritte Ansprüche aus § 812 BGB gegen die Gläubiger geltend machen; ihr Erlöserwerb ist mangels eines wirksamen Pfändungspfandrechts rechtsgrundlos erfolgt, st. Rspr. vgl. nur BGH, Urt. v. 25.2.1987 - VIII ZR 47/86, BGHZ 100, 95 ff = NJW 1987, 1880 (1881), dort auch m. w. Nachw.

[1092] Die möglichen Vollstreckungstitel zählt Art. 474 c. p. c. auf.

[1093] Es entspricht herrschender Auffassung, dass mit *sequestro* der *sequestro conservativo*, Art. 671 c. p. c., intendiert ist, vgl. nur Carpi/Taruffo/*Canella*, Art. 499, S 1620. Dem entspricht im deutschen Zivilprozess der dingliche Arrest.

[1094] Hierunter fallen der Inhaber einer Hypothek oder Mobiliarhypothek und die Inhaber eines Privilegs aus Art. 46 t. u. oder Art. 2762 c. c. Daraus folgt, dass diejenigen „privilegierten" Gläubiger, deren Privileg keine Eintragung erfordert, nicht zum *intervento* berechtigt sind.

haltung eines Unternehmens nach Art. 2214 c. c. ergibt[1095], können einem Zwangsvollstreckungsverfahren, welches durch einen anderen Gläubiger initiiert wurde, beitreten, Art. 499 I c. p. c.[1096] Diejenigen Gläubiger, die über ein aus einem Register ersichtliches Privileg oder Sicherungsrecht verfügen, erfahren hierbei eine privilegierte Behandlung: Sie sind seitens des Vollstreckungsgläubigers binnen fünf Tage nach der Pfändung[1097] über das den Sicherungsgegenstand betreffende Vollstreckungsverfahren zu informieren, Art. 498 c. p. c.[1098] Sie laufen somit nicht Gefahr ihr Recht mangels Kenntnis des Vollstreckungsverfahrens nicht auszuüben.

Der Beitritt muss vor der Verhandlung (im Sinne der Art. 530, 552, 569 c. p. c.) erklärt werden, in der Verkauf oder Zuweisung der gepfändeten Sache angeordnet wird, Art. 499 II c. p. c.[1099]

1095 Näher (und kritisch) dazu *Soldi,* S. 330 ff. Gemeinhin wird die Privilegierung dieser Gläubiger als mit der Verfassung unvereinbar gehalten, vgl. Consolo/*Piccinnini,* C. p. c., Art. 499, Rn. 10.

1096 *„Possono intervenire nell´esecuzione i creditori che nei confronti del debitore hanno un credito fondato su titolo esecutivo, nonché i creditori che, al momento del pignoramento, avevano eseguito un sequestro sui beni pignorati ovvero avevano un diritto di pegno o un diritto di prelazione risultante da pubblici registri ovvero erano titolari di un credito di somma di denaro risultante dalle scritture contabili di cui all´articolo 2214 del codice civile."*
Der *intervento* hat beginnend mit dem 1.3.2006 eine bedeutende Änderung erfahren: Vorher konnten auch Gläubiger ohne Vollstreckungstitel oder ein Vorzugsrecht wie beispielsweise ein Pfand o. ä. beitreten; ausreichend war, dass sie eine sichere und fällige Forderung gegen den Vollstreckungsschuldner innehatten; auf diese Weise sollte auch in der Zwangsvollstreckung die *par conditio creditorum* realisiert werden. Vgl. Consolo/*Piccininni,* C. p. c., Art. 499, S. 3693. Ziel der Reformierung des *intervento* war die Liquidationsphase zu beschleunigen, indem die erkenntnisprozessualen Elemente zurückgedrängt werden. Zu beachten ist allerdings, dass im Zuge dieser Reform auch eine Erweiterung der als Vollstreckungstitel geeigneten Institute erfolgte; z. B. ist als Titel eine privatschriftliche Urkunde ausreichend, soweit sie beglaubigt wurde. Siehe dazu *Soldi,* S. 327.

1097 *"(...) a cura del creditore pignorante ed entro cinque giorni dal pignoramento (...)."* Kommt der Vollstreckungsgläubiger seiner Pflicht nicht nach, ist der Verkauf mangels gegenteiliger gesetzlicher Bestimmungen nichtsdestotrotz wirksam. Allerdings muss der Vollstreckungsgläubiger den aus Art. 498 c. p. c. Berechtigten den enstandenen Schaden ersetzen, vgl. m. w. Nachw. *Soldi,* S. 323 f.

1098 *"Debbono essere avvertiti dell´espropriazione i creditori che sui beni pignorati hanno un diritto di prelazione risultante da pubblici registri.(...)."* Der Pfandrechtsinhaber ist nicht in Art. 498 c. p. c. erwähnt, weil er durch seinen Besitz zwangsläufig von einer Pfändung erfährt.

1099 Näher Consolo/*Piccinnini,* C. p. c., Art. 499, Rn. 32 ff.

Der Beitritt gewährt das Recht, an der Verteilung des Erlöses aus dem Zwangsverkauf teilzunehmen und die Vollziehung der einzelnen Verfahrenshandlungen herbeizuführen, Art. 500 c. p. c.[1100] Die Reihenfolge der Berücksichtigung im Rahmen der Erlösverteilung regelt Art. 510 c. p. c. Die mit Sicherungsrechten ausgestatteten Gläubiger werden bevorzugt befriedigt; die Forderungen, für die kein Vollstreckungstitel existiert und die nicht vom Vollstreckungsschuldner anerkannt sind, werden solange zurückgestellt, bis der Gläubiger sich mit einem Vollstreckungstitel ausgestattet hat, Art. 510 c. p. c.

Zweifel an der Verfassungsmäßigkeit des Art. 499 c. p. c. werden auch im Hinblick auf den Ausschluss der Inhaber nicht eintragungspflichtiger Privilegien laut: Sie können im Bezug auf eine von Drittgläubigern betriebene Vollstreckung nicht intervenieren und verlieren durch den sog. *effetto purgativo* (Reinigungseffekt) ihre Rechte.[1101]

Anders als die Klage auf vorzugsweise Befriedigung aus § 805 ZPO ist also der *intervento* nicht auf Pfand- und Vorzugsrechte beschränkt, sondern kann beispielsweise auch von Inhabern solcher Forderungen ausgeübt werden, die lediglich aus der Buchhaltung eines Unternehmens nach Art. 2214 c. c. resultieren, oder von jedem Gläubiger, der bereits einen Titel innehat. Allerdings erfahren die Gläubiger mit Pfand- oder Vorzugsrechten *bevorzugte* Befriedigung, d. h. sie werden im Rahmen des *intervento* als erste befriedigt, was die Vergleichbarkeit mit § 805 ZPO wiederherstellt.

1100 Wobei letzteres Recht eine Einschränkung durch Art. 526 c. p. c. erfährt, der festschreibt, dass dieses nur den Gläubigern zusteht, die bereits im Besitz eines Vollstreckungstitels sind. Sie können dann anstelle des Vollstreckungsgläubigers Verfahrenshandlungen herbeiführen. Vgl. zu den Verfahrenshandlungen *Caponi/Proto Pisani*, S. 359.

1101 Consolo/*Piccininni*, C. p. c., Art. 499, Rn. 12. Vgl. die weiteren Ausführungen von *Soldi*, S. 328 f.

b. Substitutionsentscheidung

aa. Art. 619 c. p. c.

Zu fragen ist, ob die deutsche Sicherungsübereignung die in Art. 619 c. p. c. aufgezählten Rechte zu substituieren vermag. Das zur Sicherheit übertragene Eigentum stellt vollwertiges Eigentum dar; die schuldrechtlichen Beschränkungen für den Sicherungsnehmer vermögen daran nichts zu ändern. Da das Dritteigentum den Paradefall der italienischen *opposizione di terzo* darstellt und nach deutschem und italienischem Recht begründetes Eigentum unproblematisch funktional äquivalent ist, muss die Substitutionsfrage positiv beantwortet werden. Bezüglich der Beweismittelauswahl des deutschen Sicherungsnehmers gilt allerdings die oben vorgestellte Beschränkung aus Art. 621 c. p. c.

In der deutschen Literatur wird teilweise dafür plädiert, den Sicherungsnehmer auf die vorzugsweise Befriedigung aus § 805 ZPO zu verweisen.[1102] Eine ähnliche Diskussion hat sich in Italien (bisher) nicht entwickelt, da die Übertragung zu Sicherungszwecken maßgeblich in der Rechtsprechung keine Anerkennung findet. Sollte das Institut der Übertragung von Eigentum zu Sicherungszwecken doch noch Gnade vor den italienischen Richtern finden (was in Anbetracht des oben dargestellten *Status Quo* nur konsequent wäre), bleibt die Einordnung in den Normenkanon des Prozessrechts abzuwarten. Bis dahin steht einer positiven Substitutionsentscheidung im Rahmen des Art. 619 c. p. c., wie dargelegt, jedenfalls nicht der italienische *ordre public* entgegen. Allerdings sind – wie schon bereits bei der Substitutionsentscheidung im Insolvenzfall gesehen – die italienischen Formvorschriften zu beachten: Art. 2914 c. c. besagt, dass vor der Pfändung im Rahmen der Zwangsvollstreckung erfolgte Veräußerungen von Mobilien, deren Besitz der Schuldner noch nicht aufgegeben hat, dem vollstreckenden Gläubiger nur entgegengehalten werden können,

---

[1102] Unstreitig kann sich der Drittwiderspruchsberechtigte aus § 771 ZPO auf die Klage auf vorzugsweise Befriedigung als Minus beschränken, vgl. Musielak/*Becker*, ZPO, § 805, Rn. 6.

wenn diese Veräußerung aus einem Akt mit *data certa* resultiert.[1103] Da es ja gerade der typische Fall der Sicherungsübereignung ist, dass dem Sicherungsgeber der Besitz am Sicherungsgut belassen wird, muss folglich im Rahmen der *opposizione* der Sicherungsnehmer die Übertragung des Eigentums an ihn mit *data certa* nachweisen können.[1104] Wie bereits im Rahmen der Betrachtungen zur Insolvenz ist auch an dieser Stelle die Empfehlung an die Parteien auszusprechen, den Sicherungsvertrag notariell beglaubigen zu lassen, sofern eine Verbringung des Sicherungsguts nach Italien nicht fernliegend erscheint oder bereits erfolgt ist.[1105]

bb. Art. 499 c. p. c.

Zur Sicherheit übertragenes Eigentum kann - wenn der Sicherungseigentümer sich damit zufrieden geben will - auch die Sicherungsrechte aus Art. 499 c. p. c. substituieren, also zur bevorzugten Befriedigung in der Zwangsvollstreckung führen. Die in Art. 499 c. p. c. angeführten Sicherungsrechte sind solche Rechte an bestimmten Gegenständen, die dem Gläubiger eine bevorzugte Befriedigung ermöglichen sollen. Insoweit ist eine funktionale Äquivalenz mit der Übertragung zu Sicherungszwecken zu bejahen. Was die tatbestandlichen Voraussetzungen angeht, ist nicht zu übersehen, dass die der italienischen Rechtsordnung entspringenden Rechte allesamt gewissen Publizitätsanforderungen genügen müssen. Fraglich ist daher, ob die funktionale Äquivalenz mit der publizitätslosen deutschen Sicherungsübereignung deshalb verneint werden muss. Der Schwerpunkt der Äquivalenzentscheidung muss vor allem dann auf dem Vergleich der Tatbestandsvoraussetzungen liegen, wenn diese zum Schutz des inländischen Gläubigerverkehrs unverzichtbar sind. Da aber in Italien mit dem *sale and lease back*,

---

1103 *„Non hanno effetto in pregiudizio del creditore pignorante e dei creditori che intervengono nell´esecuzione, sebbene anteriori al pignoramento*: (...) 4) *le alienazioni di beni mobili di cui non sia stato trasmesso il possesso anteriormente al pignoramento, salvo che risultino da atto avente data certa."* Vgl. *Campeis/de Pauli*, S. 80 f.; *Luiso*, Bd. 3, S. 97 f.

1104 *Luiso*, Bd. 3, S. 99. Ist der Sicherungsnehmer im Besitz, kann es zu der Situation einer *opposizione* nicht kommen: Nach Art. 513 c. p. c. darf der Gerichtsvollzieher nur in Räumen pfänden, die dem Vollstreckungsschuldner zuzuschreiben sind.

1105 *Data certa* im Falle einer notariellen Beglaubigung ist das Datum derselben, *Torrente/Schlesinger*, § 125, S. 237.

dem *patto marciano* und dem Eigentumsvorbehalt, der nicht Maschinen mit einem 15,49 € übersteigenden Wert betrifft[1106], auch publizitätsfreie Sicherungen existieren, kann eine wie auch immer geartete Publizität nicht als für eine dingliche Sicherung unverzichtbar eingestuft werden. Die Substitutionsentscheidung fällt daher im Rahmen des Art. 499 c. p. c. positiv aus. Der Sicherungsnehmer kann also auch der Zwangsvollstreckung beitreten und bevorzugte Befriedigung aus dem Versteigerungserlös beanspruchen - allerdings wird man hier wohl verlangen müssen, dass die Übereignung aus einem Schriftstück mit *data certa* resultiert, um fraudulöse Rückdatierungen zu vermeiden.

D. Ausübung der deutschen Mobiliarsicherheit Sicherungsübereignung in Italien - Verwertung im einfachen Sicherungsfall, Insolvenz und Zwangsvollstreckung nach der Methode der Transposition

Diese Vorgehensweise ist einfach und schnell beschrieben: Es ist ein funktionales Äquivalent für die Sicherungsübereignung im italienischen Kreditsicherungsrecht ausfindig zu machen. Nicht ganz so leicht hingegen die Realisierung: Eine Veräußerung zu Sicherungszwecken wird in Italien wegen Verstoßes gegen das Verbot der Verfallklausel aus Art. 2744 c. c. für unzulässig gehalten. Durchaus vorstellbar ist daher, dass italienische Gerichte mangels äquivalentem inländischem Sicherungsinstitut der deutschen Sicherungsübereignung die Anerkennung verweigern würden.
Allerdings wurde oben aufgezeigt, dass die Vereinbarung eines sog. *patto marciano* allgemein für zulässig gehalten wird (auch von der italienischen Rechtsprechung), dies wohl deswegen, weil ein im Rahmen der Verwertung des Sicherungsguts erzielter Wertüberschuss an den Sicherungsgeber herauszugeben ist und somit nicht einmal eine potentielle Gefahr für den Schuldner-Sicherungsgeber besteht, die das Verfallklauselverbot verhindern will. Eine Veräußerung zu Sicherungszwecken ist also in Italien durchaus zulässig;

[1106] Art. 1524 II c. c.

ausschlaggebend für eine erfolgreiche Transposition ist nur, dass die in Deutschland vereinbarte Sicherungsübereignung *keine* Verfallklausel enthält. Zudem wird man verlangen müssen, dass der in Deutschland abgeschlossene Sicherungsvertrag im Hinblick auf die Drittwirksamkeit der Sicherungsübereignung in der Zwangsvollstreckung und Insolvenz in Italien eine *data certa* aufweist.
Auch was die Rechtsfolgen betrifft, ist eine Äquivalenz zu bejahen: Die Verwertung im einfachen Sicherungsfall erfolgt in beiden Ländern nach den parteiautonomen Vereinbarungen; in der Zwangsvollstreckung kann der Sicherungseigentümer die Drittwiderspruchsklage gegen Drittpfändungen erheben (§ 771 ZPO; Art. 619 c. p. c.). Welche Rechte der Sicherungseigentümer in Italien in der Insolvenz des Sicherungsgebers hat, ist nicht ganz klar; selbst wenn die Italiener ihm eine Aussonderung des Sicherungsguts erlaubten, würde das die funktionale Äquivalenz der Rechtsfolgen jedenfalls nicht zerstören. Wie dargestellt ist eine Erweiterung oder auch Beschränkung der Rechtsfolgen des ausländischen Rechtsinstituts im Rahmen einer Transposition der Regelfall.

E. Fazit

Trotz unterschiedlicher Methoden kommt man hinsichtlich der Behandlung deutschen Sicherungseigentums in Italien zu den gleichen Ergebnissen: Geschuldet ist dies dem Umstand, dass die Italiener, auch wenn ihnen dieser Umstand offensichtlich nicht bewusst ist, eine Veräußerung zu Sicherungszwecken durchaus akzeptieren, solange das Verbot aus Art. 2744 c. c. nicht tangiert ist.
Lehnt man - wie offiziell in Italien - die Zulässigkeit einer Veräußerung zu Sicherungszwecken ab, kann eine funktionale Äquivalenz mit der Mobiliarhypothek oder den Privilegien, insbesondere dem Bankenprivileg aus Art. 46 t. u. erwogen werden.[1107] Eine solche mit der Mobiliarhypothek muss insbesondere mit Blick darauf verneint werden, dass sie nur an ganz bestimmten Mobilien bestellt werden

---

[1107] Dazu ausführlich *Lipsky*, S. 230-243. Auf die italienische Veräußerung zu Sicherungszwecken (in Form des *patto marciano*) geht *Lipsky* nicht ein.

kann. Auch bezüglich der Rechtsfolgen überwiegen die Differenzen.[1108] Was das Privileg aus Art. 46 t. u. angeht, ist Ähnliches zu konstatieren: Einmal ist sowohl der sachliche als auch der persönliche Anwendungsbereich eingeschränkt. Zudem überwiegen auch auf der Rechtsfolgenseite die Differenzen, insbesondere erlaubt diese Sicherheit dem Sicherungsnehmer im einfachen Sicherungsfall keine Verwertung.

Allenfalls könnte angedacht werden, eine Transposition für solche Sicherungsgegenstände zuzulassen, die in den sachlichen Anwendungsbereich von Mobiliarhypothek und Privileg aus Art. 46 t. u. fallen: Die weniger durchschlagskräftigen Realisierungsmöglichkeiten wären vom Sicherungsnehmer hinzunehmen, immerhin stünde er ja ansonsten gänzlich ohne Sicherung.

[1108] A. A. *Lipsky*, S. 238 ff.

§ 3. Schicksal der italienischen besitzlosen Mobiliarsicherheiten in Deutschland

A. Mobiliarhypothek (*ipoteca mobiliare*)

I. BEGRÜNDUNGSSTATUT

Die Voraussetzungen für die Bestellung einer Mobiliarhypothek sind gemäß dem Grundsatz der *lex rei sitae* dem italienischen Recht zu entnehmen, auch wenn später die mit der Hypothek belastete Sache nach Deutschland gelangt und damit einen Statutenwechsel auslöst.

II. ENTSCHEIDUNG DES BGH V. 11.3.1991 - II ZR 88/90

Der *Bundesgerichtshof* hat in dieser Entscheidung die Lehre von der Transposition zur Anwendung gebracht und entschieden dem italienischen Hypothekeninhaber - da die Sicherungsübereignung in ihrer Funktion der italienischen Mobiliarhypothek entspreche - in Deutschland die Rechte eines Sicherungseigentümers zuzugestehen. Mit einer solchen Entscheidung ergibt sich allerdings eine erhebliche Diskrepanz zur Rechtslage in Italien: Dort wird der Hypothekeninhaber auf ein gerichtlich kontrolliertes Verwertungsverfahren verwiesen, während er in Deutschland die Sache herausverlangen und selbst der Verwertung zuführen kann. Kritik diesbezüglich ist nicht ausgeblieben. Da in der vorliegenden Arbeit die Methode der Substitution präferiert wird, erfolgt die anschließend darzustellende Integration der Mobiliarhypothek in das deutsche Rechtssystem nach deren Prämissen.

III. AUSÜBUNG DER ITALIENISCHEN MOBILIARHYPOTHEK IN DEUTSCHLAND - VERWERTUNG IM EINFACHEN SICHERUNGSFALL, INSOLVENZ UND ZWANGSVOLLSTRECKUNG NACH DER METHODE DER SUBSTITUTION

1. *Einfacher Sicherungsfall*

Das deutsche Recht, das als neue *lex rei sitae* für die Ausübung der Sicherheit maßgeblich ist, kennt keine Mobiliarhypotheken und hält somit auch keine speziellen Vorschriften bereit. Im Wege der Substitution sind daher zunächst Verwertungsregeln aufzufinden, die für deutsche Sicherheiten konzipiert wurden, aber in etwa den Verwertungsregeln für die Mobiliarhypothek in Italien entsprechen. Sodann ist zu überprüfen, ob die Mobiliarhypothek mit den deutschen Sicherheiten, für die die Regelungen gelten, funktional äquivalent ist und sie somit substituieren kann.

In Anbetracht der Tatsache, dass die Verwertung in Italien durch ein gerichtliches Verfahren erfolgt, bieten sich im deutschen Recht die Vorschriften über die Verwertung des Faustpfandes an. Der Vergleich der tatbestandlichen Voraussetzungen legt zwar die Unterschiede offen: Die Mobiliarhypothek ist im Gegensatz zum Faustpfandrecht ein besitzloses Sicherungsrecht. Als Publizitätsersatz firmiert der Registereintrag. Da im deutschen Recht aber das Faustpfand ein Schattendasein fristet und vielmehr besitzlose, sogar publizitätslose Sicherung den Regelfall darstellt, ist das Besitzübertragungserfordernis in den Betrachtungen zur funktionalen Äquivalenz kein entscheidender Faktor.

Der Vergleich der Rechtswirkungen ergibt folgendes Bild: Sowohl Faustpfand als auch Mobiliarhypothek gewährleisten dem Gläubiger einer Forderung ein Recht zur Verwertung des Sicherungsguts bei Nichterfüllung. In Italien ordnet der Richter den Verkauf des Sicherungsgutes an, welcher im Regelfall durch eine Versteigerung realisiert wird. Auch in Deutschland erfolgt der Pfandverkauf grundsätzlich im Rahmen einer öffentlichen Versteigerung.[1109]

Die Substitutionsentscheidung muss somit positiv ausfallen: Eine italienische Mobiliarhypothek ist in Deutschland nach den Vorschriften über die Realisierung des Pfandes zu behandeln.

[1109] *Wilhelm*, Rn. 1878.

2. *Zwangsvollstreckung*

Greifen weitere Gläubiger des Schuldners im Rahmen einer Zwangsvollstreckung auf das Sicherungsgut zu, ist fraglich, wie sich der italienische Mobiliarsicherheiteninhaber zur Wehr setzen kann. Die Rechtsbehelfe der § 805 und § 771 ZPO sind daraufhin zu untersuchen, ob sie auch für die ausländische Mobiliarsicherheit fruchtbar gemacht werden können. In Italien kann ein Mobiliarhypothekengläubiger einer durch andere initiierten Zwangsvollstreckung beitreten (Art. 499 c. p. c.) und nimmt als Bevorrechtigter an der Erlösverteilung teil. Dies entspricht der Rechtsfolge aus § 805 ZPO. Dieser gilt ausweislich seines Wortlauts für Pfandrechtsinhaber, die nicht im Besitz des Sicherungsgutes sind und ermöglicht ihnen eine vorzugsweise Befriedigung aus dem Verwertungserlös. Die funktionale Äquivalenz der Mobiliarhypothek mit einem Pfandrecht, dessen Inhaber nicht in Besitz der Pfandsache ist, ist unproblematisch: Beide sichern eine Forderung, werden parteiautonom vereinbart und verlangen nicht nach dem Besitz durch den Gläubiger.
Hingegen sollte dem italienischen Gläubiger kein Drittwiderspruchsrecht aus § 771 ZPO zugestanden werden: Sein Interesse am Sicherungsgut ist rein vermögensrechtlich orientiert; ein Interesse an der Sache selbst, welches eine Intervention gegen die Zwangsvollstreckung rechtfertigte, hat er nicht: Er hatte sie ja nie in seinem Besitz und könnte sie in Italien auch nicht zu eigenhändiger Verwertung herausverlangen.

3. *Insolvenz*

Auch in der Insolvenz gewährt die italienische Mobiliarhypothek ein Recht auf bevorzugte Befriedigung aus dem Verwertungserlös, Art. 54 l. fall. Dies entspricht in Deutschland einem Anspruch auf abgesonderte Befriedigung aus § 50 (51) InsO. Einziger Sicherungsnehmer, der in Deutschland Aussonderung nach § 47 InsO geltend machen kann, ist der Vorbehaltsverkäufer.[1110] Die italienische Mobiliarhypothek entspricht in der Funktion denjenigen Sicherungsinstituten, die in §§ 50 f. InsO genannt sind: Sie soll die Forderung des Gläubigers sichern und ihm in der Schuldnerinsolvenz aus ihrem

---

1110 MünchKomm.InsO/*Ganter*, § 47, Rn. 62.

Verwertungserlös die Befriedigung garantieren. Der italienische Hypothekar kann also in einem deutschen Insolvenzverfahren abgesonderte Befriedigung nach § 50 InsO verlangen. Die Verwertung obliegt allerdings nach § 166 InsO dem Insolvenzverwalter und nicht dem Sicherungsinhaber selbst. Dies entspricht auch seiner Lage in Italien: Nach Art. 53 l. fall. können dort nur die besitzenden Pfandgläubiger und Privilegieninhaber eigenhändig verwerten.

B. Schinkenpfandrecht *(pegno sui prosciutti)*

I. BEGRÜNDUNGSSTATUT

Wie schon für die Mobiliarhypothek ausgeführt, sind auch für das Schinkenpfandrecht die Begründungsvoraussetzungen dem italienischem Recht als im Zeitpunkt der Begründung aktueller *lex rei sitae* zu entnehmen.

II. AUSÜBUNG DES ITALIENISCHEN SCHINKENPFANDRECHTS IN DEUTSCHLAND - VERWERTUNG IM EINFACHEN SICHERUNGSFALL, INSOLVENZ UND ZWANGSVOLLSTRECKUNG NACH DER METHODE DER SUBSTITUTION

1. Einfacher Sicherungsfall

In Italien gelten für die Verwertung des besitzlosen Schinkenpfandrechts die Vorschriften des *Codice Civile* über die Verwertung des regulären Pfandes.[1111] Gem Art. 2796 f. c. c. erfolgt der Verkauf der Pfandsache in öffentlicher Versteigerung. In der Rechtsfolge entspricht dies den Verwertungsregeln für das deutsche Faustpfand. Dieses verlangt zwar eine Übertragung des Besitzes an der Pfandsache auf den Gläubiger, wohingegen das Schinkenpfandrecht den Schuldner im Besitz belässt und nur einen Registereintrag fordert. Wie gesehen existieren aber im deutschen Recht ohnehin zahlreiche

[1111] Art. 7, l. 24.7.1985, n. 401.

besitzlose Sicherungsrechte. Jeder Gläubiger muss daher mit einer Belastung des in den Händen des Schuldners befindlichen Mobiliars durch fremde besitzlose Sicherung rechnen. Ob dies nun eine deutsche Sicherungsübereignung ist, oder ein italienisches Schinkenpfandrecht, macht keinen Unterschied. Ist der nationale Rechtsverkehr aber nicht schutzbedürftig, kann der Fokus bei der Prüfung der funktionalen Äquivalenz auf den Vergleich der Rechtswirkungen der Sicherungsinstitute gelegt werden. Schinkenpfandrecht und deutsches Faustpfand dienen beide dazu dem Gläubiger einer Forderung bei deren Nichterfüllung seitens des Schuldners Befriedigung durch Verwertung der Pfandsache zu verschaffen und sind insofern funktional äqivalent. Das italienische Schinkenpfandrecht kann also das Faustpfand in den Vorschriften der §§ 1228, 1234 ff. BGB substituieren.

2. *Zwangsvollstreckung*

In Italien wird dem Inhaber eines Schinkenpfandrechts die *opposizione di terzo* aus Art. 619 c. p. c. (Drittwiderspruchsklage) nicht gewährt. Er kann aber zur Vollstreckung beitreten (*intervento*, Art. 499 c. p. c.) und erfährt in Folge bevorzugte Befriedigung aus dem Vollstreckungserlös. Der italienische Pfandrechtsinhaber könnte sich, um auch in Deutschland bevorzugte Befriedigung zu erreichen, auf § 805 ZPO berufen, wenn das Schinkenpfandrecht das in § 805 tatbestandlich geforderte besitzlose Pfandrecht substituieren kann. Die funktionale Äquivalenz ist hier offensichtlich: Beide Pfandrechte dienen zur Sicherung einer Forderung, indem sie dem Gläubiger Verwertung des Sicherunguts ermöglichen. Auch ist der Inhaber des Schinkenpfandrechts nicht im Besitz der Pfandsache.

3. *Insolvenz*

Dem Recht auf bevorzugte Befriedigung aus dem Erlös der Pfandsache aus Art. 54 l. fall. entspricht in Deutschland dem Recht auf abgesonderte Befriedigung aus § 50 InsO. Das italienische Pfandrecht entspricht in seinen Voraussetzungen und seiner Wirkweise denjenigen Rechten, die §§ 50, 51 InsO nennen. Auch der italienische Sicherungsinhaber kann sich also in einem Insolvenzverfahren vor deutschen Gerichten auf § 50 InsO berufen. Die Verwertung obliegt gem. § 166 InsO dem Insolvenzverwalter, vgl. die Ausführungen zur Mobiliarhypothek.

C. *Privilegi*

I. BEGRÜNDUNGSSTATUT

Die Voraussetzungen der Begründung von *privilegi* an Mobilien sind dem italienischen Recht zu entnehmen, da es in diesem Zeitpunkt *lex rei sitae* war.

II. AUSÜBUNG DER ITALIENISCHEN PRIVILEGI IN DEUTSCHLAND - VERWERTUNG IM EINFACHEN SICHERUNGSFALL, INSOLVENZ UND ZWANGSVOLLSTRECKUNG NACH DER METHODE DER SUBSTITUTION

1. *Einfacher Sicherungsfall*

Im italienischen Recht kann der Inhaber eines Privilegs, auch wenn er hinsichtlich der gesicherten Forderung keine Befriedigung erfährt, nicht zur Verwertung der Mobilie schreiten.[1112] Ihm bleibt nur der Weg über die Zwangsvollstreckung. Es sind ihm aus diesem Grund auch nach dem Statutenwechsel im Geltungsbereich des deutschen Rechts keine weitergehenden Rechte zu verleihen.

2. *Zwangsvollstreckung*

Betreiben andere Gläubiger die Zwangsvollstreckung, kann der Inhaber eines Privilegs in Italien dem Verfahren beitreten, Art. 499 c. p. c., und bevorzugte Befriedigung aus dem Verwertungserlös der privilegbelasteten Sache verlangen. In Deutschland kann er sich, um eben dies zu erreichen, auf die Klage aus

---

[1112] Unter Privilegien sind hier nur die speziellen Privilegien zu verstehen. Die allgemeinen Privilegien bestehen am gesamten Mobiliar, nicht an einzelnen Gegenständen, und bleiben daher in diesem Zusammenhang außer Betracht.

§ 805 ZPO stützen. Dass die Privilegien größtenteils von Gesetzes wegen und nicht aufgrund parteiautonomer Vereinbarung entstehen, steht der erforderlichen funktionalen Äquivalenz nicht entgegen; der Hauptanwendungsfall von § 805 ZPO sind nämlich gerade die gesetzlichen besitzlosen Pfandrechte wie das des Vermieters aus § 562 BGB oder das des Gastwirts aus § 704 BGB.
Es existieren in Italien auch besitzgebundene Privilegien aus Artt. 2756 und 2761 c. c. In Deutschland erlauben besitzgebundene Rechte dem Gläubiger eine Drittwiderspruchsklage aus § 771 ZPO zu erheben. Da dies allerdings in Italien nicht üblich ist, bleibt es auch für diese Privilegien bei § 805 ZPO.

3. *Insolvenz*

Die besitzgebundenen Privilegien aus Artt. 2756 und 2761 c. c. ermöglichen dem Inhaber in Ausnahme zum Verbot der Einzelzwangsvollstreckung aus Art. 51 l. fall. die Sache zu verwerten und den Erlös einzubehalten, Art. 53 l. fall. Die übrigen Privilegien verhelfen nur zu einer bevorzugten Befriedigung aus dem Erlös des Sicherungsgegenstands, Art. 54 l. fall. In Deutschland entspricht dies der abgesonderten Befriedigung aus §§ 50, 51 InsO, wobei die besitzgebundenen Privilegien nach § 173 I InsO vom Gläubiger selbst verwertet werden dürfen.[1113] Die Gegenstände, an denen besitzlose Privilegien bestehen, werden vom Insolvenzverwalter verwertet, § 166 InsO.

[1113] Im Rahmen des § 173 I InsO darf der in eigener Person verwertende Gläubiger den Verwertungserlös einbehalten und muss nur einen gegebenfalls erzielten Überschuss an die Insolvenzmasse abführen, MünchKomm.InsO/*Lwowski*/*Tetzlaff*, § 173, Rn. 12. Siehe auch BGH, Urt. v. 23.11.1977 - VIII ZR 7/76, NJW 1978, 632 (633). In Italien nimmt die wohl herrschende Meinung an, dass Art. 53 l. fall. nicht dazu berechtigt den Erlös einzubehalten und somit den Gläubiger nicht berechtigt seine Befriedigung außerhalb des Verteilungsplans zu erreichen, *Lo Cascio*, S. 346; Lo Cascio/*Vivaldi*, Art. 53, S. 434; *Fabiani/Nardecchia*, S. 431; Cass., Urt. v. 18.12.2006, n. 27044. Auch muss in Italien der Gläubiger erst einen Antrag auf Verwertung beim Konkursrichter stellen, der den Zeitpunkt und die Modalitäten des Verkaufs festlegt, Art. 53 II l. fall. Trotz dieser Unterschiede scheint es gerechtfertigt dem italienischen Gläubiger die großzügigere Regelung des § 173 InsO zukommen zu lassen, da es in beiden Ländern maßgeblich darum geht, den Gläubiger selbst verwerten zu lassen.

D. *Patto marciano*

I. BEGRÜNDUNGSSTATUT

Die Voraussetzungen einer wirksamen Begründung eines *patto marciano* sind, da zu diesem Zeitpunkt das Sicherungsgut in Italien belegen war, dem italienischen Recht zu entnehmen.

II. AUSÜBUNG DES ITALIENISCHEN PATTO COMMISSORIO IN DEUTSCHLAND - VERWERTUNG IM EINFACHEN SICHERUNGSFALL, INSOLVENZ UND ZWANGSVOLLSTRECKUNG NACH DER METHODE DER SUBSTITUTION

1. *Einfacher Sicherungsfall*

In Italien muss im Sicherungsfall zunächst eine Wertschätzung des Sicherungsgutes durch einen unabhängigen Dritten erfolgen; übersteigt der Wert den der gesicherten Forderung, ist dieser Überschuss an den Sicherungsgeber auszukehren. Ob nun der Sicherungsgeber im Sinne eines Verfalls die Sache für sich behält und die Differenz aus eigener Tasche leistet oder er das Sicherungsgut verkauft, steht in seinem Belieben. Nachdem diese Modalitäten der zwischen den Parteien vereinbarten Sicherungsabrede entspringen und somit nur *inter partes* Geltung erlangen[1114], unterliegt die Verwertung im einfachen Sicherungsfall dem Schuldstatut.[1115] Dieses ist unwandelbar, d. h., auch wenn sich das Sicherungsgut im Verwertungszeitpunkt in Deutschland befindet, kann es der italienische Sicherungsnehmer gemäß der Parteivereinbarung verwerten, es sei denn zwingende Vorschriften des deutschen Rechts wären verletzt. Da aber ein abrechnungspflichtiger Verfall in Deutschland landläufig als zulässig eingestuft wird[1116], sind hier keine Probleme ersichtlich.

[1114] In Italien gilt zwar kein Trennungs- und Abstraktionsprinzip, ein Vertrag, dem eine Rechtsübertragung zugrunde liegt, hat somit dingliche und schuldrechtliche Wirkungen in sich vereint. Allerdings werden natürlich die schuldrechtlichen Wirkungen dem Schuldstatut und die dinglichen Wirkungen dem Sachstatut zugeordnet.

[1115] Zur Frage, unter welches Statut die Verwertung einer dinglichen Sicherheit fällt, vgl. oben, Dritter Teil, § 2, C I, 1.

[1116] Vgl. dazu oben, Zweiter Teil, § 1, B, VII, 4 b, bb.

2. *Insolvenz*

Gemäß Art. 4 EuInsVO ist Insolvenzstatut die *lex fori concursus*. Der hier interessierende Fall ist der einer in Italien mittels eines wirksamen *patto marciano* zur Sicherheit veräußerten Sache, die in Folge nach Deutschland gelangt, wo gegen den Sicherungsgeber ein Insolvenzverfahren eröffnet wird. Den italienischen Sicherungsnehmer interessiert nun, welche Rechte er aus seiner Sicherung ableiten kann: In Frage kommt einmal eine Aussonderung nach § 47 InsO, zudem eine abgesonderte Befriedigung aus dem Erlös des Sicherungsguts nach §§ 50, 51 InsO.

Da in Italien zwar die Konstruktion des *patto marciano* für zulässig gehalten wird, die auffindbaren Abhandlungen wie Urteile ihn betreffend aber nicht über dessen Zulässigkeitsvoraussetzungen hinausgehen, sind Ausführungen zu seiner Behandlung in einem italienischen Insolvenzverfahren rein spekulativ. Ausgehend von der Rechtslage zur Sicherungszession (*cessione a scopo di garanzia*) - dort wird vertreten, dass ein Konkurs des Zedenten nichts an der Stellung des Zessionars ändert - ist es durchaus wahrscheinlich, dass man den Sicherungsnehmer nicht auf eine abgesonderte Befriedigung verweisen würde.[1117] Unterstellt man eine solche Behandlung in Italien, sind natürlich die Parteinteressen darauf gerichtet, dass der Sicherungsnehmer selbst zur Verwertung schreiten kann und zu diesem Zweck die Sache auch gegebenenfalls vom Insolvenzverwalter herausverlangen kann. In Deutschland kann der Sicherungsnehmer wie der Sicherungszessionar nur abgesonderte Befriedigung verlangen (§§ 50, 51 InsO). Hintergrund dieser Regelung ist, dass durch den Insolvenzantrag in der Regel der Sicherungsfall ausgelöst wird und daher - anders als in der Zwangsvollstreckung - der Sicherungsvertrag seine Abwicklung erfährt.[1118] Könnte der Sicherungsnehmer aussondern und den Verwertungszeitpunkt selbst festlegen, wäre es ihm ein Leichtes, die Verwertung bis nach Abschluss des Insolvenzverfahrens hinauszuzögern und so der Insolvenzmasse einen Wertüberschuss vorzuenthalten.[1119]

[1117] Vgl. oben, Dritter Teil, § 2, C, III, 4 a.

[1118] MünchKomm.InsO/*Ganter*, § 51, Rn. 9.

[1119] *Henckel*, FS Zeuner, S. 211.

Diese grundsätzliche, das Insolvenzverfahren betreffende Entscheidung des Gesetzgebers muss respektiert werden. Italienisches Sicherungseigentum kann also nicht die Tatbestandsvoraussetzung „dingliches Recht, aufgrund dessen ein Gegenstand nicht zur Insolvenzmasse gehört" in § 47 InsO substituieren. Dies würde einen zu großen Eingriff in die Struktur des deutschen Insolvenzverfahrens bedeuten. Vielmehr kann dem Sicherungsnehmer nur das Recht zur abgesonderten Befriedigung nach § 51 InsO zugestanden werden. Dies überzeugt auch in Anbetracht der Tatsache, dass es dem Sicherungsnehmer maßgeblich um die Befriedigung seiner Forderung durch Verwertung des Sicherungsguts geht, welche auch auf diese Weise unproblematisch erreicht wird.

3. *Zwangsvollstreckung*

Für die Behandlung des italienischen *patto marciano* in der Zwangsvollstreckung gilt dasselbe wie für seine Handhabung in der Insolvenz: Abhandlungen und Urteile diesbezüglich fehlen. Fraglich ist daher, wie ein solches Sicherungsrecht im Geltungsbereich deutschen Rechts behandelt werden soll. Soll es zur Drittwiderspruchsklage aus § 771 ZPO berechtigen oder doch nur zu einer Klage aus § 805 ZPO? Vorzugswürdig erscheint, ihm die Drittwiderspruchsklage zuzugestehen, und zwar mit denselben Erwägungen, wie sie für das deutsche Sicherungseigentum angebracht werden. Sollte sich im italienischen Recht hingegen die Ansicht herausbilden, dass ein Sicherungseigentümer eine fremde Zwangsvollstreckung nicht verhindern kann, sondern lediglich einen Anspruch auf bevorzugte Befriedigung hat, müsste man zu dem Ergebnis gelangen, dass der *patto marciano* das besitzlose Pfandrecht aus § 805 ZPO substituiert.

Vierter Teil: Mobiliarkredit, Statutenwechsel und europäisches Recht

§ 1. Anerkennung ausländischer Mobiliarsicherheiten zwingend wegen der europäischen Grundfreiheiten?

In Anbetracht der Tatsache, dass die Anerkennung ausländischer Mobiliarsicherheiten, insbesondere der deutschen, häufig scheitert[1120], wurde allenthalben die Frage nach der Vereinbarkeit dieser Praxis mit den Anforderungen der europäischen Grundfreiheiten gestellt.[1121]
In Rede stehen hierbei die Freiheit des Warenverkehrs aus Art. 34 AEUV und die des Kapitalverkehrs aus Art. 63 AEUV.

A. Schutzbereich der Warenverkehrsfreiheit

Betreffend die Warenverkehrsfreiheit sind im Rahmen dieser Untersuchung die „Maßnahmen gleicher Wirkung" von Bedeutung: Gemäß der Rechtsprechung des *EuGH* ist eine Maßnahme gleicher Wirkung „jede Handelsregelung der Mitgliedsstaaten, die geeignet ist, den innergemeinschaftlichen Handel unmittelbar oder mittelbar, tatsächlich oder potentiell zu behindern."[1122] Diese

[1120] Wie man der vorliegenden Untersuchung entnehmen kann, allerdings oft zu Unrecht. Vgl. auch die Kritik von *Rauscher* in RIW 1985, 265 ff. bezüglich der die deutsche Sicherungsübereignung ablehnenden Entscheidungen österreichischer Gerichte.

[1121] Aus Art. 345 AEUV ergibt sich, dass differierende Sachenrechtsordnungen an sich keinen Grundfreiheitenverstoß darstellen. Vgl. nur MünchKomm/*Wendehorst*, Vor Art. 43, Rn. 6. Die Regelung verhindert allerdings nicht eine am Maßstab der Grundfreiheiten ausgerichtete Kontrolle des mitgliedstaatlichen Sachenrechts, vgl. *Körber*, S. 624.

[1122] EuGH, Urt. v. 11.7.1974 - C-8/74, Slg. 1974, 837, Rn. 5 - *Dassonville*.

sog. *Dassonville*-Formel umfasst also auch - da in- und ausländische Waren gleichermaßen betreffend - diskriminierungsfreie Beschränkungen des Handelsverkehrs.[1123] Überdies spielt der Grad der Handelsbeeinträchtigung keine Rolle.[1124] Anlässlich seiner *Keck*-Entscheidung formulierte der *EuGH* die durch die Weite der *Dassonville*-Formel notwendig gewordene tatbestandliche Einschränkung[1125]: Nichtdiskriminierende Beschränkungen und Verbote bestimmter Verkaufsmodalitäten[1126] (zu sehen im Gegensatz zu produktbezogenen Vorschriften), die den Absatz in- und ausländischer Erzeugnisse rechtlich wie tatsächlich in gleicher Weise berühren, verstoßen nicht gegen Art. 34 AEUV.[1127]

B. Eingriff in den Schutzbereich der Warenverkehrsfreiheit

Zu klären ist zunächst, worin im Fall der Nichtanerkennung von ausländischen Mobiliarsicherheiten die den innergemeinschaftlichen Handel behindernde Handelsregelung erblickt werden muss. In Betracht kommt zunächst einmal die kollisionsrechtliche *Situs*-Regel; zudem aber auch die gemäß der kollisionsrechtlichen Entscheidung anwendbaren nationalen Sachrechtsvorschriften, de-

---

1123 *Herdegen*, § 15, Rn. 6; *Streinz*, Rn. 864; Grundlegend EuGH, Urt. v. 20.2.1979 - C. 120/78, Slg. 1979, 649 - *Cassis de Dijon*. Der *EuGH* versteht also die Warenverkehrsfreiheit nicht als bloßes Diskriminierungsverbot, sondern fasst sie als ein generelles Beschränkungsverbot auf, *Streinz*, Rn. 862.

1124 *Streinz*, Rn. 862.

1125 Zwar stellte der *EuGH* in seiner *Cassis*-Entscheidung fest, dass auf zwingenden Erfordernissen des Allgemeinwohls beruhende Beschränkungen der Warenverkehrfreiheit zulässig sind. Allerdings ist nach überzeugender herrschender Ansicht diesbezüglich von einer Erweiterung der Rechtfertigungsgründe, nicht von einer tatbestandlichen Beschränkung auszugehen. Vgl. nur Ehlers/*Ehlers*, § 7, Rn. 84.

1126 Als Verkaufsmodalitäten gelten beispielsweise Ladenschlussregelungen, Werbungsverbot für Apotheker oder Werbungsverbot im Kinderfernsehen, vgl. auch für weitere Beispiele Geiger/Khan/Kotzur/*Kotzur*, Art. 34 AEUV, Rn. 21.

1127 EuGH, Urt. v. 24.11.1993 - C. 267/91 und C. 268/91, Slg. 1993 I-6097 ff. - *Keck und Mithouard*.

retwegen die dingliche Sicherheit scheitert oder (empfindliche) Wirksamkeitseinbußen hinnehmen muss.[1128]
Da die *Situs*-Regel festlegt, dass das Recht des Belegenheitsorts der Sache, nicht etwa dasjenige des Begründungsstaats, anwendbar ist und somit überhaupt erst möglich macht, dass ein im Ausland begründetes Sicherungsrecht wegen Unvereinbarkeit mit der nationalen Sachenrechtsordnung untergeht, wird die Handelsbeeinträchtigung folglich durch die Geltung der *Situs*-Regel in Verbindung mit dem jeweiligen sachenrechtlichen *numerus clausus* der Mitgliedstaaten produziert.[1129]
Wegen des durch den *Situs*-Grundsatz bedingten Statutenwechsels, also der sukzessiven Anwendbarkeit verschiedener Sachenrechtsordnungen, in denen jeweils das *Numerus-Clausus*-Prinzip herrscht, ist der Bestand der dinglichen Sicherungen an der Ware bei deren Grenzübertritt nicht gewährleistet; drastischer ausgedrückt bleibt die dingliche Besicherung eines Kredits „auf der nationalen Ebene eingepfercht."[1130] Zwar kann das Sicherungsgut grundsätzlich problemlos jegliche innereuropäische Grenze überschreiten; die Furcht vor dem potentiellem Verlust der Sicherung wird die Parteien allerdings dazu veranlassen, die Mobilität des Sicherungsguts auf den nationalen Raum, gegebenenfalls auf Staaten mit ähnlicher Sachenrechtsordnung zu beschränken.[1131] Ein Eingriff in die Warenverkehrsfreiheit liegt somit vor und zwar auch dann, wenn letztendlich die Parteien selbst diese Mobilitätseinschränkung veranlassen.[1132] Greifen die Parteien ob der Unsicherheit der Mobiliarsicherung im grenzüberschreitenden Verkehr zu Alternativen, beispielsweise in Form der kostenintensive-

---

[1128] Für den kollisionsrechtlichen Ansatz *v. Wilmowsky*, S. 117 ff. Für den sachrechtlichen Ansatz *Kieninger*, S. 183 ff., die allerdings auch die *Situs*-Regel und damit das Kollisionsrecht auf die Vereinbarkeit mit den Grundfreiheiten überprüft, ebd. S. 210 ff.

[1129] *Rakob*, S. 73: „Die *Lex-Rei-Sitae*-Regel ist der Grenzwächter des *numerus clausus*." Anders MünchKomm/*Sonnenberger*, Einl. IPR, Rn. 171, nach dessen Ansicht nur Sachnormen, nicht aber Kollisionsregeln einen Eingriff in die Grundfreiheiten verursachen können. Das IPR lege nur das anwendbare Recht fest und könne daher keine Freiheitsbeschränkung enthalten.

[1130] *v. Wilmowsky*, S. 100.

[1131] *Schacherreiter*, ZfRV 2005, 173 (180).

[1132] *v. Wilmowsky*, S. 111 f. Für einen Eingriff in die Warenverkehrsfreiheit auch *Kieninger*, S. 210. Anders *Körber*, S. 535 f.

ren Personalsicherung (Akkreditiv, Bürgschaft, Garantie), ist eine Verringerung der Exporte im Binnenmarkt durchaus wahrscheinlich.[1133]
Die tatbestandliche Einschränkung durch *Keck* verfängt nicht: zwar handelt es sich vorliegend, da nicht die Beschaffenheit des Sicherungsguts selbst, sondern die Modalitäten des Warenvertriebs betroffen sind, um Verkaufsmodalitäten;[1134] Die *Situs*-Regel und auch die Vorschriften des anzuwendenden Sachrechts gelten sowohl für den in- wie für den ausländischen Marktteilnehmer; eine Diskriminierung ist insoweit nicht ersichtlich. Verkaufsmodalitäten stellen aber gemäß *Keck* nur dann *keinen* tatbestandsmäßigen Eingriff in die Warenverkehrsfreiheit dar, wenn sie die Waren aus anderen Mitgliedstaaten rechtlich wie tatsächlich in der gleichen Weise berühren. Eine faktische Benachteiligung des ausländischen Sicherungsinhabers ist allerdings schwerlich zu verkennen.

C. Eingriff in den Schutzbereich der Kapitalverkehrsfreiheit

Eine dingliche Sicherung ist Sachkapital[1135]; somit ist mit dargestellter Argumentation auch ein Eingriff in die Kapitalverkehrsfreiheit anzunehmen.[1136]

D. Rechtfertigung des Eingriffs

Eingriffe in die Warenverkehrsfreiheit können aufgrund der in Art. 36 AEUV abschließend[1137] aufgezählten und eng auszulegen-

---

[1133] *Leible*, Europ. PrivatR, S. 160.

[1134] *Rakob*, S. 71; *Kieninger*, S. 152 f.; *Körber*, S. 626; *Reich*, Stilles Pfandrecht, S. 127.

[1135] Geiger/Khan/Kotzur/*Kotzur*, Art. 63 AEUV, Rn. 3; Callies/Ruffert/*Bröhmer*, Art. 63 AEUV, Rn. 13; Ehlers/*Wilmowsky*, § 12, Rn. 2.

[1136] *v. Wilmowsky*, S. 112; *Schacherreiter*, ZfRV 2005, 173 (180); *Roth*, in: The future of secured credit, S. 50.

den Gründe gerechtfertigt sein. Zudem hat der europäische Gerichtshof in seiner *Cassis*-Entscheidung sog. immanente Schranken entwickelt - erforderlich war dies durch die Erweiterung der Grundfreiheit auch auf nicht-diskriminierende Maßnahmen geworden.[1138] Laut *EuGH* müssen „Hemmnisse für den Binnenhandel, die sich aus der Verschiedenheit der nationalen Regelungen ergeben, hingenommen werden, soweit diese Bestimmungen notwendig sind, um zwingenden Erfordernissen gerecht zu werden."[1139] Beispielhaft seien genannt der Schutz der öffentlichen Gesundheit, der Lauterkeit des Handelsverkehrs, des Verbrauchers und der Umweltschutz.[1140] Es muss sich also um ein im allgemeinen Interesse liegendes Ziel handeln. Die (unterschiedslose[1141]) Maßnahme der Mitgliedstaaten muss überdies zur Verwirklichung dieses Ziels geeignet und erforderlich sein und den Grundsätzen der Verhältnismäßigkeit entsprechen.[1142] Insbesondere bedeutet dies, dass der angestrebte Zweck nicht durch Maßnahmen erreicht werden darf, die den innergemeinschaftlichen (oder innerunionalen) Handel in geringerem Maß beeinträchtigen.[1143]

Auch Eingriffe in die Kapitalverkehrsfreiheit können neben den geschriebenen Rechtfertigungsgründen aus Art. 65 AEUV durch zwingende Gemeinwohlinteressen im Sinne der *Cassis*-Formel gerechtfertigt sein.[1144]

Die Beeinträchtigung, die Mobilien und die an ihnen bestehenden Kreditsicherheiten im grenzüberschreitenden Verkehr Europas

---

[1137] Geiger/Khan/Kotzur/*Kotzur*, Art. 36 AEUV, Rn. 1; EuGH, Urt. v. 10.1.1985 - C. 229/83 - *Leclerc*.

[1138] Für die Aufgabe der *Cassis*-Formel zugunsten einer einheitlichen Rechtfertigungsprüfung plädierend und insofern auch überzeugend Calliess/Ruffert/*Kingreen*, 3. Aufl., Art. 28-30 EGV, Rn. 84 f.

[1139] EuGH, Urt. v. 20.2.1979 - C. 120/78, Slg. 1979, 649 - *Cassis de Dijon*.

[1140] Geiger/Khan/Kotzur/*Kotzur*, Art. 34 AEUV, Rn. 15, 19.

[1141] Die Einschränkung der *Cassis*-Rechtfertigung auf unterschiedslose Maßnahmen erfolgte noch nicht in der *Cassis*-Entscheidung selbst, sondern erstmals in EuGH, Urt. v. 10.11.1982 - C. 261/81, GRUR Int. 1983, 293 (293 f.).

[1142] Geiger/Khan/Kotzur/*Kotzur*, Art. 34 AEUV, Rn. 19.

[1143] Callies/Ruffert/*Kingreen*, 3. Aufl., Art. 28-30 EGV, Rn. 93. Das Kriterium der Erforderlichkeit bildet meist den Schwerpunkt der Prüfung; die Prüfung der Angemessenheit fällt meist mit der der Erforderlichkeit zusammen. Eigenständigkeit gewinnt diese insbesondere im Fall einer Kollision der Grundfreiheit mit einem Grundrecht, vgl. Callies/Ruffert/*Kingreen*, 3. Aufl., Art. 28-30 EGV, Rn. 98.

[1144] EuGH, Urt. v. 4.6.2002 - C. 367/98, Slg. 2002 I, 04731.

wegen des Zusammenspiels aus *Situs*-Regel und *numerus clausus* der dinglichen Sicherungsrechte erfahren, müssten also durch zwingende Gemeinwohlinteressen gerechtfertigt sein.[1145] Begründet wird das Erfordernis dieser Prinzipien gemeinhin mit dem Schutz der nationalen Gläubiger- und Güterordnung.[1146] Gläubigerordnung meint dabei dasjenige Regelwerk, welches die Befriedigungsrechte der einzelnen Gläubiger am Schuldnervermögen, insbesondere für den Fall der Insolvenz, festlegt.[1147] Die Güterordnung der einzelnen Mitgliedstaaten legt die an Handelsgütern möglichen dinglichen Rechte abschließend fest und ist somit unabdingbar für das Funktionieren der Märkte.[1148]

Durch das „Eindringen" ausländischer und daher unbekannter Sicherungsrechte kann nun diese nationale Gläubiger- und Güterordnung empfindlich gestört werden. Das Mobiliarsicherheiten betreffende Sachen-, Zwangsvollstreckungs- und Insolvenzrecht eines Staates ist eng aufeinander abgestimmt; meist nur mit großer Mühe lassen sich hier ausländische Rechte integrieren. Zudem ist die Schaffung verschiedener Sicherungsrechte nicht selten eine rechtspolitische Entscheidung und hängt daher häufig von national geprägten Spezifika ab. Oft werden beispielsweise bestimmte Wirtschaftszweige bevorzugt, man denke nur das italienische Schinkenpfandrecht. Auch das Vertrauen der inländischen Gläubiger, die nur mit ihnen geläufiger Sicherung rechnen, muss im Hinblick auf einen funktionierenden Kreditverkehr geschützt werden.[1149]

Anhaltspunkte für eine solche Rechtfertigung liefert auch eine Entscheidung des *EuGH*, in der er das österreichische Verbot einer Fremdwährungshypothek als gerechtfertigt ansah: „Ein Mitgliedstaat ist berechtigt, sein Grundpfandrechtssystem so auszugestalten, dass es die Rechte der Hypothekengläubiger untereinander sowie die Rechte sämtlicher Hypothekengläubiger einerseits und die Rechte sämtlicher Gläubiger andererseits in sicherer und transparenter

---

[1145] *Basedow*, RabelsZ 59 (1995), 1 (45), ordnet die Güterordnung als Teil der öffentlichen Ordnung i. S. v. Art. 65 AEUV ein und hält folglich auch diskriminierende Handelsbeschränkungen für zulässig. Ablehnend *Wunsch*, S. 326.

[1146] *Kieninger*, S. 173; *Rakob*, S. 73; *Röthel*, JZ 2003, 1027 (1032), *Roth*, in: The future of secured credit, S. 52.

[1147] *V. Wilmowsky*, S. 122.

[1148] *Körber*, S. 222; *Basedow*, RabelsZ 59 (1995), 1 (45).

[1149] *Kreuzer*, Mélanges en l´honneur d´Overbeck, S. 632 f.

Weise festlegt."[1150] In der Sicherheit und Transparenz des Rechtsverkehrs in einem Mitgliedstaat erblickt der *EuGH* also einen Rechtfertigungsgrund. Zwar betraf diese Entscheidung speziell das Hypothekenrecht; es kann jedoch nicht an der Gültigkeit der Aussage für das gesamte Sachenrecht gezweifelt werden.[1151] Da der *numerus clausus* der Sachenrechte und die ihn bewahrende *Situs*-Regel gerade diese Transparenz und Sicherheit gewährleisten sollen[1152], sind sie als rechtfertigungstaugliche zwingende Erfordernisse im Sinne der *Cassis*-Formel anzuerkennen.[1153]

E. Verhältnismäßigkeit des Eingriffs

Jegliche so gerechtfertigte Beschränkung der Warenverkehrs- oder Kapitalverkehrsfreiheit muss sich allerdings im Rahmen der Verhältnismäßigkeit bewegen: Sie muss geeignet, erforderlich und verhältnismäßig zur Erreichung des bezweckten Ziels, nämlich des Schutzes der Gläubiger- und Güterordnung, sein; es darf also kein in gleichem Maß geeignetes, aber weniger beeinträchtigendes Mittel geben. Die im deutschen wie italienischen internationalen Sachenrecht vorherrschende Lehre von der Transposition ist als verhältnismäßige Beschränkung anerkannt[1154]: Sie erhält eine ausländische Mobiliarsicherheit immer dann aufrecht, wenn ein funktionales Äquivalent im Inland existiert. In geringerem Maße beeinträchtigend erscheint allerdings die Methode der Substitution, die im Einzelfall flexiblere Lösungen ermöglicht, indem sie nicht nach dem funktionalen Äquivalent *in toto* sucht, sondern die funktionale Äquivalenz von in- und ausländischen Rechtsinstituten im Rahmen der inländischen Ausübungsregeln überprüft.[1155] Eine Sicherheit wird immer dann integriert und gemäß den nationalen Vorschriften

---

1150 EuGH v. 16.3.1999 - C. 222/97, Slg. 1993 I, 1661 (1680) – *Trummer und Mayer*.

1151 *Leible*, Europ. PrivatR, S. 162.

1152 *Leible*, Europ. PrivatR, S. 162 f.

1153 *Leible*, Europ. PrivatR, S. 163; *Wunsch*, S. 329.

1154 *Leible*, Europ. PrivatR, S. 165; *Basedow*, RabelsZ 59 (1995), 1 (46); *Schacherreiter*, ZfRV 2005, 173 (182).

1155 So überzeugend *Rakob*, S. 75 f.

realisiert, solange der inländische Rechtsverkehr keine Beeinträchtigung erfährt. Mehr als eine solche um Ausgleich der widerstreitenden Interessen bemühte Lösung kann auch in europarechtlicher Hinsicht nicht gefordert werden.
Man muss aber wohl *Kieninger* und *Basedow* Recht geben, wenn sie das *Data-Certa*-Erfordernis des italienischen Rechts als nicht durch den Schutz der mitgliedstaatlichen Güter- und Gläubigerordnung gerechtfertigt ansehen. Ziel dieses Erfordernisses ist es nämlich solche fingierten oder rückdatierten Veräußerungen zu verhindern, die Gegenstände der Haftungsmasse des Schuldners entziehen. Allerdings ist auch die Verhinderung derartigen Betrugs wohl als zwingendes Gemeinwohlinteresse im Sinne der *Cassis*-Formel zu definieren.[1156] Nicht überzeugen mag die Ansicht von *Basedow* und *Kieninger*, wenn sie den Nachweis der *data certa* auch auf anderem Wege als dem von Artt. 2703 f. c. c. vorgezeichneten zulassen will. Kieninger sieht beispielsweise einen Zeugenbeweis als gleichermaßen geeignet an[1157]: So würde allerdings dem Missbrauch Tür und Tor geöffnet, denn ein Zeuge kann genauso „manipuliert" werden wie jedes private Schriftstück auch. So würde das „sichere Datum" faktisch abgeschafft.

F. Ergebnis

Die (teilweise) Nichtanerkennung von ausländischen Mobiliarsicherheiten im Binnenmarkt der EU stellt eine Beschränkung der Waren- und Kapitalverkehrsfreiheit dar, die ihre Rechtfertigung im Schutz der einzelnen mitgliedstaatlichen Güter- und Gläubigerordnungen findet. Die überwiegend praktizierte Transposition ist als verhältnismäßige Beschränkung anerkannt, wobei der Methode der Substitution m. E. als milderem Mittel der Vorzug gebührt. Das dem italienischen Recht entspringende *Data-Certa*-Erfordernis findet hingegen seine Rechtfertigung in der Verhinde-

---

[1156] So wohl auch *Kieninger*, S. 189. Zweifelnd *Leible*, S. 167.
[1157] *Kieninger*, S. 189. Ihr folgend *Leible*, S. 167.

rung betrügerischer Manipulationen von Sicherungsvereinbarungen.

Der Rekurs auf die Binnenmarktfreiheiten vermag im innereuropäischen Mobiliarsicherheitenkonflikt allerdings nur punktuell Abhilfe zu schaffen. Zwar können die einzelnen Staaten zu Substitutionsbemühungen angehalten werden; ist einer Rechtsordnung ein Sicherungsrecht allerdings gänzlich unbekannt oder stehen zwingende Publizitätserfordernisse[1158] einer Anerkennung entgegen, hilft das Europarecht nicht weiter.

[1158] Eine Verweigerung der Anerkennung ausländischer Sicherheiten ist allerdings nur dann möglich, wenn das Publizitätserfordernis im Inland konsequent eingehalten wird, da andernfalls der inländische Rechtsverkehr nicht schutzbedürftig ist. Als milderes Mittel ist auch an eine sog. „Gnadenfristregelung" zu denken, wie sie beispielsweise in der Schweiz für einen ausländischen Eigentumsvorbehalt gilt, Art. 102 II Schweiz. IPPRG: „Gelangt eine bewegliche Sache in die Schweiz und ist an ihr im Ausland ein Eigentumsvorbehalt wirksam begründet worden, der den Anforderungen des schweizerischen Rechts nicht genügt, so bleibt der Eigentumsvorbehalt in der Schweiz noch während drei Monaten gültig."

§ 2. Rechtsangleichung und Rechtsvereinheitlichung

Eine umfassende und vor allem auch Rechtssicherheit gewährleistende Lösung kann folglich nur über das Instrument einer Rechtsangleichung oder -vereinheitlichung gefunden werden.

A. Lösung auf der Ebene des Kollisionsrechts

Teilweise wird diesbezüglich eine Lösung auf Ebene des Kollisionsrechts, teilweise eine auf der Ebene des Sachrechts favorisiert. In kollisionsrechtlicher Hinsicht vermag nur eine völlige Neuregelung zu überzeugen, da mit dem *Situs*-Grundsatz ohnehin eine quasi weltweit einheitliche Anknüpfung gewährleistet ist. *v. Wilmowsky* beispielsweise plädiert für die Zulassung einer Rechtswahlfreiheit auch im Internationalen Sachenrecht.[1159] Selbst wenn man aber eine solche in unbeschränkter Form zulassen würde, ist damit noch nicht das Problem gelöst, das sich ergibt, wenn Vollstreckungsstatut (*lex fori processualis*) und Insolvenzstatut (*lex fori concursus*) nicht mit dem gewählten Sachstatut harmonieren.[1160] Dasselbe Problem ergibt sich auch, wollte man die EU-Mitgliedstaaten zu einer Anerkennung ausländischer Sicherheiten verpflichten.[1161]

[1159] *v. Wilmowsky*, S. 151 f. Er spricht sich allerdings für eine Sonderanknüpfung „legitimer Interventionsanliegen", wie beispielsweise Fragen der Publizität, aus, ebd. S. 152. Auch *Röthel*, JZ 2003, 1027 (1034), hält es im Fall einer Rechtswahlmöglichkeit für zwingend, die Vorschriften zum Schutz Dritter dem jeweiligen Belegenheitsrecht zu entnehmen, welches insoweit nicht abgewählt werden kann. Kritisch hinsichtlich Rechtswahlfreiheit MünchKomm/*Wendehorst*, Art. 43 EGBGB, Rn. 158; *Kieninger*, S. 217; *Kaufhold*, S. 167. Befürwortend hingegen *Jayme*, FS Serick, S. 246; *Flessner*, in: Party autonomy, S. 38 f; *Eidenmüller*, in: The future of secured credit, S. 283.

[1160] So zu Recht, *Rott*, S. 30 ff.; *Ernst*, S. 26; *Brinkmann*, S. 470.

[1161] So auch *Kieninger*, S. 216.

B. Lösung auf der Ebene des Sachrechts

Weitaus überzeugender ist es daher, eine Lösung auf der Ebene des Sachrechts anzustreben.[1162] Hier besteht einmal die Möglichkeit der Schaffung einer europäischen Mobiliarsicherheit, die in grenzüberschreitenden Sachverhalten anstelle einer nationalen gewählt werden kann.[1163] Dies setzt allerdings voraus, dass die Parteien (insbesondere der Sicherungsnehmer) schon von Beginn an mit einer Grenzüberschreitung des besicherten Guts rechnen oder eine solche jedenfalls zumindest in ihre Überlegungen einbeziehen.[1164] Zudem ist an eine Harmonisierung der nationalen Vorschriften zu denken, die Begründung und Wirkung von Mobiliarsicherheiten betreffen. Bisherige Bemühungen waren allerdings nicht von Erfolg gekrönt[1165] - was nicht zuletzt darauf zurückzuführen ist, dass Sicherungsrechte nicht losgelöst von den vollstreckungsrechtlichen Vorschriften der einzelnen nationalen Rechtsordnungen angeglichen werden können.[1166]
Lediglich für bestimmte Kategorien von Mobilien wurde bislang ein einheitliches Recht geschaffen, so beispielsweise das Kapstädter UNIDROIT-Übereinkommen über internationale Sicherungsrechte an beweglicher Ausrüstung vom 16.11. 2001.[1167] Es enthält die Regelung eines internationalen Sicherungsrechts an Flugzeugzellen und -triebwerken, Hubschraubern, Eisenbahnrollmaterial und Weltraumvermögenswerten, welches in ein in-

---

1162 So *Röthel*, JZ 2003, 1027 (1034); *Brinkmann*, S. 348.

1163 So beispielsweise der Vorschlag von *Kreuzer*, Mélanges en l'honneur d'Overbeck, S. 635. Positive Resonanz findet der Vorschlag u. a. bei *Kaufhold*, S. 222 f.; *Kieninger*, S. 240 ff. Jüngst *Brinkmann*, S. 468 ff.

1164 Gestaltet man ein solches optionales Sicherungsrecht als nur für grenzüberschreitende, nicht hingegen für Binnengeschäfte wählbar, nützt es einem Sicherungsnehmer nicht einmal, wenn er eine potentiell mögliche (abredewidrige) Verbringung des Sicherungsguts ins Ausland bedenkt.

1165 Vgl. beispielsweise das Scheitern der Ausarbeitung eines Modellgesetzes zur weltweiten Harmonisierung des Mobiliarkreditsicherungsrechts durch die UNCITRAL-Kommission (United Nations Commission on International Trade Law) 1980. Dazu *Rott*, S. 86 ff.

1166 *Kreuzer*, Mélanges en l'honneur d'Overbeck, S. 635; *Kaufhold*, S. 197 f.

1167 Für eingehendere Beschäftigung: Official commentary von *Goode*; *v. Bodungen*, S. 243 ff.

ternationales Register eingetragen werden muss. Anders stellt sich die Situation in den Vereinigten Staaten dar: Dort existiert mit dem *security interest* aus Art. 9 UCC (*Uniform Commercial Code*)[1168] ein einheitliches Sicherungsrecht für alle US-Bundesstaaten.[1169]

I. GRUNDLAGEN FÜR EINE VEREINHEITLICHUNG ODER HARMONISIERUNG

In neuerer Zeit ist das Erscheinen des UNCITRAL *Legislative Guide on secured transactions*[1170] (2008) und der Regelungen des DCFR (*Draft common frame of reference*), die Mobiliarsicherheiten betreffen[1171] (2009), zu verzeichnen. Diese Werke, die versuchen ein durchdachtes, sowohl den Bedürfnissen der Kreditbedürftigen als auch der Transparenz des Kreditverkehrs gerecht werdendes Mobiliarsicherungsrecht zu zeichnen, können möglicherweise als Grundlage einer Harmonisierung oder Rechtsvereinheitlichung gesehen werden oder doch jedenfalls eine ausbaufähige Basis bilden.

1. *UNCITRAL Legislative Guide on secured transactions*

Der Guide, der nicht als Modellgesetz, sondern als Sammlung von Empfehlungen (*recommendations*) verstanden werden will[1172] und sich stark an Art. 9 UCC anlehnt[1173], sieht ein einheitliches Siche-

---

1168 Der *Uniform Commercial Code* ist ein Modellgesetz, welches 1952 erstmals veröffentlicht wurde, vgl. Staudinger/*Stoll*, IntSachenR, Rn. 332. 1990 hat auch Louisiana als letzter US-Bundesstaat Art. 9 UCC übernommen. Dies übersieht Staudinger/*Stoll*, IntSachenR, Rn. 332, der überdies suggeriert, dass in Louisiana keinerlei Umsetzung des *Code* erfolgte. Tatsächlich wurde lediglich Art. 2 UCC nicht umgesetzt. Vgl. auch *Brinkmann*, S. 351.

1169 Umfassend zu Art. 9 UCC und die Behandlung eines *security interest* im deutsch-amerikanischen grenzüberschreitenden Verkehr *Rakob*, S. 81 ff.

1170 Die Arbeiten wurden 2002 aufgenommen, vgl. *Wiegand*, FS Horn, S. 186.

1171 Principles, Definitions and Model Rules of European Private Law, DCFR Full Edition, Vol. 6, Bd. IX.

1172 Hintergrund ist, dass ein *model law* keine Spielräume in der Umsetzung eröffnet hätte, vgl. *Wiegand*, FS Horn, S. 186; *Brinkmann*, S. 425. Vgl. das *preface* des *Guide*: *„the mandate of the working group should be interpreted broadly to ensure an appropriately flexible work product, which should take the form of a legislative guide."*

1173 *Wiegand*, FS Horn, S. 188; *Brinkmann*, S. 425. Differenzierter *Bazinas*, S. 459 f.

rungsrecht vor[1174], welches für seine Drittwirksamkeit in ein Register einzutragen ist.[1175] Die Sicherungsabrede sollte, wenn der Besitz am Sicherungsgut in den Händen des Sicherungsgebers verbleibt, schriftlich erfolgen, Rec. 15.[1176] Der Registereintrag ist nicht konstitutiv für die Entstehung des Sicherungsrechts, Rec. 33.[1177] Ein gutgläubiger, lastenfreier Erwerb ist im *Guide* nicht vorgesehen; vielmehr soll das Sicherungsrecht bei einer Veräußerung unabhängig von der Kenntnis des Erwerbers fortbestehen, Rec. 79. Das Sicherungsrecht erlischt hingegen, wenn der Sicherungsnehmer in die lastenfreie Veräußerung des Sicherungsguts einwilligt (Rec. 80 a) oder die an den gutgläubigen Erwerber erfolgte Veräußerung eine solche im gewöhnlichen Geschäftsgang darstellt (Rec. 81 a).[1178] Hier ist, wie *Brinkmann* sehr richtig bemerkt, Konfliktpotential verborgen, was die Abstimmung mit den Regelungen zum gutgläubigen Erwerb des Vollrechts betrifft.[1179]

2. DCFR (Draft Common Frame of Reference)

Der *Draft Common Frame of Reference* ist Resultat einer Initiative der Europäischen Kommission, ein „kohärentes europäisches Vertragsrecht" zu schaffen[1180], wobei das Ergebnis letztendlich

---

[1174] Der *Guide* präferiert ein einheitliches Sicherungsrecht (siehe Chapter IX, Rn. 82), einen sog. *unitary approach*, bietet aber auch Regelungsvorschläge für einen *non-unitary approach*, der für Eigentumsvorbehalt und Finanzierungsleasing, die sog. *aquisition financing rights*, spezielle Vorschriften zur Verfügung stellt; vgl. dazu die Ausführungen von *Brinkmann*, S. 428 ff.

[1175] *Wiegand*, FS Horn, S. 187; Rec. 32: *„the law should provide that a security right is effective against third parties if a notice (...) is registered in the general security rights registry* (...)." Es handelt sich dabei um ein sog. *notice filing system* (im Gegensatz zu einem *transaction filing system*): D. h., aus dem Register lässt sich lediglich ein Hinweis auf ein möglicherweise bestehendes Sicherungsrecht entnehmen; eine Überprüfung durch eine staatliche Stelle bezüglich der Existenz des Rechts erfolgt nicht. Kritisch betreffend ein *notice filing system* in Deutschland *Lwowski*, in The future of secured credit, S. 178 f.

[1176] *„(...) security agreement may be oral if accompanied by the secured creditor's possession of the encumbered asset. Otherwise, the agreement must be concluded in or evidenced by a writing (...)."*

[1177] *„The law should provide that registration of a notice (...) is not necessary for the creation of a security right."*

[1178] Dazu *Brinkmann*, S. 434 f.

[1179] *Brinkmann*, S. 435.

[1180] KOM (2003), 68 endgültig.

über das Vertragsrecht im engeren Sinne hinausgeht und auch Regelungen zum Deliktsrecht, Sachenrecht und dem Recht der gesetzlichen Schuldverhältnisse beinhaltet.[1181] Insbesondere von Interesse soll im Rahmen dieser Arbeit das neunte Buch des DCFR sein, welches die *„proprietary security in movable assets"* behandelt.[1182]

Die Regelungen in diesem Buch gelten für alle Geschäfte mit Sicherungsfunktion, sog. *functional approach*. Spezielle Vorschriften finden sich, vor allem was die Verwertung der Sicherheit betrifft, nur für den Eigentumsvorbehalt, *retention of ownership devices*.[1183]

Auch der DCFR unterscheidet zwischen der Entstehung des Sicherungsrechts *inter partes* - durch formlosen Vertrag - (Chapter 2: *creation*) und der Begründung der Drittwirksamkeit (Chapter 3: *effectiveness as against third persons*). Diese erfolgt entweder durch Eintragung des Sicherungsrechts in ein elektronisches europäisches Mobiliarsicherheitenregister oder dadurch, dass der

---

1181 Dem DCFR kritisch gegenüberstehend *Jansen/Zimmermann*, NJW 2009, 3401 ff.; *Wilhelm*, Rn. 433.

1182 Zu beachten ist, dass der DCFR kein offizielles Dokument der EU darstellt, was durch die Ergänzung *„draft"* verdeutlicht wird, vgl. *Brinkmann*, S. 437. Vgl. auch Introduction, Vol. I DCFR, S. 2: *„One purpose of the text is to serve as a draft for drawing up a „political" Common Frame of Reference (CFR) which was first called for by the European Commission's "Action Plan on A More Coherent European Contract Law"*. Allerdings soll ein solcher "politischer" Gemeinsamer Referenzrahmen auf das Vertragsrecht beschränkt bleiben. Ende April 2010 hat daher die Kommission eine Expertengruppe eingesetzt, die die Kommission bei der Ausarbeitung eines gemeinsamen Referenzrahmens für das europäische Vertragsrecht unterstützen soll, indem sie unter anderem „die Teile des Entwurfs des gemeinsamen Referenzrahmens auswählt, die unmittelbar oder mittelbar für das Vertragsrecht von Belang sind", Art. 2, Beschl. der Komm. 2010/233/EU. Der Text dieser so genannten *feasibility study* liegt seit 3. Mai diesen Jahres vor (abrufbar unter: http://ec.europa.eu/justice/contract/files/feasibility-study_en.pdf) und wird aktuell von der Kommission analysiert. Zu den möglichen rechtlichen Formen eines europäischen Vertragsrechtsinstruments vgl. Grünbuch der Kommission vom 1.7.2010, KOM (2010) 348 endgültig. Am 8.6.2011 hat sich das Europäische Parlament mit großer Mehrheit für eine Verordnung ausgesprochen, die ein neben die nationalen Vertragsrechtssysteme tretendes, optionales europäisches Vertragsrecht enthalten soll, P7_TA(2011)0262 (2011/2013/INI).

1183 Wobei nach Art. IX.-1:103 (2) unter die Regelungen zum Eigentumsvorbehalt auch *Hire-Purchase*-Geschäfte, Kommissionsgeschäfte mit Sicherungsfunktion und solche Finanzierungsleasingverträge fallen, die eine Erwerbsoption enthalten, für die höchstens ein *„merely nominal payment"* zu leisten ist. Vgl. auch *Brinkmann*, S. 454, dort auch zum Inhalt der speziellen Regelungen.

Sicherungsnehmer Besitz am Sicherungsgut innehat oder *control* über es ausübt, vgl. Art. IX.-3:102.
Gutgläubiger (lastenfreier) Erwerb des Sicherungsguts ist, wenn das Sicherungsrecht ordnungsgemäß in das Register eingetragen wurde, nicht möglich, da der Erwerber wegen der Möglichkeit, sich im Register zu informieren [1184], als bösgläubig gilt, Art. IX. 6:102, VIII.-3:101, 102.[1185] Dies gilt allerdings dann nicht, wenn der Erwerb im ordnungsgemäßen Geschäftsgang (*transferor acts in the ordinary course of its business*) erfolgt, Art. IX.-6:102 (2 a). Hier darf sich der Erwerber auf das Eigentum respektive die Verfügungsbefugnis des Veräußernden verlassen ohne einen Blick in das Register werfen zu müssen.

II. OPTIONALES EUROPÄISCHES KREDITSICHERUNGSRECHT

Zwar erscheint eine Harmonisierung des Sachrechts der Mitgliedstaaten als einzig sinnvolle Lösung, realistisch gesehen wird jedoch der Durchsetzung eines solchen Vorhabens (jedenfalls in näherer Zukunft) kaum Erfolg beschieden sein.[1186] Zu groß sind die Unterschiede in den Regelungen der Mitgliedstaaten, zu eng die Verwobenheit mit dem Zwangsvollstreckungs- und Insolvenzrecht.[1187] Durchaus denkbar wäre allerdings ein optionales europäisches Sicherungsrecht in Form einer Verordnung, welches die

---

[1184] Art. IX.-3:317: „*Access to the register for searching purposes is open to anyone* (...)".

[1185] Zum Folgeproblem des dann unrichtigen Registers vgl. *Brinkmann*, S. 443 ff.

[1186] So auch *Kieninger*, S. 232; *Kreuzer*, in: Europäisches Kreditsicherungsrecht, S. 51.

[1187] Allerdings kann man am Beispiel der Finanzsicherheitenrichtlinie (2002/47 EG) deutlich erkennen, dass auch solche Schwierigkeiten zu überwinden sind, wenn der von „den interessierten Wirtschaftskreisen auf den europäischen Gesetzgeber ausgeübt [e] [politische Druck] nur groß genug ist." So *Kieninger*, in Differenzierte Integration, S. 196. Zwar hat die Richtlinie einen beschränkten sachlichen und persönlichen Anwendungsbereich, sie gilt ausweislich ihres Art. 1 II nur für (dort näher spezifizierte) Finanzinstitute und umfasst nur Sicherungsrechte an Barguthaben und Finanzinstrumenten. In diesem Rahmen verpflichtet sie aber die Mitgliedstaaten zur Anerkennung formlos vereinbarter (Art. 3 I) Finanzsicherheiten in Form einer Vollrechtsübertragung (Art. 6). Wie *Kieninger*, ebd., ganz richtig bemerkt, stellt dies einen tiefen Eingriff in das Mobiliarsachenrecht vieler Mitgliedstaaten dar, die insbesondere keine formfreie Vereinbarung solcher Sicherheiten zulassen. Zudem enthält die Richtlinie die Vorgabe eine außergerichtliche Verwertung anzuerkennen (Art. 4 I) und verfügt die Nichtanwendbarkeit gewisser nationaler Vorschriften zur Insolvenzanfechtung (Art. 8 I).

Parteien wählen können.[1188] Vergleichbare Regelungen existieren mit der Europäischen Gesellschaft (Europäische Aktiengesellschaft, SE)[1189] und der Gemeinschaftsmarke[1190] bereits im Gesellschafts- und Markenrecht. So würde das nationale Sachenrecht unberührt bleiben, wobei nicht übersehen werden darf, dass ein solches verordnungsbasiertes Sicherungsrecht durchaus Auswirkungen auf die nationalen Rechte zeitigt: Einmal da mit einem neuen Sicherungsrecht der *numerus clausus* der dinglichen (Sicherungs-)Rechte eines jeden Mitgliedstaats eine Erweiterung erfährt; zum anderen weil natürlich auch die zwangsweise Verwertung eines solchen Sicherungsrechts mit den mitgliedstaatlichen Vorschriften koordiniert werden muss.[1191] *Brinkmann* schlägt hier zu Recht die Methode der Substitution als Lösung vor. Wünschenswert, vor allem im Hinblick auf Rechtssicherheit, wäre m. E. allerdings ein im Vorhinein geschaffener, als verbindlich anzusehender Substitutionskatalog. [1192] Zudem müsste man sich in Deutschland entscheiden, wie das Rangverhältnis zwischen Europäischem Sicherungsrecht und den nationalen, publizitätslosen Sicherungsrechten zu beurteilen wäre. Denkbar ist, dass, so wie jetzt auch, das zuerst entstandene Recht im Rang vorgeht, auch wenn es ein publizitätsloses ist. Die Alternative wäre ein Vorrang des eingetragenen Europäischen Sicherungsrechts auch im Falle,

---

[1188] Zur Kompetenzgrundlage der Union bezüglich einer solchen Verordnung vgl. *Brinkmann*, S. 477 ff.

[1189] Verordnung (EG) Nr. 2157/2001 des Rates vom 8.10.2001 über das Statut der Europäischen Gesellschaft (SE).

[1190] Verordnung (EG) Nr. 40/94 des Rates vom 20.12.1993 über die Gemeinschaftsmarke.

[1191] *Stürner*, in: The future of secured credit, S. 167; *Brinkmann*, S. 480. *Kieninger*, in Differenzierte Integration, S. 200, wirft zu Recht die Frage auf, ob der Eingriff durch ein optionales Kreditsicherungsrecht überhaupt geringer ist als ein solcher, der durch ein nationales Recht verdrängendes Sicherungsrecht erfolgt.

[1192] *Kreuzer*, in Europäisches Kreditsicherungsrecht, S. 66, meint, dem Inhaber eines eingetragenen Europäischen Sicherungsrechts müsste ein gemeinschaftsrechtlicher Anspruch auf vorzugsweise Befriedigung in der Zwangsvollstreckung eingeräumt werden; wird dem Eigentumsvorbehalt in einer SicherungsrechtsVO eine Sonderstellung eingeräumt, dann müsste ein Widerspruch gegen die Zwangsvollstreckung zugestanden werden. Für das Insolvenzrecht fordert er eine einheitliche Festlegung der Rechtsbehelfe eines Sicherungsinhabers, hilfsweise müsste jeder Mitgliedstaat wenigstens festlegen, welche Bestimmungen seines Insolvenzrechts zur Anwendung gelangen, ebd. S. 67.

dass es erst zu einem späteren Zeitpunkt vereinbart wurde.[1193] Um die Publizitätsfunktion eines Europäischen Registers zu erhalten müsste man sich für letztere Variante entscheiden.[1194]

III. EUROPÄISCHES MODELLGESETZ NACH VORBILD DES AMERIKANISCHEN UCC

Angesichts dieser nicht leicht zu überwindenden Probleme sprechen sich *Kieninger*[1195], *Stürner*[1196] und *Brinkmann*[1197] für ein europäisches Modellgesetz nach dem Vorbild des UCC in den USA aus. Wie die Erfahrung in den Vereinigten Staaten zeigt, ist durchaus damit zu rechnen, dass sich die EU-Staaten der Vorteile einer - jedenfalls zumindest in groben Zügen - einheitlichen Regelung der Sicherheiten an Mobilien auf Dauer nicht verschließen, insbesondere da die den *Status Quo* formierenden Regelungen in vielen Mitgliedstaaten ohnehin reformbedürftig erscheinen.

1193 So *Kreuzer* in Europäisches Kreditsicherungsrecht, S. 62 f., 68. Diese Regel ist seiner Ansicht nach auch nicht „ungerecht". Der Inhaber einer mitgliedstaatlichen Mobiliarsicherheit könnte sich ja auch gleich ein Europäisches Sicherungsrecht eintragen lassen, er verweist auf den Grundsatz: *„Lex vigilantibus est scripta."*

1194 So *Brinkmann*, S. 481, der wegen der so entstehenden starken Eingriffe in die nationalen Rechtsordnungen dennoch die zuerst vorgestellte Variante befürwortet, ebd. S. 482. Das Problem sieht auch *Kieninger*, in Differenzierte Integration, S. 200.

1195 *Kieninger*, in Differenzierte Integration, S. 202.

1196 *Stürner*, in: The future of Secured Credit, S. 167.

1197 *Brinkmann*, S. 485

Fünfter Teil: Zusammenfassende, letzte Anmerkungen

Wie aus den Länderberichten in dieser Arbeit ersichtlich - und das Herausgreifen der deutsch- italienischen Situation ist hier typisch und beispielhaft - divergiert das Bild des Mobiliarkredits beträchtlich - eine Situation, die in Zeiten fortgeschrittener Verwebung und Verflechtung der Märkte für kaum zu unterschätzenden Zündstoff sorgt: Mobilien, an denen Sicherungsrechte bestellt wurden, gelangen oft über die nationalen Grenzen ins Ausland und bedingen auf diese Weise nicht selten den Verlust der Sicherheit. Insbesondere betroffen sind die kleinen und mittelständischen Unternehmen, wenn man die grenzüberschreitende Sicherung durch Eigentumsvorbehalt betrachtet. Im Hinblick auf die Sicherungsübereignung können auch große Kreditgeber wie Banken betroffen sein. Man denke nur an einen zur Sicherheit übereigneten Maschinenpark eines niederbayrischen Unternehmens, das diesen auf einer Baustelle in Österreich einsetzt und so der Gefahr von Pfändungen österreichischer Gläubiger aussetzt. Wie gesehen vermögen die Garantien aus den europäischen Grundfreiheiten nur bedingt Abhilfe zu schaffen. Da es jedenfalls bisher kein ggf. optionales europäisches Mobiliarsicherungsrecht gibt und die Schaffung eines solchen, beherzigt man die in 27 Ländern[1198] nötigen Anpassungen im Zwangsvollstreckungs- und Insolvenzrecht, auch noch einige Zeit in Anspruch nehmen wird, besteht momentan der einzige Ausweg darin, möglichst umfassende Informationen über die Kreditsysteme anderer Länder zusammenzustellen und den Interessierten zugänglich zu machen. Mit dieser Arbeit ist hoffentlich dazu ein Beitrag geleistet worden.

[1198] Wenn man es genau nimmt, muss man einrechnen, dass das *United Kingdom* aus 3 Teilrechtsordnungen besteht, nämlich der englisch- walisischen, der schottischen und der nordirischen.

Literaturverzeichnis

ACHILLES/GEBHARD/SPAHN (Hrsg.), Protokolle der Kommission für die zweite Lesung des Entwurfs des Bürgerlichen Gesetzbuchs, Berlin 1899.

ACKERMANN, KARL, Die Sicherungsübereignung an Warenlagern, Marburg 1919, Neudruck Frankfurt/M. 1970.

ALESSI, ROSALBA/MANNINO, VINCENZO, La circolazione del credito, Vol. I, Milanofiori Assago 2008.

ALTORFER, PETER, Die Mobiliarhypothek - Ein Beitrag zur Reform des Fahrnispfandrechts, Zürich 1981.

AMATO, GIUSEPPE, Ancora sul patto commissorio e sulla vendita a scopo di garanzia, Giust. civ. 1984 III, S. 1899-1904.

AMBROSINI, STEFANO/CAVALLI, GINO/JORIO, ALBERTO, Il fallimento, Milanofiori Assago 2009.

ANDRIOLI, VIRGILIO, Art. 2744, in: Commentario del Codice civile a cura di Antonio Scialoja e Giuseppe Branca, 6. Bd., Tutela dei diritti, Artt. 2740-2899, Bologna, Rom 1945.

-ders., Art. 2745, in: Commentario del Codice civile a cura di Antonio Scialoja e Giuseppe Branca, 6. Bd., Tutela dei diritti, Artt.2740-2899, Bologna, Rom 1956.

-ders., Aspetti processuali delle garanzie del credito agrario, Riv. dir. proc. 1975, S. 678 ff.

ANELLI, FRANCO, L´alienazione in funzione di garanzia, Mailand 1996.

ANZILOTTI, DIONISIO, Corso di diritto internazionale privato e processuale, Roma 1918, neu veröffentlicht von F. Salerno in Corsi di diritto internazionale privato e processuale, Padova 1996.

ASMUS, WOLFGANG, Dogmengeschichtliche Grundlagen der Treuhand - Eine Untersuchung zur romanistischen und germanistischen Treuhandlehre, Frankfurt am Main, Bern, Las Vegas 1977.

BÄHR, OTTO, Urteile des Reichsgerichts mit Besprechungen, München, Leipzig 1883.

-ders., Kritische Vierteljahresschrift für Gesetzgebung und Rechtswissenschaft, 32. Bd. (1890), S. 367-373.

BALLADORE PALLIERI, GIORGIO, Diritto internazionale privato italiano, in: Trattato di diritto civile e commerciale diretto dai professori Antonio Cicu e Francesco Messineo, Vol. XLV, Mailand 1974.

BALLARINO, TITO, Diritto internazionale privato, 3. Aufl., Padua 1999.

BAMBERGER, HEINZ GEORG/ROTH, HERBERT, Kommentar zum Bürgerlichen Gesetzbuch, München 2008.

BAR, CHRISTIAN VON, Internationales Privatrecht, 2. Bd., Besonderer Teil, München 1991.

BAR, CHRISTIAN VON/BEALE, HUGH/CLIVE, ERIC/SCHULTE-NÖLKE, HANS (Hrsg.), Principles, Definitions and Model Rules of European Private Law - Draft Common Frame of Reference, Outline Edition, Vol. 1, 6, München 2009.

BARALIS, GIORGIO, Vendita per ragioni di garanzia e vendita per ragioni di bisogno, Riv. del not. 2009, S. 317-329.

BARBIERA, LELIO, Responsabilità patrimoniale, Disposizioni generali, Artt. 2740-2744 in: Il Codice Civile Commentario diretto da Piero Schlesinger, Mailand 1991.

BAREL, BRUNO/ARMELLINI, STEFANO, Diritto internazionale privato: Manuale breve, Mailand 2006.

BARSOTTI, ROBERTO, Diritti reali nel diritto internazionale privato, in: Digesto delle Discipline Privatistiche - Sezione Civile, 4. Aufl., Turin 1989, S. 409-436.

BASEDOW, JÜRGEN, Der kollisionsrechtliche Gehalt der Produktfreiheiten im europäischen Binnenmarkt: favor offerentis, RabelsZ 59 (1995), S. 1-55.

BATIFFOL, HENRI/LAGARDE, PAUL, Droit international privé, Tome II, 7. Aufl., Paris 1983.

BATTAGLINI, MARIO/PETITTI, STEFANO/NOVELLI, TOMMASO/NOVELLI, GIOVANNI, Codice di procedura civile annotato con la giurisprudenza, 15. Aufl., Mailand 2007.

BAUMBACH, ADOLF/LAUTERBACH, WOLFGANG/ALBERS, JAN/HARTMANN, PETER, Zivilprozessordnung, 69. Aufl., München 2011.

BAUR, JÜRGEN/STÜRNER ROLF, Sachenrecht, 18. Aufl., München 2009.

BAUR, FRITZ/STÜRNER, ROLF/BRUNS, ALEXANDER, Zwangsvollstreckungsrecht, 13. Aufl., Heidelberg 2006.

BAZINAS, SPIROS, Key objectives and fundamental policies of the UNCITRAL Legislative Guide on Secured Transactions, in: John de Lacy (Hrsg.), The Reform of UK Personal Property Security Law, Comparative Perspectives, S. 456-475, London, New York 2010.

BECKER, CHRISTOPH, Maßvolle Kreditsicherung, Köln, Berlin usw. 1999.

BECKER, ERICH, Sicherung des Gläubigers durch constitutum possessorium, Düren 1899.

BELLAFIORE, FRANCESCA, Fondamento e operatività del divieto del patto commissorio, Rass. dir. civ. 2003 I, S. 474-488.

BENKE, NIKOLAUS/MEISSEL, FRANZ-STEFAN, Übungsbuch Römisches Sachenrecht, Wien 2008.

BENVENUTI, PAOLO, Art. 51, in: Le nuove leggi civili commentate 1996, l. 31 maggio 1995, n. 218.

BESOZZI, FLAMINIA, La causa in concreto del contratto: un vero revirement?, Contr. 2007, S. 1004- 1012.

BESSONE, MARIO/ ROPPO, ENZO, Il problema della causa nei suoi profili attuali, in: Alpa, Guido/Bessone, Mario/Roppo, Enzo, Rischio contrattuale e autonomia privata, Neapel 1982.

BETTI, EMILIO, Sui principi generali del nuovo ordine giuridico, Riv. dir. comm. 1940 I, S. 217-223.

-ders., Teoria generale del negozio giuridico, in: Trattato di diritto civile italiano redatto sotto la direzione di Filippo Vassalli, Vol. 15, II tomo, Ristampa corretta della seconda edizione, Turin 1952.

-ders., Su gli oneri e i limiti dell´autonomia privata in tema di garanzia e modificazione di obbligazioni, Riv. dir. comm. 1931 II, S. 689 ff.

BIAGIONI, GIACOMO, L´ordine pubblico e le norme di applicazione necessaria nella proposta di regolamento Roma I, in: La legge applicabile ai contratti nella proposta di regolamento Roma I a cura di Pietro Franzina, Padua 2006.

BIANCA, C. MASSIMO, Il contratto, 2. Aufl., Mailand 2000.

-ders., Patto commissorio, in: Novissimo Digesto Italiano, Vol. XII, S. 711-721, Turin 1957.

-ders., Il divieto del patto commissorio, Mailand 1957.

-ders., La vendita e la permuta, in Trattato di diritto civile italiano sotto la direzione di Filippo Vassalli, Vol. 7, I Tomo, Turin 1972.

BIERLE, MICHAEL, Pfandrechte an beweglichen Sachen im internationalen Privatrecht unter besonderer Berücksichtigung der Rechte der USA, Englands, Frankreichs und der Bundesrepublik Deutschland, Frankfurt 1993.

BIN, MARINO, Singoli contratti, Riv. trim. proc. 1991, S. 959-969.

BODUNGEN, BENJAMIN VON, Mobiliarsicherungsrechte an Luftfahrzeugen und Eisenbahnrollmaterial im nationalen und internationalen Rechtsverkehr, Berlin 2009.

BOEHMER, GUSTAV, Grundlagen der bürgerlichen Rechtsordnung, 2. Buch, 2. Abteilung, Praxis der richterlichen Rechtsschöpfung, Tübingen 1952.

BOLLENBECK, Sicherungsübereignung, DNotV 1910, S. 169 ff.

BONFATTI, SIDO, Il privilegio dei finanziamenti bancari a medio e lungo termine alle imprese, Il fall. 2002, S. 987-997.

-ders., La disciplina dei crediti speciali nel testo unico delle leggi in materia bancaria e creditizia, Giur. comm. 1994 I, S. 1010-1054.

BONOMI, ANDREA, Der Eigentumsvorbehalt in Österreich und Italien unter der Berücksichtigung anderer europäischer Rechtssysteme, Berlin 1993.

-ders., La riserva della proprietà nel diritto internazionale privato, Riv. dir. int. priv. proc. 1992, S. 777-818.

-ders., Le norme di applicazione necessaria nel regolamento "Roma I", in: La nuova disciplina comunitaria della legge applicabile ai contratti (Roma I) a cura di Nerina Boschiero, Turin 2009.

BORK, REINHARD, Allgemeiner Teil des Bürgerlichen Gesetzbuchs, 2. Aufl., Tübingen 2006.

BOSCHIERO NERINA, I limiti al principio d'autonomia, in: La nuova disciplina della legge applicabile ai contratti (Roma I) a cura di Nerina Boschiero, Turin 2009.

BOVE, FRANCESCA, La cessione di credito: Profili di attualità, Inn. e dir. n. 45 vom 22.6.2005, http://www.innovazionediritto.unina.it/archivionumeri/0702/bove.html (16.5.2011).

BOZZOLA, GIAMPIETRO, Commento a Cass. 27.9.1994, n. 7878, Contr. 1995, S. 273-275.

BREMKAMP, TILL, Causa - Der Zweck als Grundpfeiler des Privatrechts, Berlin 2008.

BRINKMANN, MORITZ, Kreditsicherheiten an beweglichen Sachen und Forderungen, Tübingen 2011.

BRUCKNER, Kritische Vierteljahresschrift für Gesetzgebung und Rechtswissenschaft, 36. Bd. (17. Bd. der neuen Folge) (1894) S. 1-14.

BRUGGI, IACUANIELLO, Patto commissorio, in: Enciclopedia giuridica Treccani, Vol. XXII, Rom 1990.

BÜLOW, PETER, Recht der Kreditsicherheiten, 7. Aufl., Heidelberg 2007.

-ders., Übereignung beweglicher Sachen zur Sicherheit, Jura 1987, S. 509-517.

BUETOW, S., Die Sicherungsübereignungen, Göttingen 1894.

BURDESE, ALBERTO, Lex commissoria e ius vendendi nella fiducia e nel pignus, Turin 1949.

BUSANI, ANGELO, Nota a Cass., 6.7.1990, n. 7161, Corr. giur. 1990 II, S. 1138-1139.

BUSSANI, MAURO, Il problema del patto commissorio, Turin 2000.

-ders., Patto commissorio, proprietà e mercato (Appunti per una ricerca), Riv. crit. dir. priv. 1997, S. 113-131.

-ders., Il contratto di lease back, Contr. e impr. 1986, S. 558-617.

CALLIESS, CHRISTIAN/RUFFERT, MATTHIAS, EUV/AEUV, Kommentar, 4. Aufl., München 2011.

CAMPEIS, GIUSEPPE/DE PAULI, ARRIGO, Le esecuzioni civili. Procedimenti ordinari e speciali. Casi speciali di esecuzione. L´attuazione, 4. Aufl., Padua 2007.

CANDIAN, ALBINA, Appunti dubbiosi sulla ratio del divieto del patto commissorio, Foro it. 1999 I, S. 175-184.

CAPALDO, LUIGI, Osservazioni su un´ ipotesi legislativa di pegno senza spossessamento, Dir. banc. 1987, S. 455-466.

CAPONI, REMO/PROTO PISANI, ANDREA, Lineamenti di diritto processuale civile, Neapel 2001.

CAPRIGLIONE, FRANCESCO, Commentario al testo unico delle leggi in materia bancaria e creditizia, 2. Aufl., Padua 2001.

CARIMINI, FRANCESCA, in: Imbrenda Mariassunta/ Carimini, Francesca, Leasing e lease back, Neapel 2008, in: Trattato di diritto civile del Consiglio nazionale del notariato diretto da Pietro Perlingieri.

CARIOTA-FERRARA, LUIGI, I negozi fiduciari, Padua 1933.

CARNELUTTI, FRANCESCO, Note sul patto commissorio, Riv. dir. comm. 1916 II, S. 887-895.

CARNEVALI, UGO, Patto commissorio, in: Enciclopedia del diritto, vol. XXXII, Varese 1982, S. 499-506.

CARPI, FEDERICO/TARUFFO, MICHELE, Commentario breve al Codice di procedura civile, 6. Aufl., Padua 2009.

CASPARI, FRITZ, Sicherungsübereignung und Sicherungscession nach gemeinem Recht und B.G.B., Berlin 1903.

CASPARI, Sicherungsübereignungsverträge, JW 1935, S. 674-675.

CASSANO, GIUSPEPPE, Il contratto di sale and lease back, Giur. it. 2005, S. 927-934.

CELENTANO, PAOLO/FORGILLO, EUGENIO, Fallimento e concordati. Le soluzioni giudiziali e negotiate nelle crisi d´impresa dopo le riforme, Milanofiori Assago 2008.

CENDON, PAOLO, Commentario al codice civile,

- Artt. 1140-1172, Mailand 2009.

-Artt. 2740-2906, Mailand 2009.

CIAN, GIORGIO/TRABUCCHI, ALBERTO, Commentario breve al codice civile, 9. Aufl., Padua 2009.

CICCARELLO, SEBASTIANO, Privilegi (dir. priv.), in: Enciclopedia del diritto, vol. XXXV, Varese 1986, S. 723-746.

-ders., Privilegio del credito e uguaglianza dei creditori, Mailand 1983.

CILIA, LINDA, Commento a Cass. 19.5.2004, n. 9466, Contr. 2004, S. 981-986.

CIPRIANI NICOLA, Patto commissorio e patto marciano. Proporzionalità e legittimità delle garanzie, Neapel 2000.

-ders., Nuovi scenari in tema di patto commissorio autonomo?, Rass. dir. civ. 2002 I, S. 414-432.

CLARIS APPIANI, LORENZO, Commento a Cass. 21.7.2004, n. 13580, Giur. comm. 2005 II, S. 589-593.

CLARIZIA, RENATO, Il leasing operativo, in: Vincenzo Cuffaro, I contratti di utilizzazione dei beni, in: Trattato dei contratti diretto da Pietro Rescigno e Enrico Gabrielli, Milanofiori Assago 2008.

CLERICÒ , SALVATORE, Il controverso rapporto tra sale and lease back e patto commissorio, Riv. del not. 2006 II, S. 1575-1581.

COING, HELMUT, Die Treuhand kraft privaten Rechtsgeschäfts, München 1973.

COMOGLIO, LUIGI PAOLO, Le prove civili, Milanofiori Assago 2010.

CONSOLO, CLAUDIO, Codice di procedura civile commentato, Artt. 323-632, 3. Aufl., Rozzano 2007.

COSACK, KONRAD, Das Sachenrecht im Entwurf eines Bürgerlichen Gesetzbuches für das deutsche Reich, Berlin 1889.

COSTANTINO, GIORGIO/JANNARELLI, ANTONIO, Commento alla legge 24/7/1985, n. 401, Le nuove leggi civili commentate 1986, S. 540-563.

COSTANTINO, GIORGIO, La realizzazione dei crediti assistiti da privilegio industriale, Riv. trim. dir. proc. 1995 II, S. 1313-1338.

COSTANZA, MARIA, Sulle alienazioni in garanzia e il divieto del patto commissorio, Giust. civ. 1989, S. 1824 f.

CRESPI REGHIZZI, ZENO, Lex rei sitae e disciplina delle garanzie mobiliari nel diritto internazionale privato, Mailand 2007.

CRICENTI, GIUSEPPE, I contratti in frode alla legge, Mailand 1996.

CUBBEDU, MARIA GIOVANNA, Patto commissorio e vendita con patto di riscatto: La risposta delle Sezioni unite, Riv. dir. civ. 1990 II, S. 615-630.

DAUNER-LIEB/HEIDEL/RING, AnwaltKommentar BGB,

1. Bd., Allgemeiner Teil mit EGBGB, Bonn 2005.

3. Bd., Sachenrecht, Bonn 2004.

DEGENKOLB, HEINRICH, Ein pactum fiduciae, Zeitschrift für Rechtsgeschichte, Bd. 9 (1870), S. 117-179.

DELLE MONACHE, STEFANO, Fedeltà al principio consensualistico?, Riv. dir. civ. - Atti del convegno per il cinquantenario della Rivista 23.-25.3.2006, S. 285-290.

DE MEO, ROSANNA, Commento a Cass. 16.10.1995, n. 10805, Contr. 1996, S. 34-37.

DE NICTOLIS ROSANNA, Nuove garanzie personali e reali, Padua 1998.

- dies., Considerazioni in tema di lease back, Quaderni giuridici dell´impresa 1989, S. 102 ff.

DE NOVA, GIORGIO, Appunti sul sale and lease back e il divieto del patto commissorio, Riv. it. leasing 1985, S. 307-309.

-ders., Nuovi contratti, 2. Aufl., Turin 1994, in: Il diritto attuale Bd. 10.

D´ERCOLE, STEFANO, Sull´alienazione in garanzia, Contr. e impr. 1995 I, S. 228-259.

DE MARTINI, ANGELO, Negozio fiduciario, negozio indiretto e negozio simulato, Giurisprudenza completa di Cassazione (Sez. Civili), II semester, I tomo, 1946, S. 703 ff.

-ders., Il concetto del negozio fiduciario e la vendita a scopo di garanzia, Giur. it. 1946 I 2, S. 321-332.

DERLEDER, PETER, Sicherungsübereignung und Wertausschöpfung, BB 1969, S. 725-733.

DERLEDER, PETER/KNOPS, KAI-OLIVER/BAMBERGER, HEINZ GEORG, Handbuch zum deutschen und europäischen Bankrecht, 2. Aufl., Berlin 2009.

DERNBURG, HEINRICH, Pandekten I, Allgemeiner Theil und Sachenrecht, 4. Aufl., Berlin 1894.

DE ROSA, MARIA LUISA, Lease back e patto commissorio, Riv. it. leasing 1989, S. 213-223.

DIENA, GIULIO, I conflitti di legislazione in materia di diritti reali, Riv. dir. comm. 1911 I, S. 508-530.

DI MARZIO, FABRIZIO, La nullità del contratto, 2. Aufl., Padua 2008.

DI SABATO, DANIELA, I privilegi, in: Trattato di diritto civile del Consiglio Nazionale del Notariato diretto da Pietro Perlingieri, Neapel 2008.

DOLMETTA, ALDO ANGELO, Lease-back e patto commissorio: un rapporto complesso, Giur. comm. 2002 I, S. 306-317.

DOLMETTA, ALDO ANGELO/PORTALE, GIUSEPPE B., Wirksamkeitsvoraussetzungen für Forderungsabtretungen, insbesondere zu Sicherungszwecken, in Italien, in: Hadding/Schneider (Hrsg.), Die Forderungsabtretung, insbesondere zur Kreditsicherung, in ausländischen Rechtsordnungen, Berlin 1999.

DREXLER, MARTIN, Die Anerkennung der Sicherungsübereignung im 19. Jahrhundert und ihr Einfluss auf aktuelle Probleme, Diss. Düsseldorf 2002.

DREYER, Das fiduziarische Rechtsgeschäft, Gruchot 40 (1896), S. 449-468.

DROBNIG, ULRICH, Typen besitzloser Sicherungsrechte an Mobilien, ZfRV 13 (1972), S. 130-140.

-ders., Entwicklungstendenzen des deutschen internationalen Sachenrechts, in: Internationales Privatrecht und Rechtsvergleichung im Ausgang des 20. Jahrhunderts. Bewahrung oder Wende? Festschrift für Gerhard Kegel, S. 141-151, Frankfurt/Main 1977.

EBERT, BERTRAM, Die Geschäftsanmaßung. Zur Funktion des § 687 Abs. 2 BGB im privatrechtlichen Anspruchssystem, Berlin 2000.

EHLERS, DIRK, Europäische Grundrechte und Grundfreiheiten, 3. Aufl., Berlin 2009.

EIDENMÜLLER HORST, Secured Creditors in Insolvency Proceedings, in: Eidenmüller, Horst/Kieninger, Eva-Maria (Hrsg.), The future of secured credit in Europe, Special Vol. 2, Berlin 2008.

ENDEMANN, F., Zeitschrift für das gesammte Handelsrecht, 1892, Bd. 40, S. 306-312.

-ders., Lehrbuch des Bürgerlichen Rechts, Bd. II, 6. Aufl., Berlin 1900.

ENNECCERUS, LUDWIG/NIPPERDEY, HANS CARL, Allgmeiner Teil des bürgerlichen Rechts. Ein Lehrbuch von Ludwig Enneccerus, 15. neubearb. Aufl. von Hans Carl Nipperdey, 1. Bd., 2. Halbbd., Tübingen 1960.

Entwurf eines bürgerlichen Gesetzbuches für das deutsche Reich. Erste Lesung. Berlin, Leipzig 1888.

ERBE, WALTER, Die Fiduzia im römischen Recht, Weimar 1940.

ERMAN, Bürgerliches Gesetzbuch, Handkommentar, 2. Bd., 12. Aufl., Köln 2008.

ERNST, ULRICH, Mobiliarsicherheiten in Deutschland und Polen, Sicherungseigentum - Registerpfand - Kollisionsrecht, Tübingen 2005.

ERNST, ULRICH/GUSKI, ROMAN, Grenzüberschreitende Mobiliarsicherung in Europa: das deutsch-polnische Beispiel, RIW 2009, S. 451-461.

FABIANI, MASSIMO/NARDECCHIA, GIOVANNI BATTISTA, Formulario commentato della legge fallimentare, 2. Aufl., Milanofiori Assago 2007.

FANI, ALESSANDRA, Profili attuali del negozio fiduciario, Rass. giur. umbra 2007 II, S. 711-728.

FANTAUZZI, RAIMONDO, Lo Sviluppo della giurisprudenza di merito sulla liceità del lease-back, Giust. civ. 1992, S. 485-497.

FAVOCCIA, DANIELA, Vertragliche Mobiliarsicherheiten im internationalen Insolvenzrecht, Köln, Berlin, Bonn, München 1991.

FEDOZZI, PROSPERO, Il Diritto internazionale privato - Teorie generali e diritto civile, Padua 1935.

FELGENTRAEGER, WILHELM, Friedrich Carl v. Savignys Einfluß auf die Übereignungslehre, Leipzig 1927.

FERRANDO, GILDA, I motivi nella disciplina del negozio giuridico, Vit. not. 1984, S. 735-749.

FERRARA, ALMA, Sulla validità della „cessio pro solvendo fiduciae causa", Dir. e giur. 1955, S. 209-214.

FERRARA, FRANCESCO, Teoria dei contratti, Neapel 1940.

-ders., voce autoveicoli, in: Noviss. Dig. It., 1. Bd., Turin 1974.

FERRARI, MARIO, Vendita a scopo di garanzia e patto commissorio, Giur. it. 1951, S. 799-806.

FERRARINI, GUIDO, La locazione finanziaria, in: P. Rescigno (Hrsg.), Trattato di diritto privato, Bd. 11, Obbl. e contr. III, Turin 1984.

FERRI, GIOVANNI BATTISTA, Negozio giuridico, in: Digesto delle Discipline Privatistiche, Sezione Civile, Vol. XII, S. 61-86, 4. Aufl., Turin 1995.

-ders., Tradizione e novità nella disciplina della causa del negozio giuridico (dal Codice civile 1865 al Codice civile 1942), Riv. dir .comm. 1986 I, S. 127-147.

-ders., Meritevolezza dell´interesse e utilità sociale, Riv. dir. comm. 1971 II, S. 81-97.

FERRO, MASSIMO, La legge fallimentare, Milanofiori Assago 2008.

FEUERBORN, ANDREAS, Der Bestimmtheitsgrundsatz bei der Übereignung von Sachgesamtheiten, ZIP 2001, S. 600-603.

FIORENTINI, FRANCESCA, Garanzie reali atipiche, Riv. dir. civ. 2000 II, S. 253-292.

FLESSNER, AXEL, Choice of law in International Property Law - New Encouragement from Europe, in: Westrik, Roel/Van der Weide, Jeroen (Hrsg), Party autonomy in International Property Law, München 2011.

FLUME, WERNER, Allgemeiner Teil des Bürgerlichen Rechts, Bd. 2, Das Rechtsgeschäft, 4. Aufl., Berlin, Heidelberg, New York 1992.

-ders., Der verlängerte und erweiterte Eigentumsvorbehalt, NJW 1950, S. 841-850.

-ders., Besitzloses Fahrnispfand im geltenden deutschen Recht, in: Deutsche Landesreferate zum IV. Internationalen Kongreß für Rechtsvergleichung in Paris 1954, Düsseldorf 1955.

FOERSTE, ULRICH, Gewinne des Gläubigers bei Unter-Wert-Erwerb von Sicherungsgut, ZBB 2009, S. 285-298.

FONTANA, ANTONIO, Pegno senza spossessamento: Ancora qualche riflessione sulla legge 24 luglio 1985, n. 401, Quad. 1991, S. 60-101.

FOSCHINI, MARCELLO, Sull´intestazione fiduciaria di titoli azionari, Banca, borsa, 1962 I, S. 19-58.

FRIGO, MANLIO, Diritti reali (Diritto internazionale privato), in: Enciclopedia del diritto, Aggiornamento III, Varese 1999.

FRITZ, DANIEL FRIEDEMANN/BÄHR, RAINER M., Die europäische Verordnung über Insolvenzverfahren - Herausforderung an Gerichte und Insolvenzverwalter, DZWir. 2001, S. 221-235.

FRITZEMEYER, VERENA, Internationalprivatrechtliche Anerkennungs- und Substitutionsprobleme bei Mobiliarsicherheiten, Konstanz 1983.

FÜLLER, JENS THOMAS, Eigenständiges Sachenrecht?, Tübingen 2006.

FUNK, ANJA, Die Sicherungsübereignung in Einzelzwangsvollstreckung und Insolvenz, Frankfurt am Main, Berlin, u. a. 1996.

GABRIELLI, ENRICO, Contratti di garanzia finanziaria, in: Digesto delle discipline privatistiche, Sezione civile, Aggiornamento Tomo I, S. 300-313, Milanofiori Assago 2007

GAJA, GIORGIO, La riforma del diritto internazionale private e processuale - Raccolta in ricordo di Edoardo Vitta, Mailand 1994.

GALATI, ALESSANDRO, La causa del contratto tra „funzione economico-sociale" e „sintesi degli interessi individuali delle parti", www.treccani.it/export/sites/default/Portale/sito/diritto/approfondimenti/pdf/1_GALATI_la_causa.pdf vom 11.6.2010.

GALATRO, VINCENZO, Manuale operativo di procedura civile, Santarcangelo di Romagna 2008.

GALGANO, FRANCESCO, La fiducia, in: Trattato di diritto civile e commerciale, già diretto da Antonio Cicu e Francesco Messineo continuato da Luigi Mengoni, Vol. III, tomo I, Il negozio giuridico, Mailand 1988.

GALLO, PAOLO, Introduzione al diritto comparato, Vol. II, Istituti giuridici, 2. Aufl., Turin 2003.

GANTER, HANS GERHARD, Die ursprüngliche Übersicherung, WM 2001, S. 1-7.

GARDELLA, ANNA, La legge applicabile alle garanzie finaziarie tra localizzazione e autonomia pivata: una prima ricognizione dopo l´attuazione della direttiva 2002/47/CE, Banca Borsa 2005, S. 583-625.

GAUL, HANS FRIEDHELM, Lex commissoria und Sicherungsübereignung - Zugleich ein Beitrag zum sogenannten Innenverhältnis bei der Sicherungsübereignung, AcP 168 (1968), S. 351-382.

-ders., Neuere „Verdinglichungs"- Tendenzen zur Rechtsstellung des Sicherungsgebers bei der Sicherungsübereignung, in: Festschrift für Rolf Serick zum 70. Geburtstag, Heidelberg 1992, S. 105-152.

-ders., Dogmatische Grundlagen und praktische Bedeutung der Drittwiderspruchsklage in: 50 Jahre Bundesgerichtshof. Festgabe aus der Wissenschaft, Band III, München 2000, S. 521-567.

GAZZONI, FRANCESCO, Manuale di diritto privato, 13. Aufl., Neapel 2007.

-ders., Atipicità del contratto, giuridicità del vincolo e funzionalizzazione degli interessi, Riv. dir. civ. 1978 I, S. 52- 106.

GEBAUER, MARTIN/WIEDMANN, THOMAS, Zivilrecht unter europäischem Einfluss, 2. Aufl., Stuttgart, München u. a. 2010.

GEIGER, RUDOLF/KHAN, DANIEL-ERASMUS/KOTZUR, MARKUS, EUV/AEUV, Kommentar, 5. Aufl., München 2010.

GENGHINI, RICCARDO, Patto commissorio e procura a vendere, Contr. e impr. 1995, S. 260 f.

GERNHUBER, JOACHIM, Die fiduziarische Treuhand, JuS 1988, S. 355-363.

GIANCIPOLI, MARCO, Il patto commissorio e le alienazioni immediatamente traslative, Vit. not. 1999, S. 1644-1657.

GIERKE, JULIUS VON, Das Sachenrecht des bürgerlichen Rechts, 4. Aufl., Frankfurt a.M. 1959.

GIERKE, OTTO, Deutsches Privatrecht, 2. Bd., Sachenrecht, Leipzig 1905.

- ders., Der Entwurf eines bürgerlichen Gesetzbuchs und das deutsche Recht, Leipzig 1889.

GIESEN, RICHARD, Mehrfachverfügungen des Sicherungsgebers nach § 930 BGB, AcP 203 (2003), S. 210-240.

GIGLIOTTI, FULVIO, Patto commissorio autonomo e libertà dei contraenti, Neapel 1997.

GIORGETTI, MARIACARLA, Profili di diritto fallimentare, Neapel 2006.

GIORGIANNI, MICHELE, Causa, in: Enciclopedia del diritto, vol. VI, Mailand 1960, S. 547-576.

GITTI, GREGORIO, Divieto del patto commissorio, frode alla legge, sale and lease back, Riv. trim. dir. proc. civ. 1993, S. 457-492.

GOODE, ROYSTON MILES, Convention on International Interest in Mobile Equipment and Protocol thereto on Matters Specific to Aircraft Equipment - Official commentary, 2. Aufl., Rom 2008.

GORLA, GINO, Il contratto. Problemi fondamentali trattati con il metodo comparativo e casistico,Vol. I: Lineamenti generali, Mailand 1954.

GRASSELLI, GIORGIO, L´istruzione probatoria nel processo civile, Milanofiori Assago 2009.

GRASSETTI, CESARE, Del negozio fiduciario e della sua ammissibilità nel nostro ordinamento giuridico, Riv. dir. comm. 1936 I, S. 345-378.

- ders., Il negozio fiduciario nel diritto privato, Relazione tenuta il 5 maggio 1984 in occasione del venticinquesimo anniversario della Scuola del Notariato di Genova, Riv. dir. civ. 2007, S. 625-636.

GREVING, JÖRG STEFAN, Der Treuhandsgedanke bei Sicherungsübertragungen im italienischen und deutschen Recht, Baden-Baden 2002.

GUARNERI, ATTILIO, Il pegno si adatta ai prosciutti, Corr. giur. 1985, S. 904 ff.

HABERSACK, MATHIAS, Examensrepetitorium - Sachenrecht, 6. Aufl., Heidelberg 2010.

HAHN, C., Die gesammten Materialien zu den Reichsjustizgesetzen, Bd. IV: Die gesammten Materialien zu der Konkursordnung und dem Einführungsgesetz zu derselben vom 01. Februar 1877, Berlin 1881.

HANISCH, HANS, Die Wirkung dinglicher Mobiliarsicherungsrechte im grenzüberschreitenden Insolvenzverfahren, in: Études de droit international en l'honneur de Pierre Lalive, S. 61-72, Basel, Frankfurt/Main 1993.

HATTENHAUER, HANS/BERNERT, GÜNTER, Allgemeines Landrecht für die preußischen Staaten, 3. Aufl., Berlin 1996.

HAUSMANINGER, HERBERT/SELB, WALTER, Römisches Privatrecht, 9. Aufl., Wien, Köln, Weimar 2001.

HECK, PHILIPP, Grundriss des Sachenrechts, Tübingen 1930, 2. Neudruck 1970 Aalen.

HELLWIG, KONRAD, Ueber die Zulässigkeit der Eigentumsübertragung zur Sicherung einer Forderung, AcP 64 (1881), S. 369-394.

-ders., Gläubigernot Sicherungsübereignungen und andere Schiebungen, Berlin 1912.

HENCKEL, WOLFRAM, Zur Dogmatik der besitzlosen Mobiliarsicherheiten, in: Festschrift für Albrecht Zauner zum 70. Geburtstag, Tübingen 1994.

-ders., Einziehungsermächtigung und Inkassozession, in: Festschrift für Karl Larenz zum 70. Geburtstag, München 1973.

HERDEGEN, MATTHIAS, Europarecht, 13. Aufl., München 2011.

HEYDEGGER, ROLAND, Untersuchungen zur Rechtsnatur der unbedingten Sicherungsübereignung, Diss. Heidelberg 1963.

HINZ, WERNER, Die Entwicklung des gutgläubigen Fahrniserwerbs in der europäischen Rechtsgeschichte, ZEuP 1995, S. 398-422.

HÖPFNER, LUDWIG/JULIUS, FRIEDRICH, Commentar über die Heineccischen Institutionen, 8. Aufl., Frankfurt am Main 1804.

HOFFMANN, BERND V./THORN, KARSTEN, Internationales Privatrecht, 9. Aufl., München 2007.

HOFMANN, FRANZ, Die Lehre vom titulus und modus adquirendi und von der iusta causa traditionis, Wien 1873.

HONSELL, HEINRICH, Römisches Recht, 7. Aufl., Berlin, Heidelberg 2010.

HROMADKA, WOLFGANG, Die Entwicklung des Faustpfandprinzips im 18. und 19. Jahrhundert, Köln, Wien 1971.

-ders., Sicherungsübereignung und Publizität, JuS 1980, S. 89-94.

HÜBNER, HEINZ, Allgemeiner Teil des bürgerlichen Gesetzbuches, 2. Aufl., Berlin 1996.

HÜBNER, ULRICH, Internationalprivatrechtliche Probleme der Anerkennung und Substitution bei globalen Sicherungsrechten an Unternehmen, in: Festschrift für Klemens Pleyer zum 65. Geburtstag, Köln, Berlin, u. a. 1986.

HUG, SABINE, Die Substitution im internationalen Privatrecht, München 1983.

INZITARI, BRUNO, Besondere Probleme der Sicherungsabtretung in Italien, in: Hadding/Schneider (Hrsg.), Die Forderungsabtretung, insbesondere zur Kreditsicherung, in ausländischen Rechtsordnungen, Berlin 1999.

-ders., Forme di garanzie atipiche e indirette nel fallimento: la cessione del credito a scopo di garanzia, Il fall. 2002, S. 963- 978.

ISAH, RUDOLF, in: Verhandlungen des 31. Deutschen Juristentages, Bd. III (1912), S. 238-240.

IURILLI, CRISTIANO, Alienazioni a scopo di garanzia e patto commissorio, Giur. it. 1999, S. 1825-1828.

IZZI, BERNARDINO, Nuovi orientamenti giurisprudenziali in tema di causa del contratto, Riv. dir. comm. 2007, S. 479-505.

-ders., La causa del contratto come funzione economico-individuale, Giust. civ. 2007 I, S. 1988-1996.

JAECKEL, FRITZ, Die Reichweite der lex fori im internationalen Zivilprozessrecht, Berlin 1995.

JAEGER, PIER GIUSTO, Sull´intestazione fiduciaria di quote di società a responsabilità limitata, Giur. comm. 1979 I, S. 181-207.

JAHR, GÜNTHER, Romanistische Beiträge zur modernen Zivilrechtswissenschaft, AcP 168 (1968), S. 9-26.

JAKOBS, HORST, HEINRICH/SCHUBERT, WERNER (Hrsg.), Die Beratung des Bürgerlichen Gesetzbuchs, Sachenrecht I, §§ 854-1017, Berlin, New York 1985.

JANSEN, NILS/ZIMMERMANN, REINHARD, Was ist und wozu der DCFR?, NJW 2009, S. 3401-3406.

JAUERNIG, OTHMAR (Hrsg.), Bürgerliches Gesetzbuch, Kommentar, 13. Aufl., München 2009.

ders., Zur Akzessorietät bei der Sicherungsübertragung, NJW 1982, S. 268-270.

JAYME, ERIK, Transposition und Parteiwille bei grenzüberschreitenden Mobiliarsicherheiten, in: Festschrift für Rolf Serick zum 70. Geburtstag, S. 241-253, Heidelberg 1992.

JUNKER, ABBO, Die IPR-Reform von 1999: Auswirkungen auf die Unternehmenspraxis, RIW 2000, S. 241-255.

JURIS PRAXISKOMMENTAR BGB

3. Bd., Sachenrecht, 5. Aufl., Saarbrücken 2010.

6. Bd., Internationales Privatrecht, 4. Aufl., Saarbrücken 2009.

KASER, MAX, Das römische Privatrecht,1. Bd., 2. Aufl., München 1971.

KASER, MAX, Studien zum römischen Pfandrecht, Neapel 1982.

KASER, MAX/HACKL, KARL, Das römische Zivilprozessrecht, 2. Aufl., München 1996.

KASER, MAX/KNÜTEL, ROLF, Römisches Privatrecht, 18. Aufl., München 2005.

KATZENSTEIN, Die Sicherung von Forderungen durch Übereignung von Mobilien, Gruchot 49 (1905), S. 323-340.

KAUFHOLD, SYLVIA, Internationales und europäisches Mobiliarsicherungsrecht, Würzburg 1999.

KEGEL, GERHARD, Der Griff in die Zukunft - BGHZ 45, 95, JuS 1968, S. 162-166.

KEGEL, GERHARD/SCHURIG, KLAUS, Internationales Privatrecht, 9. Aufl., München 2004.

KIENINGER, EVA-MARIA, Mobiliarsicherheiten im Europäischen Binnenmarkt, Baden Baden 1996.

-dies., Das Mobiliarsachenrecht als Objekt differenzierter Integrationsschritte, in: Jung, Peter/Baldus, Christian (Hrsg.), Differenzierte Integration im Gemeinschaftsprivatrecht, München 2007, S. 187-202.

KIENLE, FLORIAN, Internationales Privatrecht, 2. Aufl., München 2010.

KINDHÄUSER, URS/NEUMANN, ULFRID/PAEFFGEN, HANS-ULLRICH, StGB Kommentar, 2. Bd., 3. Aufl., Baden- Baden 2010.

KINDLER, PETER, Internationale Zuständigkeit und anwendbares Recht im italienischen IPR Gesetz von 1995, RabelsZ 61 (1997), S. 227-284.

KLEENE, URSULA, Die Orientierung der Rechtsprechung an wirtschaftlichen Interessen - dargestellt am Beispiel der Sicherungsübereignung, Pfaffenweiler 1985.

KOCH, HARALD/MAGNUS, ULRICH/WINKLER VON MOHRENFELS, PETER, IPR und Rechtsvergleichung, München 2004.

KÖRBER, TORSTEN, Grundfreiheiten und Privatrecht, Tübingen 2004.

KOHLER, JOSEF, Studien über Mentalreservation und Simulation, Jahrbücher für die Dogmatik des heutigen römischen und deutschen Privatrechts, Hrsg: Rudolf von Jhering, Joseph Unger, 16. Bd., Jena 1878, S. 91-158.

- ders., Bemerkungen zum vorigen Aufsatz, ArchBürgR 7 (1881), S. 234 f.

KOLLHOSSER, HELMUT, Kampf ums Zubehör, JA 1984, S. 196-202.

KRÄMER, GERD, Das besitzlose Pfandrecht, Entwicklungen in der römischen Republik und im frühen Prinzipat, Köln, Weimar, Wien 2007.

KREUZER, KARL, Die Vollendung der Kodifikation des deutschen Internationalen Privatrechts durch das Gesetz zum Internationalen Privatrecht der außervertraglichen Schuldverhältnisse und Sachen vom 21.5.1999, AcP 65 (2001), S. 383-462.

-ders., Die Inlandswirksamkeit fremder besitzloser vertraglicher Mobiliarsicherheiten: die italienische Autohypothek und das US- amerikanische mortgage an Luftfahrzeugen, IPRax 1993, S. 157-162.

-ders., Europäisches Mobiliarsicherungsrecht oder: Von den Grenzen des Internationalen Privatrechts, in: Mélanges en l'honneur d'Alfred E. von Overbeck á l'occasion de son 65 eme anniversaire, Fribourg/Suisse 1990.

-ders., Die Harmonisierung des Rechts der Mobiliarsicherheiten, in: Europäisches Kreditsicherungsrecht, Ulrich Drobnig zum 80. Geburtstag, S. 31-70, Tübingen 2010.

KROPHOLLER, JAN, Internationales Privatrecht, 6. Aufl., Tübingen 2006.

KRÜGER, PAUL: Corpus Iuris Civilis II, 11. Aufl., Berlin 1954, Nachdruck 1989.

KUNKEL, WOLFGANG/JÖRS, PAUL/WENGER, LEOPOLD, Römisches Recht, in 4. Auflage neu bearbeitet von Heinrich Honsell, Theo Mayer-Maly, Walter Selb, Berlin, Heidelberg, New York 1987.

LANGE, HEINRICH, Lage und Zukunft der Sicherungsübertragung, NJW 1950, S. 565-570.

LARENZ, KARL. Kennzeichen geglückter richterlicher Rechtsfortbildungen, Karlsruhe 1965.

LASCIALFARI, MASSIMO, Le alienazioni a scopo di garanzia, in: Giuseppe Chiné, Massimo Lascialfari, Francesco A. Magni, Le garanzie rafforzate del credito a cura di Vincenzo Cuffaro, Turin 2000.

-ders., Un lontano passato nel futuro del lease back: la validità del contratto tra acquisizioni commisorie e cautela marciana, Giur. it. 2007, III, S. 1956-1962.

LEIBLE, STEFAN, Rom I und Rom II: Neue Perspektiven im europäischen Kollisionsrecht, Bonn 2009.

-ders., Wege zu einem europäischen Privatrecht, Bayreuth 2001.

LEIST, GERHARD, ALEXANDER, Die Sicherung von Forderungen durch Übereignung von Mobilien, Jena 1889.

LENEL, OTTO, Das edictum perpetuum, 3. Aufl., Leipzig 1927, 2. Neudruck Aalen 1974.

LEONHARD, Ueber die Gefahren einer Beseitigung der Verpfändung beweglicher Sachen durch bloßen Vertrag nebst einem Anhang über die beabsichtigte Beseitigung des constitutum possessorium in Gruchot 25 (1881), S. 177-221, 514 - 534.

-ders., Gutachten über die Frage: Ob und unter welchen Voraussetzungen das constitutum possessorium mit der Wirkung der Besitzübertragung für bewegliche Sachen auszustatten sei? in: Verhandlungen des 15. Deutschen Juristentages, Bd. I (1880), S. 91-110.

LEWALD, HANS, Das deutsche internationale Privatrecht auf Grundlage der Rechtsprechung, Leipzig 1931.

-ders., Règles générales des conflits de lois, Basel 1941.

LICINI, CESARE, Le techniche moderne di garanzia nella prassi notarile, Riv. del not. 1996 II, S. 1001-1092.

LIERSCH, OLIVER, Sicherungsrechte im internationalen Insolvenzrecht, NZI 2002, S. 15-19.

LILIENTHAL, Die Uebereignung zum Zwecke der Sicherung, DJZ 1902, S. 542-546.

LINCKELMANN, KARL, Die Sicherungsübereignungen, ArchBürgR 7 (1893), S. 209- 235.

LIPARI, NICOLÒ, Il negozio fiduciario, Mailand 1964.

LIPSKY, MAX JOHANN, Statutenwechsel im italienischen Sachenrecht - Auswirkungen auf den Im- und Export von Mobiliarsicherheiten, Frankfurt/Main, Berlin, u. a. 2011.

LITTEN, in Verhandlungen des 31. Deutschen Juristentages, Bd. III (1912), S. 188-218.

LO CASCIO, GIOVANNI, Il fallimento e le altre procedure concorsuali, 4. Aufl., Milanofiori Assago 2007.

-ders., Codice commentato del fallimento, Rozzano 2008.

LÖBL, RUDOLF, Geltendmachung fremder Forderungsrechte im eigenen Namen, Ein Beitrag zur Lehre von der Innen- und Außenwirkung der Obligation, AcP 129 (1928), S. 257-339.

LÖHNIG, MARTIN, Treuhand, Tübingen 2006.

LOJACONO, VINCENZO, Il patto commissorio nei contratti di garanzia, Mailand 1952.

LOOSCHELDERS, DIRK, Internationales Privatrecht - Art. 3-46 EGBGB, Berlin, Heidelberg, New York 2004.

LOY, ANDREAS, Verwertungsvoraussetzungen und Verwertungsverfahren bei Sicherungsübereignung und Sicherungsabtretung, München 1997.

LUDWIG, GEORG, Zur Auflösung des Anwartschaftsrechts des Vorbehaltskäufers, auch bei Zubehörhaftung, NJW 1989, S. 1458-1463.

LÜKE, GERHARD, Grundfragen des Zessionsrechts, JuS 1995, S. 90-96.

LUETGEBRUNE, WALTER, Die Sicherungs=Uebereignung, Göttingen 1906.

LUISO, FRANCESCO, P., Diritto processuale civile, 3. Bd., Il processo esecutivo, 5. Aufl., Mailand 2009.

LUMINOSO, ANGELO, Alla ricerca degli arcani confini del patto commissorio, Riv. dir. civ. 1990 I, S. 219-242.

-ders., La vendita con riscatto, Artt. 1500-1509, in: Il codice civile commmentario diretto da Piero Schlesinger, Mailand 1987.

LUZZATTO, RICCARDO, Stati giuridici e diritti assoluti nel diritto internazionale privato, Mailand 1965.

LWOWSKI, HANS-JÜRGEN, Das Recht der Kreditsicherung, 8. Aufl., Berlin 2000.

-ders., „Quiet" Creation of Security Interests or Filing, in: The Future of Secured Credit in Europe, ECFR Special Vol. 2, Berlin 2008.

MACARIO, FRANCESCO, Circolazione e cessione dei diritti in funzione di garanzia, Riv. dir. civ. - Atti del convegno per il cinquantenario della Rivista, 23.-25.3.2006, S. 361-409.

MAGLIO, VALENTINA/THORN, KARSTEN, Neues Internationales Privatrecht in Italien, Eine kritische Betrachtung, ZVglRWiss 96 (1997), S. 347-385.

MANCINI, TOMMASO, In tema di negozio fiduciario, Foro it. 1960, S. 1838-1841.

-ders., Vendita con patto di riscatto e nullità ex art. 2744 codice civile, Foro it. 1966 I, S. 1118-1122.

MANKOWSKI, PETER, Klärung von Grundfragen des europäischen Internationalen Insolvenzrechts durch die Eurofood-Entscheidung?, BB 2006, S. 1753-1758.

-ders., Entwicklungen im internationalen Privat- und Prozessrecht 2003/2004, RIW 2004, S. 481-497.

-ders., Grenzüberschreitender Umzug und das center of main interests im europäischen Insolvenzrecht, NZI 2005, S. 368-373.

MANNETTA, ANTONIO/DRAGONE, ANNA, Negozio fiduciario, interposizione fittizia e cenni sul negozio di accertamento, Giust. civ. 2007 I, S. 2613-2621.

MANSEL, HEINZ-PETER, Substitution im deutschen Zwangsvollstreckungsrecht. Zur funktionellen Rechtsvergleichung in der Sachrechtsauslegung, in: Festschrift für Werner Lorenz zum 70. Geburtstag, Tübingen 1991, S. 689-715.

MARICONDA, VINCENZO, Trasferimenti commissori e principio di causalità, Foro it. 1989 I, S. 1429-1439.

MARINO, ROBERTA, Recepimento della direttiva 2002/47/CE sui contratti di garanzia finanziaria. Le innovazioni nel diritto delle garanzie reali., Rass. dir. civ. 2005 II, S. 1166-1198.

MARROCCO, EVELINA, Note sul patto marciano, Il nuovo dir. 1989 II, S. 977-981.

MARRONE, MATTEO, Manuale di diritto privato romano, Turin 2004.

MATRONE, FRANCESCO, Brevi riflessioni sulla causa del contratto, Vit. not. 2008 II, S. 1141-1155.

MATTIANGELI, LUCIANO, Divieto di patto commissorio, ratio, fondamento ed analisi delle posizioni di dottrina e giurisprudenza, Vit. not. 2006, S. 1092-1100.

MEDER, STEPHAN, Rechtsgeschichte, 3. Aufl., Köln, Weimar, Wien 2008.

MEDICUS, DIETER, Durchblick - Die Akzessorietät im Zivilrecht, JuS 1971, S. 497-504.

MEDICUS, DIETER/PETERSEN, JENS, Bürgerliches Recht, 22. Aufl., Köln 2009.

MELSHEIMER, KLAUS, Sicherungsübereignung oder Registerpfandrecht, Eine politologische Studie über den Kampf von Interessengruppen um die Reform des Kreditsicherungsrechts, Köln und Opladen, 1967.

MERZ, SANDRO, Manuale pratico dei privilegi delle prelazioni e delle garanzie - ipoteca - pegno - fideiussione, Padua 1995.

MEYER-CORDING, ULRICH, Umdenken nötig bei den Mobiliarsicherheiten, NJW 1979, S. 2126-2130.

MICCOLIS, GIUSEPPE, L'opposizione di terzo all'esecuzione, Riv. esecuzione forzata 2000, S. 177-231.

-ders., Efficacia degli atti di alienazione del bene pignorato appartenente ad un terzo, Foro it. 1995 I, S. 1691-1695.

MIELE, UGO, Sul patto commissorio immobiliare, Riv. dir. comm. 1946 II, S. 65 ff.

MIGLIETTA, MAURIZIO/PRANDI, FRANCESCA, I privilegi, in: Giurisprudenza sistematica di diritto civile e commerciale fondata da Walter Bigiavi, Turin 1995.

MINNITI, GIUSEPPE F., Patto marciano e irragionevolezza del disporre in funzione di garanzia, Riv. dir. comm. 1997 I, S. 29-66.

MITLEHNER, STEPHAN, Verwertung sicherungszedierter Forderungen durch den Insolvenzverwalter, ZIP 2001, S. 677-681.

MÖHRING, PHILIPP, Eigentumsvorbehalt und Sicherungsübereignung - Rechtsinstitute extra legem, BB 1964, S. 4-7.

MOMMSEN, THEODOR/KRÜGER, PAUL: Corpus Iuris Civilis I, 22. Aufl., Zürich 1973.

MONTICELLI, SALVATORE, in I contratti in generale diretto da Alpa/Bessone Vol. II I Contratti atipici, Turin 1991, in: Giurisprudenza sistematica di diritto civile e commerciale fondata da Walter Bigiavi.

MORACE PINELLI, Arnaldo, Trasferimento a scopo di garanzia da parte del terzo e divieto del patto commissorio, Giur. it. 1994, S. 63-74.

MORELLI, GAETANO, Elementi di diritto internazionale privato italiano, 12. Aufl., Neapel 1986.

MORELLO, UMBERTO, Frode alla legge, in: Digesto delle discipline privatistiche, Sezione Civile, VIII, S. 501-548, 4. Aufl. Turin 1992.

-ders., Tipicità e numerus clausus dei diritti reali, in: Gambaro, Antonio/Morelli, Umberto, Trattato dei diritti reali, Vol. I, Proprietà e possesso, Mailand 2008.

MOSCONI, FRANCO/CAMPIGLIO CRISTINA, Diritto internazionale privato e processuale, Parte speciale, 2. Aufl., Milanofiori Assago 2006.

MOTIVE zu dem Entwurfe eines Bürgerlichen Gesetzbuches für das Deutsche Reich,Bd. I, Allgmeiner Theil, Band III, Sachenrecht, Berlin, Leipzig 1888.

MÜNCHENER KOMMENTAR ZUM BÜRGERLICHEN GESETZBUCH

Bd. II, §§ 241-432, München 2007 (5. Aufl.).
Bd. IV, §§ 611-704, München 2009 (5. Aufl.).
Bd. V, §§ 705-853, München 2009 (5. Aufl.).
Bd. VI, §§ 854-1296, München 1997 (3. Aufl.).
Bd. VI, §§ 854-1296, München 2009 (5.Aufl.).
Bd. X, Art. 1-38 EGBGB, München 1998 (3. Aufl.).
Bd. X, Rom I-VO, Rom II-VO, Art. 1-24 EGBGB, München 2010 (5. Aufl.).
Bd. XI, Art. 25-248 EGBGB, München 2010 (5. Aufl.).

MÜNCHENER KOMMENTAR ZUR INSOLVENZORDNUNG

Bd. 1, §§ 1-102, München 2007 (2. Aufl.).
Bd. 3, §§ 270-359, München 2008 (2. Aufl.).

MÜNCHENER KOMMENTAR ZUM STGB, 4. Bd., §§ 263-358 StGB, 1-8, 105, 106 JGG, München 2006.

MÜNZEL, KARL, Eigentumsvorbehalt und Sicherungsübereignung, MDR 1951, S. 129-134.

MÜßIG, ULRIKE, Der Bestandsschutz besitzloser Mobiliarsicherheiten im deutschen und englischen Recht, Tübingen 1997.

MUGDAN, BENNO, Die gesamten Materialien zum bürgerlichen Gesetzbuch für das deutsche Reich, 3. Bd., Sachenrecht, Berlin 1899, Neudruck Aalen 1979.

MUSIELAK, HANS-JOACHIM, Kommentar zur Zivilprozessordnung, 7. Aufl., München 2009.

MUSY, ALBERTO M., Alcune vendite speciali, in: Musy, Alberto M./Ferreri, Silvia, La vendita, in: I singoli contratti 1, in: Trattato di diritto civile diretto da Rodolfo Sacco, Milanofiori Assago 2006.

NAGEL, HEINRICH/GOTTWALD, PETER, Internationales Zivilprozessrecht, 6. Aufl., Köln 2007.

NANZ, KLAUS-PETER, Die Entstehung des allgemeinen Vertragsbegriffs im 16. bis 18. Jahrhundert, München 1985.

NARDI, SANDRO, Appunti in tema di patto commissorio e violazione del principio di solidarietà, Giust. civ. 2005, S. 329-342.

NATHAN, AUGUST, Die Übertragung des Eigentums an beweglichen Sachen mittels constitutum possessorium zum Zwecke der Sicherung von Forderungen, Stuttgart 1909.

NERLICH, JÖRG/RÖMERMANN, VOLKER, Insolvenzordnung, Kommentar, München 2011.

NEUHOF, RUDOLF/RICHRATH, JOCHEN, Rückabwicklung nichtiger Kreditsicherungsverträge nach der Lehre von der Doppelcausa, NJW 1996, S. 2894-2899.

NOBBE, GERD, Konsequenzen aus dem Beschluß des Großen Senats für Zivilsachen des Bundesgerichtshofs zur Sicherheitenfreigabe, in: Festschrift für Schimansky, Köln 1999.

NOORDRAVEN, BERT, Die fiduzia im römischen Recht, Amsterdam 1999.

NUZZO, MASSIMO, Negozio fiduciario, Riv. dir. civ. 1985 II, S 645-655.

OBERTO, GIACOMO, Vendita con patto di riscatto, divieto del patto commissorio e lease-back, Quad. 1984, S. 347 ff.

OERTMANN, PAUL, Die Fiducia im römischen Privatrecht, Berlin 1890.

PACCHIONI, GIOVANNI, Diritto internazionale privato, 2. Aufl., Padua 1935.

PAJARDI, PIERO/PALUCHOWSKI, ALIDA, Manuale di diritto fallimentare, 7. Aufl., Mailand 2008.

PALANDT, Bürgerliches Gesetzbuch, Kommentar, 70. Aufl., München 2011.

PALLAS, MAREN, Die Rechtstellung der Sicherungsgeber bei der Verwertung des Sicherungseigentums, Köln 2003.

PANDOLFELLI, G./SCARPELLO, G/STELLA RICHTER, M./DALLARI, G., Codice Civile, Illustrato con i lavori preparatori, Libro I, Mailand 1939.

PANNEN, KLAUS, Europäische Insolvenzordnung, Kommentar, Berlin 2007.

PANZANI, LUCIANO/FAUCEGLIA, GIUSEPPE, Fallimento e altre procedure concorsuali, Vol. II, Milanofiori Assago 2009.

PATTI, SALVATORE, Codice Civile Italiano - Das italienische Zivilgesetzbuch, München 2007.

PAULUS, CHRISTOPH G., Europäische Insolvenzordnung Kommentar, 3. Aufl., Frankfurt 2010.

PAULUS, GOTTHARD, Probleme richterlicher Regelbildung, JurJb, Bd. 6, 1965/66, S. 134-158.

PELOSI, ANGELO CARLO, Vendita con patto di riscatto, in: Enciclopedia del diritto, Vol. XLVI, Varese 1993, S. 517-526.

-ders., *Sale and lease back* e alienazioni a scopo di garanzia, Riv. it. leasing 1988, S. 445-452.

PFEIFFER, THOMAS, Der Stand des internationalen Sachenrechts nach seiner Kodifikation, IPRax 2000, S. 270-281.

PISANI, C., Alienazioni a scopo di garanzia, in: I nuovi contratti nella prassi civile e commerciale, Vol. XIX, Garanzie, Turin 2004, S. 271-319.

PLANCK, GOTTLIEB, Bürgerliches Gesetzbuch nebst Einführungsgesetz, Bd. I, 3. Aufl., Berlin 1903.

PLEHWE, THOMAS V., Besitzlose Warenkreditsicherheiten im internationalen Privatrecht, Bonn 1987.

POCAR, FAUSTO, Commentario del nuovo diritto internazionale privato, Padua 1996.

POTTSCHMIDT, GÜNTER/ROHR, ULRICH, Kreditsicherungsrecht. Ein Handbuch für Studium und Praxis, 4. Aufl., München 1992.

PRESTI, GAETANO, Il privilegio per i finanziamenti bancari a medio e lungo termine in favore delle imprese, Banca Borsa 1995 I, S. 594-632.

PROTO PISANI, ANDREA, Lezioni di diritto processuale civile, 5. Aufl., Neapel 2006.

PUGLIATTI, SALVATORE, Fiducia e rappresentanza indiretta, in: Diritto civile-Metodo-Teoria-Pratica, Saggi, Mailand 1951.

-ders., Precisazioni in tema di vendita a scopo di garanzia, Riv. trim. proc. 1950, S. 298-341.

PUGLIESE, GIOVANNI, Intorno alla validità della vendita a scopo di garanzia, Riv. dir. civ. 1955, S. 1064-1072.

PUTTI, PIETRO MARIA, Negozio fiduciario, in: Digesto delle discipline privatistiche, Agg. Tomo II, Turin 2003.

QUARTAPELLE, CARLO, Divieto del patto commissorio, trasferimento della proprietà e del credito in garanzia, sale and lease back, patto marciano, Vit. not. 1989, S. 246-263.

RAAPE, LEO, Die Verfallklausel bei Pfand und Sicherungsübereignung, Berlin 1913.

RABEL, ERNST, Das Problem der Qualifikation, RabelsZ 5 (1931), S. 241-288.

RAGAZZINI, LUIGI, Vendita in garanzia con patto di riscatto. Patto commissorio. Patto marciano, Riv. del not. 1991, S. 133-143.

RAGGI, CARLO GUIDO, Diritti reali (diritto internazionale privato), in: Novissimo digesto italiano, V, Turin 1957, S. 754-756.

RAKOB, JULIA, Ausländische Mobiliarsicherungsrechte im Inland - Substitutionsfragen am Beispiel des US-amerikanischen Sicherungsrechts nach Artikel 9 UCC, Heidelberg 2001.

RANIERI, FILIPPO, Europäisches Obligationenrecht, 3. Aufl., Wien, New York 2009.

RAUSCHER, THOMAS, Internationales Privatrecht, 3. Aufl., Heidelberg, München usw. 2009.

-ders., Sicherungsübereignung im deutsch-österreichischen Grenzverkehr, RIW 1985, S. 265-269.

RAVAZZONI, ALBERTO, Privilegi, in: Digesto delle discipline privatistiche, Bd. XIV, Turin 1996.

REALMONTE, FRANCESCO, Le garanzie immobiliari, Jus 1986, S. 16-28.

-ders., Stipulazioni commissorie, vendita con patto di riscatto e distribuzione dei rischi, Foro it. 1989, S. 1440-1446.

REGELSBERGER, FERDINAND, Zwei Beiträge zur Lehre von der Cession, AcP 63 (1880), S. 157 ff.

REICH, BARBARA, Das stille Pfandrecht der Niederlande, Göttingen 2006.

REICH, NORBERT, Funktionsanalyse und Dogmatik bei der Sicherungsübereignung, AcP 169 (1969), S. 247-270.

-ders., Die Sicherungsübereignung, Bad Homburg 1970.

REINICKE, DIETRICH/ TIEDTKE, KLAUS, Kreditsicherung, 5. Aufl., Neuwied 2006.

-dies., DB 1994, Begründung des Sicherungseigentums, S. 2173-2179.

RESCIGNO, MATTEO, Il privilegio per i finanziamenti bancari a medio e lungo termine a favore delle imprese, con particolare riguardo alla rotatività del suo oggetto, Banca, borsa, 1999 I, S. 583-607.

RICCOBONO, SALVATORE, Stipulatio ed instrumentum nel diritto giustinianeo, ZRG (R.A.) 35 (1914), S. 214-305.

RIMMELSPACHER, BRUNO, Kreditsicherungsrecht, 2. Aufl., München 1987.

RIVA, ILARIA, Il contratto di sale and lease back e il divieto di patto commissorio, Contr. e impr. 2001 I, S. 300-324.

ROCCO, FEDERICA, Contratto di sale and lease back e divieto di patto commissorio: l'orientamento della suprema corte, Riv. dir. comm. 1997 II, S. 160-164.

RÖTHEL, ANNE, Internationales Sachenrecht im Binnenmarkt, JZ 2003, S. 1027-1035.

ROGORA, MAURIZIO, Commento App. Milano, 24.12.1993, n. 2743, Contr. 1995, S. 188-191.

ROLFI, FEDERICO, La causa come "funzione economico sociale": tramonto di un idolum tribus?, Corr. giur. 2006 II, S. 1720- 1726.

RONZITTI, NATALINO, Mutamento della situazione della cosa e legge regolatrice del diritto reale, Riv. dir. int. 1967, S. 33-80.

ROPPO, VINCENZO, La responsabilità patrimoniale del debitore - Il divieto del patto commissorio, in: Pietro Rescigno (Hrsg.), Trattato di diritto privato, Bd. 19, 2. Aufl., Turin 1997.

-ders., Note sopra il divieto del patto commissorio, Riv. del not. 1981, S. 398-414.

GAUL, FRIEDHELM/SCHILKEN, EBERHARD/BECKER-EBERHARD, EKKEHARD, Zwangsvollstreckungsrecht, 12. Aufl., München 2010.

ROTH, WULF-HENNING, Secured Credit and the Internal Market: The Fundamental Freedoms and the EU´s Mandate for Legislation, in: The Future of Secured Credit in Europe, ECFR Special Vol. 2, Berlin 2008.

ROTMANN, BASTIAN, Der Schutz des Dritten in der europäischen Mobiliarzwangsvollstreckung, Frankfurt am M., Berlin u. a. 2007.

ROTT, THILO, Vereinheitlichung des Rechts der Mobiliarsicherheiten, Tübingen 2000.

RÜSSMANN, HELMUT, Die Einziehungsermächtigung im bürgerlichen Recht - ein Institut richterlicher Rechtsschöpfung, JuS 1972, S. 169-174.

RUBINO, DOMENICO, La compravendita, in: Trattato di diritto civile e commerciale, diretto da Cicu e Messineo, 2. Aufl., Mailand 1971.

SACCO, RODOLFO, La causa, in: Trattato di diritto privato diretto da Pietro Rescigno, Vol. X, Obbligazioni e contratti, Tomo II, 3. Aufl., Turin 2002.

SALINGER, Gutachten über die Frage: Empfehlen sich gesetzliche Maßnahmen in Bezug auf die Sicherungsübereignung? In: Verhandlungen des einunddreißigsten Deutschen Juristentages, Bd. 1 (1912), S. 409-501.

SANTARSIERE, VITTORIO, Sale and lease back per la realizzazione di interessi meritevoli di tutela, Arch. civ. 1997, S. 47-51.

SANTORO, LAURA, Il negozio fiduciario, Turin 2002.

SANTORO PASSARELLI, FRANCESCO, Dottrine generali del diritto civile, 9. Aufl., Neapel 1966, Nachdruck 1971.

SASSI, ANDREA, Garanzia del credito e tipologie commissorie, Neapel 1999.

-ders., Contratti di garanzia, in: Trattato dei contratti diretto da Pietro Rescigno ed Enrico Gabrielli, I contratti gratuiti a cura di Antonio Palazzo e Silvio Mazzarese, Milanofiori Assago 2008.

SAVIGNY, CARL FRIEDRICH VON, System des heutigen römischen Rechts,

Band III, Berlin 1840.
Band VIII, Berlin 1849.

SAX, WALTER, Überlegungen zum Treubruchstatbestand des § 266 StGB, JZ 1077, S. 702-706.

SCHACHERREITER, JUDITH, Publizitätsloses Sicherungseigentum im deutsch-österreichischen Grenzverkehr, ZfRV 2005, S. 173-183.

SCHÄFER, L. Die Rechtsprechung über die Sicherungsübereignung, ArchBürgR 38 (1913), S. 1- 48.

SCHANBACHER, DIETMAR, Die Gegenwart der Geschichte in der Rechtsprechung des Bundesgerichtshofs - BGHZ 130, 101 - , in: Iurisprudentia universalis, Festschrift für Theo Mayer- Maly zum 70. Geburtstag, Köln, Wien, 2002.

SCHILLING, THEODOR, Besitzlose Mobiliarsicherheiten im nationalen und internationalen Privatrecht, München 1985.

SCHIMANSKY, HERBERT/BUNTE HERMANN-JOSEF/LWOWSKI, HANS-JÜRGEN, Bankrechts-Handbuch, 3. Aufl., München 2007.

SCHLEGELBERGER, Handelsgesetzbuch. Kommentar, 5. Bd., §§ 373-382, 5. Aufl., München 1982.

SCHLOSSER, HANS/SCHWAB, INGO, Oberbayerisches Landrecht Kaiser Ludwigs des Bayern von 1346, Köln, Weimar, Wien 2000.

SCHLÜTER, ANDREAS, Der Eigentumsvorbehalt im europäischen und internationalen Recht, IHR 2001, S. 141-152.

SCHMITT, GOTTFRIED, Die Sicherungsübereignung, DJZ 1912, S. 1042-1048.

SCHMITZ, JAN, Dingliche Mobiliarsicherheiten im internationalen Insolvenzrecht, Baden Baden 2011.

SCHOLLER, Pfandrecht und Grundschuld in: Gutachten aus dem Anwaltsstande über die erste Lesung des Entwurfs eines Bürgerlichen Gesetzbuchs, Berlin 1890.

SCHREIBER, KLAUS, Das Sicherungseigentum und seine Verwertung, JR 1984, 485-490.

SCHUBERT, WERNER, Die Entstehung der Vorschriften des BGB über Besitz und Eigentumsübertragung, Berlin 1966.

SCHÜTZ, WILHELM, Auflösende Bedingung in Sicherungsverträgen, NJW 1957, S. 1541-1543.

SCHULZ, FRITZ, Classical roman law, Oxford 1951, Nachdruck Aalen 1992.

SCHULZE, REINER U.A., Bürgerliches Gesetzbuch Handkommentar, 6. Aufl., Baden-Baden 2009.

SCHURIG, KLAUS, Statutenwechsel und die neuen Normen des deutschen internationalen Sachenrechts, in: Festschrift für Hans Stoll zum 75. Geburtstag, S. 577-590, Tübingen 2001.

-ders., Die Struktur des kollisionsrechtlichen Vorfragenproblems, in: Festschrift für Gerhard Kegel zum 75. Geburtstag am 26.Juni 1987, S. 549-598, Stuttgart, Berlin, Köln Mainz 1987.

SCHWEMMER, ANJA-SOPHIA, Die Verlegung des centre of main interests (COMI) im Anwendungssbereich der EuInsVO, NZI 2009, S. 355-359.

SCHWISTER, DJZ 1934, S. 11-17.

-ders., Vertragspfandrecht, Sicherungsübertragung und Eigentumsvorbehalt, ZAkDR, 5. Jahrg. 1938, S. 338-342.

SCIALOJA, VITTORIO, Negozi giuridici - Lezioni dettate nella R. Università di Roma nell´a.a. 1892-93, 2.Aufl., Rom 1907.

SERICK, ROLF, Eigentumsvorbehalt und Sicherungsübertragung, Neue Rechtsentwicklungen, 2. Aufl., Heidelberg 1993.

-ders., Deutsche Mobiliarsicherheiten - Aufriß und Grundgedanken, Heidelberg 1988.

-ders., Eigentumsvorbehalt und Sicherungsübertragung, 2. Bd., Heidelberg 1965.

-ders., Eigentumsvorbehalt und Sicherungsübereignung, 3. Bd., Heidelberg 1970.

-ders., Eigentumsvorbehalt und Sicherungsübereignung, 4. Bd., Heidelberg 1976.

-ders., Einziehungsermächtigungen in der kritischen Zeit und nach Eröffnung des Konkursverfahrens, KTS 1982, S. 339-354.

SESTA, MICHELE, Le garanzie atipiche, in: I grandi orientamenti della giurisprudenza civile e commerciale, Collana diretta da Francesco Galgano, Padua 1988.

SICCHIERO, GIANLUCA, Appunti sulla causa del contratto, Giur. it.1995, I 1 c, S. 734-740.

SIMITIS, KONSTANTIN, Das besitzlose Pfandrecht. Eine rechtsvergleichende Untersuchung, AcP 171 (1971), S. 94- 154.

SIMONE, ROBERTO, Lease back: cronaca di una morte annunciata, Foro it. 1989 I, S. 1251-1254.

SÖLLNER, ALFRED, Die causa im Kondiktionen- und Vertragsrecht des Mittelalters bei den Glossatoren, Kommentatoren und Kanonisten, ZRG (R.A.) 1960 (77), S. 182 ff.

SOERGEL, Bürgerliches Gesetzbuch,

Bd. 2, Allgemeiner Teil, §§ 104-240, Stuttgart 1999 (13. Aufl.).
Bd. 4, Schuldrecht III, §§ 705-853, Stuttgart 1985 (11. Aufl.).
Bd. 14, Sachenrecht 1, §§ 854-984, Stuttgart 2002 (13. Aufl.).

SOLDI, ANNA M., Manuale dell´esecuzione forzata, 2. Aufl., Padua 2009.

SPANN, MICHAEL, Der Haftungszugriff auf den Schuldner zwischen Personal- und Vermögensvollstreckung, Münster 2004.

STAUDINGER, Kommentar zum Bürgerlichen Gesetzbuch,

Buch 3. - Sachenrecht.
Einleitung zum Sachenrecht, Berlin 2007.
§§ 925- 984, Berlin 2004.
§§ 985-1011, Berlin 2006.

Buch 2 - Recht der Schuldverhältnisse
§§ 397-432, Berlin 2005.

EGBGB/IPR,
Art. 43-46 - Internationales Sachenrecht, Berlin 1996.
Art. 27-37 EGBGB; Anhänge - Internationales Vertragsrecht, Berlin 2002.
Art. 7-12, Berlin 2007.

STEFINI, UMBERTO, La cessione del credito in garanzia nel fallimento, Obbl. e contr. 2005, S. 155 ff.

STEIN/JONAS, Kommentar zur Zivilprozesordnung, 7. Bd., §§ 704-827, 22. Aufl., Tübingen 2002.

STOLL, HANS, Zur gesetzlichen Regelung des internationalen Sachenrechts in Artt. 43-46 EGBGB, IPRax 2000, S. 259-270.

STREINZ, RUDOLF, Europarecht, 8. Aufl., Heidelberg 2008.

STÜRNER, ROLF, Perfection and Priority of Security Rights, Commentary, in: Eidenmüller, Horst/Kieninger, Eva-Maria (Hrsg.), The Future of Secured Credit in Europe, ECFR Special Vol. 2, S. 166-173, Berlin 2008.

SVAREZ, CARL GOTTLIEB, Amtliche Vorträge bei der Schluß-Revision des Allgemeinen Landrechts in: Jahrbücher für Preussische Gesetzgebung, Bd. 41 (1833), S. V ff.

TALAMANCA, MARIO, Istituzioni di diritto romano, Mailand 1990.

TAMBURRINO, GIUSEPPE, Appunti sulla natura giuridca del negozio fiduciario e sugli elementi che lo differenziano dalla simulazione, Giur. compl. di Cass. 1946 I, S. 185-192.

THOMA, ACHIM, Die Akzessorietät bei der Sicherungsübereignung, NJW 1984, S. 1162-1163

TIEDKE, KLAUS, Die Aufhebung des belasteten Anwartschaftsrechts ohne Zustimmung des Pfandgläubigers, NJW 1985, S. 1305-1310.

TORRENTE, ANDREA/SCHLESINGER, PIERO, Manuale di diritto privato, 19. Aufl., Mailand 2009.

TOSCHI VESPASIANI, FRANCESCO, Commento a Cass. 14.3.2006, n. 5438, Contr. 2007, S. 526-530.

TRIMARCHI, VINCENZO MICHELE, Negozio fiduciario, in: Enciclopedia del diritto, Vol. XXVIII, Varese 1978, S. 32-52.

TUCCI, GIUSEPPE, Le norme per l´esercizio di particolari operazioni di credito: la nuova disciplina dei privilegi nel finanziamento alle imprese, Banca, impr., società 1993, S. 303-326.

TUHR, V., ANDREAS, Der allgemeine Teil des deutschen bürgerlichen Rechts, Bd. II 2, Berlin 1918.

UHLENBRUCK, WILHELM, Insolvenzordnung, Kommentar, 13. Aufl., München 2010.

VALENTINO, DANIELA, La circolazione dei beni in funzione di garanzia, Rass. dir. civ. 2007 I, S. 511-549.

VENEZIANO, ANNA, La garanzia sull´intero patrimonio dell´imprenditore della nuova legge bancaria italiana al confronto con i modelli stranieri: una riforma a metà?, Dir. comm. int. 1996, S. 921-948.

VENTURINI, GIAN CARLO, Diritti reali (Dir. intern. priv.), in: Enciclopedia del diritto, vol. XII, Varese 1964, S. 776-791.

-ders., I diritti reali nel diritto internazionale privato, Mailand 1983.

VERDI, MATTEO, V., Patto commissorio e collegamento negoziale, Riv. dir. civ. 2006 II, S. 509-523.

VERHAGEN, HENDRIK, Die Vereinbarung des Pfandverfalls im ius commune, ZEuP 2011, S. 109-144.

VIOLA, LUIGI, Una nuova teoria: causa contrattuale come causalità, Vit. not. 2009, S. 1201- 1207.

-ders., Il contratto, Tomo I, Milanofiori Assago 2009.

VITTA, EDOARDO, Diritto internazionale privato, Vol. III, Diritti reali - successioni e donazioni - obbligazioni, Turin 1975.

-ders., La legge regolatrice del bene mobile trasferito, Riv. dir. int. priv. proc. 1974, S. 217-225.

VITTA, EDOARDO/MOSCONI, FRANCO, Corso di diritto internazionale privato e processuale, 5. Aufl., Turin 1994.

WARNKÖNIG, L. A., Dogmengeschichtliche Darstellung der Lehre von der Lex commissoria beim Pfandrechte, AcP 24 (1841), S. 312-388.

WEBER, HANSJÖRG, Reform der Mobiliarsicherheiten, NJW 1976, S. 1601-1607.

WEBER, HELMUT/RAUSCHER, MARIO, Die Kollision von Vermieterpfandrecht und Sicherungseigentum im Konkurs des Mieters, NJW 1988, S. 1571-1574.

WEINHAUSEN, HANS, Die Sicherungsübereignung, 4. Aufl, Berlin 1932.

WEITNAUER, HERMANN, Betrachtungen zur causa der Sicherungsübertragung, in: Festschrift für Rolf Serick zum 70. Geburtstag, Heidelberg 1992, S. 389-401.

WENCKSTERN, MANFRED, Die englische Floating Charge im deutschen Internationalen Privatrecht, RabelsZ 56 (1992), S. 624-695.

WENDEHORST, CHRISTIANE, C., Tatbestand - Reichweite - Qualifikation, in: Privatrecht in Europa. Vielfalt, Kollision, Kooperation, Festschrift für Hans Jürgen Sonnenberger zum 70. Geburtstag, München 2004.

WERNICK, Pfandrecht an beweglichen Sachen und an Rechten in: Gutachten aus dem Anwaltsstande über die erste Lesung des Entwurfs eines Bürgerlichen Gesetzbuchs, Berlin 1890.

WESEL, UWE, Geschichte des Rechts, Von den Frühformen bis zum Vertrag von Maastricht, München 1997.

WESTERMANN, HARRY, Interessenkollisionen und ihre richterliche Wertung bei den Sicherungsrechten an Fahrnis und Forderungen, Karlsruhe 1954. (Juristi sche Studiengesellschaft Karlsruhe , Schriftenreihe Heft 11).

WIEACKER, FRANZ, Entwicklungsstufen des römischen Eigentums in: Vom römischen Recht - 10 Versuche, 2. Aufl., Stuttgart 1961.

WIEGAND, WOLFGANG, Zur Reform des Kreditsicherungsrechts - Der UNCITRAL Legislative Guide on Secured Transactions und das nationale Recht - , in: Festschrift für Norbert Horn zum 70. Geburtstag, S. 177-190, Berlin 2006.

WIELING, HANS, Numerus clausus der Sachenrechte?, in: Der praktische Nutzen der Rechtsgeschichte, Hans Hattenhauer zum 8. September 2001, S. 557-570, Heidelberg 2003.

-ders., Sachenrecht, 5. Aufl. Berlin, Heidelberg, New York 2007.

-ders., Sache, Besitz und Rechte an beweglichen Sachen, in: Enzyklopädie der Rechts- und Staatswissenschaft, 1. Bd., 2. Aufl., Berlin, Heidelberg 2006.

WILHELM, JAN, Sachenrecht, 4. Aufl., Berlin 2010.

-ders., Das Anwartschaftsrecht des Vorbehaltskäufers im Hypotheken- und Grundschuldverband, NJW 1987, S. 1785-1789.

WILMOWSKY, PETER VON, Europäisches Kreditsicherungsrecht, Tübingen 1996.

WILUTZKY, Die Innen- und die Außenseite des fiduziarischen Rechtsgeschäfts, DJZ 1901, S. 20 f.

WOLF, MANFRED, Inhaltskontrolle von Sicherungsgeschäften, in: Festschrift für Fritz Baur, Tübingen 1981.

WOLFF, MARTIN, Das internationale Privatrecht Deutschlands, 3. Aufl., Berlin 1954.

WOLFF, MARTIN/RAISER, LUDWIG, Sachenrecht, Ein Lehrbuch, Tübingen 1957.

WUNSCH, GABRIELE, Möglichkeiten und Grenzen eines europäischen Hypothekarkredits, Frankfurt am Main, Berlin, Bern u. a. 2009.

ZIESE, ARNOLD, Sicherungsübereignung oder Pfandrecht?, DNotZ 1905, S. 648-651.

ZIMMERMANN, REINHARD, The Law of Obligations - Roman Foundations of the Civilan Tradition, Cape Town, Wetton, Johannesburg 1990.

ZÖLLER, RICHARD, Zivilprozessordnung. Kommentar, 28. Aufl., Köln 2010.

Abkürzungsverzeichnis

a. A.	andere Ansicht
a. a. O.	am angegebenen Ort
AcP	Archiv für die civilistische Praxis
ADHGB	Allgemeines Deutsches Handelsgesetzbuch
AEUV	Vertrag über die Arbeitsweise der Europäischen Union
AG	Amtsgericht
AGBG	Gesetz zur Regelung des Rechts der Allgemeinen Geschäftsbedingungen
allg.	Allgemein
ALR	Allgemeines Landrecht für die Preußischen Staaten
Anh.	Anhang
Ann. crit. di giur.	Annuario critico di giurisprudenza
Ann. di dir. comp.	Annuario di diritto comparato
ArchBürgR	Archiv für bürgerliches Recht
Arch. civ.	Archivio civile
Art.	Artikel; articolo
Aufl.	Auflage

AWD	Betriebs Berater/ Außenwirtschaftsdienst
BB	Betriebs-Berater
Bd.	Band
Beschl.	Beschluss
BGB	Bürgerliches Gesetzbuch
BGBl.	Bundesgesetzblatt
BGH	Bundesgerichtshof
BGHZ	Entscheidungen des Bundesgerichtshof in Zivilsachen
Bt-Drs.	Bundestagsdrucksache
Cass.	Corte di Cassazione
C. c.	Codice Civile
Contr. e impr.	Contratto e impresa
Corr. giur.	Corriere giuridico
Corte di App.	Corte di Appellazione
C. p. c.	Codice processuale civile
DB	Der Betrieb
DCFR	Draft Common Frame of Reference
d. h.	das heißt
Dig.	Digesten
Dir. banc.	Diritto bancario

Dir. comm. int.	Diritto commerciale internazionale
Dir. e giur.	Diritto e giurisprudenza
Dir. fall.	Diritto fallimentare
DJ	Deutsche Justiz
DJT	Deutscher Juristentag
DJZ	Deutsche Juristen-Zeitung
d. lg.	decreto legislativo
DnotV	Zeitschrift des deutschen Notarvereins
ebd.	Ebenda
EGKO	Einführungsgesetz zur Konkursordnung
EUGH	Europäischer Gerichtshof
EUInsVO	Europäische Insolvenzverordnung
EWIV	Europäische wirtschaftliche Interessenvereinigung
f.	folgender
Fn.	Fußnote
Foro it.	Il foro italiano
Foro pad.	Il foro padano
FS	Festschrift
GbR	Gesellschaft bürgerlichen Rechts
Giur. comm.	Giurisprudenza commerciale

Giur. compl. di Cass.	Giurisprudenza completa della Corte suprema di Cassazione
Giur. di merito	Giurisprudenza di merito
Giur. it.	Giurisprudenza italiana
Giur. it. Mass.	Giurisprudenza italiana Massimario
Giur. piem.	Giurisprudenza piemontese
Giur. romana	Giurisprudenza romana
Giust. civ.	Giustizia civile
Giust. civ. Mass.	Giustizia civile Massimario
GoA	Geschäftsführung ohne Auftrag
GRUR Int	Gewerblicher Rechtsschutz und Urheberrecht Internationaler Teil
HGB	Handelsgeseetzbuch
H. M.	herrschende Meinung
i. E.	im Ergebnis
Il fall.	Il fallimento
Il nuovo dir.	Il nuovo diritto
Inn. e dir.	Innovazione e diritto
InsO	Insolvenzordnung
Inst.	Institutionen
IPRax	Praxis des internationalen Privat- und Verfahrensrechts
i. V. m.	in Verbindung mit
JA	Juristische Arbeitsblätter

JherJB	Jherings Jahrbücher für die Dogmatik des bürgerlichen Rechts
JR	Juristische Rundschau
JurJb	Juristen-Jahrbuch
JuS	Juristische Schulung
Jus	Jus - Rivista di scienze giuridiche
JW	Juristische Wochenschrift
JZ	Juristenzeitung
KG	Kommanditgesellschaft
KTS	Konkurs Treuhand Sanierung, Zeitschrift für Insolvenzrecht
l. fall.	Legge fallimentare
LG	Landgericht
Mass. Foro it.	Massimario Foro italiano
MDR	Monatsschrift für deutsches Recht
m. w. Nachw.	mit weiteren Nachweisen
Mot.	Motive
NJW	Neue Juritische Wochenschrift
NJW-RR	Neue Juristische Wochenschrift-Rechtsprechungsreport
Not.	Notariato
Nuova giur. civ. comm.	Nuova giurisprudenza civile commentata
NZI	Neue Zeitschrift für das Recht der Insolvenz und Sanierung

Obbl. e contr.	Obbligazioni e contratti
OHG	Offene Handelsgesellschaft
OLG	Oberlandesgericht
OLGR	OLG-Report
OT	Obertribunal
Quadrim.	Quadrimestre
RabelsZ	Rabels Zeitschrift für ausländisches und internationales Privatrecht
Rass. dir. civ.	Rassegna di diritto civile
Rass. giur. umbra	Rassegna giuridica umbra
Rep. Foro it.	Repertorio Foro italiano
RG	Reichsgericht
RGBl.	Reichsgesetzblatt
RGZ	Entscheidungen des Reichsgerichts in Zivilsachen
Riv. arb.	Rivista dell´arbitrato
Riv. crit. dir. priv.	Rivista critica di diritto privato
Riv. del not.	Rivista del notariato
Riv. dir. civ.	Rivista del diritto civile
Riv. dir. comm.	Rivista di diritto commerciale
Riv. dir. int.	Rivista di diritto internazionale
Riv. dir. priv.	Rivista di diritto private
Riv. dir. proc.	Rivista di diritto processuale

Riv. esecuzione forzata	Rivista dell´esecuzione forzata
Riv. giur. sarda	Rivista giuridica sarda
Riv. it. leasing	Rivista italiana del leasing
Riv. not.	Rivista notarile
Riv. trim. dir. proc. civ.	Rivista trimestrale di diritto e procedura civile
Riv. trim. proc.	Rivista trimestrale di diritto processuale
RIW	Recht der internationalen Wirtschaft
RKO	Reichskonkursordnung
Sez. Un.	Sezioni Unite
SchiffRG	Schiffsrechtegesetz
SeuffA	Seufferts Archiv für Entscheidungen der obersten Gerichte in den deutschen Staaten
StGB	Strafgesetzbuch
Trib.	Tribunale
t. u.	Testo unico
Vit. not.	Vita notarile
WarnRspr.	Warneyer, Die Rechtsprechung des Reichsgerichts
WM	Wertpapiermitteilungen

ZakDR	Zeitschrift der Akademie für deutsches Recht
ZBB	Zeitschrift für Bankrecht und Bankwirtschaft
ZeuP	Zeitschrift für europäisches Privatrecht
ZfRV	Zeitschrift für Rechtsvergleichung
ZHR	Zeitschrift für das gesamte Handels- und Wirtschaftsrecht
ZIP	Zeitschrift für Wirtschaftsrecht
ZPO	Zivilprozessordnung
ZRG (R. A.)	Zeitschrift der Savigny Stiftung für Rechtsgeschichte, Romanistische Abteilung
ZVglRWiss	Zeitschrift für vergleichende Rechtswissenschaft

FSC
www.fsc.org
MIX
Papier | Fördert gute Waldnutzung
FSC® C083411

Kolibri 360 GmbH
Ferdinand-Jühlke-Straße 7
99095 Erfurt, Deutschland
produktsicherheit@kolibri360.de